红学外史

下卷

Redology Scholars
vol. II

修订本

李 彤 著

Overseas Edition

文字编辑：杨　柳
　　　　　杨克惠
装帧设计：翁　涌
英文审校：张蕴爽

书名字体：黄庭坚（集字）

红学外史（下卷）／李彤著
出版者：Tong Li
联系邮箱：tongli52@hotmail.com
2023年3月第1版，5月第2版，10月第3版
出版于加拿大多伦多
版权所有，未经出版者书面同意，请勿翻印、转载。
ISBN 978-1-7388488-2-9

Redology Scholars（Vol II）
Author: Tong Li
Publisher: Tong Li
Contact email: fangchong988@gmail.com
Toronto. First Printing 2023/03, Third Printing 2023/10
　　Text included in this book is the sole and exclusive right of Tong Li. No part may be reproduced in any form, or by any means without the written permission of the publisher.
　　Copyright ©2023 by Tong Li
　　ISBN 978-1-7388488-2-9

上卷回顾

引子（1963）
作者十三岁在故宫文华殿参观曹雪芹逝世二百周年展览，引发终生兴趣。

一 开局篇（1916–1947）
蔡元培就任北大校长，发表《石头记索隐》，聘任胡适。胡适作《红楼梦考证》。顾颉刚与俞平伯通信谈红，《红楼梦辨》出版，新红学开端。鲁迅作《中国小说史略》采用"自叙传"说，终生未变。顾颉刚指鲁迅抄袭，二人对立。甲戌本、庚辰本相继现世。俞平伯发生变化。

二 翻覆篇（1947–1953）
周汝昌在燕京大学得到新史料，与胡适通信，一面之缘，借阅甲戌本并录副，归还后胡适携书远走。大学者与小书生在1949年的各自命运。燕园与华西末日，周汝昌《红楼梦新证》出书。人民文学出版社与文学研究所成立，俞平伯旧著重发，第一个红学小高潮。

三 批判篇（1949–1955）
李希凡、蓝翎在山东上大学。李、蓝、周汝昌、冯其庸四人在一年内先后进京，精英汇聚。李、蓝合作写文章，邓拓召见，准备转载。毛泽东借势兴波，写信发令。批俞、批胡运动兴起，批《文艺报》，保护周汝昌，俞平伯态度，胡适海外关注。转为批胡风和"肃反"。李、蓝关系产生裂痕。

四 整队篇（1954–1958）
周汝昌在人文社编五七版普及本。俞平伯同时编八十回校本。何其芳写出《论红楼梦》，组成文研所团队，蒋和森出道。"双百"鸣放局面，李希凡、蓝翎在《人民日报》。蓝翎被打成"右派"，反右运动中的各单位。

五 集合篇（1954–1963）
留英政治学教授吴恩裕不得已转行研红。吴世昌在英国出版《红楼梦探源》后归国。胡适去世；其子思杜自杀。俞平伯、王佩璋、顾颉刚等人的境遇。1963年纪念曹雪芹盛大活动，包括卒年讨论、恭王府与"大观园"、遗迹调查、香山传说、文华殿纪念展览、未开成的大会等。

六 斗争篇（1964–1971）
李希凡、冯其庸作文艺评论，同驻颐和园一年写反修文章。其他人在1964年前后的际遇。李希凡两次面见江青，未听命写批《海瑞罢官》文章。众主角在"文革"初期的经历，挨斗、抄家、"牛棚"等，李希凡再见江青。红学家们在"五七干校"的底层生活。

下卷目录

七 热度篇（1970—1976） 403
- 26 "假作真时真亦假"之一 404
- 27 非常评红热 432
- 28 校注组沉浮 464

八 团结篇（1976—1980） 479
- 29 乍暖还寒时节 480
- 30 "假作真时真亦假"之二 501
- 31 联合盛宴 541

九 交流篇（1980—1987） 559
- 32 相逢陌地生 560
- 33 青春作伴 571
- 34 冰封彼得堡 582
- 35 从报纸到荧屏 598

十 分化篇（1979—1995） 621
- 36 功罪谁说 622
- 37 "假作真时真亦假"之三 653
- 38 殊途不归 671

十一 围城篇（1995—2019） 707
- 39 "龙门"乱弹 708
- 40 "假作真时真亦假"之四 721
- 41 传薪换代 733

十二 谢幕篇（2005—2018） 767
- 42 夕阳绝唱 768

尾声（2019—2020） 806
- 43 国家博物馆 807

后记 814

主要参考文献 821

七 热度篇 (1970-1976)

假作真时真亦假，无为有处有还无。
——《红楼梦》第一回及第五回"太虚幻境"对联

26 "假作真时真亦假"之一

那是一个文化被毁弃,斯文已扫地的时代。偏偏在这时,冒出来一批与曹雪芹、《红楼梦》有关的文献、文物甚至故居。在以前或者以后世道承平、文化昌盛的日子里,有意搜寻都踏破铁鞋无觅处的东西,却在此乱世中成批涌现,似乎得来全不费工夫。其中有的虽在"文革"前两三年已问世,却在"文革"中再生波澜,翻成热点。而更突出者,是集中出现在1971年前后,还一度被称为"文化大革命"的成果,不容置疑——简直匪夷所思,令人悲喜交集。

而本书几位主角的身影,也总在其间穿插闪现,映现出各自的品格。

"曹雪芹小像"(王绘)

> 爱读《红楼梦》的人当然都想看看贾宝玉是个什么样子。如果贾宝玉是作者曹雪芹自己的影子,那就怪不得《红楼梦》的读者都想看看曹雪芹的小照是个什么样子了。这种心情正是李祖韩舍不得否认那幅小照的心理背景,也正是周汝昌、吴恩裕那么容易接受那幅小象的心理背景。[1]

这话是胡适说的。

提起曹雪芹画像,读者当能记起,本书之第二"翻覆篇"中,1949年1月19日,在正处于围城中的北平东四牌楼七条胡同借寓,来访者陶洙先生向周汝昌讲述并描绘他之所见。那故事颇为离奇诡异,周汝昌把它写入了1953年版的《红楼梦新证》中:

> 民国二十二年春,在上海蒋君家目击壁上悬一条幅,画心长约二尺余,所绘乃曹雪芹行乐图。画面结构情形尚历历在脑中……及

廿三年间见徐藏本《石头记》八册,因复忆及雪芹小照,始向往之。至廿四年夏四月复至沪,乃向蒋索看该画,而蒋愕然,谓从来并未收藏此画,君何由见之?余因明明看见此画在其壁间,今本主云无,事极可怪,因自忖或本系在他处所见,误以为蒋壁耶?反复寻绎,不可解,亦不能去怀,见人辄时时道此异事不去口。忽有李君者,闻此而诧语曰:此图实藏我家,但本系一手卷,并非条幅,且该轴向未持出门外,君又何以能于蒋壁见之?余闻之益骇然,盖假饶蒋家系余误记,尚有可说,但余从未到过李家,又何从而见其藏画?诚为最奇最怪之事!次日立去李家看画,果为一手卷,画面结构与前见之直幅相同,……左上方题云"壬午三月……"幅后有二同时人之题句,其详皆不能复忆。再后则有叶恭绰大段跋语,乃一本索隐派之旧说,无价值可言。[2]

1953年秋,陶洙到老君堂俞宅看甲辰本,俞平伯也听到了相同故事。"据陶先生云两帧相貌相同,自属可信。画像胖胖的,微须,眉梢下垂。"在叶恭绰处,俞平伯看到了藏画者李祖韩的来信,介绍画像作者及诸题跋。他相信"此图当非伪作也。"在1954年初香港《大公报》上连载的《读〈红楼梦〉随笔》中,俞平伯专门写了一节"曹雪芹画像"。

人们看到的,只有李祖韩提供的一幅照片,那还是1929年拍摄的黑白照片,并不十分清晰。这照片被印在1955年文学古籍刊行社出版的庚辰本影印本卷首,1958年出版的吴恩裕《有关曹雪芹八种》封面,以及吴世昌英文版《红

传王南石绘"曹雪芹小像"

楼梦探源》书中。一时间它成了曹雪芹唯一的标准像，奇货可居。

据李祖韩介绍，此图又名《独坐幽篁图》，"乃王南石为雪芹所绘者。南石名冈，江苏南汇人，黄本复弟子，乾隆庚寅年卒（见《画史汇传》）"。画后题咏者有皇八子、钱大昕、倪承宽、那穆齐礼、钱载、观保、蔡以台、谢墉等乾隆时闻人，除一人上款署"雪琴"，其余均署"雪芹"。原画看不见，只能听他说。

红学界想见曹雪芹真颜的心情十分迫切。1955到1956年，吴恩裕先后托请叶恭绰、张国淦、翁文灏向李祖韩说项，周绍良还到李家登门拜访，却都不能如愿。如果不能看画，可否抄录题咏呢？李祖韩先曾答允抄录，日久没有下文。他先称"为友人借久不归"，又传出可能已经被人带出国外，反正总在借故推托，似有隐情。红学家们虽然见不到，却不妨碍认其为真，吴恩裕、吴世昌、朱南铣都认为王冈绘手卷像主确系曹雪芹。俞平伯也不否定，周汝昌始而肯定，后又存疑。整个五十年代，此画都藏在虚无缥缈间。

1961年1月，胡适在香港《海外论坛》发表的一篇文章，使得局面大变。这篇《所谓"曹雪芹小像"的谜》（写于1960年11月22日）公开明确否定此画。因为早在三十多年前，他就亲眼看见过真迹，比陶洙还要早六年。

> 我的日记不在手边，我不记得正确的年月了。只记得那年（民国十八年？[1929]）教育部在上海开了一个书画展览会，郭有守君邀我去参观。我走了展览会的一部分，遇着李祖韩君，他喊道："适之，你来看曹雪芹的小照！"
>
> 我当然很高兴的走过去，祖韩让我打开整个手卷，仔细看了卷上的许多乾隆时代名人的题咏。那些题咏的口气都是称赞一位翰林前辈的话。皇八子的题咏更是绝对不像题一个穷愁潦倒的文人的小照的话。钱大昕、钱载、陈兆仑几位大名士的手笔当然更引起了我的注意。
>
> 我看了那些题咏，我毫不迟疑的告诉李祖韩君，画上的人别号雪芹，又称雪琴，但不姓曹。这个人大概是一位翰林先生，大概还做过"上书房"的皇子师傅。那些题咏，没有一篇可以叫我们相信题咏的对象是那位"于今环堵蓬蒿屯"，在贫病中发愤写小说卖钱过活的曹雪芹。[3]

胡适认为画中人很可能是江浙人。而王冈的题字和图章，以及"壬午春三月"一行字，很可能是李祖韩和朋友们后加上去的。他把那个很多人暗藏心中的问题挑明了："可怜这些富于信心的人们，他们何不想想收藏这幅画像的李祖韩君，为什么始终不肯钞寄那许多乾隆朝名人的题咏呢？"

胡适虽然远离大陆，且早被批臭，但他的发言仍然影响巨大。一方面是周绍良、周汝昌转为存疑，另一方面是吴世昌、吴恩裕奋起反驳。吴世昌在1963年3月写成《论王冈绘曹雪芹小像——驳胡适谬论》一文，说："胡适作此文的动机，完全出于妒忌。他自己搞了几十年'红学'，却未能利用此像；现在反而被共产党的书刊印行流传，那就非加以捣乱不可。"反斥胡适"硬欺骗读者，是违反学术道德的行为"。[4] 吴先生并无实证依据，仅从反胡的坚定立场出发，凭空推论，便断定王画"毫无可疑"。

吴恩裕则比较老实："我并不是按着他（胡适）的'自传说'的逻辑和心理才相信那幅画像的。我是根据画像于裕瑞的传说符合以及其他理由，才认为那幅画像是真的。"[5]

这里有一个悖论：唯一看过原画和题咏全卷的胡适判断与曹雪芹无关，而从未见过原画的两位吴先生，却一口咬定就是曹雪芹画像，不知底气从何而来？是"凡是敌人反对的我们就要拥护"吗？

收藏者李祖韩，生于1893年，浙江镇海人，是五代居沪的富商。他素好收藏书画，与张大千友善。李祖韩的妹妹李秋君终身未嫁，曾从张大千习画。根据后来的调查，大约在1923年春间，李祖韩在沪上古董商人张葆生家购得此画像，当时已旧损，后重加装裱。1924年，请褚德彝重新签"王南石写悼红轩小像"，这才开始贴上了曹雪芹的标签，不知何所据。后请樊樊山、朱彊村、冯煦、叶恭绰题跋。1929年4月10日至20日，蔡元培、叶恭绰等发起筹备，由教育部名义主办的"全国美术展览会"，在上海南市陆家浜路新普育会堂举行。李祖韩亦为筹备人之一，将此画送展，在展会上遇到了胡适，才得到他的鉴定。

大约在1948年，四川画家张大千来沪，就住在李祖韩家里。在一次聚会上，李氏将此画像展示。当时在场观看的还有谢稚柳、陈从周等人。1976年陈从周回忆："诸公尚议论，雪芹文人，而状颇肥硕也。画卷与今传照相同，系横卷，像后有竹。秋君摹本，增损极微。至于题跋，则忘之矣。"[6] 1949年以后，此画像虽享盛名，却再也无人见过。

藏主李祖韩于1964年在上海故去。1971年，了解内情的妹妹李秋君也去世，看似秘密都被带走了。1974年到1975年，在新的"红学热"到来时，上海的研究者徐恭时、魏绍昌对此画展开追踪调查，获知了一些隐情。1966年8月，李家的所有藏画均被"雨打风吹去"。上海称之为"扫四旧"，即北京的抄家。前来"扫四旧"的先后有李祖韩之子李名正为资方的上海牙膏厂、其妻沈以祥的第五绣品厂，以及李祖韩之妹李秋君所在的上海国画院等单位，此画不知落于谁手。

1975年4月11日，徐恭时、魏绍昌在上海国画院大有收获，竟然查到一幅"曹雪芹先生像"！仔细一看，原来是李秋君的摹本。下侧书"王南石冈本"，"戊子二月李秋君抚"，即1948年春天所作，其内容与流传的绘像照片完全相同。再请上海国画院初步查过市的文物抄家物资，没有查到，原画遂告迷失。

据李家后人说，李祖韩喜看《红楼梦》，他购藏此画像，纯属自己赏玩。他几次向家属说："你们看《红楼梦》，应知道作者曹雪芹，我收购到他的画像。"1961年，李祖韩患病，其孙惟一住在一起照料。他从一本书上（估计是吴恩裕《有关曹雪芹八种》）看到说，自家藏有曹雪芹画像，向祖父问起此事，李祖韩便出示原画给他看过，印象中纸质黄旧，决不似摹画的那么新。家属确认，李祖韩生前从未将原画出售，更没有托人带往国外，一直保存在家中。

那么，李祖韩为什么要将画秘不示人，千呼万唤不出来呢？其长子李名正说，父亲曾对家人讲过旧剧《一捧雪》的故事，说家藏宝贝弄不好是要惹出大祸来的。所以他托言有人久借不归，传言或张大千、或陈小蝶带出。他放出这种空气，是出于不欲示人，杜绝来访的意思。据徐恭时转述：

> 当祖国解放之初，新红学家胡适在美国。他忽然想到在一九二九年见到的这幅传王冈绘"曹雪芹画像"，企图挖购。胡适致函居住在香港的李氏堂弟祖法，要他转函上海的堂兄处，提出这个购画的要求。
>
> 李祖韩接到堂弟的信件后，即与家中人商量，觉得这个问题，会产生事故，就拒绝了胡适购画要求。但考虑要拒绝，应有设词。就与家属商定，一致推托此画像被友人久借不归，早不在家里云云。友人也者，有时随指，"传外说"之风，由此吹出。
>
> 后来，北京红学研究者及沪上人士向李氏问讯此画像，也同样设词推托。李氏考虑，如果把原画像出示与人，或把画像上乾隆间人的题跋全部录出，研究者必会把材料在报刊上公布，很快会传到国外，胡适也会见到，这对居住在香港的堂弟颇有不便，所以一直隐藏不宣。[7]

同访的魏绍昌有类似记载。魏说胡适给李祖法写信是"解放初，当胡适任台湾国民党'驻美大使'时"；李祖法与胡适为清华同学；李祖韩接堂弟信后在家里发过一次脾气，骂祖法"这个时候还写这种信来，太糊涂了。"然后魏绍昌按："胡适于一九六一年在港、台发表文章说王画不是曹雪芹像，却在此前欲高价收购此画，真是一只吃不到葡萄便说葡萄酸的狐狸！"[8]

这些七十年代中期的调查有其价值，证明了画的存在和去向，解释了李祖韩的顾虑和托词，却也增添了新的困惑。胡适任驻美大使是在抗日战争时期，哪里是"解放初"呢？胡适既无意于书画收藏，又在美国生活拮据，怎么会"高价收购此画"呢？进一步说，以胡适一贯的为人准则，说他会骗人谋利，不是以小人之心度君子之腹吗？

但是此说又有具体人证和细节，显然并非空穴来风。那么合理的解释是什么？真相何在呢？还有待新材料的出现。

"曹雪芹小像"（陆绘）

另一幅"曹雪芹小像"，出现于河南商丘，它的面世恰当其时，似应运而生。

1963年2月19日，河南省博物馆收到了一幅寄来的"清代学者曹雪芹先生小照"，同寄的还有一张碑帖拓片，寄卖者是商丘县古董商人郝心佛。博物馆决定收购，两样文物各付五元，共十元。五元钱就能买曹雪芹像？博物馆后来解释，说那时是经济困难时期的后期，物价便宜，文物价值不高。虽说确实如此，但这价格也未免有点欺负乡下人，郝心佛居然给价就卖，实在困窘得可以了。

4月，上海市文化局长方行赴西安开会，路经郑州，在河南省博物馆看到了这幅并未展出的"曹雪芹像"，他印象中是一厚叠册页中的一幅，这后来成为一个争议点。他非常重视，把消息传到了北京。

初夏，故宫文华殿。正在筹办曹雪芹纪念展的黄苗子、丁聪、刘世德等人，收到了这个消息，也看到了照片。他们觉得难以置信，心中存疑。要不要在展览会上陈列此画像呢？他们一方面责成刘世德去查阅有关资料，以判断真伪；一方面通过郭沫若院长把画像实物调到北京来，当场鉴定。

原件为对开册页，右半为画像，无衬景，人物为正脸坐像，面微黑，身白描，左腿平盘，右腿支起，神态安详。画像左上方有题记五行：

雪芹先生洪才河泻，逸藻云翔。尹公望山时督两江，以通家之谊，罗致幕府，案牍之暇，诗酒赓和，铿锵隽永。余私衷钦慕，爰作小照，绘其风流儒雅之致，以志雪鸿之迹云尔。云间艮生陆厚信并识。

下有"艮生"、"陆厚信印"二方。

左半面有两江总督尹继善的题诗，是绝句二首。

万里天空气沈寥，白门云树望中遥。
风流谁似题诗客，坐对青山想六朝。

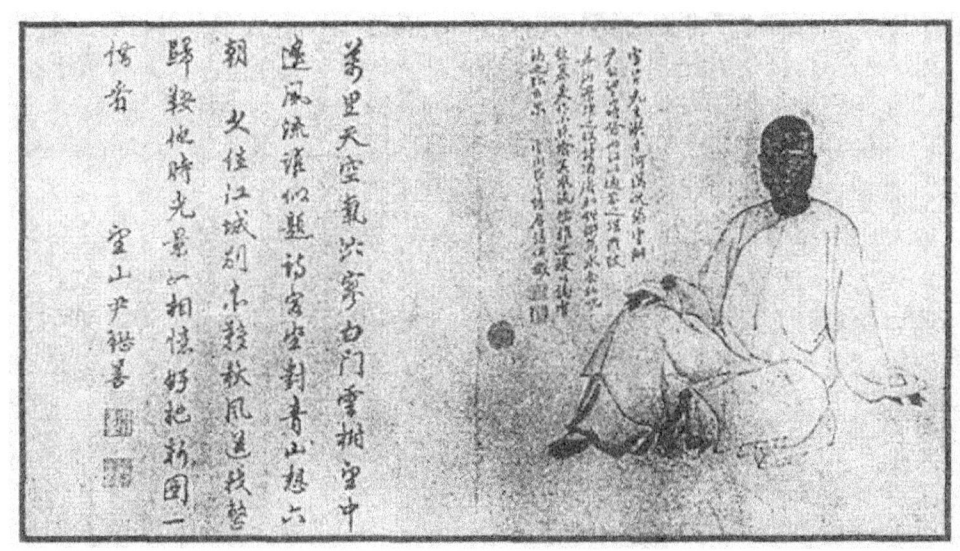

传陆厚信绘"曹雪芹小像"

久住江城别亦难,秋风送我整归鞍。

他时光景一相忆,好把新图一借看。

望山尹继善

印章白文"继善",朱文"敬事慎言"。

刘世德找到了尹继善的《尹文端公诗集》,在其中发现了"题俞楚江照"的两首诗,和画像上的题诗基本相同。因此,判断像主是尹继善的幕僚俞瀚(楚江),而非曹雪芹。

8月中,画像调到了北京,展览筹备组的几个人聚集在大院胡同郭老家中,研究鉴定。众人对画像反复仔细审视,并听取了刘世德文献调查的结果和看法。鉴定会的一致意见是:这不是曹雪芹的画像,像主应是俞瀚。于是决定:不将此画像列为展览会的展品。9月3日,郭沫若给河南省博物馆写信,下断语"不是曹雪芹,而是俞雪芹。""必非曹雪芹小照"。"原画缓日即妥为奉还,虽非曹雪芹,原画亦可宝贵。"

事后看来,郭沫若的表述并不准确,俞瀚并不是"俞雪芹",称之为雪芹还是受了题记的误导。当时在北京见到了该画原件的,只有郭沫若以及展览会筹备组成员,他们都谨慎地持否定意见。

与此同时,周汝昌也收到了画像照片,那是上海的方行局长寄给人民文学出版社王士菁,让他转询周汝昌的意见。周汝昌毫不迟疑,也迫不及待,8月17日在《天津晚报》发表文章,题为《关于曹雪芹的重要发现》,充分肯定画像"非常可靠,既不是赝品,也不是另外一个名叫雪芹的人的画像,价值极高"。他并未看到原件，只凭两张"技术不高"的照片，怎么就敢说得如此肯定？是不是太轻率了？9月14日，刘世德化名时生蕤在《天津晚报》发表否定性文章，因为他既查到了尹诗，又看到了原件。

此后一年内，周汝昌又发表了两篇文章，强辩此画就是曹雪芹。他说诗、画原非一体，二者实各不相涉。这说法毫无根据，陆画与尹诗是作于一张纸上，并不是两张纸裱在了一起。他还听信传言，质疑原件是多开册页，怎么变成了单张？但河南博物馆的单据和郭沫若回信仍在，可证明只是单幅的画。

这幅画像的真假，涉及到曹雪芹在他忙于撰作《红楼梦》的最后几年里，是否曾经离开北京，南下南京去做尹继善的幕僚。争论还包括，俞楚江有无"雪芹"之号，他和尹继善是什么关系，如何理解尹诗的诗意，以及画像与文献中的雪芹形貌是否相类等问题。

然后就是"十年一觉扬州梦"。直到1973年，文化开始在损毁后重建，在复刊后的《文物》杂志第二期上（这一期《文物》是红学史上的热点话题，本书以后还将多次提及），周汝昌发表了《红楼梦及曹雪芹有关文物叙录一束》。他再次肯定地介绍这幅画像，并首次公开刊出陆绘小照及尹继善题诗的照片，为了掩饰诗与画的矛盾，故意分成两幅图版，还大小不一。全国的红学界是在此时，才都注意到了这幅"曹雪芹像"。

既然周汝昌复出并把小照当了真，刘世德也与陈毓罴合写出辨伪文章，却不得发表。因为这时的"雪芹小照"已被捧成"文革"成果，否定它就成了政治问题。一向不问政治的周汝昌和后期躲避政治的吴恩裕，忽然沾了政治的光，得意地站到了制高点上。

"靖本"《石头记》

再回到1964年3月初，俞平伯收到一封寄自南京的读者来信，这是他去年发表的《〈红楼梦〉中关于"十二钗"的描写》引来的反馈。此信非凡信，引起俞平伯的高度关注。

来信人叫毛国瑶，他说1959年，在朋友靖应鹍家借阅了一套古旧抄本八十回《红楼梦》，与自己所藏的有正书局戚本对照，发现批语有很多异文，他把这些批语摘抄到了一个笔记本上。在信中选录了一些例子，询问红学专家是否有价值。俞平伯在3月14日回信：

> 国瑶先生：
> 　　承于本月四日远道惠书。详告以昔年所见旧抄本八十回《红楼梦》情形，盛意拳拳，非常感谢。据函中所述，此确是脂砚斋评本，

在今存"甲戌"、"己卯"、"庚辰"、"有正"诸本之外者，甚可珍贵。您在五九年见过，距现在不过四、五年，时间不久，不知此书尚有法找到否？这是最重要之一点。深盼您热心帮助。如能找得，如何进行当再另商。[9]

毛国瑶接信后再去靖家借书，却怎么也找不到了，只好遗憾地告知俞平伯。俞平伯4月1日复信："继奉来书，知旧抄本《红楼梦》遍觅不得，甚为惋惜。"4月4日信："承挂号寄来尊抄脂评小册子，感谢感谢。"既然无缘得见原书，毛国瑶寄来的这个笔记本，就成了最为接近的基础材料。俞平伯只能对毛国瑶抄录的一百五十条独特脂评，作认真的研究。

此书的藏主靖应鹍何许人也？他是南京浦口的一个退休小职员，家境破落了，文化也不高。但是据说祖上很有来头，祖籍辽阳，是从龙入关的旗人，原居江苏扬州附近的靖家营。至清末，靖应鹍的父亲靖松元迁居到南京浦口，将住处取名"明远里"，是延用了靖氏家传的"明远堂"之名。又据说，靖松元从扬州带到浦口来很多旧书，靖应鹍是次子，长兄已故，兄弟并未分家，先人财物都归他一人继承。1955年靖应鹍搬到浦镇东门，房屋较为狭窄，书籍杂物都堆放在阁楼上。

与靖家相比，毛国瑶则是半个内行了。他1930年生于安徽省安庆市，

毛国瑶抄录的"靖本"批语，俞平伯批校。

1949年高中毕业，解放初在浦口税务局工作，与在浦口工商联工作的靖应鹍相识。1956年，毛考入合肥师范学院中文系就读，第二年被错划为右派，未能毕业，仍回浦口老家待业。既闲居无聊又喜欢看书，毛国瑶自称，他于1959年夏在靖家的阁楼上，发现了这套古本《红楼梦》，借回家去。毕竟是中文系出身，他不是随便翻阅，而是与自家所有的一套有正戚序本对勘，过录了不同的批语。1959年秋末，将原钞本归还靖氏。从此之后，就再没有人看到过这部书。

如此说来，"靖本"《红楼梦》迷失于1959年秋到1964年春之间，它为什么会不翼而飞，消失于无形呢？一种可能是被人借去未还，另一种可能是在1961年，靖大娘曾经卖过一次废品，也许包括一些旧书。全家人朝这两个方面积极寻找，却遍寻无果。

据毛国瑶描述，此书有十厚册，蓝纸封面盖有"明远堂"长形朱文印章。抄本已很敝旧，竹纸书页黄脆，多处蛀蚀，骑缝大多断裂。抄手不止一人，字迹尚工整。此本正文不缺第一回石头求情，僧人大展法术将其变为美玉的四百余字（这是甲戌本独有的），及"西帆楼"（即天香楼）一节。书中有眉批、行间批、句下夹注批及回前回后批，朱墨杂出。其间有三十五回无批，疑为抄配。不少批语文字错乱讹误较甚，有的难以寻读。

根据毛国瑶的摘抄，此本中独有一些极重要的批语，提供了许多先前不知道的初稿或佚稿情节。如第十三回畸笏叟命作者删去"秦可卿淫丧天香楼"之"遗簪、更衣诸文"；八十回后有"瓜州渡口各示劝惩，红颜屈从枯骨"之类故事。再如第二十二回畸笏叟所加的批语："前批知者聊聊，不数年，芹溪、脂砚、杏斋诸子皆相继别去。今丁亥，只余朽物一枚，宁不痛杀！"明确指曹雪芹、脂砚斋、畸笏叟是三个人。

脂砚斋、畸笏叟是脂评本批语中出现最多的两个署名，它们是分属两个人还是一个人的不同化名？周汝昌主张脂、畸是一人，且为女性即史湘云。而俞平伯认为：既有两个名字，并无证据是一个人，那就当是两个人好了，没必要牵合混同。

在靖家彻底翻找不获的过程中，意外发现了一张旧纸条，毛国瑶在6月下旬把这纸条寄给了俞平伯。纸条上首行书"夕葵书屋本石头记卷之"，次录批语一条。所谓夕葵书屋主人是吴鼒，据说靖家的先辈在扬州时与他有交游。这条批语就是甲戌本上那段"壬午除夕，书未成，芹为泪尽而逝"云云，仅有几字之差。如此，"壬午说"又得一直接证据。

俞平伯对"靖本"批语和"夕葵书屋"残叶非常重视，因为无论是在脂砚、畸笏身份认证还是曹雪芹卒年问题上，新出证据都强力支持了自己的主张。

俞平伯在仔细研究之后，从1964年5月开始，撰写了论文《记毛国瑶所见靖应鹍藏本〈红楼梦〉》，长三万余字；接着又写了《记"夕葵书屋石头记卷一"的批语》，一万多字。

这两文写成后，正赶上1964年夏季的那种形势。因为"近来文艺整风"，俞平伯估计不能很快发表，"我不拟垄断材料，但在此文刊发前，外面已有些不很全面、不甚正确的材料也不好。"前一篇文章寄给了双季刊《文史》，尚未刊出，便在"文革"风暴中迷失。[10]

那段时间，俞平伯集中精力为毛国瑶和无缘谋面的"靖本"而工作。他热情地与毛国瑶和靖氏父子通信，辅导红学知识，推荐、赠送和借阅书籍。1964年11月，毛国瑶赴北京当面请教，成为老君堂俞家的座上宾。俞平伯把当时刚刚影印出版的线装本《乾隆抄本百廿回红楼梦稿》借给了他。这是比较珍贵的高档书，初版定价七十元，相当于当时中等收入者一个月的工资（周汝昌工资是八十多元），俞平伯并无吝惜。

"夕葵书屋"残叶及俞平伯题跋

第二年初，俞平伯工作需要使用《红楼梦稿》，便于1月25日写明信片给毛国瑶，请他还书。这部书体大而贵重，不便邮寄。恰有靖家邻居陈家兄弟（陈慕劬、陈慕洲）从工作地内蒙古回南京过春节，返回时要路过北京转车，毛国瑶便将《红楼梦稿》包好，托陈家兄弟捎到北京还给俞先生。二陈并没有翻阅里面的书，只知道与《红楼梦》有关。车到北京，女儿俞成接到电话，去火车站把书取了回来。1965年2月6日，俞平伯再写明信片给毛国瑶，告知《红楼梦稿》已经收到。

这个托人还书的过程看似平淡无奇，却又将引出一桩案中案，在二十年后发作。

毛国瑶红学知识渐增后，于1964年下半年相继向周汝昌、吴恩裕和吴世昌三位红学家发信，通报"靖本"消息。其中，周汝昌的反应最热情，多次与毛、靖两家通信索要材料。如1965年元旦致靖应鹍信："我愿意强调向你说明，您家收藏的这部《红楼梦》，恐怕是二百年来所发现的各种旧抄本中最宝贵的一部。……它的价值是非常高的。"周汝昌还想通过毛国瑶介绍，找俞平伯了解情况，这就有点奇怪。俞平伯在1月9日信中回复："周汝昌与我本相识，如要来，尽可自来，自无须您来函介绍也。"至2月12日，"周未来过"。周汝昌以四哥祜昌的名义，向毛国瑶要了第二张"夕葵书屋"残叶照片，然后，他未经毛、靖允许，抢先于1965年7月25日在香港《大公报》"艺林"副刊，发表了《红楼梦版本的新发现》，首次向外界披露了"靖本"。（这时，内地报刊上已很难发表这类文章。）尽管"靖本"批语的内容与周汝昌的观点相悖，他说就更不能"隐瞒反面证据"。

从两年前的陆绘"曹雪芹小像"，到这次的"靖本"，周汝昌都是只看到照片，就迫不及待地匆忙登报公布。类似这种事，将来还会多次印证。

平民靖氏一下子变得海内外知名，但这并没有给他带来什么好处。1966年大乱初起，靖应鹍和毛国瑶都受牵连被批斗，罪名是"里通外国"，几次遭抄家，靖家书籍被抄光。1969年，靖应鹍全家被下放到江苏涟水农村。他们的厄运，很难说与周汝昌无关，因为报道"靖本"的文章是在香港发表的。

1973年，周汝昌在《文物》第二期上发表的《红楼梦及曹雪芹有关文物叙录一束》中，再次介绍了"靖本"。这引起了"半个红学家"江青的注意，她怀疑是靖家或毛国瑶把书藏了起来。1974到1975两年间，从北京、南京多次来人到涟水，向靖应鹍追逼"靖本"下落，威胁利诱，软硬兼施。国务院文化组派来的军代表向靖应鹍做工作，许以拿出书来，可以提前从下放的苏北农村，回到南京来。

其实靖家人自己何尝不想找到书呢？为了找出这部使他们倒了大霉的书，

想尽了一切办法：把屋顶和地板都翻了个个儿；对任何熟人他们都分头询问，突然袭击，见面就说"你前次借去的书看完没有？"什么方法都用尽了，"靖本"依然是音信杳无，如石沉大海。

1974年8、9月间，毛国瑶抄录的"靖本"批语和所附少量正文，经整理发表在南京师范学院文教资料简报上。这是第一次全文公布，我也第一次看到了它。

"曹雪芹佚诗"

《红楼梦》小说中包含大量诗词，显示了曹雪芹卓越的才能，脂批也说作者有传诗之意。那么他在小说以外的自作诗词呢？敦诚诗云："爱君诗笔有才气，直追昌谷破篱樊。"就是说曹雪芹诗的风格近似李贺，只可惜没有完整的诗作流传下来。多亏了敦诚，在《鹪鹩庵笔麈》（见《四松堂集》，这就是1921年胡适找到的原始材料）中记载：

> 余昔为白香山《琵琶行》传奇一折，诸君题跋，不下数十家，曹雪芹诗末云："白傅诗灵应喜甚，定教蛮素鬼排场。"亦新奇可诵。曹平生为诗，大类如此，竟坎坷以终。余挽诗有"牛鬼遗文悲李贺，鹿车荷锸葬刘伶"之句，亦驴鸣吊之意也。

"白傅诗灵应喜甚，定教蛮素鬼排场。"这是曹雪芹仅存的两句诗，是最后的尾联，但全诗是绝是律，余句是怎样写的，却无从查考。这个遗憾，绵延了二百多年。

这便引出了一件有名的现代红学掌故，是"两吴一周"关系的转折点，也是我起意想写本书的最初灵感来源。转眼五十年前事，讲这个故事已经不需要卖关子、留悬念，就按时间顺序，先把谜底剧透了吧。

1970年9月，周汝昌奉"特调"回到北京，貌似急如星火，任务神秘。可是去到文化部留守处和"文化组"报到，却无人知道是什么任务，怎样安排。前文说过这时九届二中全会刚刚闭幕，我猜可能因为会上发生了变故，陈伯达倒台，局势紧张，高层哪还顾得上他一个红学家？周汝昌只好回到空荡荡的人民文学出版社灰楼，打开328房间，里面积尘寸许。他一个人独守三楼，极清静，与别人几乎不发生关系。每天学毛著，听报告，作"讲用"（即开会宣讲"活学活用"毛著的体会），其实就是赋闲无事可做。这样思想就不免开小差，一开就开到曹雪芹头上。

周汝昌突发奇想，异想天开：曹雪芹的诗，就只剩那十四个字可见，无

《四松堂集》中记载曹雪芹仅存的遗诗二句。

福得见全豹。我何不揣摩一下，看能否把它补成全篇？这想法一冒头，便兴奋起来，跃跃欲试，欲罢不能，他真想看看自己能补成什么样子。

周汝昌确实是诗才敏捷，他没用太多思索便有了，因为早已动过脑筋，成竹在胸。他顺手把桌上的烟盒拆开铺平，提笔写道：

唾壶崩剥慨当慷，月荻江枫满画堂。
红粉真能传栩栩，渌尊那靳感茫茫。
西轩笙管心犹壮，北浦琵琶韵未荒。
白傅诗灵应喜甚，定教蛮素鬼排场。

（此为初稿，后有改动。）

一直到年底，都没有给他安排工作的消息，周汝昌只能耐心等待。1971年元旦那天，他给四哥祜昌写信，附上了这首诗。与烟盒上的原稿比较，第三句的"能"改作"堪"，第五句的"笙管"改作"鼓板"。周汝昌对四哥也要玩个游戏，在诗后附言："右雪老题敦敬亭传奇诗全篇也，鑑老试看如何？"

"鑑老"就是四哥。没过两天，四哥回信道：

雪老诗全篇乍看一惊，真有余叔岩阴阳怪气之风致。但不注出处。首句"慨而慷"改"慨当慷"，令人疑。末句"鑑老试看如何"，口吻含混，乃知是老弟笔墨，以试老兄眼力者也……

七 热度篇 417

> 诗腹联转得极自如,月荻句最佳,全篇开朗,声出金石,读之令人意远。茫茫句使我想到"剑横破匣影铿铿"。它句便想不出。又想起"苑召难忘立本羞",想来是两首吧?

周汝昌在过录此诗时卖了一个破绽,一落笔即作"慨而慷",后改"慨当慷"。这显然是受毛泽东"天翻地覆慨而慷"诗句的影响,那时候太流行了。这引起周祜昌的怀疑,识破"老弟笔墨"。

周汝昌很得意,给四哥回信说:

> 芹老断句,独涉琵琶,何人敢补?余实为之。此亦唯祜老知之耳。[11]

周汝昌在北京空荡荡的办公楼里闲得技痒,而吴恩裕还陷在安徽宿县五铺镇的"五七"干校,劳其筋骨,不得脱身。两人书信往还,大抵不离研红考芹的话题。

1971年5月,吴恩裕在信中透露,他发现了曹雪芹著作,引起周汝昌极大关注。但吴恩裕迟迟不肯录示,周汝昌灵机一动,在12月7日信中称:我这里有曹雪芹题敦诚《琵琶行传奇》全诗,咱们交换吧。

这触动了吴恩裕最敏感的神经,他迫不及待,马上抄寄了董邦达序,但不示曹雪芹"自序",并透露还有雪芹的"双燕歌诀",且嘱不要外传(此信详见下节),然后说:

> 知兄得曹题《传奇》全诗,望得此函后,能为抄示,弟亦必不外传也。并请将得自何人?是见于某手稿抑书籍?一并见示为感。
> (12月13日)[12]

吴恩裕显然是不见兔子不撒鹰。然后按周汝昌女儿的说法:

"吴恩裕只抄来董序,父亲当然希望能看到那篇所谓雪芹自序和其他一些资料。看了董序,父亲断定为伪作,便将戏补诗抄与了他,想考验一下他的识力,并叮嘱切勿外传。"

那诗的来历神秘模糊,那信中语言闪烁其词。吴恩裕一向认真,再函询问;周汝昌性喜调侃,虚与委蛇。这样来往问答有几个回合。

周汝昌随诗的说明是:"此诗来历欠明,可靠与否,俱不可知。"(1971年12月26日)见追问再复函:"至其来源,系人投赠,原录一纸,无头无尾,转托人送到。弟不在寓,亦未留他语。使弟一直闷闷,设法探访奇人。事实如此,原诗已奉目,弟绝无珍秘'来路'之意,当荷见信。此与蜡石笔山照片之远投颁惠,同为异事,可为前后辉映。"(1972年1月14日)以上全属虚言,却硬说是"事实如此"。

关于此诗是如何交给吴恩裕的,林东海记录了另一个说法:

> 1976年"文革"结束后,同仁周汝昌曾在人文社古编室叙述他补作"佚诗"的情况,据说是出于好奇,把曹雪芹的两句佚句,补成一首完整的律诗。有一天,吴先生到红星胡同14号周先生家拜访,周先生便把这首补成的"佚诗"写在纸上,交给吴先生。周先生说:"因为平常找吴恩裕借资料,总是不肯痛快地拿出来,所以有意作弄他:'有位青年送来这样一首诗,说是曹雪芹写的,你看像吗?'吴恩裕接过纸条,看也没看就往衣兜里装,匆匆走了。"[13]

此说出于周先生的讲述,更生动,但当以通信为准。

1972年3月,吴恩裕回到北京,与周汝昌几次见面,也有通信,多次追询之下,周汝昌又解释说:"其人原非作伪之意;不过因苦爱芹诗,恨不得其全,聊复自试,看能补到何种水平耳。其诗笔尚可,但内容甚空泛,此其破绽矣。(芹真诗必不如此!)"看这口气,已很像是补者自己的辩解之词了。

那时候,周汝昌正埋头撰写《碎叶考》,吴恩裕则致力于搜集曹雪芹佚著,四处奔波,几近痴迷,周汝昌很佩服吴恩裕的精力充沛。吴恩裕曾提出过两人合作写文,但周汝昌没有响应。

10月14日,吴恩裕到人民文学出版社拜访周汝昌,兴致勃勃,说《文物》月刊同意接受谈芹文章,并代为约稿。吴恩裕自己准备写佚著和"风筝"等,分配周汝昌写"笔山"、"脂砚"等,当然七律"佚诗"全文更是必须的。按周家说法,周汝昌"闻后甚诧异,又不宜峻拒,'正相机应对'"。他答应了约稿,内容尚待考虑。

11月8日吴恩裕来函催促:"弟文颇有改动,……'爱此一拳石'一诗当略涉及。……题传奇折诗大可一谈,何似兄终不愿多谈耶?"

在后来复述这一过程时,周家非常强调吴恩裕两次要求周汝昌在文章中写七律全诗,似乎他只是奉命行事,被动无辜。但是周以假充真、隐瞒来历在先,诱使吴恩裕信以为真,这就能推脱自己的责任了吗?

周汝昌把拟好的题目和提纲初稿,寄给吴恩裕过目。初步分为六小节,其中把"题传奇诗"与据传的一首"雪芹自题画石诗"合并作为附录。虽然两首诗都是"据传",在词气上未加肯定,但终归是准备公开发表。这是周汝昌的一步错棋,若公开发表此诗,便难逃故意作伪之罪。事后,此举成为质疑他的一个把柄。对此周的解释是:因为"根本不相信那样的'画石诗'会是雪芹所作,认为如果这种诗会是雪芹手笔,那么我自拟的七律也可冒充得过了"。

既然"根本不相信",为什么还要写入自己的文章,并捎带上"自拟"诗一起发表呢?倘若发表,那玩笑就未免开得过大,后果难料,周汝昌事到临头又犹疑退缩了，在1973年1月23日致函吴恩裕，27日挂号致函《文物》杂志，决定撤下七律诗。他在2月里修改这篇《〈红楼梦〉及曹雪芹有关文物叙录一束》，3月间将校样分送吴世昌、李希凡、启功、何其芳征求意见。李希凡和启功都建议，把"版本"一节移到前面，以突出重点，也切合标题。此文改后的顺序为：一、版本（即"靖本"）；二、笔山；三、图章；四、砚石（即"脂砚"）；五、画像（即河南陆绘）；附录程伟元画扇。此文发表在《文物》1973年第二期上。

这篇先写后删的提纲初稿，是"佚诗"流传过程中的一个重要症结，让吴恩裕无法理解，被吴世昌揪住不放。后来吴恩裕在《曹雪芹佚著浅探》书中质疑："然余所最不解者则为：倘系汝昌自补，何以……提纲初稿中，竟有解释该'全'诗一节？以故余彼时认为：此六句诗当然非彼所补。虽其后汝昌又函余将该节取消（该文提纲《文物》编辑部未看到），倘非出自曹氏而系彼自己所补，即提纲初稿亦不应写入也。"

3月下旬，在文章已经定稿，即将付印之际，周汝昌接到吴恩裕一信：

> 前函敬悉。前日世昌兄来访，畅谈数小时……兹有一事，甚为抱歉，特奉告。兄寄弟之雪芹题敦诚"琵琶行传奇"一折诗，弟原抄于保存雪芹其他佚著之本子上，并写明"×年×月承周汝昌兄见寄……"等字句。某次，研红同志来访，偶因检查该抄本上之雪芹《南鹞北鸢考工志》自序，持该抄本以示之。不意他们翻到抄兄所寄诗之一页，弟当时绝不便阻拦，遂只有听其翻看。故前嘱：不能定其真伪，暂勿示人云云，无意中失约，万乞吾兄鉴谅为幸。弟意兄能加入为《文物》所撰之文中，即补为附录，亦未为不可也。若能插入正文则更好矣。(1973年3月20日) [14]

从吴恩裕处偶然发现并抄走"佚诗"的，是陈毓罴。然后，他又传给了吴世昌。至此，该诗的流布人间，已经势不可免。

那时的《文物》刚刚复刊，出版时间尚不准时，第二期迟至5月份才出版。我当时就买了一本，在第一时间拜读。

就在写作和修改这篇文章期间的1973年1月，周汝昌收到了上级指示重印《红楼梦新证》的通知。

吴恩裕承认他是文学的外行，虽然写浅近文言尚能驾轻就熟，但缺乏形象思维，对文气和诗格基本上无感。他对所有涉曹之物的态度是宁信勿疑，多多益善，关注的只是"佚诗"来源。而吴世昌是文学的科班出身，专研古典诗词几十年，对自己鉴赏古诗的能力极为自信，对此诗的艺术水平激赏不已，欣然折服，以致认为来源可以忽略。另一方面，他又对周汝昌的诗词能力严重低估,甚至嘲弄周汝昌连平仄和律诗是八句都不懂。他给周汝昌来信称:"弟细读后敢决其为雪芹所作,虽悬万金亦无人能作伪到如此高度也。"周汝昌阅此,能不大笑三声?

不久吴恩裕来信说:

> 今日下午世昌兄来访坐谈两小时,对曹敦等作彼亦与弟等之意见相同,认为作伪不得也。必要时彼亦参加讨论……弟曾有只讨论不公开"论战"之意,闻蓝翎同志亦有此意,认为他们又要把我们引入"考据"之争云云。弟以为此实有远见之言,未知兄意云何?[15]

把别人搅得乱作一团,始作俑者周汝昌却置身事外,作壁上观了。他开始为《红楼梦新证》再版忙得不亦乐乎,后来眼睛又出了大问题,更无暇他顾了。

当佚诗"刚刚在少数几个人中传抄之时",年轻的红学爱好者胡文彬和周雷曾一起去访问周汝昌,请教释疑。周汝昌对他俩说,"佚诗"是一个陌生人送来的,他当天就记在了日记上。马上翻出日记为证,且言之凿凿。当时周汝昌还说"全诗写得非常好,非雪芹,他人不能作"。胡文彬在很长时间里都相信不疑,他认为周汝昌没有必要编故事。

俞平伯在1973年4月26日、6月7日给毛国瑶的书信中,曾谈到这首诗:"周君新作未见,却闻传雪芹'白傅诗灵'诗之全篇,真伪不可定,足下必见之矣。""来历不明,疑是后人所续,亦不宜向外传布。"再如上海复旦大学教授赵景深于1974年5月8日致信林东海,"附赠曹雪芹的七律一首,请检收",并进行了简要的注释。他说"这首诗是吴世昌先生传出来的"。在1976年1月吴世昌致友人信中,他这样介绍诗的来源:"发现曹逸诗的人把此诗抄去给周汝昌,周不在家,他留下了诗,却没有留下姓名地址,所以无法查核是谁。"吴世昌还说,周汝昌曾将此诗"抄寄上海、西安、杭州各地《红楼梦》的爱好者"。

据记载,此诗首次刊载,是1974年8月上海人民出版社《出版通讯》编辑组的《评红楼梦》书中,作为附注云:"最近北京发现曹雪芹这首题《琵琶行》传奇全诗:……因系传抄,未明出处,故暂附注于此。"记得我第一次看到它,是在洪广思著《阶级斗争的形象历史》书中(人民文学出版社1974年10月初版),也是在比较靠后的一则页下脚注里,意有保留。

正式公开的全诗八句为:

> 唾壶崩剥慨当慷,月荻江枫满画堂。
> 红粉真堪传栩栩,渌樽那靳感茫茫。
> 西轩鼓板心犹壮,北浦琵琶韵未荒。
> 白傅诗灵应喜甚,定教蛮素鬼排场。

吴恩裕在《曹雪芹佚著浅探》成书时，这样记述当时社会上的反响："全诗既出，士林竞相传诵，《红楼梦》资料书，几无不翻印、注解，且复为文考释。近日颇有谓前六句为伪补者，又有谓为确系曹作者，一时视听颇乱。"

笃信为真、为文考释者，就是吴世昌。他和上海的徐恭时多次通信探讨，合作撰写出详细的笺释、论证和评价文章，题为《新发现的曹雪芹佚诗》，发表在1974年9月印发的南京师范学院《文教资料简报》增刊上，1975年第一期《哈尔滨师范学院学报》又予以转载，可谓南呼北应，传诵一时。吴、徐认为："从这诗的思想性、艺术性，以及韵律、技巧等种种方面加以考察的结果，认为这是雪芹原作，绝无可疑。"他们毫无保留地盛赞"雪芹此诗，是思想性和艺术性高度统一、浑成的优秀范例"，可以用此诗"作为衡量别的相传是曹诗（如果还有的话）的尺度"。

在批林批孔的肃杀秋风中，这首诗的流传，掺进了一笔暖色，一段抒情曲。但是，对一首来源不明的诗，真能够仅凭艺术分析来鉴别真伪，判定作者归属吗？诗又不是瓷器玉器青铜器，没有物质的属性和特征，文学与文物的鉴定方法怎么能通用呢？话说得太满，就留下了隐患。

《废艺斋集稿》

吴恩裕发现的《废艺斋集稿》等材料，与周汝昌传出的所谓"佚诗"相伴而生，互换流传，就如同你有宝玉，我有金锁，倒像是一对儿呢！

早在1971年5月，吴恩裕从安徽干校写信给周汝昌，说他发现了曹雪芹的著作：

> 《考工志》有别人看到，我已晤及。但还弄不十分清楚，再深一步追索。题者不止董邦达，董邦达也不止题一个。据说在首图卷内也有董题云云。

周汝昌以有曹雪芹全诗相诱，提出交换之后，吴恩裕在12月13日抄寄董序，同时在信中说：

> 关于曹著《南鹞北鸢考工志》董序，是这样：我在文化大革命前，即有一孔君以书之见示，……均因其离婚爱人持去销毁，而无从觅得。……文化大革命中孔君见访，以董序及曹之自序残篇见示，且有一些雪芹自撰之扎、画风筝的歌诀。……至于雪芹那篇自序却是残稿，因下来时什么都没带来，……据云原稿是雪芹自书，字体是草书。……此函不足与外人（包括世昌兄）道也。[16]

周汝昌后来说，他从一开始就疑其不真，看了董序后断定为伪作，但他当时没有讲。然后两人分工完成了1973年《文物》杂志第二期上的两篇曹学文章,在文化界引起轰动。

吴恩裕文章的题目是《曹雪芹佚著及其传记材料的发现》。据他介绍,这部佚著总名《废艺斋集稿》,共分八册:第一册关于金石;第二册题目是《南鹞北鸢考工志》,专讲扎、糊、绘、放风筝;第三册讲编织工艺;第四册讲脱胎工艺;第五册讲织补;第六册讲印染;第七册讲竹雕;第八册讲烹调。原稿系抗战时期一个日本商人金田氏从一清皇族手中买得,借给在北京北华美术学院任教的日籍教师高见嘉十。提供材料的这位匿名"抄存者",是高见氏的学生。

吴恩裕说,现存留下来的部分,有《集稿》中《南鹞北鸢考工志》的彩

传《南鹞北鸢考工志》"自序"双钩摹本,有人认为是曹雪芹笔迹。

绘风筝图谱摹本、扎绘风筝的歌诀、《考工志》的"自序"、董邦达序,和曹雪芹的《自题画石》诗,还有敦敏写的《瓶湖懋斋记盛》。曹雪芹在"自序"中称,他编写《南鹞北鸢考工志》,是"为今之有废疾而无告者";董序亦说:"曹子雪芹悯废疾无告之穷民"。敦敏的《瓶湖懋斋记盛》,记录了乾隆二十三年戊寅腊月,有曹雪芹参加的一次聚会,描写了曹雪芹烹调烧鱼、鉴定古画、教习残疾人于景廉学做风筝等情节。这些材料,是在《红楼梦》以外发现的曹雪芹的唯一著作,以及生活记载。如果真实可靠,它们对研究曹雪芹的思想,进一步理解《红楼梦》的创作,会有重要意义。

　　问题就在于,这批材料是否真实?吴恩裕当然确信无疑,但持怀疑态度的也不乏其人。

　　吴恩裕把《南鹞北鸢考工志》曹雪芹"自序"的双钩摹本影印件给了周汝昌一份,周见其字是钟王及章草法,自己不敢断言,就向启功请教。启功在1972年10月18日回信说:"双钩曹氏书,草法既有误,又乾隆人而作章草,俱大有研究余地也。此疑恐未可遽与吴公言,必目验而后有权发言耳。"[17]

　　1973年初,吴恩裕曾经主动上门,到人民文学出版社古典文学编辑室推介他的新发现,由林东海接待。林东海记他的形象是"一位衣着素朴面有菜色的老者",从包里掏出二十多张照片,摆了一桌子,其中主要是据称曹雪芹设计的风筝图案,还有笔山、脂砚和脂评残片。林东海当时凭直观感觉,认为风筝图案显示现代西洋画法,不可能是清朝人的技法;而笔山、脂砚一望而知是假古董,或托古以自售,或托古以自娱。脂评残片就是后来所称的"夕葵书屋"残叶,林东海当时手头正好有从同仁周汝昌处借来的甲戌本《石头记》,当即拿出来核对,发现差别,不知孰是孰非。林东海心中基本否定,而吴先生似乎都信以为真,说"这些材料,我正在写文章,拟在《文物》杂志上发表。"

　　1973年5月,"学部"文研所的陈毓罴和刘世德写出质疑文章,对吴恩裕的发现提出种种疑点。他们说从遣词造句和文章风格上看,"曹序"、"董序"、"敦记"三篇文字如出一人之手,因而不可能是曹雪芹、董邦达、敦敏的手笔。他们甚至查到了乾隆年间北京地区的《晴雨录》,认定"除夕冒雪而来"是不可能的。至于《自题画石》诗,他们从富竹泉的《考槃室诗草》中找到了该诗。(几年后才知道,向吴恩裕提供材料的"抄存者",就是富竹泉的外孙。)但是陈、刘的质疑文章在当时无法发表,只能以油印稿在红学研究者中传阅。

　　当时还很年轻的红学研究者胡文彬和周雷,倾向于新材料是可靠的,他俩合写了一篇《曹雪芹佚著废艺斋集稿析疑》,就陈、刘提出的各种疑点,一一剖解说明,替吴恩裕回答了质疑。这篇为正方辩护的文章,却是可以在《文物》上发表的。从外表看来,仿佛是无的放矢。

却原来，晚年的毛泽东，仍然在关注着《红楼梦》。据说他看到吴恩裕的文章后，说："曹雪芹这个人还是不错的，能够帮助穷人"。但陈毓罴、刘世德哪里会知道这一节？他们只当是学术问题，写出了质疑文章。在批林批孔的紧张日月里，在"学部"的大院之内出现了大字报，称"陈毓罴、刘世德炮打无产阶级司令部"，声言要揪黑后台。这样关于"曹雪芹佚著"的真伪，还怎么能公平地讨论呢？

今人可能无法想象，在那时，学术问题与政治问题搅合在一起，是不可分割的。无论《废艺斋集稿》还是"曹雪芹佚诗"，乃至顺便沾光的"曹雪芹小像"，都被视为"无产阶级文化大革命的胜利成果"。其间的逻辑关系大致如下："文化大革命"破坏了很多旧文化；所以受到来自国外的批评；所以必须有实例来驳斥谬论，显示成果——即使没有也要造出来；所以就在1973年前后出现了一批文化成果，如郭沫若的《李白与杜甫》，如被他肯定的"坎曼尔诗笺"（后查明是伪造），与曹雪芹有关的"佚著"、"佚诗"和"小像"，更是杰出的代表。那么，如果否定它们，就是否定"无产阶级文化大革命的胜利成果"，谁吃罪得起？

其实，对曹雪芹的"佚著"，应该跟所谓"佚诗"一样，追究其来源。但是吴恩裕一直掩盖着来源提供者，这个神秘的"抄存者"为什么藏而不露呢？

香山正白旗老屋

我们还记得，1962年的曹雪芹遗迹调查组就曾到香山健锐营一带调查过，可惜一无所获。1963年，吴恩裕等又到健锐营镶黄旗采访老人张永海，听来了很多关于曹雪芹的传说。那以后，这一带沉寂了八年。没想到也是在1971年，像是要跟"佚诗"和"佚著"同时凑趣，三足鼎立一般，在香山健锐营的正白旗村，又冒出来一个所谓"曹雪芹故居"。

事发的地点是正白旗村三十九号（原为三十八号），屋主叫舒成勋，他说原名是舒舍予，因与作家老舍同名而避让改了名。祖上是正白旗舒穆鲁氏，房子是他家世代相传的，据说已有二百多年。1971年，刚从北京二十七中退休的舒老师返乡居住。此时，这所老宅已破败不堪，北房西头单间的檩条都断裂了。舒老师闲来无事，决定好好拾掇拾掇这所老房子，他就和老伴一起动手了。在拆旧的过程中发现了古迹，时间是1971年4月4日。

那天舒成勋进城办事，老伴儿陈燕秀独自在家收拾西屋，准备修房。她在搬床时，把西墙的灰皮碰掉了一块。墙皮剥落处，隐约可见有墨笔写的字迹。陈燕秀出于好奇，试着把墙皮一点点揭下来，字迹越揭越多，半天工夫，露出了写满字的大半扇西墙。老太太有点儿害怕了,家里揭出了这些"四旧",会不会带来麻烦呀?

等天擦黑舒成勋从城里回来,在手电筒照射下,看见了满墙的字迹。字句布局有序,排列整齐,有长方形、扇面形和菱形。仔细一读,是六首诗和一副对联,还有两处落款——"拙笔学书"、"学题拙笔"。字迹大都清晰完好,墨色如新。其中写在墙面正中央的菱形对联最为引人注目:"远富近贫以礼相交天下少,疏亲慢友因财而散世间多。"后缀:"真不错。"

第二天,舒成勋把外甥郭文杰找来,为题壁诗一一拍照。毕竟是在那个年代,他赶紧把家中发现题壁诗的事报告给了街道。老舒是中学老师,他暗中想到,这诗可能与曹雪芹有关。

能够在题壁诗与曹雪芹之间引发联想的唯一迹象,就是这副写在西墙正中央的菱形对联。在1963年张永海老人讲述的关于曹雪芹的故事中,提到有一个叫鄂比的旗人与曹雪芹关系很好,曾送给曹雪芹一副对联:"远富近贫以礼相交天下有,疏亲慢友因财绝义世间多。"这传说中的对联与舒家墙上发现的,只有三字之差。而且张永海还说过,曹雪芹是先住在正白旗,后搬去了镶黄旗上坡。

虽然时值"文革"中期,但是有关曹雪芹《红楼梦》的发现还是倍受重视的。5月13日上午,哲学社会科学部"军宣队"接到民盟中央的电话,讲正白旗老屋发现壁上题诗,"据传说是曹雪芹题的",希望能派专家给鉴定一下。这时候,俞平伯、吴世昌等已经从干校回到北京四个月了,俞平伯年事已高,行动不便,吴世昌便随军代表一起,当天下午前往现场考察。

吴世昌看过之后,得出的结论是:这所旗下老屋与曹雪芹无关。他在事

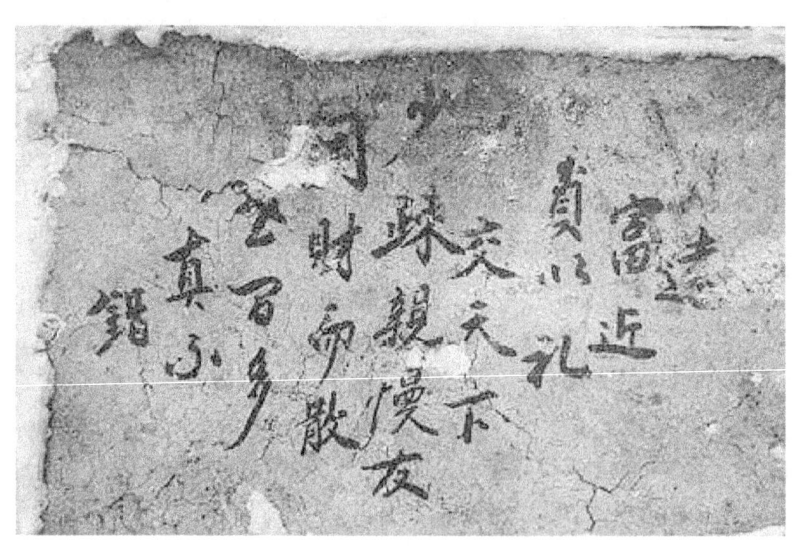

题壁诗中的菱形对联

后上交的书面报告中写道:"题诗者并不署名,只写'偶录'、'学书'、'学题',可知是抄录他人的诗。从其抄错的字,可知他并不懂得做诗的技巧——平仄(例如'底'误写为'低'),文理亦不甚通顺,他所欣赏选录的'诗'都很低劣。他的书法是当时流行的所谓'台阁体',软媚无力,俗气可掬。录者大概是一个不得意的旗人。这些题诗,一看即知与曹雪芹无关。"

除了内容不对,还有时间不合。一则扇形题诗记有"岁在丙寅清和月下旬",有清一代只有四个丙寅年,曹雪芹在世时的只有乾隆十一年(1746年)。根据史料和传说,乾隆十一年曹雪芹还没有进右翼宗学,更没有移居西山。因此吴世昌认为,题壁诗绝不可能与曹雪芹有关,其年代可定为嘉庆十一年(1806年)。

俞平伯看过吴世昌的报告,深以为然。他在文后加写了《俞平伯附书》:"我没有去西山实地考查,读了吴世昌同志的报告,非常清楚。壁上的诗肯定与曹雪芹无关。虽是'旗下'老屋,亦不能证明曹氏曾经住过。吴的结论,我完全同意。如另有字迹发现,用摄影保存,无碍于拆建。"[18]

那时候,只有舒成勋自己坚信不疑。据他说在6月9日,北京市文物考古队派人来,把写着题壁诗的墙皮给揭走了,只剩下一墙黄土,遍地碎灰。舒成勋的疑问是:如果这些题壁诗与曹雪芹无关,毫无价值,为什么要派文物队揭走呢?既然揭走了,不就是文物吗?

他把外甥拍的照片贴在墙上,把小西屋布置成了一间陈列室。这消息不胫而走,在北京城流传。最为关注的,当然是吴恩裕。

1973年11月6日,吴恩裕带领着近二十人,分乘四辆小轿车奔赴香山,在那年间是罕见的大阵仗。这些人来自《人民日报》、《光明日报》、人民出版社、人民文学出版社、中国历史博物馆等五个单位,林东海是其中之一。车直接开到卧佛寺东南的正白旗,在老槐树下的三十九号院停下来。那是一座非常普通的平房,不是四合院,而是横向展开,院子不算大,房间却不少,都是小房间,可想而知是当年健锐营的营房。

房主舒成勋热情地表示欢迎,领大家进屋,到了偏西的一间小房,指着西墙讲解,介绍了剥墙见字的过程,说有些字已被北京市文物工作队取走,现在墙上还有一些,"你们研究研究,跟曹雪芹有没有关系?"

来者都是文化人,仔细地读了墙上的诗文,和中间那副写成菱形的对联。吴恩裕介绍说,这对联和以前张永海告诉他的鄂比赠给曹雪芹的对联,就几个字有出入,可以印证张永海的说法。一起考察的二十来人只是默默地看和听,没有谁开口附和。

正白旗三十九号老屋旧貌

林东海是专研古典诗词的，看后总的印象是比较浅俗，认为当是乡下秀才所写。如果说《红楼梦》是曹雪芹写的，那么这些文字便不可能是他写的，与《红楼梦》中的诗文相比，真有天渊之别。那副对联是有感于人情冷暖而发，并没有什么特别的深意。如果写在自己的门上或墙上，还可以理解，拿来赠人便很不得体，会引起受赠方的反感。所以张永海的说法很可怀疑，鄂比如真的把这对联赠给曹雪芹，岂非怀疑曹不够朋友吗？这可能是流传在北京西郊的一副对联，舒成勋墙上所书，当是原创，张永海所述，是翻版，已经走样了，对仗不如原创工整。民间传说多半是一种创造性的附会，这是自古而然的，拿来作为历史考证的依据，可能会把事物的本来面目弄得更加玄虚，更加不着边际。而吴先生的所谓"曹学"，却喜欢到民间去搜罗那些传说，然后再找些似是而非的东西来印证，于是深信不疑。所谓曹雪芹故居的考定，就是如此。

出了舒家院子，来到槐树下。吴恩裕挥手指向卧佛寺北边的那一座山，说："当年曹雪芹曾经翻越这座山，到白家疃安家。我们到白家疃去看看。"于是一行人又去考察了白家疃。这个地名的根据，是来自"佚著"中的《瓶湖懋斋记盛》。

跟着吴先生一路走来，林东海有一种感觉，吴先生的考察，似乎老停留在想象阶段，很少进行推理判断，否则不可能作出这种难以置信的结论。

吴恩裕还说，他曾在正白旗一带寻找过曹雪芹的墓地，有一座墓有点像，但不能确定，所以没带大家去看。林东海认为，沿着吴先生想象的路子走下去，找到曹雪芹的墓并不难，而且按中国人的习惯和习俗，也一定会跟着认定，每年清明还会照例去扫墓。就历史事实来说，这些遗址和墓地多数是假的；就人情物理来说，应该是真的。中华大地上许多人文景观，几乎都在虚实真假之间，这和历史经学化，经学历史化，历史文学化，文学历史化，经学文学化，文学经学化的传统不无关系，所以不能绝对确定，也不能轻易否定。不过当你把《红楼梦》这样一部文学作品"史学化"之后，又要用"文学化"的民间传说作为考证的依据，似乎有点不太和谐。[19]

1974年秋天，冯其庸正住在香山上的洪光寺里，写"洪广思"写作组的文章（见下节）。他们听说正白旗那里发现了曹雪芹的遗址，就大家一起去看，经十八盘磴道下山，走不远就到，这真是近水楼台了。"我第一次去看的时候，当然觉得很好奇，要真是有曹雪芹原来的住房发现，那可不得了。结果下去看了以后，却觉得难以置信。"刚好老朋友古建筑专家陈从周到北京来，冯就请他一起去看。陈从周的意见是，房子到不了乾隆时期，但是拆建过。有题壁诗的墙可能是旧墙未拆，重新利用，也就是说墙比房子老。但是否能早到曹雪芹的时代，无法断定。

正白旗村地处香山卧佛寺和北京植物园之间，郊游顺便而来很方便。舒成勋在此设坛几年，各方的参观者络绎而来，数年里竟达几万人次。当然有不少文化界人士或红学家来看过，看后或当面否定，或不置可否，或虚言搪塞，或笑笑而已。只有张伯驹先生是个例外。

像张伯驹这样的前朝遗老当然躲不过"文化大革命"，他在北京遭抄家，在长春挨批斗，被隔离审查八个月。1969年冬天，发配到吉林省舒兰县农村插队落户，但当地因嫌其年老失去劳动能力而拒不接收，张伯驹、潘素只得无奈地回了北京。他在什刹海南沿的小院已变成了大杂院，张家被挤到尽东头的一间十平方米小屋里。他们在北京成了"黑户"，一无户口，二无粮票，只能靠出卖家产，或亲朋接济度日。可叹当年一掷千金买书画，并无私捐赠给国家的"贵公子"，竟落得一贫如洗。但是张伯驹"不怨天，不尤人，坦然自若，依然故我"。（王世襄语）

1972年1月陈毅追悼会上，张伯驹所作七十二字挽联受到毛泽东的注意。陈毅夫人张茜在极度悲伤中，还乘机介绍了张伯驹的困境。不久，张伯驹的工作和生活条件都得到改善。

1975年10月4日，张伯驹携友人游历香山一带，遍览与曹雪芹有关的正白旗、白家疃等地。他们在参观舒成勋的小院时，看到展出的外甥所拍题壁诗照片。张伯驹认为从书体上看，题壁诗系乾隆时人所书。回城以后，他填《浣溪沙》词一阕：

秋气萧森黄叶村，疏亲远友处长贫，后人来为觅前尘。

刻凤雕龙门尚在，望蟾卧兔砚犹存，疑真疑幻费评论。

词后注云：

乙卯八月晦日，往访西郊正白旗，传为曹雪芹故居。北屋四间，墙壁上发现书联、书扇面诗，更有玉兔砚一方。东室有雕刻之隔扇。余非研究《红楼梦》者，只研究书画文物以考证历史。按，发现之书体诗格及所存兔砚，断为乾隆时代无疑。是日，同游者有萧钟美、夏瞿禅（即夏承焘）、锺敬文、周汝昌、周笃文、李今及室人潘素等。时西风渐紧，黄叶初飘。

同时他还作有《减字木兰花·和瞿禅同游西山，并访曹雪芹故居》，在题目里就径称"故居"了。[20]

张伯驹对曹雪芹西郊故居甚为关注，不自今日始。早在四十年代，张伯驹在他收藏的《楝亭图》上题跋，有句云："红楼一霎风流梦，蔓草荒烟何处寻。"

1975年秋游北京西山，左起：周笃文、张伯驹、夏承焘、任二北、张夫人潘素、萧钟美、萧夫人王志渊、夏夫人吴闻、黄君坦、徐邦达、周汝昌。　吴常云　摄

自注:"雪芹后居海淀。予居海淀时,欲寻其故居,蔓草荒烟,不知在何处矣。"所以一旦有了指认的"故居",他的兴趣格外浓厚。

据我所见,张伯驹是那时的文化名人中,唯一对"曹雪芹故居"说表示接受者。那一天周汝昌参加了结伴同游,但他显然并不认同此说。

既然参观者众,除文化人以外,也有文化程度不高的民众爱好者兴趣浓厚,主动交流,这就使舒成勋结识了几个同道者。

1977年秋,北京工人张行到卧佛寺写生,经过舒家时到屋里参观。见到墙上的"拙笔学书"四个字,若有所思。他来了几次,终于与舒成勋相见,请教了"拙笔"、"处士"是什么意思。不久后,一位叫孔祥泽的先生又来舒家,他就是向吴恩裕提供《废艺斋集稿》的抄存者。由于题壁诗展室的机缘,便把舒成勋、张行、孔祥泽和吴恩裕诸人都联系了起来。

在七十年代,笔者本人也听说过这个所谓的"曹雪芹故居",一看过材料就失去了兴趣,始终没有去。但是我因某种机缘,去白家疃亲身看过。

在本书中,我一般只是客观叙述,现在忍不住打破惯例,说说自家看法。第一,正白旗老屋只有一线关联能扯上曹雪芹,那就是鄂比对联,可是它只是出自张永海讲述的口头传说。它充其量能证明香山一带确实有这样的对联在流传,却无法证明它一定属于曹雪芹。第二,有人说这房子的年代够乾隆(陈从周说不够),某些物件够乾隆,字体写法够乾隆,但是即使这些都对,又怎么能确定到曹雪芹头上?吴世昌判断其为嘉庆年间物,应属可信,从物质形态上嘉庆与乾隆是难以区分的。第三,只要稍微具备一点文学和书法鉴赏水平,就能看出题壁诗的文义浅陋,书法稚弱,有错字,排列形式似游戏。这是文化粗浅者的自娱自赏,绝不可能是文豪的遗墨。在明眼人看来,这些恰恰证明了其"非雪芹"。如果看不出这二者之间的文野之分,雅俗之别,那我无话可说。第四,后来经赵迅查出,题壁诗中的多首,抄自《西湖游览志》、《东周列国志》、《六如居士全集》及《水浒传》等,就可以确认与曹雪芹无关了。如果一个中学生去抄录他喜欢的诗文警句,当然可以理解,却怎么能设想一位成熟的大作家去做如此无聊之事呢?

到此时为止,正白旗三十九号仍不过是一座老屋而已。那它后来怎么能弄假成真,点铁成金了呢?舒成勋还要等待一位贵人的出现。

27 非常评红热

1971年5月14日，就是吴世昌去香山正白旗实地考察的第二天，俞平伯按照安排，在"学部"内部的学习会上讲《红楼梦》。

那时，"学部"的大队人马还在干校，只有少数老弱专家受照顾提前回到北京，被组织起来学习，人数不过六七人。于是打破各所界限，安排各人讲各自专攻的问题，相当于每周五办一次讲座，"颇像古语所说'切磋'者"。有历史所翁独健讲"让步政策"、农民起义，语言所吕叔湘讲文字改革，哲学所杨一之讲一分为二、合二而一等。俞平伯在给儿子的家信中写道：

> 五月十四日我谈了《红楼梦》的"自传说"，作为自我批判谈的，但也讲了一般性的批判，约一个半小时。（本来治《红楼》的还有吴世昌，将于另一次谈。）……
>
> 吴世昌写了《红楼梦识小录》给我看，其中说到宝钗、麝月命名之解释。又说到贾芸，以芸草的训诂有使死者复生之义，就说后回中宝玉下狱，以小红、贾芸、倪二等人而得救，出于想象未免附会。关于《红》的研究，始终是那么一种"红学"的气味，虽经过运动，大加批判，而读者们的兴味仍如故也。我实不愿再谈这个，但有时亦不能不谈，如上言星期五讨论事，关于文学方面，班上拟了这个题目，我亦责无旁贷，得讲一点，好在着重自我批判，不会出什么毛病的。[21]

吴世昌也确实讲了，不仅讲《红楼梦》，还有那个年代流行的"讲用"。1972年5、6月间，钱钟书写信告诉仍在干校的同事陈骏涛："吴教授曾向留守人员作讲用，微闻国务院大会未选中，故另一吴教授比之为'只中进士，未点翰林'。讲后普遍反应是'使人觉文饰不朴素'，甚至说'搞文学的人结习难改'。"这里的两个"吴教授","讲用"者是吴世昌,点评者为吴晓铃。[22]

那是一个"封资修"旧文化绝迹,万马齐喑的非常年代。没想到两年之后,《红楼梦》会卷土重来,逆势掀起一场评红热。

1972年,是十年"文革"中间的一个缓冲年,类似"中场休息"。在林彪"折戟沉沙"之后,周恩来提出要批判极左思潮,并力图恢复秩序,重建文化。所以在那时举办了"文化大革命期间出土文物展览",重新出版《红楼梦》等四大古典小说,《文物》、《考古》等杂志复刊,包括吴、周的曹学文章得以发表,都是出于这个政治大背景之下。这个转折本来是好事,可惜后来又转了向。

1972年8月25日至31日,江青在广州,与来访的美国纽约州宾汉顿大学历史系副教授洛克珊·维特克(Roxane Witke)谈话,耗时六十多个小时,整理出的记录稿长达几十万字。当年12月,周恩来严令封存全部记录稿。但不知道为什么,后来竟流传出一篇江青同志谈《红楼梦》问题,就是这记录稿的一部分,有一万余字。现在在网上拍卖中,还能偶尔看到当年的物证,有某大学的油印件,有某青年红学家的复写稿。

1972年8月,江青会见美国教师维特克,姚文元陪见。

因为是口述的记录，能看得出她思路的混乱、观点的偏颇，还有知识性错误及满篇的卖弄和吹嘘。但是必须承认，江青看过不少书，涉及到不少红学专门知识。她说："《红楼梦》我读了多少遍不记得了，大概七遍以上，到延安以前看过三次。""你们不要以为我是红学家，我只承认我是半个红学家。"对《红楼梦》的内容，她说"从一个贵族家庭的角度来描写阶级斗争，这部书涉及到二十余条人命"，"这个荣国府统治集团里母党与父党斗争，母党胜利了"。她自称研究过各种版本，谈到了甲戌本、庚辰本、戚序本，乃至《金玉缘》和藤花榭本。[23]

还有前文所叙，江青在五十年代曾借来《脂砚斋重评石头记》并组织人抄写副本，在六十年代明确不赞同恭王府就是大观园；以及后文将讲到的，称"两个小人物"只是 only one 等情节，也都是在这次谈话中透露的。

江青的这个讲话，成为一两年后评红热滥觞的导火线，也成为那个年代里写作评红文章，所必须暗中遵奉的宫闱密旨。

1973 年 10 月，毛泽东在一次会议上讲：《红楼梦》是写阶级斗争的，谈情说爱是为了打掩护。同年底，中央决定八大军区司令员对调。12 月 20 日，毛泽东在召见各大军区负责人时，问许世友看过《红楼梦》没有，许回答说看过。毛泽东说：《红楼梦》要看五遍才有发言权。中国古典小说写得最好的是《红楼梦》，你们要搞点文，文武结合嘛！"评红"因此而形成运动，进一步扩大加强，席卷全国。

我们已经知道毛泽东主席喜读《红楼梦》，他关注有关《红楼梦》和红学的一切。传说他曾经在一部人文社五七版的《红楼梦》上作批；他多次督促部下、亲属和身边工作人员读它，"把《红楼梦》当历史读"；多次在讲话中肯定和引用《红楼梦》。所以，《红楼梦》才得以在"四旧"的废墟中独善其身，成为唯一正面的、可读可评的古典文学作品。毛泽东的话一言九鼎，他的指示成为那些年研究评论《红楼梦》的指路灯和保护伞。[24]

李希凡记得，七十年代初《人民日报》或新华社内参上出现一条消息，上海工人造反派批判《红楼梦》是一本黄色书，很快得到姚文元的批示：这是完全错误的观点，要加以纠正。

除此之外，还可以分析出几个原因。

其一，"批林批孔"和"评法批儒"运动随即展开，在 1974 年达到高潮，这是有深刻政治斗争背景的重大现实运动。反正都是借古讽今，指桑骂槐，借古人的酒杯，浇自己胸中块垒。《红楼梦》中的包罗万象，丰富内涵，它的可索隐可考证，可见排满可见宫闱秘事的特质，正为此时身负重任的"御用"学士们，提供了最适合生发附会、影射联想的基础素材。评红热，是乘上了"批林批孔"的大潮，与"评法批儒"并驾而起的。

其二，我们的红学家们，在"文革"前期和干校中被整苦了，斯文扫地，尊严无存。但他们在暗地里，仍然心系研红，不愿或忘。冯其庸的静夜抄书，吴恩裕的干校探佚，乃至周汝昌的闲补"佚诗"，就都是明证。一旦稍获官方肯定，专长再得信用，怎能不感恩戴德，竭诚报效？当然也可能是暗度陈仓，种自留地。吴恩裕、周汝昌1973年初在《文物》杂志上发表的两篇文章，是多年沉寂后的首次发声，对他们自己，是重操旧业；对其他学人，是探路先驱；对整体形势，则推波助澜。应该说在1972年最初安排时，还是扭转极左思潮，重振文化事业的良好意图，但发展下去，红学便被大潮所裹挟，由不得自主了。在后来的评红热中，除了影射批判文章之外，各地高校还整理印发了一批比较纯粹的《红楼梦》研究资料（如南京印发的"靖本"材料和"佚诗"文章，如杭州编印的《红楼梦》诗词曲赋评注等），都属于知识分子们自发的业务复苏。

其三，经过七八年的久旱无雨，老百姓有深度的文化饥渴。古典文学、外国文学和"文革"以前的现当代文学，都被禁绝。八个"样板戏"和一两部小说不能满足人民的文化需求。在如此文化沙漠的环境中，《红楼梦》突然被允许合法地阅读评论，当然如降甘霖，如"绛珠仙草"获得了灌溉。老百姓的要求不高，只要能看能谈《红楼梦》就谢天谢地了，哪管他背后的"阶级斗争"或含沙射影。1973年开始的评红热，虽然始于上层发动，也能够获得下层响应，有其群众基础，"工农兵"加入评红，所以才能一哄而上，形成前所未有的规模。

据《红楼梦大辞典》不完全统计，1973年"评红热"兴起，全国报刊发表各类评红文章一百二十多篇，出版各种评红著作、资料汇编十多种；1974年"评红热"达到高潮，报刊发表评红文章五百多篇，出版各类评红著作和资料汇编四十多种。数量之多，可以与1954和1955年前后辉映。

1971年11月，人文社初次打报告申请"开放几本中国古典文学书籍"，暂以旧版存书供应部分读者。在《红楼梦》存书中加上一张"致读者"称："希望在阅读时能以批判态度对待（何其芳）《代序》及一切封、资、修的错误思想。"

1972年，周恩来总理提出读者没有书看，布置出版社重印四部古典小说。这时用原版重印的书前面没有序文，我的第一部《红楼梦》就是在这时买得。

1973年1月26日，人民文学出版社编辑部内部，传阅当时中央领导人关于俞平伯、李希凡、周汝昌的评红著作出版的批示。江青在1月22日批道："大字本暂缓印。原小字版似可有选择的再版，供国内外研究、批评者使用。"李希凡和蓝翎的《红楼梦评论》、周汝昌的《红楼梦新证》分别通知修订，而后重版。胡适、俞平伯的论著则按原样，作为研究资料内部发行。[25] 俞平伯与胡适绑在一起，周汝昌与李希凡同等待遇，可见政策界限分明。

李希凡

原著重印很容易，难的是作为总体评价的前言和说明，必须观点正确，指引方向，与时俱进。人民文学出版社的《红楼梦》1959年第二版和1964年第三版，采用何其芳的代序，即他的论文《论〈红楼梦〉》的精减本。在1966年开始的"文化大革命"中，何序被当作修正主义红学的代表作遭到批判。到七十年代初，何其芳身为"走资派"不得翻身，这序当然不能再用。而李希凡呢，前有1954年发难批俞之功，近有在报社运动中解脱无罪，又有登人民大会堂接待外宾之荣，更加上他从1956年起，一直是何其芳的论辩对手，二人观点针锋相对，至此貌似水落石出，胜负已定。此时为新版《红楼梦》写前言的光荣岗位，舍李其谁？1972年，人民文学出版社负责人严文井找到李希凡，李希凡当仁不让。这是最权威版本的最权威解释者，谁能为人文社版的《红楼梦》作序，谁就是无可争议的红学第一人了。

这篇前言在当年8月完成。其后，他又加以充实、发挥，写成一本《曹雪芹和他的〈红楼梦〉》小册子，1973年4月由北京出版社出版。而《红楼梦》简体横排版排校需时，到了1974年，批林批孔和评红运动掀起，与1972年的形势已截然不同。李希凡在1974年3月对前言再作修改，这种新版《红楼梦》在1974年10月面世。

在此前言中，李希凡一开篇便强调"围绕着《红楼梦》研究问题的两条路线斗争"，不仅猛烈攻击胡适、俞平伯、陆定一和周扬，还批判了何其芳的"典型共名说"和蒋和森（不点名）的观点，将其判为"资产阶级人性论和所谓永恒的爱的主题的论调"。对于本书叙述过的六十年代初的一段红学史，李希凡如此回顾：

> 正是在这样一片恶浊的空气里，一九六一年至一九六三年，在文坛上出现了一股烦琐考证的逆流。
>
> 于是，在纪念曹雪芹逝世二百周年前后，捕风捉影的《京华何处大观园》出笼了，成百万字的、关于曹雪芹的卒年及其祖宗的烦琐考证，连篇累牍，充塞某些报刊。《文学评论》还发表了俞平伯的所谓《红楼梦中关于十二钗的描写》，又把他的"钗黛合一"论和"悲金悼玉"说改头换面地抛了出来。《文艺报》刊登了俞平伯的《谈古为今用》的文章，这本来是一件普通的事，有人也竟然满怀仇恨

地借机叫嚷:"俞平伯这个名字,在《文艺报》上出现,就是一个胜利。"

　　这是反革命修正主义文艺路线顽固地抗拒毛主席革命文艺路线的明显罪证之一。[26]

对这篇前言,李希凡多年后自己这样评价:

　　"文革"的"评红热"更强调阶级斗争,更往极左思潮引导,片面解释《红楼梦》思想艺术成就,这的确是对《红楼梦》的片面解读。我的序言,虽没有任何人授意,却是自觉地"实践"极左思潮,而且由于是人民文学出版社的版本,各省出版社翻版,可谓流毒全国……[27]

　　就在李希凡写成了《红楼梦》前言的1972年底,他所在的《人民日报》社内,发生了一件事,竟扭转了整个中国政治的走向,从批左转为批右。与李希凡几乎同样知名、同样"通天"的理论部编辑王若水,此时任"看大样小组"成员(相当于副总编辑)。他发现周恩来与张春桥、姚文元讲话的精神不一致,一个要批左,一个要批右。他很困惑,无所适从,便于1972年12月5日写信给毛泽东,请示中央精神,认为批林就是要批极左思潮。毛泽东见信后,支持了江青、张春桥和姚文元,驳回批左,肯定批右,这也暴露了毛泽东与周恩来的政见分歧。这一转折,于12月19日在人民大会堂向《人民日报》负责人以及王若水宣布。因此之故,王若水被批判为"一股邪气,一股势力",全国的宣传都立马转为批右了。

　　无论是新闻、文化还是红学,都将受到这一政治急转弯的影响,即将到来的评红热,再也不是单纯的文化复兴了。

　　李希凡与王若水在"文革"中同属一派群众组织,以前也经常被相提并论,都受到过宠遇,都是报社里的才子名人。但这次他们俩是大路朝天,各走半边了。李希凡埋头改写他的《红楼梦》前言和旧作,不问左右,或者说,他本质上就与王若水左右两分。

　　在整个"文革"期间,李希凡都没有太受罪,也没有太得势,一直处于不冷不热、不黑不红的状态。分析起原因来,虽然他得到了江青的保护,但是直接管理《人民日报》的中央领导,前有陈伯达,后有姚文元,都对他怀有戒心,不敢信用。特别是姚文元,既有"南姚北李"之称,便是"瑜亮"关系。李希凡出道比姚文元早,其学问和作品也高于"南姚"。姚文元除了批判斗争以外别无长技,李希凡毕竟还具有一定的学术品格。在姚文元一步登天以后,嫉妒和防范之心不会稍减。姚又主管文化宣传,做了《人民日报》的顶头上司,只要他在,怎么会重用李希凡呢?

"通天"是李希凡的优势,也是他的劣势。了解内情的人说,《人民日报》的历届领导,从吴冷西、唐平铸、陈伯达到姚文元,都对他戒之慎之,近不得远不得,捧不得摔不得,设无形屏障,穿玻璃小鞋。这真是名人的悲剧。

后来传出来,姚文元自己对他与李希凡的区别看得很清楚,曾对上海的亲信说:"李希凡是搞学问的,我是搞政治的。论旧学底子,我不如他,他毕竟是科班出身;论政治敏锐性,他不如我。我最大的兴趣是写杂文。李希凡是属学者型,我只想做一个革命战士。"[28] 上海市委写作组在训导新加入写作组的青年人时说:"我们不能走李希凡的院士道路,要走姚文元的战士道路。"[29]

几十年后再看,李希凡的定位,正在于战士与院士之间。

1973年冬天,有一本小册子忽然火了,叫《关于孔子诛少正卯问题》,作者赵纪彬。内容是考证孔子杀了少正卯一事存在,以证明孔子反动保守。这小书当年发行量极大,我们作为工人理论队伍成员都学习过。我当年不知道赵纪彬是谁,等到几十年后读李希凡的回忆录才想起来,不就是李希凡的姐夫,他的革命引路人吗?

小册子上印着:"1969年10月初稿,1973年5月增改。"赵为什么能预占先机,在大乱的1969年去研究什么孔子呢?原来,在1968年10月的八届十二中全会上,毛泽东说:"我喜欢读赵纪彬的书,应当让他继续写。"因而他才可以在别人挨整和下"干校"的时候,独沐天恩,躲在家里写批孔文章。

赵纪彬与李希凡在青岛分手后,1950年奉调河南开封,筹建平原大学,后任河南(开封)师范学院院长兼党委书记。1963年调往北京,任中央党校教授。写了这小册子以后,红极一时。后也因此招祸,接受审查,到1981年才受聘为中国社科院历史研究所兼职研究员,翌年即去世。在他身后,遗著由夫人、李希凡的大姐李慎仪和儿子赵明因整理,出版了《赵纪彬文集》。《关于孔子诛少正卯问题》和《论语新探》等"文革"时文,未收入《文集》。

1974年10月,正在西安出差的李希凡,接到《人民日报》负责人鲁瑛的长途电话,乘飞机匆匆赶回北京。第二天一进鲁瑛的办公室,就看到桌上摆着几函蓝布套线装书。鲁瑛说:"这是江青同志送你的书,是各种版本的《红楼梦》,放在我这里好几天了,你赶紧写封感谢信。"李希凡一看,是甲戌本、庚辰本、戚序本的影印本。能得到这几部珍贵的线装本,心中大喜过望。他把书抱回家去,当晚就给江青写信,千恩万谢不提。

那几天,袁水拍和冯其庸正等待他回来,拟议中的《红楼梦》校订组正需要他加盟。

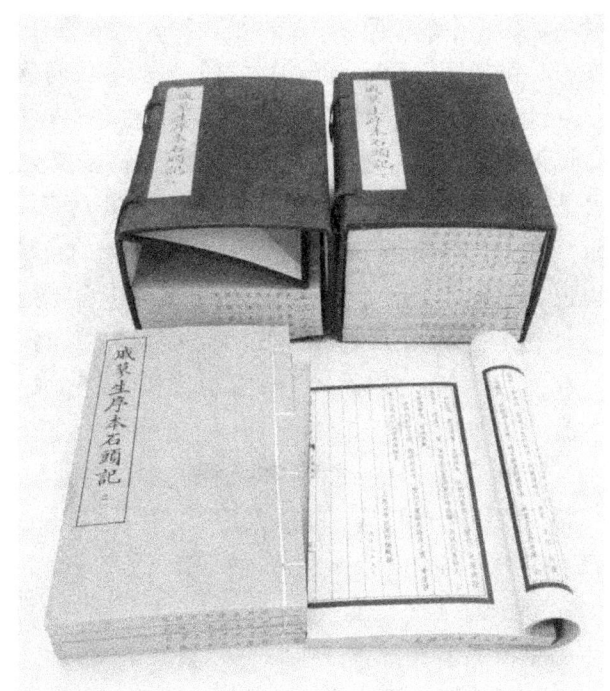

1973年人文社影印出版的《戚蓼生序本石头记》（有正本）

蓝翎

"文化大革命"的前期，蓝翎是在河南省文联度过。

当《横扫一切牛鬼蛇神》的社论从天而降，像他这样有"右派"前科的人，日子很不好过，提心吊胆，靠边呆着，随时等候被揪出批斗。幸好，1967年5月27日，《人民日报》公开发表了毛泽东主席那封《关于红楼梦研究问题的信》，令世人皆知当年曾有过"两个小人物"，他就是其中之一。当地的领导或者造反派，也就不敢动他了。有好心的朋友安慰他，说你的问题说不定将来会有另外的解决。在群众组织互相斗争中，还有人想拉他这个名人支持某一派。蓝翎免除了被揪出批斗的厄运，也没有被抄家，反而跟着群众组织走过场，自由地闲中读书。

1970年，当北京的文化人纷纷被放逐农村，成为所谓"五七干校学员"时，蓝翎被下放到西华县西夏公社，当了社员。对此，他并不感觉痛苦，反而更为逍遥。这真是因祸得福，那些当年有权整人的"走资派"，在这次运动初期，比他要难过得多。

1973年2月24日，春节过后，蓝翎收到了李希凡的来信，中断了他的逍遥。信中说，人民文学出版社要再版两人的《红楼梦评论集》和周汝昌的《红楼梦新证》，还要重印胡适、俞平伯等关于《红楼梦》的书，作为反面资料内部发行，供参阅。李希凡没说此事的来头，只问蓝翎意见如何。

十年前此书重印，蓝翎没有参与修改，这一次要不要去北京呢？回想毛主席的信发表后，他曾经上书一封，陈述感激之情，检讨过去错误，表示好好改造。这信不一定能寄到，但心意是表达了。"两个小人物"载于"最高指示"之中，如果拒不参与修订，岂不等于对抗"最高指示"？那可吃罪不起。再说如果参加了旧作重版，应该可以减少自己处境中的麻烦。

但是，蓝翎已经看到了江青谈《红楼梦》的记录稿。她否定"两个小人物"的存在，肯定"只有一个"。那自己送上门去，会不会有危险？转念一想有毛主席的信作护身符，李希凡让他去，也不会是个人意见。最后下决心还是去。

蓝翎4月13日到北京的人民文学出版社报到。前一天晚上，两个老友在李希凡家里彻夜长谈。李希凡说："出版社原来只同意由我一人修订旧作重版，我不同意。书是两个人写的，如果只让我一个人署名，宁可不出。"

那个时候住在出版社里改稿子，并不轻松愉快。李希凡嘱咐蓝翎，报社和出版社的情况都很复杂，派别对立，军宣队也管不了，因此要少走动，专心干自己的事。开始的住宿条件也很差，后来搬进了旧平房院的小房，我推测，很可能就是周汝昌在1968年住过的"牛棚"。

李希凡仍然坚持在报社上班，隔几天到出版社来一次，由他确定思想理论的基调，蓝翎只做具体的文字工作。他们的修改包括：以"文革"时的流行思想观点修订原来不合时宜的词句，增强战斗性；增加"校后附记"，或检讨，或说明，或商榷；增加了长篇的代序和后记，来表述新的观点。蓝翎起草的代序，是用阶级斗争的观点来梳理《红楼梦》研究史。由李希凡个人署名的后记长达三万字，完全超出了一般书籍"后记"的常规。除了对个人和"文化思想战线"历史的回顾之外，约两万言都是与何其芳多年争论的秋后算账。看两个小标题："曹雪芹的'民主主义思想'是'古已有之'的吗？"，"贾宝玉、林黛玉典型'共名'的再商榷"，简直是两篇驳论文章的集合。试看一段：

> 只要保留这种普遍概括形式的"共名"，把典型性格，特别是反映了社会的和阶级的本质特征的突出的性格特点，消融在抽象概括的共性（实际上是抽象人性）里，或者把非本质的特征加以夸大、渲染，而却取消典型性格的本质特征，这就是抹杀文学典型的阶级的政治倾向，归根结底，它不过是资产阶级人性论的老调新声而已！而且目的又是用典型"共名"说来贩卖腐朽的毒害青年的爱情至上主义。[30]

此一时彼一时，现在是李希凡占领话语权高地，而何其芳已经连还口的机会也没有了。何、李之争持续了二十年，此消彼长，风水轮流转，各领风骚十来年。

后记中有一句："蓝翎有他自己的错误，一九六一年离开北京到外地工作，对此后的一些情况并不了解，也没有参与我和何其芳同志的争论。"当年我看见了这句话，记得特别清楚，因为我那时并不知道蓝翎有什么"错误"。这也可以理解为，是李希凡不够朋友，与蓝翎公开划清界限。后来蓝翎澄清说，这句话是他自己加上的，以防与何其芳的矛盾会扯到自己身上。

在这篇后记中，李希凡还作了这样的检讨："当党要求我战斗时，我因为路线斗争觉悟低而放弃了……有负于江青同志的热情鼓励和支持。我自己更是有负于江青同志的多次耐心的启发和教育，这是沉重的历史教训。"

这本书修改的结果，是增加了约一半的篇幅，从十八万字变成了二十七万字。《红楼梦评论集》第三版于1973年12月由人民文学出版社出版。

蓝翎在出版社过了半年节衣缩食、谨小慎微的日子。他的收获是结识了一批各地的作家，如魏钢焰、李云德、蒋子龙、罗石贤等，还有新老红学家吴恩裕、周雷、胡文彬等。到10月14日离开，仍回河南农村当社员。"文革"期间废止了稿费，蓝翎得到的报酬，是二十五本赠书。

周汝昌

周汝昌也时来运转了。1973年1月13日，周汝昌写信给四哥祜昌，报告当天获得的好消息：由周总理等领导人下达指示，要印行一批《红楼梦》的书籍，经过层层传递，人民文学出版社的领导人告知我，包括甲戌本、戚序本两个本子（戚序本用某领导人藏本为底本），李希凡论红文集，我的《红楼梦新证》公开发行，李和周书各印行十万册。另有胡、俞著作及过去考红资料汇编一束，作为内部参考资料重印，此四项要求年内出齐。

上文已叙，李希凡、蓝翎的《红楼梦评论集》以及甲戌本、戚序本，都是在1973年12月出版的（即江青赠给李希凡的线装本）。甲戌本是对台湾印本的再次翻印，而戚序本是上级交下来一部康生藏本（周汝昌在1962年见过），原希望以此为底本，但书上有康生的批点字迹，难以照印。出版社就商借了周汝昌的自藏本，作为影印底本。这样便是三缺一，只等待周汝昌的《红楼梦新证》了。

周汝昌回忆，有一天，人民文学出版社领导忽然找他要《红楼梦新证》，而且要得急如星火，说上边要，到处买不到，请你赶快提供一本。他只得把自己珍藏的一册第三版的文本给了单位。不久，国家出版局的负责人又来家中专访,说:"中央需要《红楼梦新证》,希望你同意重印,快出。"周汝昌回答:《新证》是一部运动中经过批判的书,如原封不动重印,人家会认为我是坚持错误,这在海外影响不小,恐怕不妥。我想只能出一部增订版,包括修订和补充,这样较为妥当。

其实,周汝昌久有增补修订《新证》之心,已经持续积累了近二十年,他当然希望出一个新版。出版局领导很为难,还是要求同意应急,立即重印旧版。周汝昌坚持不可。最后是周汝昌上书给中央政治局委员、北京市革委会主任吴德,他同时兼任国务院文化组组长,陈述理由,才同意延缓期限,出版增订本《新证》。

此书的增订过程困难重重,一再拖期。首先是工作量太大,要增添的资料太多,便借调四哥祜昌来帮忙。工作进行中,周汝昌因疲劳过度,患了严重的眼疾:双眼黄斑部穿孔,视网膜脱落。住进医院后,他因记挂《红楼梦新证》工作未完,曾私自逃离跑回家。经家人劝说第二次住进医院,动了手术。这时由人民文学出版社出面商洽,借调在天津的二女儿丽苓回京协助工作。

周丽苓回忆说:"记得我从外地请假赶回北京,见父亲躺在病床上,双目包扎着,只能平卧。但父亲仍然丝毫不懈怠,他让我给他读意见签,读原稿,并口述处理意见,由我代记代补。这些内容当时对我来说是十分生疏的,就像'天书'一样,只能父亲说什么,我记什么。后来为核对校样,我又连续工作了四十一天,每天早中晚三班,常至午夜方休。我从来不知道什么叫头疼,这回可连脑袋都感觉痛了。"[31]

那时候,香港《大公报》驻京记者潘际坰常到周家串门,二十年前动员俞平伯发表《读〈红楼梦〉随笔》的也是他。他写道:"我从没见过如此弱不禁风的男性。""新版《红楼梦新证》校样送来了。这时,也正是他视力最坏的时候,有失明之虞。看到出版社送来厚厚一叠校样放在桌上,我很为他发愁。"潘先生自告奋勇代周汝昌校对,"他听了只是微笑和婉拒,我无可奈何。""我知道,他自己和许多认真的学者一样,是准备以失明甚至以更大的牺牲,投入这项工作的。一个严肃的学者,正是在这种关键时刻,表现了常人所不及处。"[32]

这期间基本上是在家工作,很少到出版社上班。兄弟父女三个人忙碌了近三年,方才完成了八十万字的新版本,篇幅比旧版增加一倍,分为上下两册。《红楼梦新证》增订本出版时,已经是1976年4月。

周汝昌为此书付出了沉重的代价。经过手术,右眼保留了0.01的视力,本来左眼也还有救,谁知又换了大夫,手术失误,导致左眼全盲。这对于一个从事文史研究的学者,其后果更甚于常人,更何况他早已耳聋,无异于雪

周祜昌（左）、周汝昌1970年代摄于东单无量大人胡同（即红星胡同）。

上加霜。从此以后，周汝昌的治学研究，就是在这样一种耳目俱损的条件下艰难奋斗了。

周汝昌与吴世昌、吴恩裕三人曾经戏言："二吴二昌五个耳朵、五只眼睛"，这是说吴世昌童年染疾一眼失明，周汝昌耳聋。1972年吴恩裕眼睛出了问题，变成四只眼睛；这次周汝昌眼疾夺目，就剩下三只眼了。难怪吴世昌说："《红楼梦》搞不得，搞《红楼梦》都成独眼龙了。"

1976年版的《红楼梦新证》，围绕着曹家家史、《红楼梦》的版本、《红楼梦》的流传影响等方面，增加了大量实证材料，它的学术价值由此而保持。1953年版《红楼梦新证》的灵魂就是"写实自传说"，现在周汝昌不得不"作些删枝剪叶、修头治脚的处理"，在表面上将其字句完全删光。他引用了《在延安文艺座谈会上的讲话》的"科学的文学理论教导"，认同了"马克思主义文艺理论的重要原则，即典型化与能动反映论"，批判了"这些自传谬说"。之所以如此，除了1954年运动的教育与"文革"的磨练外，还有一个切近的现实背景，就是当时江青领导的"文艺革命"，是坚决反对写真人真事的。君不见完成版的"样板戏"《智取威虎山》，已经清除掉了一切小说原作《林海雪原》的原型痕迹？

根据那个时代的政治要求，周汝昌必须更加坚定立场，表现进步。在《重排后记》中，他加强了批判胡适的火力；在全书的前面，他把1955年李希凡、蓝翎既批评又保护他的文章《评〈红楼梦新证〉》作为代序。这貌似认错自贬，实为套上一层自我保护的铠甲。他写道：

运动中间，蒙李希凡等同志专为本书写了评文，在党的报纸上发表，现在征得希凡同志的同意，把它刊在重排本上，我将它冠于卷首，请读者尽先取阅。

同时他也软中有硬，绵里藏针：

> 我这本在文艺观点上带有根本性错误的书，应当也必须接受批判。但是那时就有极少数的个别人，把我说得甚至比胡适还反动，文章越来越"凶"起来。这大约是一种扩大射击面、转移注意力，借以掩护主要批判目标的"战略"吧？在这种情势下，党报刊出了希凡同志的文章，严格要求，深刻批评，又与人为善。这时，个别人要把我打成胡适第二的浪潮，才伏落下去。而这样一来，我在运动中接受的教育，就加倍地深刻了一层。[33]

所谓"扩大射击面、转移注意力，借以掩护主要批判目标的'战略'"，出于臆想，完全不符合事实，是在暗刺俞平伯和批评过他的人。周汝昌这是在以退为进，以守为攻。

关于采用李、蓝1955年的旧文作代序，蓝翎有这样一段记述：

> 一九七三年该书拟增补再版时，作者又想起旧情，在他府上热诚相求，一定要把那篇评论当作序言印于新版之首。我为其热情所感，表示那是过时的旧作，当序言不合适，本人也不够资格，如果作为"附录"印入该书，我不反对。但这是我个人意见，还需要你同另一位作者商量。他们以后怎么谈的，我不知道，以至该书新版印成，作者慨然寄赠，并附有复写的信件，嘱收到书后签字寄回以释念。我先拜读作者写的"后记"，发现有"征得作者李希凡同志的同意"而将那篇评论附入的话，心自不悦。这话说得很费心机，又把我从作者中除掉了。既然除掉了，又何必寄书来？"素无来往"嘛！书照收，信不寄回（到今天仍完好无损），让他心里琢磨去吧。[34]

有些后话不妨在此先说了。到九十年代，周汝昌承认这些不过是策略，先恭后倨，他又对李希凡很不客气了。1998年，周汝昌明言：七十年代"修掉""自传"之类的话语，是为了"换取发言机会"；"明眼人定会看出我那拙著仍然是'主张自传说'"。又说："我这个意思，当时也不敢讲得那么直来直往，总得考虑在'千回百转'让具眼之士看出我要说的'典型化'方法根本就不是那时'奉为圭臬'的（即自认为就是科学真理的代表的）那种意见。"[35] 后者显然指李希凡。

而在当年，李希凡对周汝昌是很热情的，既写来了表示考证也具有学术价值的补正意见，又写信说《新证》再版的事，望宽心，"可能还会有其他的喜事"云云。

李希凡所谓的喜事，应指随后《新证》被特地印成了大字本，专呈晚年视力退化的毛泽东主席阅读。这确实是一种独特的礼遇,在当代人的著作中属凤毛麟角。所谓大字本内文采用36磅长宋体字,每页直排八行,每行十四字,全页112字,要印成宣纸线装本,每册不能太厚,便于老人卷起手持。以这种形式印八十万字的长篇巨著,其体量之大难以想象。

大字本《新证》是分批提前印成的,《议高续书》出版于1975年2月,还出版了《史事稽年》、《本子与读者》共三个部分,计六函五十三册。后来形势变化,没有印行全书。据说每种印一百部左右,这在电脑打印时代不难,一本也可以印,但是在铅字排版时代是极大的奢侈。印量极少还不能卖,出版社不惜工本,耗费甚钜。在周汝昌,这是巨大的荣耀;在别人眼中,又一次招来"羡慕嫉妒恨"吧。

这一件无可否认的事实,令我又想起了1954年5月,当周汝昌初进人民文学出版社时,聂绀弩告诉他的那句话:毛主席对《新证》有好评。此言非虚,当年秋冬对周汝昌的加恩保护是第一次证明,1975年的大字本是第二次证明。对周汝昌其人,或者对《红楼梦新证》其书,今人都不妨臧否评论,但是不必否认领袖对周汝昌的书青眼相加,格外恩宠,在历史上确实发生过。

那个年代没有稿费,说给作者一百套书,但出版社还扣留了一部分。周汝昌分赠亲朋和学友,在本书中记录到的有蓝翎、刘世德等。1976年4月中旬,人文社古典部同仁想得到作者赠书,鼓动年轻的林东海向周先生索赠。林于是写了十六个字的《打油诗激周公汝昌》:

周公周公,书运亨通。人手一部,破私为公。

周汝昌有些不情愿,兜圈子却以谐谑诗文出之。4月23日他终于答应了:

《红楼梦新证》大字本

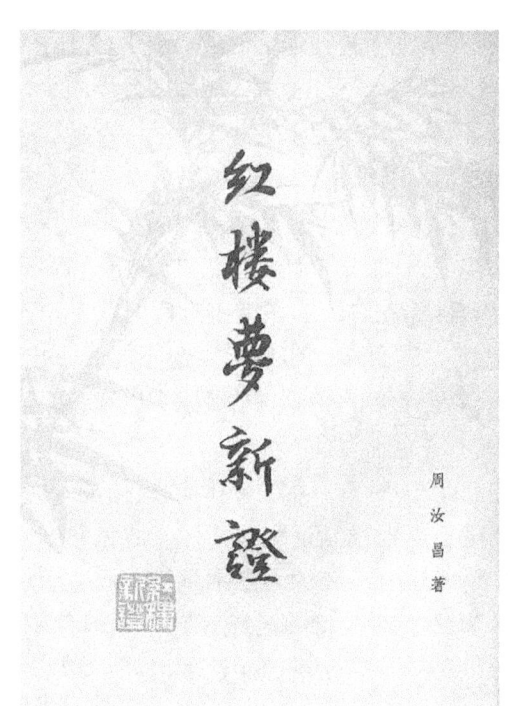

《红楼梦新证》1976年增订本，书名是集顾随字体。

  小林小林，尊号老君。敕令既下，青词敬焚。
  惟肃惟栗，鹤候鸾音。两个回合，胜负未分。
  单刀寸折，葫芦瓢存。仰体大道，俯忖微忱。
  嘴上是硬，心里却真。敢不黾勉，载驱载奔。
  所有法旨，小神凛遵。
大荒山无稽崖青埂峰本界山神兼当方土地谨叩

  为索赠书，老周与小林之间往返斗诗，笔墨游戏多个回合，共达十几首。林东海也是能文能武，蹬三轮车把周汝昌所赠的《红楼梦新证》，从红星胡同周宅拉回了出版社，古典文学编辑部人手一部。为表示谢意，5月7日林东海写了《杂体诗答谢周公》，诗云：

  公瑾当年兮雄姿信英武，摇扇狂笑兮误某为强虏。
  果有妙计兮真能安裹宇，赔了物事兮还要折兵卒。
  直捣黄龙兮命驾三轮车，单刀归来兮拜读两卷书。
  得胜回朝兮功成而弗居，旌旗耀日兮满眼皆丹朱。[36]

  王利器也是古典部的同事，不知为什么没有得到，来电话要书。须知王先生并不是无关路人，周汝昌在他的书中讨论曹雪芹生年问题时，主张曹雪芹生于甲辰（雍正二年，1724），活了整寿四十，点名大段地批评了王利器的生于乙未（康熙五十四年，1715）和曹頫遗腹子之说。不要忘记，那是在一花独放，百家噤声的年代，被批评者没有反驳权。

周汝昌在电话中回答说：你不早点要，现在我已经没有书了，你是自己出版社的，社里留了一部分书，请你向社里要一套吧。这种排斥同行、冷面如霜的态度，将来会有回报。

林东海

1972年12月，三十六岁的林东海进入人民文学出版社古典文学室当编辑，刚到一个月就赶上了重出评红书的重大任务，真是恰逢其时。他是福建南安人，1965年从复旦大学中文系研究生毕业，很快赶上"文革"爆发，1967年分配到中国文联，跟着搞"运动"和下干校（天津静海即团泊洼），蹉跎七年之后，终于回归业务。

"你干嘛到这地方来？！"这是我听到周汝昌先生的第一句话。……上班的第一天，见到大屋墙旮旯里坐着一位老者，花白的头发，长长的脸庞，深邃的眼神，颇有点仙风道骨的模样，这就是周汝昌先生；便过去同他打招呼，以示亲热，不意他竟惊讶地提出这样一个问题，弄得我一头雾水，不知如何回答，只是傻笑，他却来了情绪，接着说："编辑这一行，能干的不愿意干，不能干的又干不了。你干嘛来呢？"我告诉他，我是学古典文学的，以为这地方还算专业对口，所以来试试看，请他老先生多加指点。打这以后，我们也就算同仁了，于是有了交往。[37]

林东海的旧体诗词作得精熟，很快便成为周汝昌的诗友，酬唱不断。

评红书出版任务中，除了李、蓝、周的两本书以外，还要编辑《红楼梦研究参考资料选辑》。"参考资料"一词在那个年代有特定的含义，就是不能供正面学习研究，仅作为反面教材批判或"参考"的材料，不公开出售，只内部发行。编资料是个很辛苦的任务，就交给了能跑能干的新人林东海。

经研究，这套资料要编四辑。前两辑分别是胡适和俞平伯的专辑，第三辑是1919年至1949年评红文章选辑，第四辑是1949年至1954年10月以前的文章。前三辑的找文、选目、责编由林东海一人完成。

这工作之所以辛苦，是因为没有现成的文本，过去几十年散落在各种报刊中的涉红文章，必须亲自去图书馆的故纸堆中，一篇篇地淘出来，而且要尽量求全，不希望遗漏。从1973年1月到1974年7月，那一年半时间里，林东海经常奔波于北京图书馆的三馆：文津街本馆、柏林寺线装期刊馆、西什库报馆,以及北京的其他一些图书馆之间。几乎每天都要去,甚至搭上星期天,带上五六岁的儿子一起去,真正是东奔西跑,翻纸吃灰,是脑力劳动和体力劳动的结合。

林东海搜集文章的方法,一是在前人所编资料的基础上"滚雪球",从引文中扩大线索;二是硬性去翻阅各种旧报纸的副刊,和各种杂志的目录;三是向年长的专家请教。如此把1919年到1949年红学文章的篇目,从前人所知的近二百篇扩充到约五百篇。虽然最后第三辑的选文只用了三十三篇,但附录篇目约五百篇,他希望能给后人的研究提供方便。其中第二法的"硬翻",等于把图书馆藏三十年间所有报纸和刊物翻了一过,可以想见是多大的工作量。据说他半天旧报纸翻下来,鼻孔里都是黑泥,不知吃了多少灰尘。而他如果取巧偷懒,本可以只从那近二百篇中选三四十篇的。这真是发扬了愚公移山精神了。

找到篇目只是第一步,第二步是如何复制。人文社决定把所有能见到的评红文章都拍成胶卷,保存下来。已经拍成缩微胶卷的旧报不能复制,林东海要重新用原报拍照,但那些旧报纸已经装箱收存,极难打开。幸亏北图副馆长鲍正鹄原是林东海在复旦的老师,给他开了"请开箱取报"的批条。然后西什库的报纸、柏林寺的期刊,都要运到文津街北图本馆的地下室拍照。拍照时还要附上标明何报、何时、何版的纸条,以保证出处无误,这事只能林东海自己来干,用毛笔手写,写一张拍一张。有一次,在本馆地下室摄影部碰上报库送报来的工作人员,对他大诉其苦:"老林啊,你一张纸条,害得我们累死啦。你不知道吧,库房装报纸的木箱,一个一个地摞到屋顶。你要的报纸,我们要一箱一箱地打开找,你说累人不累人!"林东海说:"彼此彼此,我也累得够呛,把办公桌都安到这地下室来了。"又大又笨的静电复印机就在地下室里,当时号称是美国进口的"先进设备"。为了使墨粉不脱落,复印后还须长时间烘烤,这样印在纸上,才能编辑加工。

1921年顾颉刚来京师图书馆(时在方家胡同原国子监南学旧址,文津街主馆于1931年建成)为胡适查找资料时,还只能手工毛笔抄写。1973年的技术条件,已经比半个世纪前进步了不少,总算有缩微照相和静电复印了。如今又过去了近半个世纪,有了手机拍照、数码扫描和文字自动识别,林东海当年所用,又显得粗笨落伍,遥远得难以想象了。历史就这样发展着,技术就这样进步了。而我们今天研究红学、查找材料,可以网上搜索,一键即得,这方便正是建立在前人辛苦操劳的基础之上。今人不可以鄙薄前人,忘却前辈。

在林东海选编《红楼梦研究参考资料选辑》的过程中,他或借用罕见书籍,或咨询选目意见,或求教背景知识,曾得到多方专家的帮助。其中包括启功、吴恩裕、吴世昌、周汝昌、刘大杰、鲍正鹄和赵景深等先生。[38]

林东海在1980年代

周汝昌既然是同编辑室的同仁，更便于就近咨询，借阅资料。编胡适资料专辑时，就是从他那里借来了甲戌本台湾1961年影印本，抄录胡适的跋文。本书前文已表，周汝昌在1948年有和胡适争辩曹雪芹卒年的文章，林东海想把它收录进书，或者作为胡适专辑的附录。但是周汝昌有所顾忌，希望不要选进去。那时候与胡适的关系是祸患，要处心积虑掩盖，岂是几十年后的荣耀自得大力宣扬可比？林东海依言抽去该文，周汝昌方才放心，来信表示感谢说："蒙将拙文抽去，掩丑，真令弟感激涕零，解人哉。请上受弟一拜。"

收集和编选的过程长达一年半，社会上的评红热愈演愈烈。林东海并非完全埋首故纸堆中，他也不能不对这次异常的红学热作一番审视和思考，尽可能避免出什么差错。据说，对《红楼梦》是"吊膀子"的说法，毛主席说这是"屁话"，认为《红楼梦》是"阶级斗争的形象历史"。无论批孔还是评红，其中心主题就是"阶级斗争"。林东海认为：

> 中国文学往往被经学化，文学的诗也成了经；经学又被史学化，即所谓"六经皆史"；史学又被政治化，史可以资治，就是以史为鉴。所以二十世纪之初，尽管文学观念再一次发生重大变革，但是文学仍然很难回归本位，经化、史化、政治化，积习很深，难以逆转。《红楼梦》是文学作品，是一部伟大的小说，旧红学把它经学化，求其微言大义，于是有所谓索隐派；新红学把它史学化，讲究考据实证，

七 热度篇　449

于是有所谓考据派。从蔡元培到胡适之,就经历了从索隐到考据的过程。至于七十年代初的"阶级斗争"说,自然是政治化了,简直要将《红楼梦》等同于《资治通鉴》,想从中吸取什么经验和教训。这就是之前半个世纪红学的背景。[39]

我觉得他的上述看法非常高明,可为本书提纲挈领,值得治红学者深长思之。

因为林东海选编的是"参考资料",而且"内部发行",所以可以跳出当年的政治八股,尽可能客观地反映红学的演化过程,便具有了超越时代的价值。虽然它的起因是"文革"中的政治任务,但是其效果却颇具学术意义,对以后的研究助益很大,影响长远。那些埋没在旧报刊中的文章,若没有他,就是地下废品;幸遇到他,就成为出土文物。可称是功德无量,嘉惠后人无数。

举例说,如果不是林东海从1925年的杂志《现代文学》上,发掘出俞平伯的文章《红楼梦辨的修正》,我们怎么知道俞平伯早在那时就改变了看法,抛开了"自叙传说"？在此之前,一直把俞平伯跟胡适绑在一起批判,认为他一成不变,岂不冤枉？

1974年7月,林东海被借调到国务院文化组创作办公室评论组。这时候前两辑已出,第三辑也基本编成。可以说,《红楼梦研究参考资料选辑》的全部工作,林东海一人完成了四分之三还多,第四辑由陈建根接手。但是书上的署名是"人民文学出版社编辑部编",那年月没有个人署名。

这一套资料书,本人当年就买到了前三本,这一次写此书,真的用上了。直到近年,我才知道它们的编者是林东海,可惜未能向他当面致谢。将近三十年后,林东海利用当年积累,在2002年与吕启祥一起重编《红楼梦研究稀见材料汇编》,这正证明了其超越时代的价值。

冯其庸

1972年11月,当人民大学的"五七战士"从江西回到北京时,他们的大学已不复存在,学校已在两年前解散,校园被军队的二炮占用。没想到这个共产党自己建立的革命大学,却落得二十年前教会大学的同样下场。被解散了的人大,除少部分另行处置外(如新闻系并入北大中文系),大部分被合并入北京师范学院(即后来的首都师范大学),这无疑是一种贬谪降级。

为什么要解散人大？据说原因来自江青,她嫌人民大学里许多延安过来的老干部,对她知情太多。

冯其庸并不怕无家可归,出路总是为有能力的人准备好了。尽管他的政治结论一直拖到1973年5月19日才做出,但是已有三家单位抢着来要他,互不相让。首先是学部历史研究所,所长黎澍和副所长李新都积极要他去,李新原来是人民大学的党委副书记和教务长,本来就是熟人。去后的任务是续编范文澜的《中国通史》。他们手持中央组织部的调令,最为强硬。

但是人大语文系本来应该连锅端到北京师范学院,那边的领导一见名单里没有冯其庸,就不接受,要求一个不能少。为了不影响整个学校的转移分配,历史所李新答应先让冯其庸过去,反正中组部总有权调过来。1973年6月13日,冯其庸跟大家一起,到北京师范学院中文系报了到。可是他在那里只待了两个月,8月20日又被调出,参加了北京市委写作组。

冯其庸在十年前已经参加过云松巢写作组。到了"文革"后期,写作组这种形式发展得更为普遍。例如北大、清华的"梁效"(专门设有评《红楼梦》小组,其中有我后来的老师),国务院文化组的"初澜",上海的"罗思鼎"和"石一歌"。前面讲的林东海,也去了当时文化口的另一个写作组"江天"。北京市委的写作组叫"洪广思",形成较晚。那是在一次政治局会议上,姚文元问吴德,北京市人才很多,为什么不像别的省市那样组建理论写作班子?吴德这才开始行动,让北京市委宣传组着手组建,并具体指示:人民大学刚停办,人都分在北京市,其中的人才很多,可以从中物色。宣传组根据指示,决定从文、史、哲、经、政、法六个方面,选调原人大的教师,组成北京市委写作组。原人大语文系的头牌写手就是冯其庸,当然首选入围。

"洪广思"的名字,来源于写作组驻地洪光寺(亦作宏光寺、弘光寺)的谐音。洪光寺位于北京西郊香山公园内,在香山寺的西北方,建于明朝成化年间,当时是西山名胜四刹之一。1860年遭英法联军焚掠,被夷为平地。民国年间改建为私人别墅,到这时作为北京市的内部招待所使用。此地环境清幽,悄然世外,是写作的佳处。

但是他们写的文章偏偏是最入世应时的。当时的要求是:写作小组是市委的笔杆子,不是学术团体,不存在文责自负,让你们怎么写就怎么写,一切由市委负责。小组写出过两本书,都是注释演绎最高指示的,一本批孔,名为《孔丘的反动一生》;另一本就是《阶级斗争的形象历史——评〈红楼梦〉》。

冯其庸是《红楼梦》写作组组长,以他为主先写了一篇文章《〈红楼梦〉是一部写阶级斗争的书》,11月23日在《北京日报》整版发表,署名"洪广思"。到次年,冯其庸用真名在《文物》杂志1974年第九期发表《曹雪芹的时代、家世和创作——读故宫所藏曹雪芹家世档案资料》。后来冯其庸不愿意提前者,宁愿推迟一年,把后者作为自己的红学开端。

北京市委对前一篇文章很满意,又让他们扩大为一本书。此书共十章,约十五万字。据冯其庸说,他写了三个部分,包括序,是关于曹雪芹家世的概述;第八章《曹雪芹的世界观和他的创作》;第九章《二百年来围绕着〈红楼梦〉的斗争》。这一文一书,都是三人集体创作,由冯其庸主笔,另外两位据说是李基凯和康世召。集体讨论,分工写出初稿后,由冯其庸统一改定。署名"洪广思"的这本《阶级斗争的形象历史——评〈红楼梦〉》,1974年10月在人民文学出版社出版,发行量很大。

简略地概括一下这本书的内容,其主旨是:"《红楼梦》不是爱情小说,而是政治小说。"这定义其实蔡元培就说过,论述也只好求助于"索隐派"的故技,说"四儿"就是骂皇四子雍正,鸳鸯抗婚时说的"宝皇帝、宝天皇",就是暗指原为宝亲王的乾隆。可叹最先进的革命红学家,又倒退回了索隐派的泥潭。所谓"阶级斗争"的例证,不过是鸳鸯抗婚,晴雯被撵。甚至宝黛爱情,"也绝不是什么'以情为主',而是充满着反封建正统的政治斗争和思想斗争的深刻内容的"。

1982年,冯其庸将上述三章收入他的《梦边集》,仍承认是自己的著作。1998年12月,他"回头看二十多年前写的这些东西,自觉可以覆瓿。"[40] 就是没什么价值,可以之盖酱罐。又过了十几年,冯其庸在口述自传中,简单回顾这一段经历,并没有一句检讨和反思,只是说:"那个时候实际上是根据流传的主席怎么讲《红楼梦》的,按照那个意思写的,并不是我们自己研究的成果。"他回忆下山去看正白旗老屋的笔墨,要比洪光寺里多得多。

入冬以后,北京市委写作组撤离洪光寺,回到了城里的市委机关,但是他们的笔名仍然叫"洪广思"。冯其庸没有继续下去,1974年元旦以后,他正式调去了学部历史所。

我本人在1975年就知道了"洪广思"的原委。那时我作为"工人理论队伍"成员,参加了一个北京市办的新闻短训班,同学中有一位来自二七机车车辆厂,他说在两年前,也参加了洪光寺写作组,跟随冯老师一起写文章。再往后,粉碎"四人帮"以后,"洪广思"没有像"梁效"、"罗思鼎"一样被清查,而是随北京市委一起"软着陆",成员都该干嘛还干嘛,有些被提拔重用。

冯其庸在"洪广思",前后仅四个月时间,便自己主动退出了。听说,他是受到老上级李新的影响,而审时度势,及时地"退步抽身早"。他又只是北京市委写作组中的一员,不能为整个"洪广思"的所有文章负责。但从另一方面说,他是那本评红书的主笔,可以说这是冯其庸踏入《红楼梦》研究领域的第一部入门性著作。在那一年的评红热中,此书超越了李希凡、蓝翎的旧著重印,成为最现实、最权威的指导性著作。有书就可以传世,但成名后的冯其庸不想是这一本。此后在红学界一提"洪广思",都知道是以冯其庸为首的集体笔名。他很怕人们提起这个笔名，避之唯恐不及。

事后来看，平心而论，在那个年代参加过高级写作组，算不上什么了不起的问题。因为人选是组织指定的，内容是上级布置的，不是自愿加入，没有文责自负，很难推脱逃避。反过来说，却可以证明他们必是有真才实学的精英。因为庸才肯定不会入选，而才学是属于他们自己的。"梁效"成员里有好几位都是大学问家，后来成为我尊敬的老师。对冯其庸先生，也不妨作如是观。

在此之前，冯其庸虽然在课堂上讲授过包括《红楼梦》在内的明清文学史，他也精心手抄过庚辰本《石头记》，但那些都是准备和预习，至此才算是正式入行的开端。在实质上，这个开端对他未来的发展十分重要。若没有"洪广思"，冯其庸就进不了《红楼梦》校订组，做不了业务负责人；没有校订组就没有后来的红研所；那他就成不了红学家，任不了红学会长。冯其庸的后半生由此而定位，中国红学史因此而改写。对于这一点，冯其庸的老上级李新是感到惋惜的，认为是大材小用了。

吴恩裕、冯其庸

1974年12月，在中国历史博物馆工作的王宏钧，带着一包古书，到位

己卯本《脂砚斋重评石头记》，中国国家图书馆藏。　　作者摄

七　热度篇　453

于沙滩的吴恩裕家拜访。原来，1959年冬，他在北京琉璃厂中国书店为博物馆买到一些抄本古书，其中有几册《石头记》的残抄本。博物馆内部的图书馆收到该书后，作为普通书籍编目上架，十五六年来，一直没有人借阅过。评红热开始以后，王宏钧又想起了这个抄本，遂把它带来请教吴恩裕。

吴恩裕草草翻阅一下，认为它确是一个早期抄本，很可能够乾隆，因为用的是乾隆时的竹纸，同他在五十年代发现的几种与曹雪芹有关的乾隆稿本用纸一样。王宏钧把残抄本留下，让他进一步考查。吴恩裕细读后，首先发现这个残本并不是原来认为的四回，而是五十六、五十七、五十八三个整回，以及五十五回后半和五十九回前半两个半回。他还发现了一个缺笔的"晓"字，这是避谁的讳呢？会是纪晓岚吗？他看书页上的字体似曾相识，想到了己卯本。找出1963年发表陈仲笰文章的杂志核对，那上面有照片，对照之下，抄手的字体确实相似。会是己卯本的散失部分吗？

至此，吴恩裕已经发现了两个关键特征：一是避讳，二是字体。如果他自己继续查证，应该可以完成这个学术命题。但他心中有点没底，就决定去找冯其庸商量，于是带着书去"铁一号"冯其庸家，一起研究。

第二天是1975年1月17日，两人结伴到了北京图书馆善本室，借出了己卯本原书，与带来的残本核对。

本书已经讲过，己卯本的原藏家是陶洙。他大约于1947年董康死后收得此书，当时存有四十回，即第一至第二十回、第三十一至第四十回、第六十一至七十回。陶洙曾经对己卯本进行了大规模的补抄改造，一是补足了首回和第十回的残页，二是据庚辰本抄补了二十一回至三十回，三是过录甲戌、庚辰本的全部批语，聚三本内容于一堂。1947年，陶洙用朱笔过录了庚辰本的全部批语，依据是庚辰本的照相版。1949年，跟周汝昌借得甲戌本的录副本后，又用蓝笔过录了甲戌本脂批和凡例。两次并用两本校改了己卯本正文。陶洙如此辛勤抄改的初衷只为求全，但他却完全不懂得保持珍本的原貌，把己卯本变成了一个三色杂陈、众批密集、乱花迷眼的大杂烩。尤其是他用朱笔校改己卯本的墨抄正文部分，与己卯本上原有朱笔旁改的文字很难悉数区别，这样就给后人的研究造成了障碍。

大约在1952年，陶洙将此本售与文化部，供俞平伯使用数年之后，入藏北京图书馆，从此后研究者方有机会寓目。直到1963年，陈仲笰发表《谈己卯本脂砚斋重评石头记》，才有了评介的第一篇论文。此后又沉寂了十年，直到吴、冯两人的到来。

在北图善本室里，两人分工查对原书，吴恩裕主要核对笔迹，冯其庸重点查找避讳。冯其庸首先在馆藏的己卯本上，发现了另外一个"晓"字，同样缺末笔那个弯勾,也是避讳。然后又发现两处"祥"字的避讳。元妃省亲一回里,元妃命题作诗,有一句"华日祥云笼罩奇";在宝玉挨打一回里,有"打得不祥"了。两处"祥"字,都没有末笔一竖。同时避讳"祥"和"晓"两个字,这样就排除了纪晓岚。

后来他们在某书的"王公封号"一节,查到"怡亲王:允祥、弘晓、永琅……"一条,得知允祥是康熙的第十三子,他的儿子叫弘晓。他们继续寻找能证明己卯本与怡亲王府关系的其他证据,在善本书目卡片中发现了《怡府书目》,真是意外之喜。取出来一看,这是怡亲王府的藏书书目,几个印章证明这是怡亲王府家的原件。他们翻到了"晓"字一样也避讳。第三天冯其庸去上班,吴恩裕又去翻《怡府书目》,找到一本书名《宝元天人祥异书》,"祥"字也避讳少末笔。在怡亲王府自己的藏书书目里,找到了跟己卯本同样两个字的避讳,这就是铁证如山了。

他们把带来的残本与己卯本并列在一起,对照笔迹,发现两本都是六七个人合抄的,笔迹都对得上。而且,在《怡府书目》中也能找到其中两人的笔迹。冯其庸擅长书法,自信辨别笔迹十分内行。这样,他们就确定了两点:第一,历史博物馆藏残抄本,确是北图藏己卯本的散失部分;第二,这个己卯本是怡亲王府的抄本,主持抄藏此书的人当是怡亲王弘晓。

两人当时就决定写一篇文章。冯其庸是快手,立即写好了交给吴恩裕。吴恩裕拖延了近一周,他的夫人骆静蓝着急了,催他赶快发表,担心被别人抢先。于是这文章《己卯本〈石头记〉散失部分的发现及其意义》,于 1975 年 3 月 24 日在《光明日报》发表,

冯其庸在 1970 年代作画,赠给吴恩裕

七 热度篇

署名吴恩裕、冯其庸。

在《红楼梦》正热的背景下,在政治评论有余,而学术成果阙如的时间段,这篇文章的公布,造成很大影响。这一学术结论,证据确凿,无可争议。这在红学领域内,属于罕见现象。

吴恩裕已经是老红学家,本来就属考据派。他也准备写文章,只是没有新闻时效的概念,文章写得慢。他在三四月间为此写了两篇文章,到七月才改定,后来收入文集中。

这是冯其庸发表的第二篇红学文章(如果不算"洪广思"的话),这篇版本学论文有过硬的证据,经得起时间和同行的检验。尽管这课题和成果可以说是送上门来的,有一定的运气成分,但它来得恰当其时,使冯其庸跨入红坛的脚步,变得坚实有力了。

在此之前,红学家们已经知道了曹雪芹家与怡亲王府有特殊关系。在雍正二年江宁织造曹𫖯请安折上,雍正朱笔批道:

> 朕安。你是奉旨交与怡亲王传奏你的事的。诸事听王子教导而行。你若自己不为非,诸事王子照看得你来,你若作不法,凭谁不能与你作福。不要乱跑门路,瞎费心思力量买祸受。除怡王之外,竟可不用再求一人托累自己。为什么不拣省事有益的做,做费事有害的事?因你们向来混帐风俗贯[惯]了,恐人指称朕意撞你,若不懂不解,错会朕意,故特谕你。若有人恐吓诈你,不妨你就求问

孚王府(原怡亲王府)大门。　　王娟 摄

怡亲王。况王子甚疼怜你，所以朕将你交与王子。主意要拿定，少乱一点，坏朕声名，朕就要重重处分，王子也救你不下了。特谕。[41]

这段雍正朱批，并非官样文章，而是亲密的体贴，痛切的嘱咐。这是因为怡亲王允祥与曹頫的关系比较密切，雍正看在弟弟的面子上，对曹頫也略开恩典，放他一马。在康熙四十四年随父皇第五次南巡时，二十岁的十三阿哥允祥，很可能见过随父接驾的曹頫，那时他才七八岁。以这样的世交关系，吴恩裕和冯其庸都想到，怡亲王府《石头记》抄本之底本，有可能是直接来自作者曹雪芹。

我在本书"翻覆篇"的"旧曲新拍"一节，曾经埋下一个伏笔。就是在北京朝阳门内大街的北侧，在人民文学出版社东四头条旧址的东邻，在现址朝内大街166号办公楼的对面，有一座清朝王府，俗称九爷府，亦称孚王府（后为中国科学院某研究所、出版社占用）。它的前身，就是乾隆年间的怡亲王府。这府是雍正七年弘晓始建，其父允祥的老怡亲王府，原在王府井大街东侧东安市场一带。而现存己卯本，正是弘晓主持抄成，据说里面有他的亲笔。通过吴恩裕和冯其庸的这项研究，世人才知道，原来《脂砚斋重评石头记》己卯本，正出于朝内大街这座王府之内。在至今尚存的十二种《红楼梦》早期版本中，它是唯一能够考出抄者主人为谁的一种。

在书出二百余年之后，在当年怡亲王府的对门，一家出版社——人民文学出版社，主持出版《红楼梦》的权威版本七十年，此书的痴迷研究者周汝昌以及聂绀弩、舒芜、周绍良、朱南铣、王利器、胡文彬等多年在此上班，吴恩裕、李希凡、蓝翎等红学家多次出入此楼中。周汝昌的办公室窗户朝北，正对怡亲王府大门。如此奇特的因缘，仿佛是一种历史故意安排的穿越。

以上叙述主要依据冯其庸当年的文章和晚年的自述，原本清晰无疑。但是当时沉默的第一当事人王宏钧，在1993年所写《怀念冶秋同志》一文中回忆往事，提供了另一个视角的另一个版本，使有关己卯本残卷的纪事更加丰富，也略显模糊。试梳理其要点如下：

其一，"1959年我和历博于冠英同志曾从琉璃厂以五元钱买回一本残破的《脂砚斋重评石头记》手抄本。"这人名和价格都是首次披露。王宏钧自述是1973年（参照本书所记相关事实，应为1974年秋冬），因历史博物馆要修改"中国通史陈列"而重新查阅己卯本残卷。他自己以之与庚辰本影印本核对，"发现修改后的回目、正文与庚辰本相同。由此可以初步断定这个残本是早于乾隆二十五年的一个稿本。这一发现使我十分惊喜。"

其二，"我与史树青同志谈了，他陪我带着残本一同访问了吴世昌、周汝昌先生。我又访问吴恩裕先生时，适逢冯其庸同志也在座。他们看了都很高兴，一致肯定这个残本早于庚辰本。"王宏钧本人又亲赴北京图书馆查阅己卯本原件，"当时发现历博的这个残本与己卯本有不少相同之处，似是同一版本，但也仍有一些疑问，有待进一步研究。"此处可注意者，一是王本人已对残卷做过考察，见解不俗。二是他先访问过吴世昌、周汝昌，二人态度不明朗，没有跟进。三是王说访问吴恩裕时，"适逢冯其庸同志也在座"，使冯提前介入，这与冯、吴以前的表述不同。王宏钧也没有说到留书给吴恩裕研究。

其三，王宏钧的重点在怀念当时"文博口"的领导王冶秋。他记述，王冶秋在得知己卯本残卷后十分重视，将其要到局里仔细看过，当即决定由文物出版社影印出版，并布置王宏钧在《文物》月刊撰文介绍。随后，出版社完成了为残卷拍照，王写出介绍短文后排出了清样。

> 不想在这短短的几天之中，吴恩裕先生一而再、再而三地找冶秋同志，说他们对此残本还有新的看法，要求介绍文章缓发。冶秋同志已不耐烦。一天，不知在什么场合，江青控制的文艺组的某负责人也向冶秋同志询问起历博所发现的这个残本。这使冶秋同志心中大为恼火。第二天，冶秋同志通知文物出版社：这个残本停止影印，《文物》再也不要发《红楼梦》的文章！[42]

看起来，王冶秋、王宏钧这边的安排进展，与吴恩裕、冯其庸那边的研究发现是同时发生，分道扬镳的，他们互不通气。所以，吴恩裕才会力阻《文物》首先发文，吴夫人才担心落于人后。王文中流露出对吴恩裕不满，且并不提及吴、冯两人的突破性成果。王宏钧将王冶秋的决定退出，解释为对江青派系的抵制，"有所不为"。考其时间当在1975年二三月间，官方《红楼梦》校订组即将上马，前来过问残本的"文艺组的某负责人"应即袁水拍（见下节）。这样，吴、冯两人的个人学术行为，微观版本研究，就镶嵌在了当年时代风云的宏观大画框之中。

王宏钧后来曾担任中国历史博物馆副馆长、党委书记。通过他，我们的叙述就成为多视角、多层次、多维度了。

除了《红楼梦》版本以外，冯其庸还从此留心搜集曹雪芹家世史料。1975年下半年，他与人大清史所李华一起，在北京图书馆找到了康熙二十三年未刊稿本《江宁府志》中的《曹玺传》，内有"仲子宣"的记载。这就是说，曹玺的长子是曹寅，次（仲）子名曹宣，后因避康熙"玄"字音讳而改名为"荃"，曹宣与曹荃实为一人。

周汝昌二十多年前在《红楼梦新证》中提出的那个"大胆的假设"，现在被冯其庸在无意中以文献证实了。冯其庸将此告知周汝昌,还抄送了《曹玺传》的原文。"不是周郎著《新证》,谁知历史有曹宣?"这岂不是凭"悟性"做考证的胜利?周汝昌自然喜出望外,得意之情可以想见。但是《曹玺传》里还有一句"著籍襄平",襄平是辽阳的古称,即证明曹家的祖籍在辽阳,而不是周汝昌主张的河北丰润。周汝昌选择性地接受了这个新材料。

附 冯雪峰

人民文学出版社的老社长冯雪峰1958年被撤职时五十五岁,从此无事可做。他想利用"靠边站"的时间,完成那部写红军长征的长篇小说《乌代之死》,请示组织,得到的回答是:"你没有资格写长征!"1961年摘去右派帽子之后,他曾经几次打报告要求重新入党,都遭拒绝。冯雪峰转念计划写一部太平天国的长篇,花了十五年时间搜集史料、实地考察,可惜终未完成。

"文化大革命"降临,冯雪峰被关进"牛棚",后又发配湖北咸宁五七干校,周汝昌曾在一次劳动中与他邂逅,相对无言。1971年,冯雪峰被调回人民文学出版社,只准在家里做些校订《鲁迅日记》的工作,不准到单位上班。

冯雪峰在1976年1月31日抱憾离开人世,终年七十三岁。他没有留下遗嘱,只是在弥留之际,痛哭流涕地一再表示希望能回到党的队伍。

笔者

在1963年看过故宫文华殿展览后的第二年,我考进了北京四中读初一。到初二将近读完的时候,有一天早上突然听到广播《人民日报》社论《横扫一切牛鬼蛇神》,学校就停课了,那是1966年6月1日。接下来乱了近三年,1969年春节前夕,上火车奔赴陕北延安地区下乡插队。对于陕北,我是个逃兵,一年后就"病退"回了北京,1971年8月进工厂当学徒。第一次挣到了工资,每月十六元。

在当学徒工的第一年里,我买到了自己的第一套《红楼梦》。那是当时刚刚重印出版的,1972年4月人民文学出版社第三版第九次印刷,还是竖排版。书前仅有一简单的再版说明,没有序言。显然是受命重印,便匆匆进行。

是在进行了六年的激烈革命之后,是在一切"封资修"都被扫荡净尽,"白茫茫一片大地真干净"的环境里,又是在二十岁出头的年纪,是从小就具有语文优势,并且在文华殿受到过红学启蒙的我,第一次通读《红楼梦》的感觉自然有趣,此时也不必尽述。紧接着我又买了李希凡那本小册子,虽是薄薄的小本，却是那时仅见的红学书。事实上我想见"红"就买，饥不择食，那本我在前面几次提到过的《文物》杂志1973年第二期，也是刚一出就买了，为的就是吴、周两位红学家的文章。我读得津津有味，已经七年不尝此"味"矣。那是我做学徒工的第二年，每月工资涨到十九元，但是买这些书，我毫不吝惜。

　　大概在1973年初，我也亲身感受到了从批左到批右的急转弯。有一次班组学习中央文件，讲批判林彪极右路线，读文件经常是我的任务。我表示不理解，要说林彪形左实右还能接受，他怎么是极右呢？我的师傅在旁边拉我的袖子，制止了我。散会后他跟我说：你是没经历过反右，别再随便说话了。

　　我在1974年夏天学徒出了师，正是"批林批孔"和评法批儒最猛烈的时候。我的小小文才在手工业匠人堆里遮掩不住，就成了"工人理论队伍"成员。进这个"队伍"有两个好处，一是可以经常"脱产"写批判文章，少干那又脏又累的活；二是可以打着这个旗号，去书店的内部门市部，买市面上看不见，只对"内部发行"的书。我先是在车间和厂级写文章，后来进了局级工人理论组，到1975年底，又参加了北京市的新闻短训班。

　　我做了团干部，常有机会与青年谈心。那时我得知了脂砚斋批语，心中向往，但苦于找不到有关的书。所在班组中有一位女孩，听说她父亲是"学部"近代史研究所所长刘大年，大知识分子家必然书多。我找机会向她打听，你家是否有脂砚斋评《红楼梦》？她还真回去找了，后来告诉我家里没有什么"胭脂斋"。青春男女之间，或许她误会了我的意思，也未可知。

　　1976年9月，我所在的车间里出了件大事，一位青年女工吴小彦自杀身亡，她是吴晗的养女。而吴晗本人，已经在1969年10月11日含冤而死。

　　买古典和文史方面的内部书，要去中国书店的内部门市部，设在南城的琉璃厂，那里有个"海王村公园"，其实不过是个大院式的商场罢了。里边建筑富有园林趣味，外院是周边廊庑堂榭连接的古书商店，内院北端为一座二层"民国式"楼房。内部书店就设在这楼房的底层，一般顾客走不到这里。我喜欢主动承揽为工人理论组买书的任务，来这里公私兼顾，既买公家用书，也为自己选购。我就是在这里，买到了两册《红楼梦研究参考资料选辑》，就是胡适和俞平伯原作的专辑，在那个年代，可体味难得的"民国味道"。影印的庚辰本和戚序本《石头记》各四册，这些古书也只限内部发行，我都是在这里买得的，当然是平装本，那都是在1977年考大学之前。到了大学毕业后的1982年，一天我又来这里，突然发现在公开书店的案上，赫然摆着一本《脂砚斋重评石头记》甲戌本，只有一本！是1975年印的"内部发行"，此时已可公开发售，但存货肯定不多了，价仅1.75元。我立刻买了，高兴了好几天。

这对我来说，堪比1927年胡适喜获真本，堪比1948年周汝昌借得胡藏。

这个"海王村公园"，在上世纪九十年代和新世纪初经历了两次彻底改造更新，原状已不复存在。

我后来才发现，这个地点竟然与《红楼梦》有很大的关系。且不说庚辰本、己卯本的散失部分、舒序本和百廿回《红楼梦稿》，都出现于琉璃厂书店，连戚序本也是如此。据陈寅恪先生记载："俞先生（俞明震字恪士，乃陈寅恪之伯舅）藏书不富，而颇有精本。如四十年前有正书局石印戚蓼生钞八十回《石头记》，其原本即先生官翰林日，以三十金得之于京师海王村书肆者也。"[43]

此处与《红楼梦》的关系还不仅限于书籍的买卖流通，海王村琉璃厂，其实是《石头记》甲戌本的出身之地。

在胡适之前，甲戌本最重要的收藏者刘铨福，字子重，大兴人，约生于嘉庆到光绪年间，喜搜集金石书画。甲戌本在咸丰十年（1860）之前，已归他收藏，他在此书上先后留下了五则题跋。同治四年乙丑（1865）孟秋，青士、椿余于半亩园同观此书，并题一跋。约在光绪末年，此书从刘家散出。民国十六年（1927）夏出现于上海，归于胡适。

从刘铨福的父亲刘位坦起，家就住在后孙公园。此园原为清初史学家孙

"大兴刘铨福家世守印"，
赵之谦治印。

> 三十多年前，承初得子重原藏的乾隆甲戌脂硯齋重評石頭記十六回，承就注意這四本書絕無裝潢，而蓋有刘子重的私人印章八顆之多，又有他的短跋四條，都很有見地。裝潢無金玉錦繡之修，而能細讀所收的書，能指出其佳勝處，寫了一跋又一跋，——這是真正愛書的劉銓福先生。
>
> 涇之無金玉錦繡之修……而能与石交，玩。朋友游書肆，見異本，力不能致者，多樂以告君，謂書入他人家不若在君家為得所也。以故，君藏書日以富。
>
> 胡適敬記
> 五十三、十三

胡适在甲戌本上关于刘铨福的题记

承泽别业，在琉璃厂之南。据记载，这里园池幽胜，藏弆极富，藏书处名"砖祖斋"。叶昌炽《藏书纪事诗》卷六记刘位坦、刘铨福诗云："河间君子馆砖馆，厂肆孙公园后园。"

后孙公园的北边就是海王村。道光末至光绪初年，这里是"士夫以风雅相尚"，聚会游赏之地。冯其庸收藏了一幅刘铨福的手迹，是题开元铜筒拓本的诗文二则，末署"己未季秋……大兴子重刘冨录于海王村桥亭卜砚斋"。"己未"即咸丰九年（1859），这是刘铨福在此活动的明证，他约在此前后收藏了甲戌本。

甲戌本题跋中的半亩园，也离此不远，"在弓弦胡同内牛排子胡同"。题跋者青士和椿余，即濮文暹、文昶兄弟，在此园中做家庭教师达十六年之久。两人同观甲戌本后，题记赞其"颇得史家法"，嘱"子重其宝之"。濮氏兄弟也常逛琉璃厂，有诗为证："大雪海王村，剩有梨花冻；东风半亩园，尘榻悬已重。"

后来我在材料中看到，刘铨福之孙名刘博琴（1921—1984），这个名字很熟，忽想起1965年上初中时，曾与他见过一面。那时我在课余喜欢书法和篆刻，某日与一郑姓同学同往王府井荣宝斋观摩。见一中年人走进展厅，郑同学立刻移到一幅署名刘博琴的篆书条幅前，用钢笔在本子上认真临摹。那中年人从他身后走过，看了一眼，说了句："拿铅笔写篆字儿可不容易！"是地道京腔。原来那人就是刘博琴本尊，他是当时北京有名的书法篆刻家。

这就引出了关于甲戌本历史调查的第二个遗憾。在收藏者刘铨福与胡适之间，前后相隔约六十年。刘铨福的家族后代世居北京，而胡适自1930年到1948年，两度寓居北平将近十年，他却没有想到去访察刘铨福的后人。当是时，刘铨福的一个儿子以竹翁为号，在琉璃厂的金石界较有名望。刘博琴是他的侄子，继承了金石家学，仍号竹翁。那时胡适经常托琉璃厂的书店找书，却没想到找刘氏后人。到1961年胡适为影印甲戌本写跋语，才想起来辟专章介绍刘铨福（以及孙桐生）。他引叶昌炽在清末的记载，甚至提到了"今其孙尚守旧宅，而藏书星散矣"。即指刘铨福的子辈，这真是失之交臂了。[44]

我在甲戌本的老家故地买到了其影印本，三种影印本都在此而得。而且，与刘铨福的裔孙还有一面之缘。这应该算是一段缘分吧！

28 校注组沉浮

1974年10月，李希凡乘飞机从西安匆匆赶回北京，为的是领取江青赠书。袁水拍、冯其庸也正急等他相见，为的是计议成立《红楼梦》校订组。

冯其庸说他与袁水拍很熟，那李希凡就得加个更字。因为他俩原来是《人民日报》文艺部的上下级。袁在1961年离开《人民日报》，去中宣部做了文艺处长，两人既有工作联系，也保持着私人交往。从1962年开始，袁水拍又兼任《毛泽东诗词》英译审定小组组长。"文革"一起，中宣部成了"阎王殿"，口号是"打倒阎王，解放小鬼"，袁水拍的级别属于"大判官"，也被打倒。最难熬时，他曾吞服大量安眠药，自杀未遂。1969年中宣部被军管，连锅端到了塞上贺兰县的"五七干校"。那时袁水拍已经五十多岁，他解放前在国统区做银行职员并活动于文化圈，解放后又一直在北京坐机关，艰苦的农村环境对他显得分外严酷，难以承受。

1972年冬天，袁水拍因病回到北京，李希凡常去看他，渐渐了解到他的心病，是党的组织生活尚未恢复。他很着急，因为入党介绍人夏衍不承认曾介绍他入党，所以被怀疑是假党员。但是袁水拍有一条通天秘线没有启用，就是因为在1950年参加过有关武训历史的调查，而与江青熟悉。他向李希凡展示了一本相册，里面全部照片都是五十年代他携全家，包括夫人朱云珍和两位公子，在中南海与毛主席一家人的合影。如此亲密接触，海内难寻第二。既然如此，为什么不直接给毛主席写信求助呢？袁水拍很为难，说自己自杀过，没脸给主席写信。李希凡就建议他退而求其次，给江青写信。袁水拍果然写了信，1974年10月意外地被重用为国务院文化组副组长，兼文学艺术研究所所长。此外，他还继续主持了《毛泽东诗词》的英译定稿工作。

这就是"好了歌"所谓"昨怜破袄寒，今嫌紫蟒长"。此时还看不出是福

李希凡 1975 年在漓江

是祸,多年以后李希凡说:建议袁给江青写信,"这的确是个馊主意"。

关于这个《红楼梦》校订组的成立,各当事人其说不一,大体上有三种说法,三个首倡者。

周汝昌首倡说

本书记得明白:早在 1921 年,俞平伯就在与顾颉刚的通信中,提出了"多集版本校勘",并在五十年代完成了《红楼梦八十回校本》,可惜这时不做数了。周汝昌又在 1948 年 7 月 11 日致胡适的信中提出:"我觉得集本校勘,这件事太重要了。"从那时开始,他与四兄一直致力于全面大汇校。所以周汝昌当然认为,自己是"大汇校写定真本"的首倡者。

当浩劫初期周祜昌被抄家,资料悉数散佚后,兄弟两人痴心不改,决心从头再来。幸有一小部分剪贴本留置京中,未遭损毁,祜昌在残存的基础上,又开始重新整理。

1970 年 9 月,周汝昌从干校回到北京后,按"工宣队"要求写安排工作的报告,据说他直接写给周总理,请求给他一些条件,以期完成大汇校写定真本的浩瀚工程。但是这份报告并无回音,拖了下去。

七 热度篇 465

后来他又与同事戴鸿森商量此事，戴很积极，马上与"学部"（即后来的社科院）文研所联系，请他们校注一个新本。人文社当时的临时领导人也同意了，但这并不是周汝昌所愿的大汇校。据周回忆，文研所的态度很积极，很快派邓绍基、刘世德两人持公函来社商议，准备接受任务。

根据人文社内部档案，此事发生于1973年1、2月间。人文社在与文研所商定以后，郑重其事地准备召开"《红楼梦》新版整理方案座谈会"，广发通知，邀请与会者有《人民日报》李希凡、袁鹰，北京大学吴组缃、魏建功、赵齐平、费振刚，还有沈从文、吴恩裕、陈仲箎、启功、杨宪益、冯其庸等个人，以及北京师范大学、北京师范学院、光明日报、首都图书馆、中华书局、天津南开大学、文物出版社等单位（人选自定）。座谈会的筹备由杜维沫主管，戴鸿森起草方案，周汝昌参助。已经打印的整理方案（征求意见稿）中明确："此次整理工作由中国科学院文学研究所'红楼梦整理小组'担任，实际工作时间暂定一年左右。"该小组的组成人员为何其芳、吴世昌、俞平伯、邓绍基、陈毓罴等。1973年2月19日，人文社再发通知，将会议地点改为国务院第一招待所，并说明会议需开一天，虽然准备了午饭，但请自备粮票。

就在万事俱备，会议即将召开之时，2月26日，人文社突然紧急叫停。通知异常简短："关于《红楼梦》新版整理座谈会，因故暂不召开，特此通知。"大部分在北京的受邀参会者，是电话通知或登门面告，对天津南开，只能发加急电报了。[45]

其原因当时不能明言，现在可以说了。原来是李希凡收到通知后，起而激烈反对。因为绵延十几年的何、李之争，此时已经水落石出，何其芳早被批倒，李希凡正在"坐庄"写序，即将利用到人文社修改旧作的机会，公开讨何。他怎么能容忍何其芳率领他的团队染指新版《红楼梦》，那岂不是复辟夺权？这一次，李希凡体现了他的霸气，以一人之力推翻成案，扭转乾坤。

人文社不得不向文研所"打退堂鼓"，还不敢实话实说。此时担任出版社古典文学编辑室主任的杜维沫，对这"出尔反尔"感到很为难，晚上到周汝昌家中诉说内情，说："约请了人家，又要变卦食言，这多尴尬！"

文研所方面很可能不知道这个变化的原因，刘世德是这样记忆的：

> 人民文学出版社的杜维沫和林东海两位先生驾临寒舍商谈，希望我和陈毓罴兄校订出一部以脂本为底本的《红楼梦》读本，作为文学研究所和人民文学出版社合作的成果。
>
> 我和陈兄作出了初步的允诺，但表示此事重大，时间又紧迫，需仔细斟酌，并约定一周后给出正式的答复。后来，我们考虑到工作量太大，我和毓罴兄当时在所内别无助手可用，在出版社拟定的

时间内不可能完成此项任务。于是向杜、林二位婉辞，并建议另找合适的单位和人员。[46]

两说大概是一件事，虽不太一致，但可能双方皆真，角度不同。大同小异，总之是人文社先与文研所联系做新校本，但因故未成。"文革"后第一次文人自发的整理《红楼梦》计划，就这样胎死腹中。

此后，周汝昌又两次"向当时中央上书"。第一次是写给姚文元，请求向日本寻找"三六桥"本，收到姚的两次回信，受到鼓舞，遂又二次上书，陈述流行本之伪劣，建议从速整校出一部近真的好版本。这第二次可能是上书给江青的。大约在 1975 年初，国务院文化组组长吴德（他更为人熟悉的职务是北京市革委会主任）召见周汝昌，袁水拍也在座。这是对周汝昌上书的回音，说中央很重视，将会有安排。

冯其庸首倡说

按照冯其庸的回忆：大约在 1974 年 10 月，袁水拍刚上任国务院文化组副组长，有一天来"铁一号"家里找冯其庸未遇，第二天冯其庸就去回访。在袁水拍家的饭桌上，冯其庸说：现在把传统的东西都打倒了，别的事情很难提，能做什么事啊？但是有一件事，肯定能做得通。毛主席不断地称赞《红楼梦》，但是这部书一直没有好的校订本，你可以提出组织一个班子重新校订《红楼梦》，肯定会批准。如果校订完成，那就是文化上的一个大工程。

袁水拍一听非常赞成，让冯其庸起草报告。两人还共同想到了李希凡，但是听说李希凡去西安了。

几天后李希凡回来了，袁水拍再请李希凡、冯其庸一起在家里吃饭，同时商量这件事。李希凡也很赞成，三个人的一致意见是：首先要直接让毛主席知道，"因为袁水拍经常能直接跟主席见面"（冯其庸的说法，但这是五六十年代的事，到七十年代已不可能，连江青都很难了），毛主席不会不赞成。袁水拍就把报告送上去了。

过了十来天，袁水拍高兴地通知冯其庸，说中央已经批准了校订《红楼梦》，他自任校订组组长，冯其庸任副组长、业务负责人，并调集一些专家来做校订。袁水拍跟冯其庸所在的学部历史所打了招呼，那边只能服从。

李希凡的回忆与此对得上。他记得从西安回来不久，袁水拍就找他谈了校订注释一个《红楼梦》的新版本，还曹雪芹原作的本来面貌，以飨读者。李希凡极表愿意，因为出以公心，这是一项很有意义的文化工作；若说私念，又可离开报社里那些对立面的人，心静地做点有意义的事。而李希凡没有明言的是，一年多以前，他以一己之力，遏止了人文社与"学部"文研所的计划，现在把校订权拿到自己手中，而且是官方行为，奉旨行事，当然更胜过原议何止一筹。

李希凡与冯其庸的关系也很好，可以合作愉快。从干校回来以后，他们俩已多次互相看望，冯其庸还给李希凡刻了一个印章。去校订的事报社的鲁瑛没有拦阻，造反派更奈何他不得。

李希凡说："我不知这件事最初是怎样决定的，只记得后来看过一个报告，是袁水拍提出的。"究竟是不是袁水拍采纳冯其庸的建议而提出，尚待证实。但是刚刚新官上任的袁副组长（相当于副部长）若本无此意，为什么会屈尊主动登门来找冯其庸聊天呢？似乎不合常理。

袁水拍首倡说

此说没有自述，以下说法，主要来自于胡文彬，据说他有当年的日记为证。

1974年2月，人民文学出版社重新影印的《脂砚斋重评石头记》庚辰本出版，是精制的线装本。这是按江青的指示，主要送给高级领导和文化宣传部门的负责人参考阅读。国务院文化组副组长袁水拍上任之时，可能与李希凡同时获得了江青的赠书。

另有记载，袁水拍自己原来就有庚辰本，是"他夫人朱云珍'文革'前花六十来元给他买的"。[47]

袁水拍是心很细的文人，他把庚辰本与普及本《红楼梦》（程乙本）对照阅读，发现两者有多处不同，在文学的品相上，前者高于后者。于是，袁水拍给江青办公室写了一封信：现行《红楼梦》版本明显弱于古本，削弱了反封建的战斗性。并建议：能否组织人把《红楼梦》重新校对一遍。

在"批林批孔"正烈的形势下，袁水拍的建议得到了"江办"的高度重视，马上复信，令袁水拍负责组建校订班子。袁水拍本人并不研究《红楼梦》，当时最有红学话语权的是他的前下属李希凡。袁遂请李希凡代为起草一份报告，详尽说明"庚辰本"和"程乙本"的不同。李希凡对《红楼梦》的版本亦无专门研究，遂找来了自己的挚友、当时已完成了"洪广思"评红任务的冯其庸，以及在版本考证方面颇有心得的胡文彬。（有一种说法是胡文彬"推荐了后来的实际负责人"，我认为不符合事实，因为冯其庸比李希凡更早介入此事。）

三人的分工方式是：冯其庸负责对照前八十回，胡文彬负责后四十回，两人做一个星期的案头工作，把考查的资料送到李希凡家，由李希凡总其成。李希凡把两份资料整合在一起，写了一份论证庚辰本和程乙本优劣的报告。

此报告交袁水拍经由文化组系统上报。不久，校订组在上方批示下成立。

1975年3月6日，《红楼梦》校订小组召开第一次会议。袁水拍传达了江青1974年10月28日的指示："要重新出版《红楼梦》，目前人民文学出版的一百二十回本《红楼梦》削弱了曹雪芹原著的一些锋芒，批孔、批儒、反封建的锋芒，应重新校对出版。"[48]

综观以上三说，可以发现当事人都有自己的亲历，都在选择对自己有利的说法。或许综合起来，更接近事实。其实是谁首倡并不重要，重要的是，三说都集中指向江青。

再回到周汝昌的视角。1975年春（周汝昌文中原作秋，酌改——笔者），在北京市委第三招待所召开校理《红楼梦》版本的会议，周汝昌带着女儿周丽苓去参会。由袁水拍主持会议，李希凡、冯其庸被指定并列为校订组副组长，周汝昌、吴世昌、吴恩裕为顾问，参加者还有人民文学出版社杜维沫、王思宇，上海来的孙逊和另一位研红人员。袁水拍讲话，宣布成立校订组，强调"上边十分重视"。然后听取顾问意见，三人都认为流行"程乙本"很糟，亟应出好本新本。在古抄本中应推庚辰本为校勘底本，因它现存回数最多，较为完整。会上议定将由人民文学出版社废弃旧本，改出新校本，保证质量。

周汝昌在私下问：此会为何未邀文学研究所的人参加？冯其庸答：这次来不及，容以后再请他们。

校订组成立后，曾有周汝昌的四川大学旧友，现在冯其庸的人民大学女同事来问：你们弟兄多年研究版本，现有此校印佳本的盛举，怎么不去参加？

周汝昌自认为是自己首倡此举，但仅被安排为顾问，不能参加实际工作，正有怨言。此时他已完成《红楼梦新证》的修订，愿贡微力，却无机会；若不贡力，又怕落一个"知识私有"，袖手旁观的批评。他感到左右为难。

那朋友哪知其中的利害，应承去找老冯一力推荐。但她碰了钉子，冯其庸回答：小组成员名单已定，是由姚文元批准了的，没法再更动了。

周汝昌不能理解的是，这校订组已经是政治任务，而不是纯学术行为。他向胡适提出的"集本校勘"，岂能跟今天的光荣任务同日而语？这背后的政治角力，权力运作，更非他所知。而且，以他独持己见的学术立场，年高体弱、耳目皆损的身体条件，肯定是不适合在组内从事实际工作的吧。

袁水拍先组成了三人筹备小组，另两位是刚到国务院文化组不久的林冠夫和曲艺家协会的沈鹏年。据林东海回忆，"1975年春节后，国务院文化组拟派我去参加袁水拍主持的《红楼梦》整理小组，我以'客卿'不能代表文化组为由，婉言谢绝了，并说师兄林冠夫是研究红学的（复旦中文系《中国文学史》《红楼梦》章即他手笔），他可以代表文化组去参加。于是冠夫兄到北京市委第一招待所参加整理小组的工作。"[49]

此外，先后从各地调来的有广东中山大学曾扬华，上海复旦大学应必诚，上海师范学院孙逊，吉林省社科院周雷，北京大学沈天佑，北京师范大学吕启祥，人民出版社胡文彬，太原钢铁厂刘梦溪，组成十三人的"新校组"。其中特别的是刘梦溪，1968年离开人民大学后，被外放到太原钢铁厂做钳工，冯老师和李希凡最先想到的就是他，趁此机会把他调进北京。1975年4月，人员调齐，"《红楼梦》版本校订注释小组"正式开始工作。

校注组由国务院拨了很多钱，住在地安门拐子胡同的河北省驻京办事处，像个高级招待所，吃住都是宾馆的待遇。借调人员不断增加，而校订是长期的事，这样住下去太浪费。冯其庸说是他向袁水拍提出来换地方，而李希凡则陪袁水拍一起去看房。袁水拍当时兼任文化艺术研究所所长，地点就在那座曾被热炒过的恭王府。

府门外有1959年建的两栋楼，挡在恭王府门前大煞风景，原属北京艺术学院，东为画楼，西为琴楼，学校停办楼正闲置（后为中国音乐学院）。刚成立的文化艺术研究所在琴楼的二、三楼办公，校注组占据了四楼，吃饭就在研究所食堂。琴楼里是原来学生练琴练声用的琴房，房间很小，只能摆下一桌一床二椅，倒也足够他们摊开书本校订了。于是就在此安营扎寨，恭王府与《红楼梦》再次结缘。

回顾起校注组里的日子，每个人的关注点各不相同。

李希凡很注重人际关系。一开始，他对组里各地来的年轻人心怀警惕，不知他们是否"造反派"。相处长一点时间才发现，他们都是真正的"红迷"，并不关心社会上发生的那些事，个个都全神贯注地投入校订工作，似是到了"世外桃源"。

冯其庸是校订的业务负责人，他更关注的是技术性问题，即采用哪个抄本为底本。李希凡以为各种手抄本都难免讹误，不如择善而从，因为他难于割舍甲戌本的十六回。但是他毕竟是搞评论而不是钻古典的，这想法有点外行。而冯其庸和多数组员都懂得，校订古书，必须要认定一个本子做底本，问题是采用哪一本？

这个问题在校注组里争论不休，以致无法开始校订。有的人提出用戚序本，因为更加完整（五十年代俞平伯即用戚序本）；有的人提出用学部文研所藏的梦稿本。而冯其庸主张，庚辰本时间较早，比较完整，作为底本，最为适宜（周汝昌等三顾问也这样认为）。这个问题争论得很激烈，冯其庸之后专门研究庚

《红楼梦》校注组1975年摄于清东陵。左起：周雷、孙逊、应必诚、冯其庸、李希凡、沈天佑、胡文彬、林冠夫、曾扬华、刘梦溪。

辰本，就是被这争论逼出来的。

胡文彬是李希凡眼中的年轻人之一。他1965年从吉林大学历史系毕业，1968年分配到北京，在人民出版社做编辑。单身汉时间多，可读之书甚少，就读完了以前怎么也读不下去的《红楼梦》。大学师兄周雷与他住同一宿舍，两人志趣相投，日夜交流。那时专家们大多赋闲在家，胡文彬与周雷常常上门向吴恩裕、周汝昌、吴世昌等先生请教，也接触了正在人文社改书的李希凡和蓝翎。后来两人以"文雷"之名连续发表了几篇评红、研曹的文章，引起注意，李希凡就把他俩都吸收进了校注组。胡文彬感到从此"真正迈进红学研究的门槛"。

既然是官方校注组，自然比五十年代的俞平伯具备更优越的条件。他们有权调用全国所有的《红楼梦》抄本，共集中了十二个脂批本和八个程高本，由胡文彬、周雷带到天津复印研究所复印（当时复印机还是罕见的高科技）。

最初校订的方法，是上午集会校订，下午分头阅读。校订是大家坐在一起，读出各种版本的每一句话，斟酌取舍。按李希凡的说法：那时，都是用"阶级论"的观点看《红楼梦》，校订就是要摒弃程、高对前八十回的篡改，恢复原著的真貌。几乎每一句话都有异文，增删取舍很难统一意见，往往争论得面红耳赤。有一次为了甲戌本和庚辰本一句话的异同，发生了争执，胡文彬对李希凡说："你不能用组长的身份压我们同意你的意见。"胡文彬是祖籍山东的东北人，就是性子直，敢说话。周雷也曾经与冯其庸争论激烈，事后去向周汝昌诉说。校订上虽有分歧，并没有影响到成员间的友谊。

七 热度篇

一开始校订工作进行得很缓慢，用了约半年时间搞出前五回的征求意见本，排印出来。校订上去的文字用黑体字排，原文未动的用普通字体，这样就很清楚。他们带着这个初步的校订本去各地，主要在部分高校中文系教师中征求意见。

在别人潜心校订的时候，李希凡遇到了两件题外的旧事。1975年的秋冬之季（李希凡自传原作1974年，酌改——笔者），校注组正忙于前五回的定稿。一天上午，传达室来电话，说有一位姓程的女同志来找李希凡。他因为不认识，就想推托不见。传达室说，她叫程海果，是你的老朋友，从浙江来的。一听此名，满座皆惊，因为都知道程海果就是鼎鼎大名的"右派"林希翎。人大校友刘梦溪极力主张别见她。本来"希翎"之"希"就是从"希凡"而来，两个人还是有缘的，李希凡不想拒绝，就请她上楼了。

林希翎这年整四十岁，岁月摧磨，已没了当年的嚣张气焰。她告诉李希凡：反右斗争以后，她分配了工作，去了一家工厂，与一位工程师结了婚。林彪一号命令，把她当作罪犯赶出了北京，一家被送到浙江的劳改农场，没了工资。1973年，毛主席有一次和北京市革委会主任吴德谈话，问：你有一个女公民，叫林希翎的，你知道她在什么地方吗？吴德还真不知道林希翎是谁，赶紧查问后汇报。毛主席听了很生气，说她还是个青年人，哪有不犯错的，关她干什么？赶紧放出来，恢复工作，补发工资，让她到各地走一走，看一看。林希翎就这样被"解放"了。她说刚刚去了一趟大西北，回来路过北京，到《人民日报》去看你，他们说你在这里，就来看看你。

李希凡听了林希翎的叙述，也只能表示祝贺，希望她不要辜负毛主席的一片心意。她走后，整个校注组都很关心，李希凡就把她说的复述一遍。大家半信半疑，说她只要不来生事就好。

实际上，林希翎告诉李希凡的，确实是真假参半，自我美化了不少。如今我们回溯历史，林希翎于1958年被捕，判刑十五年，关押在北京草岚子监狱。1969年因战备，被押送浙江金华劳改农场继续服刑。1973年毛泽东过问倒是真的，她被释放时只差几个月就坐满十五年。林希翎被安排在金华武义农机厂当工人，三十八岁与同厂技术员楼洪钟结婚。1975年这次到北京，并非是什么"参观路过"，而是专程上访，寄希望于复出的邓小平。可惜正逢"反击右倾翻案风"再起，被警察押送遣返。现实总是要比能够讲出来的更为严酷。

另一件事，也是陈年往事突然重现。有一天，李希凡接到鲁瑛的电话，有事找他谈。李希凡赶回报社见了面，鲁瑛就从桌子里拿出一个毛主席字体的复印件，递给他说，主席这封信里谈到你，你先看看。原来就是毛泽东

1957年4月20日《致袁水拍》的那封信,信里提到了李希凡,让他离开报社去教书,本书前文已见过。原来袁水拍在此前不久,把所有毛主席给他的信都向组织交出了。李希凡说:主席的信,近二十年前我就看过了,我当时就给主席写了信。鲁瑛问:你怎么写的?李希凡说:当然,首先检查了自己的错误,然后说明了我不善言词,不能教书,还是想留在报社工作。鲁瑛说:文元同志批评我们,至今没有落实主席的指示。李希凡心想这是又要算老账了,"文革"初期造反派已经算过一次,叫作"对抗最高指示"。现在反正也没在报社,爱怎么处理就怎么处理吧!他就又回了校注组。

1975年秋,校注组正在哈尔滨征求对前五回的意见,李希凡突然接到《人民日报》秘书室打来的电话,命他火速回京。这次又是鲁瑛传达姚文元的"指示",大意是:毛主席最近对《水浒》的思想倾向进行了批评,宋江是投降派,《水浒》是写投降主义的书。李希凡过去吹捧《水浒》的文章影响较大,现在得表个态度。李希凡感到震惊,从未闻毛主席有过这样的评价,便追问:主席说的"投降主义",指的是宋江,还是指《水浒》这部小说?鲁瑛说,毛主席就是这样说的。这问题鲁瑛哪里答得上来?李希凡半信半疑,回到《红楼梦》校注组向几位朋友谈了,几位都是研究中国古典小说的内行,都不以为然。有两位青年朋友力主拖下去,不必写自我批评文章。李希凡拖延了一个多星期,鲁瑛又两次打电话来催促,他只得硬着头皮,遵命写成《〈水浒〉的忠义观念和宋江的叛徒形象》一文,在文章的最后做了点自我批评。此文于11月5日发表在《人民日报》上。李希凡说,"此文是'文革'十年中,我在《人民日报》上发表的唯一的署名文章",也是"我头一次自己想不通而违心写的文章"。[50]

1975年9月,袁水拍突然通知李希凡,说张春桥叫他别搞《红楼梦》校订了,也不说理由,只说你要不想回《人民日报》,就去《人民文学》吧!李希凡还是不明白背后缘由,他觉得校订工作已陷于停顿,就欣然接受,去即将"创刊"的《人民文学》(当时忌讳说是复刊)当了副主编。

《人民文学》"创刊"的背景,是当时高层的两派互搏。1975年夏天,邓小平掌权之际,毛泽东对文艺现状不满,提出要"调整党内的文艺政策"。8月25日,张春桥布置袁水拍出版文学刊物,由袁水拍自任主编,从上海的《朝霞》调常务副主编。但邓小平批示:"我赞成。看来现在这个文化部要领导好这么一个刊物也不容易。"[51]张春桥在为难中,通过袁水拍,调李希凡去协助掌控《人民文学》。这是在校注组运行了半年多以后,启用了李希凡的本专业。让李希凡去校订《红楼梦》,是大才小用,今才古用,或者武才文用了。

那几个月的政治形势瞬息万变,到《人民文学》在1976年1月正式"创刊"时,整个局势已完全改观。"反击右倾翻案风"掀起,邓小平岌岌可危。几个月前准备的稿件，此时变得不合时宜。"创刊号"上发表了蒋子龙的小说《机电局长的一天》，被批判为美化走资派。李希凡也卷进了这个麻烦，去天津动员蒋子龙写检讨。

经此波折，李希凡也消极起来，觉得《人民文学》的事也沾惹不得，还是让副主编的名义在那儿挂着吧！他虽还占据着琴楼的那间小屋，却已不能过问校注组的事了，便躲在那里读鲁迅，吃住都在恭王府。狡兔三窟，正好避祸。

袁水拍在1976年2月，正式被任命为文化部副部长。据说他并不情愿当这个官，家里开过家庭会议劝阻，他甚至为难得哭了，但是又只能个人服从组织，不能不干。

这时他又找李希凡谈筹办文艺评论刊物，李希凡既有金敬迈文艺组的旧教训，又有《人民文学》的新挫折，就鼓不起劲头。袁水拍说：你怎么那么悲观，先着手筹备嘛！此事还是无果而终。

1976年3、4月间，李希凡参加中国文化代表团访问日本。他在那里度过4月5日清明节，听说北京天安门广场发生了事件。

回溯到这年的1月8日，周恩来总理逝世。冯其庸和同事们准备在校注组的小楼里举行追悼会。这个信息被袁水拍知道了，他忠实执行上级命令，赶来制止。冯其庸当时情绪激动，仗着与袁关系不一般，据理力争：我不管他有什么事，我自己承担，我要跟大家一起开追悼会。袁水拍只得说：那你不要声张，你们自己举行吧，我不拦阻你们，也不往上报告。

袁水拍的副部长，当得如履薄冰，如苏州谚语所说"顶着石磨唱戏"，与新贵于会泳等人难以合拍，受到排挤。他心情压抑，不堪重负，据说曾找胡乔木哭诉。

4月以后，政治风暴不可避免地吹到琴楼或红楼中来。要追查所谓"谣言"，追查天安门运动的参与者。遇到麻烦的是刘梦溪：

> 这样一来，本来尚称平静的《红楼梦》版本校订注释小组，也不能成为避风港了。一天，组里开会，好像是要批判一下周雷的言论。一位发言者没说几句，周雷兄便睡着了。因为他夜里是不睡觉的，白天开这种会自然引不起他的兴趣。又过些许天，希凡叫我去一下他的办公室。坐定之后，他说："你的揭发材料来了。"原来我的一位从事人文研究的老熟人，受到压力，举报我言论中有蔑视"则天武后"的意涵。希凡说，反正口头言论，无从对证，就当没有此事就是了。对我采取了保护的态度。但接下来的一个举报，就比较麻烦。举报者云，我天天去天安门，并以社会良知自许。事实昭昭，

无人不晓,这下希凡也无法出来为我一辩了。周边的眼神儿开始出现异样的变化,浓重的阴霾向我袭来。

正在这时,唐山大地震发生,北京亦受影响,人们为避震不得不住在户外。自然灾变延缓了"阶级斗争"的过程。真的是天怒人怨了,知者无不以为时局将变。我和希凡商量,可否离开校订组,回家一段时间。他说也好,回去避一避。于是我便以案情未了之身回到太原家中,时在1976年9月。不料仅一个月过后,"四害"即被剪灭。我又回到校订组,一路上反复吟诵杜诗:"剑外忽传收蓟北,初闻涕泪满衣裳。却看妻子愁何在,漫卷诗书喜欲狂。白日放歌须纵酒,青春作伴好还乡。即从巴峡穿巫峡,便下襄阳向洛阳。"[52]

此时的李希凡,既与江青有牵连,又是反江青者的保护人。历史就是这样厚重,人性就是这般复杂。

1976年10月,"四人帮"垮台了,这是一个巨大的历史转折。文化部是与"四人帮"关系最密切的单位,正副部长全部下台接受审查,军代表接管了权力。一天冯其庸走到恭王府大门处,迎面碰上了文化部军代表华山。华山劈头就说:我正要找你,你们这个组,现在很多人都回去了,剩下你们几位也不好弄了,是不是就解散吧。冯其庸感觉很突然,便用软钉子抵挡:那当然可以,你是文化部的领导嘛,但我们是中央发文件借调过来的,如果解散,也给我一个相应的文件,说明这个机构撤销了,否则我如何回去呢?华山一听只好说:我不知道,那就先不要走了。

冯其庸一转身,立刻展开紧急挽救行动,先找艺术研究院常务副院长冯牧,再找文化部副部长兼艺术研究院院长贺敬之。此时贺敬之取代了袁水拍的职

1980年代的艺术研究院大门(恭王府)

务，巧的是两人都曾任《人民日报》文艺部的主任，本是同根生，歧路前后任。贺敬之与冯牧都主张校注组不能解散，还要加快步伐把这事完成。贺敬之毫不含糊地讲：这件事归文化部管，文化部清楚你们跟"四人帮"没有任何关系。你们这个机构不是"四人帮"建立的，袁水拍写了报告是国务院通过的，不是某一个人成立的。

其实那时候，新的文化部也在对《红楼梦》校注组进行审查，曾经派人去找了周汝昌了解情况。周汝昌遵嘱写了报告，还上交了女儿周丽苓在首次会议上作的记录。我还看到了李希凡给吴德写的一封信，汇报校注组工作，与冯其庸的说法大相径庭。信中称：《红楼梦》校注组是"反党分子江青交办的"。"小组于七四年十一月开始筹建，七五年四月才调齐人员进行工作。但三月二十七日江青就已在简报上批示，建议此类文件以后送春桥同志批示。从此，江青就不过问这项工作。以后，这项工作在'四人帮'亲信于会泳的干扰和破坏下几乎无法进行，小组成员被压缩为五人……"[53]

实事求是地说，校注组的建立，肯定与江青有关；但校注工作的意义，并不因江青的倒台而消失。

校注组虽得以保存，但毕竟时移世易，风光不再。组内从各地调来的七八个研究者都已返回原单位，包括李希凡也回《人民日报》去了。校注组只剩下冯其庸、吕启祥、林冠夫、陶建基四人。无论是新建的社会科学院（原"学部"）还是复校后的人民大学，都没有将冯其庸要回去，他始终是校注组的核心。

经过近一年的停顿和搞运动，从1977年下半年开始，校注工作重上轨道，继续进行。虽然人少，却也容易集中。到1980年上半年，工作基本趋于完成。新校注本《红楼梦》在1982年2月，由人民文学出版社出版，举行了公开发行的仪式。

校注工作延续了七年，历史已经被划分为两个不同的时期。七年辛苦的酬劳是：稿费上交60%，其余小组分配。冯其庸分得二百五十元，比其他人多五十元。另有一笔三百元的主编费，他用以宴请校注小组同仁，余款捐给了他任所长的、由校注小组发展而成的中国艺术研究院红楼梦研究所——这些是后话了。

曾记否？1954年人文社编校《红楼梦》普及本的工作，就因政治运动影响而发生反复。二十年后再编新校本，更是政治任务的直接产物。在版本校勘的背后，还掩映着红学界人物与山头间的明争暗斗，令人叹息。

《红楼梦》校注组，在政治的风波中有聚有散；《红楼梦》校注本，在社会的进程中载沉载浮。始于政治，终于文学。始于动乱，终于承平。

注释:

[1][3] 胡适《所谓"曹雪芹小像"的谜》,《胡适红楼梦研究论述全编》第281—288页,上海古籍出版社1988年。

[2] 周汝昌《红楼梦新证》,上海棠棣出版社,1953年。

[4] 吴世昌《红楼梦探源外编》,上海古籍出版社1980年。

[5] 吴恩裕《结合文献和传说来看曹雪芹》,北京《图书馆季刊》1963年第三期,又见《曹雪芹丛考》上海古籍出版社1982年。

[6][7] 见徐恭时《独坐幽篁里——传王冈绘"曹雪芹画像"补谈》,《红楼梦研究集刊》第六辑,1981年。

[8] 魏绍昌《王画余闻》,见吴世昌《红楼梦探源外编》附录。

[9]《俞平伯致毛国瑶信函辑录》,载贵州《红楼》季刊1998年第四期,又见裴世安等集《靖本资料》,上海石言居自印2005年。

[10] 俞平伯文稿《记毛国瑶所见靖应鹍藏本〈红楼梦〉》,在俞平伯逝世后寻获,2006年4月在《文汇读书周报》分四期连载。

[11] 以上见周伦玲《思想"开差"到雪芹》和《情缘久在不须疑》,《天津日报》2014年11月28日、12月5日。

[12][14][16] 见周伦玲《往事斑斑感不胜》,《天津日报》2014年12月12日。

[13][19] 林东海《躲进红楼——记吴恩裕先生》,《文林廿八宿·师友风谊》,第161—172页,人民文学出版社2010年。

[15] 见周伦玲《似曾题月荻江枫》,《天津日报》2014年12月19日。

[17] 周伦玲《父亲周汝昌与启功先生的交谊》,《中国青年报》2017年12月28日。

[18] 吴世昌《调查香山健锐营正白旗老屋题诗报告》及俞平伯"附书",《红楼梦研究集刊》第一辑,上海古籍出版社1979年。

[20] 樊志斌《张伯驹与曹雪芹、〈红楼梦〉研究》,《河南理工大学学报》(社会科学版)2019年第一期。

[21] 俞平伯《致俞润民》信,1971年5月19日,《俞平伯全集》第十卷,第48页,花山文艺出版社1997年。

[22] 陈骏涛《特殊年代里的几封书信》,《钱锺书先生百年诞辰纪念文集》,第230—236页,读书·生活·新知三联书店2010年。

[23]《关于红楼梦问题——江青同志与美国作家维特克夫人谈话纪要》,上世纪七十年代曾经广泛传抄,现在网上可见全文。参见张颖《风雨往事——维特克采访江青实录》,河南人民出版社1997年。

[24] 陈晋《毛泽东是怎样把〈红楼梦〉当历史读的?》,原载《党的文献》,据人民网。

[25] 林东海《大家风范——记俞平伯先生》,《文林廿八宿·师友风谊》。

[26] 李希凡《前言》,《红楼梦》,人民文学出版社 1974 年。

[27]《李希凡自述：往事回眸》,第 378 页,东方出版中心 2014 年。

[28] 胡锡涛《"南姚北李"与〈海瑞罢官〉批判》,《今日名流》2000 年第九期。

[29] 转引自古远清《在"战士"与"院士"之间徘徊》,《南方文坛》2003 年第四期。

[30] 李希凡《三版后记》,《红楼梦评论集》,第 335 页,人民文学出版社 1973 年。

[31] 见梁归智《红学泰斗周汝昌传》,第 253 页,漓江出版社 2006 年。

[32] 唐琼（潘际坰）《周汝昌侧影》,《京华小记》,三联书店（香港）有限公司 1983 年。

[33] 周汝昌《重排后记》,《红楼梦新证》,人民文学出版社 1976 年。

[34] 蓝翎《四十年间半部书》,《龙卷风》,第 5 页,东方出版社 1995 年。

[35] 周汝昌《红楼梦与中华文化》,华艺出版社 1998 年。

[36] 林东海《红楼解味——记周汝昌先生》,《文林廿八宿·师友风谊》,第 268—306 页。

[37][38][49] 林东海《我与红楼梦研究资料》,《红楼梦学刊》2002 年第四辑。

[39] 林东海《大家风范——记俞平伯先生》,《文林廿八宿·师友风谊》。

[40] 冯其庸《我与〈红楼梦〉》,《红楼梦学刊》2000 年第一辑。

[41] 原件存故宫博物院明清档案部,引自冯其庸《影印〈脂砚斋重评石头记〉己卯本序》,《石头记脂本研究》,人民文学出版社 2015 年。

[42] 王宏钧《"一代英雄万代骄"——怀念冶秋同志》,原载《回忆王冶秋》,文物出版社 1995 年。转引自沈治钧《回望己卯本残卷》,《曹雪芹研究》2023 年第一期。

[43] 陈寅恪《柳如是别传》"缘起",第 3 页,上海古籍出版社 1985 年。

[44] 参见任晓辉《甲戌本石头记论略》,《河南教育学院学报》（哲学社会科学版）2007 年第三期。

[45] 胡文骏《以庚辰本为底本整理〈红楼梦〉普及读本的首倡——1973 年人民文学出版社新版〈红楼梦〉预案的意义》,《红楼梦学刊》2021 年第五辑。

[46] 刘世德《红楼梦舒本研究·后记》。按：杜维沫、林东海两人曾于 1973 年 1 月 26 日到建外永安里访孙楷第,谈影印小说版本问题,见注 [37]。访刘世德可能也在同日,如是则在上述座谈会前一个月。

[47] 见叶遥《怀念袁水拍》,《新文学史料》2002 年第三期。

[48] 石岩《〈红楼梦〉校订本的传奇》,《南方周末》2010 年 9 月 1 日。

[50] 见李希凡《"三十年不言",一言匕首见——驳穆欣》,《李希凡自述：往事回眸》附录。

[51] 关于《人民文学》的复刊过程,见吴俊《关于〈人民文学〉的复刊》,《当代作家评论》2004 年第二期。

[52] 刘梦溪《忆希凡》,《中华读书报》2018 年 11 月 28 日。

[53] 李希凡致吴德信稿,据网上雅昌拍卖 2014 年 12 月 20 日拍卖图片,lot 2204。这是一份草稿,写在《人民日报》社稿纸上,笔者认识李希凡的字体,认为可信。

八 团结篇 (1976-1980)

> 那宝玉的情性只愿常聚，生怕一时散了添悲，那花只愿常开，生怕一时谢了没趣；只到筵散花谢，虽有万种悲伤，也就无可如何了。
>
> ——《红楼梦》第三十一回

29 乍暖还寒时节

袁水拍

袁水拍属于历史的前一个篇章,当新的篇章掀开时,他的政治生命就结束了。在历史转折的枢纽时刻,他留下了意味深长的一个姿态。

1976年9月18日下午3时,毛泽东主席追悼大会即将举行,在天安门广场观礼台旁的贵宾休息室里,时任文化部副部长袁水拍叫住作家浩然,有话要说:"这一阵子,江青同志一定很难过……我想由你挑头,在文艺界征求一下意见,然后,大家联名给她写封信,慰问慰问她。我们向她表表决心。你看怎么样啊?"

浩然心想:"对江青我躲都躲不开她,哪能主动找她,送货上门呢?"又不好直说,就婉转地回答:"让大家分头给她写,安慰安慰她,这样的信更多一些。这不更好吗?"然后扭头就奔向会场。[1]

仅仅十八天后,"四人帮"被捕。文化部几位正副部长的下场是:于会泳自杀,刘庆棠判刑十七年,钱浩梁被隔离审查五年后,免于起诉,开除党籍。而袁水拍被停职后,关在恭王府内的一间厢房里,隔离审查了八个月。他只当过八个月副部长,二者扯平了——这已是最轻的。

1978年9月审查结束,尚无结论。袁水拍闷在家中,深感痛苦,却不敢申辩,怕因"翻案"而加重处理。夫人朱云珍极力劝说他去说清楚,乃至激烈争吵,他还是没有勇气去说,只敢默默等待结论。他暗地在诗里写道:"舌翻活埋铲,笔舞宵剐刀。"

1979年8月,夫人朱云珍去世。他自己的身体也垮了,得了严重的肺间质纤维化病。他鳏居在家,对去看他的朋友未语泪先流:"我哪里也不想去,怕见人,别人问起我的事,无话可说……"

1982年4月,袁水拍重病住院后,关心的仍是自己的审查结论。在生命的最后不到一个月里,还托人给中央领导同志带信,表示"向党认错赔罪,希望在我的病情日渐加重中,能早日得到党和人民的宽饶,让我留在党内,请党继续察看考验,让我做一点写作研究工作,不是要继续窃居什么地位。目的是能够在社会上见得人,与老朋友老同志重新见面,与读者能够见面,为读者写一点东西,服点务。"[2]

袁水拍于1982年10月29日逝世,终年六十六岁。直到临终,他仍叫着:"等了三四年了,为什么没有结论?"

何其芳

当《红楼梦》的序言撤掉何其芳的换成了李希凡所作,当李希凡在《红楼梦评论集》三版后记中向何其芳秋后算账,当"洪广思"的书取代《论〈红楼梦〉》成为评红权威著作,这时,何其芳不仅失去了权威地位,连公开答辩的话语权也被剥夺了。

1971年初,何其芳离干校回京治病休养。他觉得心里有了底,期盼着自己问题的解决。这时他正好六十岁,已经荒废了五年,不愿再整日无所事事地混日子。他乐观地认为自己起码能活到八十岁,在未来的二十年里,还能做很多事。何其芳雄心勃勃地为自己制定了一系列大规模的计划:要从头学习德文,读马列原著,翻译海涅、歌德的诗歌;要学习格律诗的写作;要着手写已在心中酝酿了多年的长篇小说,还要准备收集资料,写一篇歌颂毛泽东延安文艺座谈会讲话的回忆录。

没有想到,当《红楼梦》逆势走红之日,就是何其芳重受贬斥之时。1972年9月初,人民文学出版社寄来李希凡为《红楼梦》新版写的前言,征求意见。前言指责何其芳的"典型共名说",是"披着新的外衣"出现的"资产阶级人性论"的"反动观点"。何其芳9月14日写了近七千字的长信,对于李希凡的批评进行辩解。这封信引来李希凡在《红楼梦评论集》三版后记中的反击,随后更被定性为"文艺界右倾翻案的代表作",何其芳受到了更多的攻击和批判。待到"梁效"出马,更加上纲上线,罪名成了"鼓吹地主资产阶级人性论","搞永恒的爱的主题"的"修正主义红学",统治了《红楼梦》研究领域十多年,还利用曹雪芹逝世二百周年"演出了一场长达两年的复辟闹剧"。

私下里对朋友,何其芳也承认:"我这些老知识分子,哪能不受到人性论的一点影响呢?"

1975年国庆前夕，何其芳与俞平伯、顾颉刚、吴世昌等一起，应邀参加了人民大会堂国宴，名列次日报纸上刊登的两千多人大名单中。那天是邓小平副总理代周恩来总理主持。（与此相对照，一年前，李希凡出席了1974年的国庆招待会，周总理抱病最后一次主持。）从这一天何其芳算正式获得"解放"。其转机的大背景是那年夏秋之间邓小平推行的"整顿"，但几个月后又被批判为"右倾翻案风"。

在恢复了职务之后，何其芳就像是获得了新生。他不顾恶劣的身体状况，忘我地工作着。白天在文学所抓行政、搞业务、开会、找人谈话，晚上回到家里，还有他自己的学德文、翻译诗歌、搞创作。

此时，何其芳的身体已经很差，曾经那么精力充沛、性格乐观的人，变得老态龙钟，步履蹒跚。除了心绞痛、胃病之外，他还得了一种怪病，思维时而中断，需要别人提醒才能继续谈话。有时走路会突然跌倒，摔伤自己，不辨去向，需要别人搀扶送回。

1976年7月28日，唐山大地震。何其芳像北京很多市民一样，住在地震棚里。他利用这段时间，为回忆录《毛泽东之歌》搜集资料。为求写得真实准确，他让妻子和小儿子陪着，一家一家地走访了所有能够找到的亲历者。这一年，他在《人民日报》上发表了诗歌《献给伟大的领袖毛主席》。

1976年10月，何其芳拄着拐杖，拖着病体和人们一起走上街头，参加

老年何其芳

庆祝粉碎"四人帮"的游行。此后，他更加速了工作的步伐，拼命地想夺回被耽误的十年时间，要带领全所克服种种困难，尽快恢复中断了十几年的业务。他没日没夜地工作、写作，终于倒下了。已是胃癌晚期，手术抢救不果，住院仅十三天，1977 年 7 月 24 日，何其芳离开了人世，年仅六十五岁。

何其芳是俞平伯的贴心领导，是他的挡水坝和保护伞。俞平伯闻讯时正卧病在床，不禁老泪纵横，写下唁函致何其芳夫人："其芳先生病逝，不胜惊悼。以数十年之友谊，在近期尚讨论诗歌，书翰往返，不意顿隔人天，悲痛如何！因病不能参与追悼大会，尤感歉疚，祈勉节哀思，谨此致唁。敬礼。"[3] 后来他又写了悼文《纪念何其芳先生》。

二十年前被何其芳招致麾下的蒋和森，感念知遇之恩，作挽联曰：

临书挥雪涕，将《夜歌》重温，恨天遽夺千秋笔；

拊掌话红楼，忆燕园初见，使我顿轻万户侯。

何其芳晚年的最后一部作品，是长篇回忆录《毛泽东之歌》。在他逝世后，《人民文学》在 1977 年第九期选刊了其中的第十二、十三节，里面记载了毛泽东对于"共同的美"的肯定。这既是对毛泽东献上的忠诚，也是对李希凡的回答。

聂绀弩

1969 年 10 月战备令下，别的干部和知识分子是下放"五七干校"，但已是狱中囚犯的聂绀弩，被转押到山西临汾的省第三监狱。1974 年 4 月被北京市中级人民法院判处无期徒刑。

其妻周颖为聂绀弩四处奔走求告，通过章伯钧夫人李健生认识了曾任山西省法院审判员的朱静芳。她们再转托时任临汾监狱长等同情者，利用了 1975 年底中共中央下达的文件，"对在押的原国民党县团以上党政军特人员，一律宽大释放"。聂绀弩被以曾任国民党中央通讯社副主任为由，于 1976 年 10 月 10 日"特赦"获释，由周颖从监狱接回北京。

如果说聂绀弩因把文稿带交梅志而懵懂入狱，那原因是幼稚可叹，那么他"特赦"出狱的理由就更加荒诞可笑亦复可悲。聂绀弩对自己出狱的方式一直耿耿于怀，他曾拍着床板怒吼："老子三十年代的共产党员，一生光明磊落，没想到作为国民党的高级特务才苟全了这条老命！"[4]

出狱时的聂绀弩，已是七十三岁的老人。他的身体很弱，不良于行，行动需有旁人扶持。再加上其习惯使然，晚年的聂绀弩多数时间是躺在床上"卧游"，极少出门。这时，他绝不可能再登香山了。

1979年，北京市高级人民法院宣布撤销原判，聂绀弩无罪。4月7日，由人民文学出版社改正错划"右派"，恢复党籍、级别、工资和名誉，并聘为顾问。

像他这样的文人平反，还需要在报刊上"亮相"。1979年5月，《人民日报》副刊主办的《战地增刊》第三期上，发表了聂绀弩的七律诗作。这是旧诗新刊，就是1963年写给周汝昌的那首《春日撰红文未竟，偶携〈新证〉登香山，置酒对榆叶梅读之，用雪芹郊行韵，寄汝昌诗兄》：

> 客不催租亦败吟，出门始觉早春深。
> 经旬走笔足红意，半晌坐花心绿阴。
> 山鸟可呼杯底语，我书恨待卷中寻。
> 不知榆叶梅谁似，漫拟迎探薛史林。

聂绀弩为什么在此时选了这首诗发表，应该有深意在焉。或许十六年前初作的时候是一个意思，如今公开发表，又翻出了新意。按周汝昌在自传中的解释（女儿周伦玲亦有文随之），聂绀弩受了《红楼梦新证》的影响，"兼旬走笔足红意"就是"表现他对'红学探佚学'的热情与痴情的"。这显然是受诗者一厢情愿的误读。实际上聂绀弩把百二十回《红楼梦》作为整体看待，力主印行被周汝昌深恶痛绝的程乙本，高度评价高鹗和后四十回，哪来的"探佚""痴情"？反方沈治钧反驳说："催租败吟等于就是个断句与补诗的典故"，此诗"当因'曹雪芹佚诗'案而对造假者表示嘲讽，与'探佚学'无关"。[5] 此言有理，但在诗作的时代背景方面未得其详。

本书前文之第六"斗争篇"第22节已考出，"兼旬走笔足红意"是在1963年春天的十几天里写了三篇红学论文；"客不催租亦败吟"是由于"文学遗产"遭停刊，致使评红论文不能发表。现在要问聂绀弩发表此诗的意图，仍必须了解作者生活圈那个时期的背景。此前一年多时间里，人民文学出版社的三位编辑舒芜、陈迩冬和张友鸾联袂接力出手，揭露了"曹雪芹佚诗"为伪，作伪者就是他们的同僚周汝昌。这三位同仁都与聂绀弩相友善，老领导出狱后看望和联系不断，聂绀弩了解了情况，四人见解一致。当他获得平反，刚刚恢复发表权，要选择作品登报"亮相"时，专挑这一首点名"寄汝昌诗兄"的，当然不会是支持作伪者，而是嘲讽、警示他了。这时聂绀弩对周汝昌的认识，肯定已经与五六十年代不同，这就使旧诗翻出了新意。

周汝昌在自传里专有一篇《聂公邀我进燕都》，说："他是我的知音，也受我的治《红》、嗜诗、爱字的影响，我们的交谊，本质是文学艺术，气味是诗人与'畸士'。""我写过怀念聂老之文，感受他对我的知己之情愫。"但与其他人的记述综合观之，周汝昌恐怕是谬托知己。他不知道聂绀弩曾经一言以蔽之曰："周汝昌根本不懂《红楼梦》！"[6]

聂绀弩从在人文社掌古典文学编辑室起，一直有志于研究古典小说，曾大力搜购旧小说数百种，计划撰写一部中国小说史。他把自己的书房命名为"三红金水之斋"，即《三国演义》、《红楼梦》、《金瓶梅》、《水浒》之谓也。出狱平反之后的聂绀弩，已经无力完成大著作，他只能整理旧作，再加少量新篇，1980年在人民文学出版社出版了《中国古典小说论集》。其中评《水浒》，谈《三国》，说《聊斋》，论《红楼》的却只有一篇《略谈〈红楼梦〉的几个人物》。

在此书的自序中，聂绀弩说只有现成的五篇红学文章，两篇已发表的不合用（皆为1954年批俞运动的产物），三篇是被查抄走了新近发还的，他只选用了其中一篇。那三篇文章，应该就是1963年计划的"六论"中已完成的一半——这还是与"兼旬走笔足红意"有关。

吴世昌

1977年5月，在中国科学院哲学社会科学部基础上，正式组建了中国社会科学院。当年11月，复出后的胡乔木就任首任院长。我们早已熟悉了的文学研究所，自然归属其下。

1978年2月下旬，在历史研究所的小礼堂，社会科学院的领导人胡乔木、于光远等，召开了一个著名学者座谈会，批判"四人帮"制造的"两个估计"，让大家畅所欲言。

文学研究所研究员吴世昌再一次直言不讳：下乡劳动改造，怎么苦我都不怕，但老是搞政治运动，让我们讲假话，我受不了。我紧跟不上呀，跟不上潮流。他还说："封、资、修""名、洋、古"这六个字，天网恢恢，谁也跑不掉。国民党统治时，我还能跑掉，现在可跑不掉了。跑了之后，哪里去要粮票、布票，怎么活？吴先生这次发言很激动，在座发言的吕叔湘等学者也情绪激昂。可是，吴先生最后又说，我回国之后尽管被戴高帽，但也不后悔，即使我早知道回国会有这样的遭遇，还是要回国的，我爱这片土地啊！[7]

周汝昌

1975年12月16日，康生逝世。周汝昌作为他的故旧，被推为人民文学出版社四位代表之一，赴人民大会堂吊唁。他精心撰作了一副长联，以示由衷哀悼。但可惜自前一年目疾手术后，几乎无法执笔作字，只好将联语稿寄给治丧委员会，求人代书，希望能在灵堂中悬挂。其联云：

> 　　七十七稔高秋　忠魂长拱北　神州日月　革命风云　咸钦椽笔
> 勤挥　壮橄传薄海　鬼域掩修旗　须信风流文史兴馀事
> 　　五番五年伟画　天翼更图南　祖国山河　人民意气　忍说大星
> 遽陨　幅讣动寰区　雪梅归葭琯　要从悲痛膺怀策有生[8]

周汝昌的《红楼梦新证》增订本，出版于1976年4月，正赶上中国政治最动荡的时候。

7月28日，唐山大地震发生，周汝昌的大女儿月苓在唐山的一所学院教英语，暑假正带着小女儿归省父母，同挤在红星胡同那里外两间小屋中，躲过一劫。周汝昌先随人文社一起，露宿于东长安街上的大帐篷之中。床位密集，男女混杂，暑热汗臭，难以入眠。他就又返回家中，用木床等物搭起一个"龛"式的"避震穴"。每夜临睡前，把枕头叠高了倚住，垫一硬板在腿上写字。心有所感，日积月累，竟写出一部《书法艺术答问》的书稿来。

之后的几个月里，"四人帮"倒台，中国上层建筑的一切都改变了。

人民文学出版社里的很多人都知道，周汝昌喜欢给领导人写信，包括"四人帮"里的江青和姚文元。再加上1970年他为什么能被单独"特调"回京，也受到质疑。于是就有人提出：查查周汝昌与"四人帮"是什么关系？

都说周汝昌不懂政治，但是他这时迅速写出一篇《半个红学家的悲哀》，在1977年1月发表，[9]批判江青，以求自保。他必是回想起在1954年的批判运动中，就曾经动作神速，抢先发表了半批判半检讨的文章。那一次有邓拓的约谈布置，这一次是他的自选动作。谁知这次却失算了，吃亏就在于太过争先。

他批判的靶子，主要指向传抄出来的江青与维特克谈《红楼梦》讲话。但他的与众不同之处在于，重新翻出1962年恭王府"大观园"那件旧事，且炫耀了康生接见并通信这一"独得之秘"。他公布了周总理和康生都肯定"大观园"并支持开辟为曹雪芹纪念馆，说江青在讲话中否定"大观园"，就是"疯狂地反对周总理，也包括康生、陈毅等多位同志"。他到底还是不懂政治，分不清中国的政治派别。康生当然与江青同派，而且是她的引路人和高级顾问，是整人祸国的主要推手。周汝昌的这一归类错误和抢先表态，结果是弄巧成拙。

这本来是政治表态，结果却牵涉进了"曹雪芹佚诗"案的争论中（此案的后续发展将另外细表）。迟至1980年，坚决认该诗为真的吴世昌已显颓势，便把论辩从谈诗论学引向了扣政治帽子，强调周汝昌与康生的关系。而康生已在这一年被公开清算，落得与"四人帮"同类，吴世昌便占有了后发优势。

吴世昌写道："至于此人的'来历'，则他宿舍里的左邻右舍都听到过的：'只要×老不倒，我周某人就不会倒！'"这某老当然就是康生，可惜不幸被周汝昌言中了。

针对周汝昌1977年1月的批江文章，吴世昌认为是"名为'批江'而实际上挟康生以自重，向读者示威的宣言。他和江姚关系密切，出版界谁都知道。他的订正本《红楼梦新证》居然印大字宣纸线装本，外加七个蓝布套，出版社耗费钜万，就是通过江姚向出版社施加压力，才忍痛印制的。'四人帮'倒后，出版界对此举民愤不小，所以他想借康生的尸居余气，以对抗民愤。"这吴先生也是气急了，在"佚诗"问题上吃了个哑巴亏，有口说不出，只得陷对手于政治上的不义。

吴世昌又提到了周汝昌1970年提前离干校返京的疑案：

> 必须指出，他说他之所以能"从湖北干校回到首都"，乃是"蒙敬爱的周总理特调指示"。这又是一个大谎。当时在湖北咸宁干校劳动的，不只是他所在的一个出版社，还有别的出版社和中华书局、商务印书馆等单位。一九七零年秋北京"特调"周汝昌回京的"指示"到达干校时，成为一个哄动全校的重要新闻，尤其是因为这指示来自中央文革的"顾问"（即康生）。这不仅是周氏所在的单位人人皆知，连干校中别的单位的同志也无不知道而且惊诧。当时他得知这个"特调指示"后的得意之色，许多人是记忆犹新的。他回京后曾函告南京友人，说是江青调他回京。现在他又改成"蒙敬爱的周总理特调指示"，因此他能回京……[10]

也是1977年，五年前访问中国并与江青多次长谈的那位美国女副教授洛克珊·维特克，根据她的采访笔记写的书《江青同志》在美国出版了。其中有一段话，为分析此案提供了另一个角度：

> 一个当代的批评家名叫周汝昌，他写了一本书叫《红楼梦新证》。尽管他的观点与胡适派比较接近，但他的一个进步是运用了清代宫廷的档案材料。虽然他的考证方法有缺陷，但这本书仍然值得一读。当周汝昌在文化革命中遭受到攻击的时候，她（江青）曾努力保护他（她很快又补充说，这件事直到现在为止她从来没有对任何人讲过）。[11]

至此，此案的谜底基本上揭晓了，确是江青要保护周汝昌。在半个世纪之后，当年究竟是谁调周回京，其实已不重要。都是当时的中央首长，他们之间的关系并不是非红即黑，非神即鬼，势同水火，泾渭分明，那不过是后来人为的区分。也许是江、康有意要调，但通过周总理来发令实施，毕竟湖北省军区不能听文官调遣。现在我们也大可不必以政治帽子来压人了，都是历史的陈迹，我们只要能以史为鉴，就够了。

同事林东海对周汝昌非常了解，经常有诗词唱和。他透露了那时单位内部的情况：

> 1977年6月，人文社古典部曾传阅周汝昌先生写的一份材料，交代他曾给江青写过两封信，给姚文元写过三封信；7月5日和9日，周先生两次到编辑部说明写信的情况。和周先生同事过的同仁，都知道周先生爱写信，下至平交乃至晚辈，上至中央领导，都时常向他们发信。据我所知，他的写信，既不是告密，也不是巴结，更无意向上爬，而是希望得到帮助，解决他在研究中或生活上碰到的一些难题。爱向上写信，固然有些讨人嫌；不过，作为一介文人，到了需要出此下策，也够令人感慨系之的。因为不涉及重要的政治问题，他把情况说清楚也就没事了。[12]

周汝昌自己也提到了写信的事，他解释说，是为了倡议做新校本：

> 我为出一部近真的佳本而奔走呼吁，向当时的中央写信上书，及至1976年"四人帮"倒台，我还因此受了一回"审查"——宣传我与"四人帮"有来往，单位贴了大字报（内蒙古大学林方直教授正赶上看见），军宣队的政委要大做文章。在此事件上，同事们却不乏人出来讲话，如袁榴庄女士就曾出面仗义直陈：周汝昌的信，就是查出一百封，也与政治无关，他不过是书生，为了他所关心的文学事业……（大意如此）。因此我的"案情"解除了。当时也有人来慰问，有真心关切安危的，也有为人作"探"的。总之，一场风波不小，我为了让我们的文化建设能斥伪存真，对此毫无怨尤之心怀，即使无功有过，成就了他人的名位功绩，也无竞争之意。[13]

正当这乍暖还寒、青黄不接之际，上海的《书法》杂志在1977年创刊，便接受连载周汝昌在地震时写的那篇长稿《书法艺术答问》。周汝昌自称："我对'书学'下功夫比'红学'多得多"。想当初1947年初次给报纸投稿，一篇谈《懋斋诗抄》和曹雪芹卒年，另一篇就是考证欧阳询书法。现在他讲书法史，论王羲之，议笔墨技法，确有独到心得。比如传统书法理论讲"笔行中锋"，就是必须保持笔尖永远在笔画的中心运行。周汝昌从实践中体验到并大胆说出：这是错的，除篆书以外，写隶、行、楷书时笔管要活动倾侧，绝没有永远垂直的中锋。这说法违反了主流定论，招来抗议，吓得《书法》杂志立即停止连载。后来，《书法艺术答问》作为小册子，1980年在香港，1982年在北京先后出版发行。

周汝昌背临《兰亭序》，作于 1965 年。

那么，周先生的书法究竟如何？他是师承瘦金书吗？还是看他的同事林东海的知人之论：

> 然而谁要说他的字是学宋徽宗从唐代薛稷变化出来的瘦金体，他是绝不会同意的，必定声称其所瓣香者乃是书圣王羲之。1973 年初，有一天上班时，他带来自己默临定武本《兰亭序》的手迹给我看，以示他确是宗法王字的。但我观摩他默临"兰亭"的手迹，虽然形体类似王字，而风韵却仍透露出瘦金的气味。[14]

林东海概括周先生的书论和书艺，是"运笔突破中锋，选笔偏爱狼毫，得笔来自王赵"。因多用偏锋，所以缺少"蕴藉"二字。"他自己的风格，比瘦金略肥，比王字略瘦，给人以瘦硬的感觉，就像他那样，瘦弱而硬朗，真可谓'字如其人'。"

编辑工作主要靠眼力。1974 年周汝昌眼睛动手术后，主治大夫协和医院眼科首席专家张承芬女士，三次主动出具证明，说周汝昌不能再做编辑工作。但是单位里无人为他安排调换工作。无奈，周汝昌只好再次向上写信。1978 年 3 月，他致信时任中国社会科学院院长的胡乔木，言称由于个人目病，不适宜做出版社工作。本人擅长文学，亦攻清史，研究清代多方面的历史真相。"请乔木同志能够鼎助，使自己的余年能在较为适宜的岗位上多做一些事业"。

胡乔木将此信转给时任社科院顾问、主管文学所的周扬来处理。周扬又转给时任文学所领导的沙汀和陈荒煤，商量的结果是："1、请周扬同志信复（严）文井、韦君宜（两位均为人民文学出版社的领导——笔者）二同志，为他的工作上多予照拂，减免其一定的看稿任务。2、编制上仍在文学出版社。3、聘为本所《红楼梦》组特约研究员。"[15]

在当时的北京,文学研究机构还仅此一家,别无选择。1979年1月,艺术研究院红楼梦研究所成立;10月,周汝昌调入红研所当研究员,到了冯其庸手下。在当时看来,这当然是周汝昌最"适宜的岗位"了。

在离开人民文学出版社这个工作了二十五年的单位时,周汝昌并无什么留恋或感念之情。他的工资级别是六级编辑,相当于讲师和副教授之间,比古典文学编辑室的一些同仁要低。周夫人曾愤愤地说,周汝昌自从进了出版社,就没得过一天好。周先生自己则说,我一生中最好的年华岁月都献给这个出版社了,却总是坎坎坷坷,没有得到适当的工作条件尽展己之所长。

这里固然有时代大气候的原因,运动频繁,知识贬值,周汝昌未成右派已属幸运;或许几任领导也不够知人善任,有一两届领导甚至令人心寒。此外为什么同事之间关系紧张或者冷淡?周汝昌自己有没有责任?譬如刚来时重校《三国演义》,原校点者自然不会高兴;校注《白居易诗选》时,周汝昌指出原编者的某些失当,便又冒犯了当事人。编辑工作本来就是为人作嫁,周汝昌又自信是"一切从工作出发",再加上身体多病,耳目不灵,结果常常是出力不讨好,总要得罪人。有时候他觉得大多数人都是随波逐流,而唯独自己能张扬灵性,感悟高深。

这是周汝昌自己常说的"书呆子气"吗?这是"世人皆醉我独醒"吗?这是"太高人愈妒,过洁世同嫌"那一曲《世难容》吗?这就是他的个性。何止是在过去的人文社和后来的红研所,单位不过是社会的缩影,周汝昌整个的后半生,都将如此度过。

这时候的周汝昌刚刚过了六十岁,正好开始改换自己的学术面目。这不是衰年变法,而是向初心本性的回归。因为禁锢已经解脱,假面可以摘下,胆气逐渐壮大,他在试探着复归新红学轨道和"自传说"了。1979年,周汝昌在河北大学作了一次题为《红学的几个侧面观》的讲话,是这种变化的一个信号。他说:"胡适主张,也就是他看出了,宝玉这个人物就是运用了作者自己为素材,因此创出一个'自叙传'的提法来,不管这提法本身是否完美无疵,其要点是不错的。鲁迅先生就接受、肯定了这个要点……"[16]

此后不久,周汝昌在学术方面遇到强劲挑战。人民文学出版社的同事王利器,在1980年第2辑《红楼梦研究集刊》上发表《〈红楼梦新证〉证误》,指出周汝昌书中四十几处硬伤,归类为"十大类错误":不知妄说,不知妄改,不伦不类,以讹传讹,张冠李戴,辗转稗贩,顾此失彼,道听途说,数典忘祖,前知五百年等。[17]后来王先生又说:"《红楼梦新证》错误极多,几乎每页都有错","我曾有篇文章,列出他书中十大错误,文章发表多年,他至今没有答复我,他是没法答复的"。[18]

有研究者认为,指出《红楼梦新证》的硬伤,只有像王利器这样的古典文献研究专家才能做得到。然而,这"十大罪状"却并未击中周氏红学的要害,宛如隔靴搔痒。[19] 或者可以说,周汝昌的要害不在硬伤,而在基础病。

王利器读书极富,用力甚勤,著作等身,达两千万字,号称"两千万富翁"。同时他也是有成就的红学家,至此应该回顾一下他的贡献。

五十年代初期,有杨钟羲的后人找到王利器(当年胡适是从杨的《雪桥诗话》受益,始作《红楼梦考证》),准备出让家藏的《八旗艺文编目》中著录的一批书。王虽有能力自行收购,但他听从了郑振铎的意见,介绍给文化艺术局买下,交北京图书馆收藏。王利器在杨家清点这批书时,发现了张宜泉的《春柳堂诗稿》(或认为作者是兴廉,实误),其中有四首与曹雪芹有关的诗。(此事似与吴恩裕向恩华家购书相重叠,待考。)他在1955年7月3日的《光明日报》"文学遗产"上,发表《重新考虑曹雪芹的生平》一文,指出根据新发现的材料,可以解决有关曹雪芹生平的四个重大问题:一、确认雪芹"姓曹,名霑,字梦阮,号芹溪居士",这与甲戌本脂批中的"因命芹溪删去"相合;二、确认雪芹晚岁居住北京西郊,"不如著书黄叶村";三、可知曹雪芹的善画和清宫画苑的关系;四、确认曹雪芹"年未五旬而卒"。

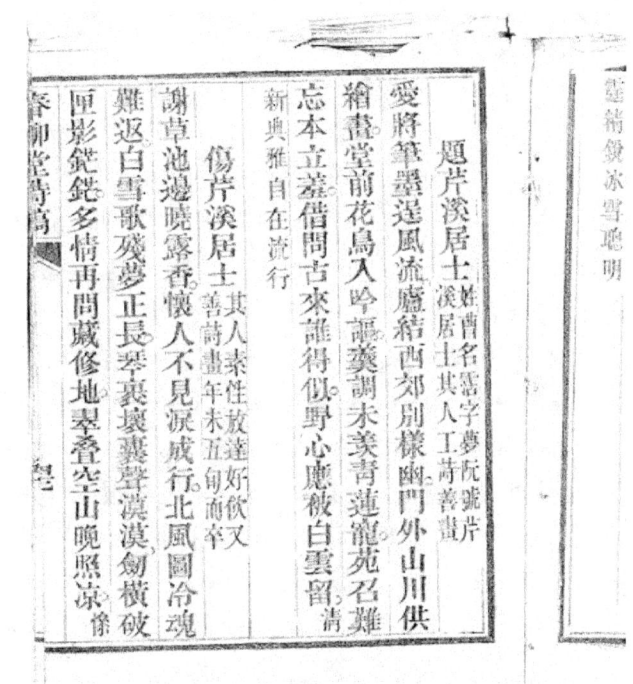

《春柳堂诗稿》中有关曹雪芹的两首诗

1980年，王利器又发表《马氏遗腹子·曹天祐·曹霑》一文（《红楼梦学刊》1980年第4辑），依据康熙五十四年三月初七日曹頫上康熙皇帝的奏折，进一步论证曹雪芹乃曹颙的遗腹子，出生于康熙五十四年乙未（1715），得年四十八岁，正是"年未五旬而卒"。他认为马氏遗腹子就是曹氏宗谱上的曹天祐，曹天祐就是曹霑。

我们知道周汝昌认定曹雪芹只活了"四十年华"整数，反对让他早生几年"赶繁华"，认为其生父不是曹颙，而是颙死后过继而来的曹頫。而王利器的以上观点，恰与周汝昌针锋相对，也持之有据。由此再联系到1970年在湖北干校两人的一去一留，1976年周汝昌在《新证》书中对王的单方面批驳且回绝赠书，原来周汝昌与王利器的矛盾，从学术到人生，已非一日之寒。

李希凡

在自传《往事回眸》中，李希凡写道："1976年10月或11月下旬，《人民日报》总编室电话通知，要我回报社听重要传达。……我一进门，就感到气氛比较紧张，而且并无鲁瑛（当时主持《人民日报》工作）参加。迟浩田同志传达了党中央粉碎'四人帮'篡党夺权的阴谋。传达并没有提到江青的名字，只说那个女人，不知道为什么，我对这个传达，并不感到十分意外，而且心理上还有一种轻松之感。"

看到这，我却"感到十分意外"。

意外者一，"四人帮"于10月6日被捕，我本人在10月8或9日就听说了。那时我是个基层工厂的青年工人，而李希凡是《人民日报》编辑，文艺部负责人，《人民文学》副主编。无论杨向奎、刘梦溪还是林东海，都把他当作"消息灵通人士"。他竟然到"10月或11月下旬"听传达才第一次听到？实际上，《人民日报》在10月7日下午已经被接管，他李希凡竟然一直蒙在鼓里？莫非别人都故意瞒着他？

事实上当时对此消息的保密，只是在前面约两周之内，这还是对普通百姓、媒体公开而言。10月8、9日开始，在北京的干部和知识分子之间，已经私下奔走相告，新词叫作"喜大普奔"。从10月21日开始，"首都150万军民"上街庆祝游行，10月22日《人民日报》开始点名批判"四人帮"，10月24日在天安门广场举行了百万人庆祝大会，几乎相当于登基大典。《人民日报》内部若到下旬才传达，是不是太晚了？

意外者二，在多年之后，李希凡竟然记不清是10月还是11月。综上所述，11月是不可能的，10月下旬都嫌太迟，当年的流行说法叫"十月的胜利"。

这是普通的老年性失忆，还是另有原因？

他为什么会消息闭塞，反应迟钝？为什么会选择性失忆？稍加分析，便可看出缘由来。

第一，从李希凡回忆了听传达现场的细节可知，在会前他确实没有听到流传的消息。而无论报社同事还是文艺界朋友，消息灵通者多矣，但人们不约而同都屏蔽了李希凡，因为他与江青的关系是众所周知的。他在文化部的领导如袁水拍等人，属于被打倒者的亲信，此时已被隔离审查，自身难保。听到这个消息，多数人大喜过望，少数人惶惶不安，极少数人如闻丧音。李希凡就应该属于心慌意乱，忧多于喜，所谓"轻松之感"，不一定是真的。

第二，对于从他到我年龄段的多数人来讲，这个日子相当于第二次解放，是刻骨铭心，终生难忘的。但是李希凡偏偏忘记了，这显然与他独特的个人经历，与他的立场感情有关。他对于1949年在青岛第一次解放的记忆，就绝不会如此模糊。如果否认这个原因，而只用老年性失忆来解释，那么他整个自传内容的准确性，便都值得怀疑了。

李希凡在两三年前被任命为报社工作领导小组成员，文艺部工作领导小组组长，但一直是挂名的。现在局势有变，原副组长出了问题，命令他立即回报社主持文艺部工作，报上展开了一番拨乱反正的大批判。这是一段缓冲过渡的时间，只有四个多月。1977年春节以后，李希凡奉命去上海开座谈会，顺便调来一位通讯员、青年诗人徐刚（他后来成为我的校友和哥们儿）。等李希凡出差一回来，就开始被"清查"，事发原因是在江青的住地，发现了几封他写的效忠信。李希凡把这称为"又经历了第二次'文革'的煎熬"。他自己也明白，"在文艺界，我是招怨的"。现在开会批判他的，不再是"遵义"的造反派，而是原"井冈山"的战友们和文艺部的群众。

也是在1977年春节过后，由于刘梦溪反对"四人帮"的鲜明态度，被调到文化部写作组去写批判文章。他始终未中断与李希凡的联系，经常通电话，或者到家中畅叙。文化部写作组无人不知他与李希凡的渊源，每当他为李辩护，说希凡人好，闻者不乏颇不以为然者，说你还这样看？但是刘梦溪认为心安理得。

恰当此时，《毛泽东选集》第五卷出版发行，在当年，这是需要"热烈欢呼"的大事。为此4月15或16日这两天，在中国几乎所有的报纸上，都以大幅手迹的形式，再次发表了毛泽东1954年那封《关于红楼梦研究问题的信》。五页毛体铅笔行草占了大半个版，忽大忽小，时疾时徐，或删或改，恣肆挥洒。对直接当事人李希凡来说，这一次旧信重发并没有发挥十年前那样的救命效

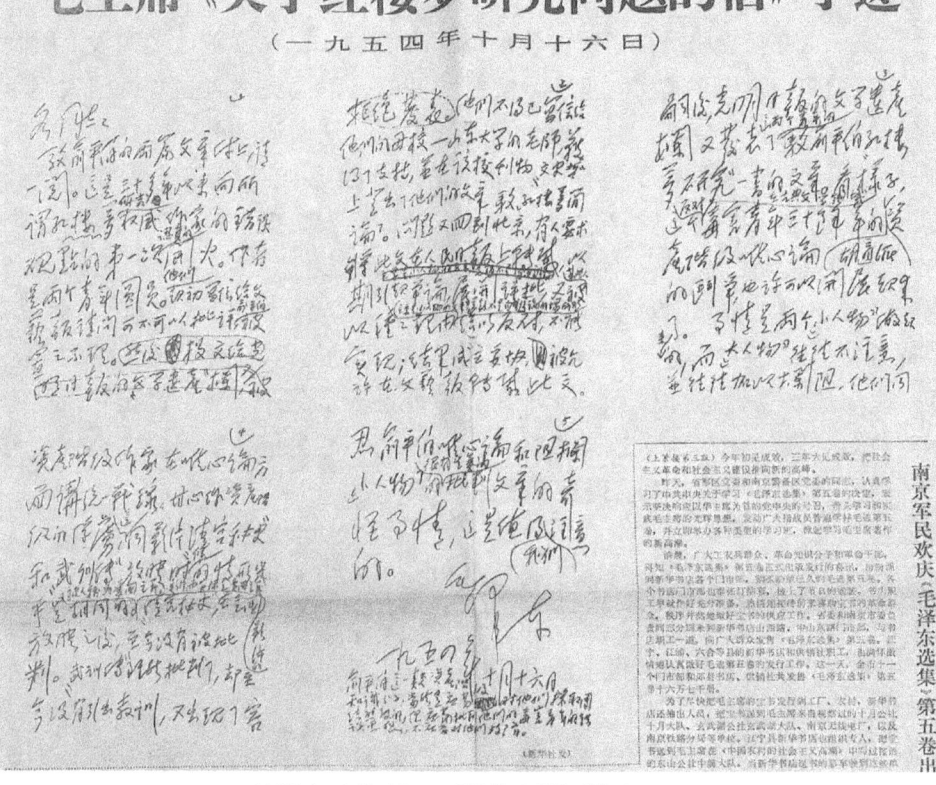

1977年4月16日《新华日报》版面

果,没有改变他的境遇,照样挨批被整。

李希凡在晚年这样回忆:"这次挨批,没有《海瑞罢官》事件的干扰,我对那些'三年早知道',也抱有抵触情绪,特别是我的老领导,言谈话语中间,都透露出'反毛'、'非毛'的情绪,更使我十分反感。"[20]

1978年春节后,李希凡被第二次下放到干校劳动。他理解这既是一种惩罚,也是等待处理的一个过渡。这时《人民日报》干校已从河南叶县迁回北京昌平。在此之前,李希凡已经开始重读鲁迅,在干校里,他又获得了每晚都能独占静室的条件。虽然仍叫"干校",但毕竟与"文革"中期的艰难劳改大不相同了。李希凡白天劳动,晚上读书写作,两耳不闻天下事,一心只读圣贤书。半年的干校生活,他完成了论《呐喊》、《彷徨》的八篇论文。他写得是那样投入,如果不是妻子的拦阻,他真想再留干校半年,以完成一本读鲁迅书的写作。

经历过十年的起落沉浮,李希凡心中怨气十足:

"文化大革命"就是有这样的滑稽戏:"文革"初期,领导因我"不听江青的话",准备把我作为修正主义分子抛出;"文革"中,"造反委员会"因为我"不听江青的话",把我作为"破坏无产阶级文化大革命的罪魁祸首"揪斗;"文革"后,领导恢复工作了,又要来抓我身上的江青"黑线"了!真是"城头变幻大王旗",什么时候该批斗该检查的都是我。终于,把我这个糊涂人也批"觉悟"了。[21]

从干校轮换回来,报社党委书记秦川找李希凡谈话,要他再在中层干部会上做一次检查。李希凡硬顶了回去:胡绩伟还给自己戴"三反分子"的帽子呢,算不算?我没想到中南海会出反革命!我是一个小编辑,没有乌纱帽,小会、中会、大会,我一概不检查了,任凭组织处理。

1978年下半年到1979年春节,李希凡写完了《〈呐喊〉〈彷徨〉的思想与艺术》一书的其余部分。而对他的审查,就这样过去了。

冯其庸

冯其庸就是在1976年10月8日那天,听说了"四人帮"被捕的消息,他没跟李希凡通气。

几个月前,朋友黄永玉跟他说过,哪一天"四人帮"垮台,我开始画画了,第一张画就要送给你。此时黄永玉信守诺言,马上画了一张四尺整幅的《黄山图》,题了很长的款,送给了冯其庸。

就在《红楼梦》校注组的前途未定,工作陷于停顿之时,冯其庸开始做自己的专业研究。此前校注组中对采用何种本子做底本,其说不一,争论激烈,冯其庸主张用庚辰本,有人说你拿出文章来。此时正好细研庚辰本,写成文章。从1977年5月20日开始,到7月23日写完。文章原题《论脂砚斋重评石头记庚辰本与己卯本之关系》,只想写一两万字,越写发现的材料越多,最后写了将近十万字,成了一本书,就把名字简化成了《论庚辰本》。

冯其庸用各个本子跟庚辰本一句一句对比,发现庚辰本的墨抄部分与己卯本的文字基本一样,差异甚少,连行款都一样。而且两本正文下的双行小字批语也基本上一样,庚辰本中也保留了一个避讳的"祥"字。这样冯其庸得出结论:己卯本是怡亲王府的抄本,而庚辰本是直接照己卯本抄录。庚辰本是曹雪芹生前留下来的最后一个本子,而且它比较完备,包含了己卯本的残缺部分。冯其庸还认为,怡亲王与曹家有亲密关系,其抄本是直接来源于曹雪芹的原稿,并且保留了曹雪芹原稿的格式。

此文在1977年的11、12月又有增补,上海文艺出版社在1978年4月出

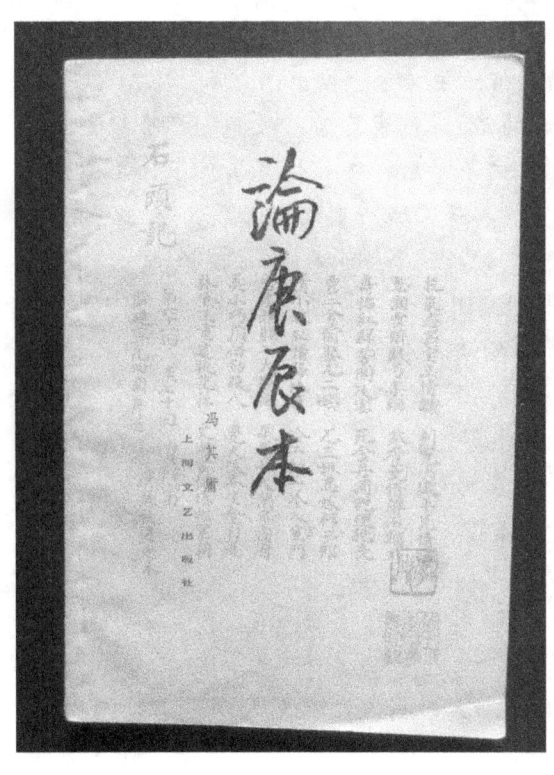

冯其庸著《论庚辰本》，作者自藏。

版，同时还在香港《大公报》上连载近两个月。

到那时，庚辰本已经现身出世四十余年，从1955年首次影印出版也二十多年了。前人只有吴世昌曾经研究过，结论是所谓"脂京本"是由四个本子拼抄的，但他并不曾像冯其庸这样下逐句对比的"笨功夫"。冯其庸否定了吴世昌的判断，自认为发现了两个抄本之间的秘密关系。而且，这工作是完成于"四人帮"刚刚垮台之后，那样一个文坛荒芜、百废待兴的背景下，像春寒中早放的一朵小花。所以这一本薄薄的小册，甫一出便受到文坛的重视，影响及于海外。

当时，刚刚调入红研所的周汝昌展示善意，不吝对冯所长给予高度评价：

> 从成绩来看，我个人十分佩服冯其庸同志。他最近付梓的《论庚辰本》，是一部多年来少见的有质量的版本专著。我所得闻于读者方面的反响，一致推许这是一部工力深厚、认真严肃的学术论著，澄清了很多的人为的混乱问题，提出了严密的而不是主观的看法。……尽管我们之间在个别问题上看法也有差异，在多数问题上，彼此意见是一致或者接近的；但他治学的精勤细密，我是自愧弗如的。[22]

这本小册子还具有红学以外的意义。1978年5月11日，《光明日报》发表特约评论员文章《实践是检验真理的唯一标准》,从而引发真理标准大讨论,成为思想解放的先声。而冯其庸"一九七七年十月廿八日于宽堂"写的《论庚辰本》序中已写道:"我坚信科学上的是非真伪,不能凭个人的主观自信而只能由客观实践来检验,只有实践才是检验真理的标准。"比这更早,写于"一九七七年七月廿三日晨"的结尾部分中说得更明确:"我对吴世昌同志的论点的讨论,纯属学术性的讨论,究竟是谁的意见比较符合这些版本的客观实际情况,这要由客观实践的检验来加以鉴定,实践是检验真理的唯一标准。除此以外,不能有第二个标准"。而且,在真理标准大讨论开始之前一个月,此书即已出版,仿佛是未卜先知,得风气之先了。在学术文章里,预言了政治上的拨乱反正,这是很令冯其庸引以为豪的。

在《论庚辰本》刚刚出版时,几乎是一锤定音,众人叹服。同时它也引发了别人研究的兴趣。几年以后,渐有不同声音出现,对冯其庸的结论有所补正,但它总归是研究进步的一块基石。这也正常,与《红楼梦》有关的任何问题,几乎都有异议,很难定于一尊。我本人也加入了商榷,后话暂且不提。

在1975年,冯其庸已经开始了曹雪芹家世研究。它也是校注新本的附属产品,因为准备为校注本写序,他不愿意简单采用别人的成说。

这就又要说回1963年故宫文华殿的那个纪念展。冯其庸那时正在颐和园

1970年代后期,校注组成员在清西陵。左起:吕启祥、徐贻庭、冯其庸、应必诚、沈天佑、顾平旦、陶建基。

八 团结篇 497

参加反修写作，抽空进城看了展览。当时他隔着玻璃柜子，看到过一本展开来的书，叫《辽东五庆堂曹氏宗谱》，留下了深刻印象。我们知道，这本家谱是通过王昆仑主持的全北京曹雪芹遗踪遗物大普查，找出来的。十二年之后，冯其庸想起了这本宗谱。要弄清楚曹雪芹的家世何处，祖籍哪里，最需要查阅它。待他一问，如前所述，这一批东西都已迷失无踪，没办法找了。

正在为难之时，天无绝人之路，冯夫人夏老师的一个同事，恰巧认识此谱的提供者曹仪策，说他家里还有一本。1975年10月，冯其庸见到了曹仪策，他家是面塑艺术世家。曹仪策很支持冯其庸研究他的祖先，从母亲家里取来了用黄布包裹的《辽东五庆堂曹氏宗谱》，送到冯家。展览过的是誊清本，现存的是原底本。冯其庸借看了个把月，并征得主人同意，抄了个副本。

细看此谱，第四房是曹雪芹的始祖曹智，到第九世为曹锡远，他是曹雪芹的第五代先祖。以下是曹振彦、曹玺、曹寅、曹颙、曹頫、曹天佑，但没有曹雪芹。此谱是否可靠？冯其庸从《清实录》里找出谱上列名的二十多人，他们的基本事迹也相符，这说明宗谱是可靠的。

但是"孤证不立"，冯其庸还想找更多的证据。一个在学部图书馆工作的朋友，帮他借出了《清实录》。冯其庸每天下班吃完晚饭，就在灯下看《清实录》，逐年从头往下通读，找与曹家有关的记载。功夫不负有心人。他找到天聪八年（1634年）在多尔衮属下，"旗鼓牛录章京曹振彦，因有功，加半个前程"，他是曹雪芹的四代祖，这是官书记载曹家历史最早的一条。

冯其庸最喜欢实地考察，将书证与实证相结合。如果光凭别人一封信，不看到实物，他不放心。因此他在不到一个月内跑了两趟辽阳，到文管所的库房里，亲自目验了两块与曹雪芹先祖有关的石碑。在《大金喇嘛法师宝记碑》的题名中有"教官曹振彦"，在已碎的《重建玉皇庙碑记》上有"致政曹振彦"。两块碑都在"天聪四年"，时间只差四个月。他考证出曹振彦是佟养性部队中的军事教官，属于向清军投降的明朝炮兵部队，所以叫"汉军"。

在冯其庸二赴辽阳时，有人告诉他，在某小学门外有一块大碑，他一听立刻来了精神，马上去看。到得现场，见那碑很高，黑乎乎的，无法看清上面的字。他向小学借了两张课桌垒起来，亲自爬上去看。碑叫《东京新建弥陀禅寺碑》，一排排的名字读下来，查出三个姓曹的人，都记录下来，还拍了照片。等回到北京再查自抄的《五庆堂谱》，这三人果然都在谱中三房，是四房曹雪芹家的远房亲戚。

这一次，他还顺便游览了辽阳南面的名胜千山。忽然悟到，曹雪芹的祖父曹寅常署名"千山曹寅"，其实就是辽阳啊！此后他又进一步去查地方志，找曹振彦做过官的地方。结果在山西和浙江的地方志中，都找到曹振彦是"奉

《大金喇嘛法师宝记碑》拓片，上有曹振彦题名。

天辽阳人"的记载。

总之，据《五庆堂曹氏宗谱》，曹俊是"入辽之始祖"，至五世祖曹锡远，一直是明朝驻防在辽阳的军官。四世祖曹振彦在后金攻破辽阳、沈阳以后，归附后金。成语云"五世其昌"，已经找到了曹雪芹的第五代祖宗，也就够了，证明他家就是辽阳人。[23]

于是冯其庸开始写《曹雪芹家世新考》，中间插进去研究庚辰本，至1978年8月写完。此后30年间，他还发现了更多史料，增订至第四版，关于家世的考证益加完善。

冯其庸的结论，与周汝昌的观点迥异。从《红楼梦新证》开始，周汝昌就主张曹家祖籍河北丰润。1963年，他曾在故宫文华殿细看过《五庆堂曹氏宗谱》原本，当时就提出种种质疑，"不信它与雪芹家有关"。对于后出的另一本他更不信任，一直坚持自己的原议。周与冯的学术分歧，由此而始。

当历史正在转折之际，当众人尚未苏醒之时，冯其庸便已在版本和家世两个方面，同时出手，取得了令人瞩目的成绩。与本书的另外几位主角，那几位红学家相比，冯其庸确实起步较晚，晚了二十至三十年，其第一步"洪广思"还饱受非议，算不得学问。但是《论庚辰本》和《曹雪芹家世新考》

八 团结篇

这两部著作在此时相继问世，如一套漂亮的组合拳，如一跃而立于舞台中央，使他卓然成家，一时无两。

这固然应归功于他有多年的实力积累，有过人的才智和勤奋，有书本考证与实地考察相结合的良好治学方法，同时也无须否认，有时也运也的幸运因素。譬如，他是因为先有"洪广思"，才有校注组实际负责人的任命，才能全天候专业研究《红楼梦》；再如，他是因为幸遇吴恩裕找上门来，无私地邀请合作（或访吴时碰巧遇到），才进入了版本研究之门。

从此，冯其庸将成为红学领域最重要的人物，或者称双雄之一。

笔者

1977年，我还在工厂做我的青年工人。刚一开年，我买了一套《脂砚斋重评石头记》庚辰本的影印本，人民文学出版社1975年10月出版的平装本，还是"内部发行"，定价七元二角。这就算是我那时难得的重大智力投资了。在首册的扉页上，我题了个"丙辰季冬"，这是模仿着"庚辰秋月定本"。也是那年，在西单商场里的中国书店古旧书柜台，隔着玻璃柜，我看到一部影印线装的《乾隆抄本百廿回红楼梦稿》，显然是暗藏了十几年的新书，这时才摆出来卖，仍售原定价七十元。我知道它好，但是我一个月只有四十元工资，舍不得买，几年后才悔之晚矣。其实这，就是前一年"十月春雷"之后，文化复苏的一个小小缩影。

我除了在工人理论组里写稿子批判"四人帮"，就还是在车间里照常干活，仿佛一切照旧。10月21日，报纸和广播宣布了恢复高考的消息。当时我将满二十七岁，已经十一年半没有读书，那之前我只读到初中二年级，准备高考的时间却只有一个半月。备考那一个多月，书读得昏天黑地，不知是怎么过来的。

北京市的考试时间定在12月7、8、9日三天。结果是我顺利一举考上了北京大学，读中文系文学专业。1978年2月底我们进入燕园报到时，未名湖尚未解冻，春天即将到来。

从此，"1977级"成为我们的生命标签。因为这一人生转折，我才可能进入文学之门，才与红学发生若即若离的关系，才可能写出这本书。本书中的主角红学家们，我将与你们渐行渐近。

30 "假作真时真亦假"之二

"曹雪芹佚诗"

"文革"后期,练习书法的人多起来。除了毛主席诗词,还能写什么?暗地流行开来的"曹雪芹佚诗"("唾壶崩剥慨当慷"),便成为绝好的题材,既风流高雅,又没有政治风险。且看几个实例。

吴恩裕有位得意门生张振鹍,1952年从北京大学政治学系研究生毕业。张先生学的是政治学,治的是近代史,却与红学有一段奇缘。他1940年前后在辅仁大学附中读书时住校,宿舍是恭王府花园中的蝠厅,大环境极佳,就是住得很拥挤。他从来没想到这里会是"大观园",真是身在"蝠"中不知福。

1975年,导师吴恩裕书写条幅赠送给昔日门生,内容就是这首"曹雪芹佚诗",诗后题曰:"此曹雪芹题敦诚《琵琶行》传奇一折诗也。乙卯初夏为振鹍弟书之。长白负生。"这证明吴先生当时对此诗确信无疑。后来张振鹍看书得知曹雪芹只留下了两句诗,直到吴先生去世后,也没弄明白老师从哪里得来了全诗。

与吴恩裕不约而同,当时正红的上海女书法家周慧珺也书写了这一首诗,赠送给周汝昌。她一定觉得给红学家写这个内容,是再合适不过了,并题道:"录文化大革命后新发现曹雪芹七律一首,书似 汝昌同志正之。乙卯初夏周慧珺。"可注意者,两幅书法都写于"乙卯初夏",即1975年。

迟至1979年2月,俞平伯代海外弟子周颖南向顾颉刚老人求墨宝。待3月中旬写来一看,正是这首诗。八十六岁的顾老在跋语中确定其为雪芹遗作,以晚年得见之为幸。俞平伯在3月18日将顾书转寄给弟子,并附信说:"所传雪芹诗句难定是否原作,而顾翁墨迹堪珍,良朋酒边致赏不虚矣。"[24]

顾颉刚年轻时力主疑古，主张一切未经证明的文献材料都是不可信的。到老来，他为什么却对"佚诗"轻信不疑了呢？是因为这诗还不够古吗？

1976年4月，周汝昌的《红楼梦新证》增订出版，其中录存了这首诗，并加上了标题《题松亭琵琶行传奇》。作者加附记说："按雪芹遗诗零落，仅存断句十四字。有拟补之者，去真远矣，附录于此，聊资想象。"

如此故作神秘，还是在隐瞒真相。承认是"拟补"，似乎是退了一步；但却将其载入了学术名著，似可传之久远了，这就是以退为进。这一做法，被批评为是"在'文革'末期错过了最后一个澄清事实的最佳时机"。[25]

周汝昌的同事林东海对此的分析，形象而透彻：

> 看来周先生把这补作视为得意之笔，想通过《新证》，以传诸久远。不过，这做法可就出格了，很难避开"作伪"之嫌。好比有人勾兑白酒，倘若请朋友尝尝，并无"造假"之嫌；如果拿到自己开的店铺去出售，则必定成为"打假"的对象。周先生把自己补作的所谓佚诗，和吴恩裕先生开开玩笑，自无"作伪"之嫌，而收入《新证》，从道理上说，就是在自己的店铺里卖假酒，岂是"原非作伪之意"！[26]

在1976年10月政治上的大变化发生之后，所谓曹雪芹的"佚诗"与"佚著"便失去了"文革成果"的保护伞。1977年11月，《曹雪芹佚诗辨伪》一文在《南京师范学院学报》第四期刊出，作者署名陈方。这文章写得说理充分，文笔老练，应是个内行的作者，但名字却前所未闻。

该文并不在所谓"佚诗"的字句上过多纠缠，因为"根据片词只语，论定某诗非某古人写不出来，那压根儿是欺人之谈"，而将重点放在追究该诗的来历。通过回顾这首诗"从周汝昌先生那里传出来之后，如何逐步升级成为曹雪芹佚诗的"，便有理由明确地判定它是假的。随后批评了吴世昌、徐恭时《新发现的曹雪芹佚诗》一文，认为其"不问材料出处，直接论证材料本身的真实性的办法"是错误的。"科学的态度容不得半点的弄虚作假，我们这里反复引证，不过想说明师心自用的考证怎样自误误人而已。"并考订另一首《自题画石诗》同样不真。这是明确否定"佚诗"的第一篇文章，从此引起激烈的论战。

陈方者何人？当时有传言是人民文学出版社的编辑。直到三十二年后，2009年7月28日，舒芜（本名方管）在临终前的病榻上证实，这是陈迩冬和他两人合作的化名。两人都学养深厚，但当时陈迩冬的身份是"现行反革命"，舒芜是"摘帽右派"，客观条件不允许他们用真名或常用笔名发表文章。同时他们又都是周汝昌多年的同事，知根知底，他们不能容忍以假充真的"佚诗"流行欺世，所以挺身而出，仗义执言。

实际上，在此文发表之前，吴世昌与周汝昌之间已经撕破了脸，通信互相指责，闹得极不愉快。2014年，周汝昌的女儿把这封信发表了出来。

子臧阁下：

"1977.8.16小汤山疗养院"来信收阅，答复如下：

一、阁下说的我曾"函约"你所古代组"陈、刘诸同志恳谈"等情，不符事实。拙著《新证》分赠后，有少数未来回信的，不知其书是否寄达（出版社代寄的），故至今年又曾分发信函询问。因顺便与陈刘两同志提及已有"勘误"一份，因目坏，付邮也困难……如所内有外出收发取件同志，希便路枉过一取。蒙陈、刘两同志的好意，接信后便主动见访，才获晤谈的。……阁下所说，未知何据？此等细事有何重要，阁下亦致如此重视之？盼你以坦荡的胸怀、目光，看待人家的正常的自然的事情。

一、阁下所谓"憾词"，当也是过听传言所致。我提到阁下那年不理睬我的事，不过当做友朋间趣事，善意地话及的，充其量也只是座间晤话的谈助。我亦并非真把这些细节引为"憾"事。（阁下为此辩解，诿过于耳目的不灵，"交臂失之"，那末，在陈凡同志珠市口设宴招邀"红学家"时，阁下后至，我热情起迎阁下，而阁下略一执手，正眼不瞧，急趋别座，与他人谈笑欢甚，终席不与我交一语，又是何故？最后还是我觉得不好意思，临散时与阁下攀话，方蒙勉强地匆匆赐答一二语。我若真"憾"阁下，何不举此？）

一、张次溪的问题，我确实无所了解，他原名江裁，来示中尚予注明，可证阁下亦认为我并不一定对他的事早都清楚（现在也不清楚）。约在六三年秋间，他通过别人向我表示有研红资料愿意提供，我当然要表示欢迎感谢。他对我讲过的只是他的编制关系属于广东文史馆——我当然认为这是事实。至于他的历史问题，我无从了解，也不可能为此而去详细调查。阁下与他是旧交同事，对他还曾有过"冠盖满京华，斯人独憔悴"的慨叹，我想这应是阁下当时也尚不知其详之故，所以我并不想执此以为词，说成是阁下同情汉奸。

一、所谓"雪芹全诗"，我从来也没有说它是"真"的，告知恩裕兄时，特别说明，可靠与否尚不可知，嘱咐他切勿外传。他是依约的。后来告诉我说是文研所同志在他家里自己翻阅书册时看见了，才传抄出去，他对此还向我表示歉意，说明并非有意违约。此诗后来非正式发表，亦非由我。再后来听说阁下在一学报上正式发表了，并"悬赏万金"，力主为"真"雪芹诗。这些事阁下并不见告，而且也不蒙向我问一问原委如何。请阁下想：我如何能对你的观点、发表权利获有发言权呢？我对此事有何过错呢？

一、阁下并因此而评及拙句，但阁下似尚不知，唐人已不尽守"官韵"，到宋人二韵通押，已成常例，至有"进退格""辘轳体"等等名目，阁下岂不闻耶？至于诗中"变读"，更为人人皆知之事，如"绝胜烟柳满皇都"，胜字在此，义为"超过"，本去声，而变读平声（与禁、堪义之读音同）。阁下自诩诗学，又不知诗中上句如系仄起，有时故意将末三字"平仄仄"变为"仄平仄"（如小杜"刻意伤春复伤别"，太白"解道澄江净如练"，例不可胜举），皆小拗以取声调之美，况"石头记"三字乃专名，本不能改动乎？阁下自称"自弱冠弄柔翰，至今垂五十年"，而观其论用韵，论格律，不离试帖识见，而竟以此等识见主观"判断"芹诗之真否，毋乃太孟浪乎？

一、阁下责我未见真芹诗，何能判断"去真"之"远近"，谨答：我确实见过真芹诗的末二句十四字，又有何疑？前六句与后二句，风格不一致，此即续补之证，阁下的责难全无力量。

一、拙词"似曾题、月荻江枫"，一"似"字正为说明我的看法，清楚明白；如我认为此诗句真是芹语，又何"似"之云云？（"似"，亦非"相似"义，不过意谓想像雪芹也可能写、用过这类词语字面而已）。

一、阁下责我"未见"芹诗即下断语云云，但阁下也未见"幽篁图"原件（相片也只极小一部分），而你竟敢下断语说它真伪如何，岂不可异？我未见原件，故表示是真是否，不同看法，各有可肯定点，又各有可疑点；因此，在未见原件前，只能存疑。胡适毫无论证，主观武断，我也指出、批过了，阁下宁无觇乎？我在这个问题上如此立论，又有何罪过？阁下竟说什么"为胡适翻案，诚何心乎？"请问：这是否政治诬陷与恫吓？

一、阁下自己"定"的什么"脂残本"（哪本不残？）"脂京本"等名目，我觉这正是从胡适的不通的"程甲本""程乙本"而产生并发展而来的，全无可取。我不采用，就触犯了阁下的权威，又说出什么"不惜牺牲自己良知，媚此买办文人'在天之灵'"的恶毒话，请你自忖：你攻击别人的逻辑大抵似此，其实崇拜胡适的正好是阁下。你的学风是一派霸气，作风是骇人的恶劣。我奉劝你，自己尊重一些，不要这样恶性发展下去。难听的话，别人未必不会讲几句，只是还要考虑同志关系，有个肯与不肯的分寸在，你不要因为对你客气，反而气焰越发高涨。你在人前背后，口头文字，对别人谩骂攻击，以此自鸣得意，自己的任何论点都"碰不得"，谁要敢以任何委婉方式表示一下不同意见，就是无可饶恕，不惜以政治罪名肆行威吓——您的这一些作风和表现，大家是很有印象的（外地读者亦有此感）。希望你收敛一点为好。

专复，顺颂

研绥！

周汝昌手启 七七、八、十九．

又，阁下在海外时，素不相知，因写书而引及拙著，主要属于资料性东西，注明出处，你是取资；至于我的论点，你受益之外你很少正面肯定，而多加评议，所评正确与否暂可不论（实际多不公允），我从未计较。今日这也成了你问罪条款之一，你的思想方法实在奇特。我过去撰文，处处表扬你的可取之处，你并非不知。但你毫不记省，却怪我在《新证》重刊本不引及阁下之论著……我现在既然要被你问及"朋友之道"了，我才提一下：当年你从国外投函于我，通过我才刊出你的"自我介绍"的大文，你应还记得，还夸奖我的"雅量"，不想今天变成你可以写出这种恶信的来由了，你的"朋友之道"又是什么？

你自称不拘细节，不重礼数，可是你又斤斤计数你来我处共多少次，而我去只有几次……。怕你记忆、计算法也未必皆臻精确……我自愧条件与阁下不同，我是上班工作制，日又常程，不宜外出作私人交谊活动，到了晚间，我什么也看不见，寸步难行，不可谅乎？去的次数，包括阁下适不在府而空返的，必不至如来示所言，况且枉过的次数中（还有来当面骂"胡适尸居馀气"的呢！）不也包有阁下有事找我的吗？（如借书，如问事，如执一信件来、瞠目不发一语——为"靖本"资料初次来到我手而"质问"，如为看"南京本"，我须恭敬奉陪三四个小时让你阅看满意而去……这些，也要我"回拜"吗？）说这些，实在显得太可笑，因阁下要算细账，故从命答复。

周汝昌又启[27]

信甚长，却为红学一段史料，信息丰富，故录存于此。

看来吴世昌不仅为陈方之文所激怒,他私下与周汝昌也已经割袍断义了。一年后,吴世昌在1978年第四期的《徐州师范学院学报》上,发表了反驳文章《曹雪芹佚诗的来源与真伪》,把矛头并排指向陈方和周汝昌。对陈方的指斥十分尖锐:"栽赃诬陷,贼喊捉贼"、"颠倒时间,混淆是非"、"欺骗读者"、"用'玄虚'论否定中国诗有好坏之别"、"隐瞒证据,为胡适辩护"。此文还用了很大篇幅交代这首诗的来历,对周汝昌奇怪言行的动机加以分析和批评。针对有人说"拟补"者就是周汝昌,吴世昌痛加驳斥,认为以周先生的才能,断"补"不出这样的诗作。他也有正面论述,结合中国文物鉴定,试图从理论上说明"来历不能决定真伪",并从形象思维的角度再次论证曹雪芹佚诗的真实性。

在论战中,吴世昌表现出两个特点,一是从方法论上,他主张不必论作品的来历,仅从其思想、艺术质量上,就可以判定真伪;二是在文风上,他怒气太大,喜欢把问题扯到学术以外,试图用政治帽子压倒对手。在以后的争论中,这特点越来越明显。

吴恩裕是这首"曹雪芹佚诗"的先睹者,他在1979年出版的《曹雪芹佚著浅探》书中,写了一则"琐记",详细披露了这"佚诗"的来历和流传过程。简而言之:周汝昌始说"来历欠明",再言"系人投赠",继谓"时人所补","其人原非作伪之意"。1973年为《文物》写文章时,周汝昌先将"全诗"写入提纲初稿,后来为什么又取消了?到了新版《红楼梦新证》中,仍说"拟补之者,去真远矣"。他的巧言多变,迷离惝恍,实在令老实人吴恩裕大惑不解。"余意汝昌考证《红》、曹,历有年所,辨伪析疑之不暇,讵可含糊其词,以滋世人之惑!时至今日,何靳一言,以释众疑?"[28]

1979年3月31日,香港《文汇报》发表署名宛平人的文章《红楼梦专家大争辩——曹雪芹佚诗疑案》。该文并不是参与辩论,而是新闻随笔,向香港及海外读者介绍此案的来龙去脉。文章结尾点出了此事的离奇之处:"可笑的是:说'是真的'的人,'证据'偏在说'是假的'的人手里,这个问题可有些难办哩。"这文章表面上是客观报道,实际上的倾向性流露于字里行间。

这位"宛平人"也不是外人,乃是人民文学出版社老编辑张友鸾的笔名,即当年的小说组长。周汝昌的第三位同事,把论战引向了香港的报刊。张友鸾本是新闻界的"老行尊",当年已七十五岁,在香港文坛朋友很多,他的文章写得生动诙谐,久受读者欢迎。

以上便是聂绀弩在1979年5月发表赠周汝昌诗"客不催租亦败吟"的背景,三位老编辑都是聂绀弩的旧部老友,聂诗怎么可能是赞美周汝昌呢?

梅节

在此之前,关于"佚诗"的辩论文章多发表在内地地方院校的学报上(那时公开的学术刊物甚少,顾忌也多),影响有限;此后的主战场转移到了香港的报刊上,顾忌抛开,变成了怒目金刚、剑拔弩张的混战。

陈方似乎无须再作答了,另一边却有香港的梅节站出来,接过了战旗。1979年6月,他在《七十年代》月刊上发表文章,直截了当地指出佚诗是假的,"'疑案'不疑,应该叫作骗案。"可以称为"红学界的'水门事件'。"[29]

梅节虽然身在香港,却本属地道的大陆文化人。他原名梅挺秀,广东台山人,在越南上中学时打下国学基础。1950年考入燕京大学新闻系,1954年从北京大学毕业,先分配到中宣部,却因海外关系通不过政审,转入《光明日报》。先后在国际部、学术部,做到了总编室副主任,一干二十三年。1977年才因父亲去世而移居香港,但是他已经业余研究《红楼梦》多年。与周汝昌同校同期出身于燕京大学的梅节,几乎可称是他的克星,不仅是"佚诗"打假的勇士,后来仍穷追不舍,揭出了周汝昌"欺瞒"胡适、孙楷第和学历可疑的问题。

燕京老学长吴世昌立即反击,在《七十年代》同年第九期上,以《论曹雪芹佚诗,辟辨"伪"谬论》为题发表答辩文章,仍坚持佚诗不伪,硬着头皮顶住。针对梅节文中所说:"吴世昌明知此诗来源可疑,却抢先发表,乃蒙骗群众。"吴世昌说:"梅节的行为已越出学术讨论的范围,成为一个法律上的诽谤问题",他"保留另行处分之权"。吴世昌还把顾颉刚、俞平伯两位红学元老拉出来为自己助阵,在文末附录了两位给他的信函。

顾颉刚在1979年7月18日致吴世昌的信中说:"雪芹《题琵琶行传奇》一律,我以为兄文绝对正确,亦当秉此旨意,写一短篇,届时请赐正。"俞平

八 团结篇 507

伯的信写于 1979 年 3 月 14 日，通报了顾老题写这首七律并确认为雪芹遗作之事，但并未明示自己的看法，只说："认真比辨伪难，良信。"[30]

吴世昌对"佚诗"之佳妙仰视折服，打死也不肯相信周汝昌有如许诗才，于是在文中向周提出挑战："请你再作一首或前六句同样的诗，让大家看看，在各方面是否够得上这首佚诗的水平。"也就是让周汝昌公开接受一次赋得七律一首的测验，你如果做不出来，或者比这个差，那你就是"冒认"，这诗就是真的。

也许是那时代的信息交流不畅，也许是那地方院校的刊物影响太小，实际上在吴世昌战书发出之前的 1979 年上半年，周汝昌已经连发两篇文章，承认那首七律出于自己的"试补"，且当时作了不止一首，而是三首。另外两首是：

> 雪旌冉冉肃英王，敢拟通家缀末行？
> 雁塞鸣弓金挽臂，虎门传札玉缄珰。
> 灯船遗曲怜商女，暮雨微词托楚襄。
> 白傅诗灵应喜甚，定教蛮素鬼排场。

> 相濡久识辙中鲂，每接西园酒座香。
> 岐宅风流柯竹细，善才家数凤槽良。
> 断无烟粉卑词品，渐有衫袍动泪行。
> 白傅诗灵应喜甚，定教蛮素鬼排场。[31]

吴世昌真是小看了周汝昌。他已经提前加倍准备好了答卷，看你还有何话可说？

周汝昌一篇文章的标题是反诘的语气：《曹雪芹的手笔"能"假托吗？》其回答是"不能"也"能"，说白了你不能我能。他故作姿态地说："这三首诗'真'不了"，原因"一是内容空泛"，"二是诗的风格不对"。"我非雪芹，是无论如何也做不出雪芹那样的诗句的。真假之分，端在此处可见，其他都不需细论了。"这明明是似贬实褒，欲扬先抑。你若连这都看不出来，要怪自己眼拙啊！在另一篇文章中还说："我一度因某种复杂关系，当时不便将实情告知友辈，另有苦衷，今在此向他们道我歉意。"[32] 从他的整体表现来看，这样的道歉并不真诚，反而能体味到暗自得意。曹雪芹的手笔我不是假托了吗？这假托不是令学贯中西的大学者，都深信不疑且高唱赞歌吗？

在吴世昌前文两个月后（1979 年 11 月 16 日），梅节又在香港《广角镜》上撰文回复，题目是《关于曹雪芹"佚诗"的真相——兼答吴世昌先生的"斥辨伪谬论"》，论争更呈白热状态。

至此，吴世昌骑虎难下，进退两难。他越认"佚诗"为真，就越是在颂扬对手，贬低自己；如果改口认输，又下不来台，太丢面子，于是就只剩下恼羞成怒了。只好继续嘴硬，又作成《论曹雪芹佚诗之被冒认——再斥辨'伪'谬论》。[33]这时"佚诗"本身和作者的才能都不必再谈，吴世昌只好使出杀手锏，从政治上去攻击周汝昌的短处，即揭发他与江青、康生的关系。本书在前文已经引述，这里就不必重复了。

此文之后，梅节和吴世昌还在《广角镜》上再交战一个回合，双方话已说尽，由学术争辩滑向个人攻讦，最后证伪一方以沉默应对证真者的情绪宣泄，论战方告落幕。最后一文发表于1981年2月，其时距"佚诗"的发生，已超过十年。

吴世昌遭遇"假诗门"后尴尬异常，从此再不和周汝昌搭话。1981年4月16日，《红楼梦学刊》编辑部在北海仿膳餐厅设宴，迎接日本红学家松枝茂夫与伊藤漱平。那天俞平伯、周汝昌、冯其庸都到场了，吴世昌后到，一见周汝昌，扭头就走，厉声说："早知道他来，我就不来！"[34]

1981年4月16日，《红楼梦学刊》编辑部在北海仿膳餐厅设宴，迎接日本红学家松枝茂夫和伊藤漱平。左起俞平伯、张庆善、冯其庸，正巧是红学的三代掌门人。
图原载《红学：1954》

八 团结篇

梅节的辨伪打假行动，私下里获得了他的老师吴组缃的支持。在1952年院系调整、燕京大学撤销时，梅节转入北京大学中文系编辑专业。1953年他修读过吴组缃讲授的"现代文学"课，一直感念师恩。1981年夏天，他把自己九篇有关《红楼梦》的论文寄给吴先生求教，内容多为与周汝昌和吴世昌相争论。这时的吴组缃不仅是北京大学教授，而且是中国红楼梦学会会长。吴先生于1981年8月10日给梅节回信说：

> 你看问题很敏锐，博闻强记，细致深刻，而不迂腐。比起那些发狂的主观臆测，一心钻牛角尖的考证名文，我私心以为科学水平高多了。有些人连起码的常识和逻辑观念也没有，可是文章写出来，不许别人碰一碰。你敢碰，我就要拍巴掌。不过还是冷静地摆事实、说道理为好，尽可能少说刺激的话。[35]

在整个过程中，俞平伯都是一个旁观者，是稳重的长者，也是冷静的智者。他对该诗一直持存疑态度，主要保存在与老友叶圣陶的书信里。

1975年俞平伯写道："近闻前者人传关于曹氏风筝歌等不可靠，则六句之诗想亦相同，以来历不明也。"1978年他劝过吴世昌："吴世昌来书仍积极肯定所传之诗为曹作，弟以其来历不明，谓宜审慎，似亦未能采纳也。"1979年3月，他把吴世昌文章的印本寄给叶圣陶，"以事颇有趣，聊供消遣。传者云伪而读者认真，似与常情相反，且难得证明。世昌要拉我为援，不得已谢之，文中遂未列贱名。颉兄近为周颖南写此诗则认为雪芹遗作，于吴说表示拥护。""吴文言亦有理，而意气盛，虽引重言，终难证实，证据如有，亦在周汝昌处也。此件何来，周言亦殊恍惚。"叶圣陶表示同意："弟觉吴之态度既欠佳，其逻辑亦多勉强，不意此君亦如此肝火旺也。"[36]

俞平伯在事后这样评价此事：

> 所传曹诗六句，传者已自供为伪，而观者偏硬说是真，可谓奇闻。周巧而吴拙。欲陷彼吴，而此吴蹈之，亦奇。我当时只说其诗还好，从未说是曹作，吴引以为重耳。"来历是判断的根据"，尊意极是。[37]

俞平伯在1980年7月14日致周颖南信中，再谈起顾颉刚题写"佚诗"之事：

> 前者兄托我请顾老写字，我只将纸送去，转述仰慕之意，未及其他。当二十年代之初，顾和我讨论《红楼梦》，以后即未再谈。及至写来一看，即此补拟之作，颇出意外。（吴曾邀我与顾老作证。）即转寄兄，申明我表存疑，以诗虽尚佳，而来历不明也。今吴、周之争，周则勉强交代，吴则盛气凌人，不知尚有后文否。我未参与，亦听之任之耳。

俞平伯（右）与叶圣陶

> 承嘱写字不难，而措辞匪易。顾认为真笔，可以应人书；我知其拟作，即无从再提。确证其伪，与顾书对照，彰显友人之失；含胡其词，愈增来者之疑惑，即所谓"不必要的争论"也。以有此困难遂未能应属，务乞谅之为幸。佳纸自可留作别用。[38]

看来是周颖南请俞平伯再书一纸，评鉴"佚诗"真伪，以便"与顾书对照"，俞平伯婉言谢绝了。总是意存忠厚，这才是俞平伯。

据周汝昌后来透露，在他公开真相之前，看出破绽的已"大有人在"，如"杨霁云、周振甫、冯其庸、宋谋玚等诸位同志"。[39]

《红学泰斗周汝昌传》的作者梁归智，2004年要写传时，这"佚诗"事件是绕不过去的一道坎，他曾就此事"在周汝昌家中当面询问真相"。

> 周先生、周夫人和周建临都证实的确是周汝昌拟补的，周夫人还说当时家里人就埋怨周汝昌不应该那样做，结果搞的传出去了，弄得满城风雨。周先生说当时自己实在是太想看到吴恩裕发现的曹雪芹的文物了，后来也挺后悔自己的一时孟浪。[40]

这"一时孟浪"，不知是周先生的原意，还是传记作者的避重就轻之词。为什么在"交换"到了吴恩裕的文物之后，还坚不吐实，且公然入书呢？若"一时孟浪"，为什么要守口如瓶八年之久呢？

传记作者还曾以此来肯定周汝昌"写诗的才能的确很高"。也许确实吧，他游戏笔墨，小试身手，便使专研古典诗词的行家"打眼"现丑，贻笑大方。此颇有点类似张大千造石涛假画，非高手不能。或者可以这样说：周汝昌以一种玩世不恭、不计代价的方式，报了胡适说他"古文功夫太浅"，燕大中文系认为他"国学根底太差"的一箭之仇。

1981年春的一天，林东海到红星胡同周宅拜访，周汝昌正准备搬家，室内十分凌乱。林看到沙发上有一幅墨宝，便打开来欣赏，原来正是上海女书法家周慧珺所书的这首曹雪芹"佚诗"。

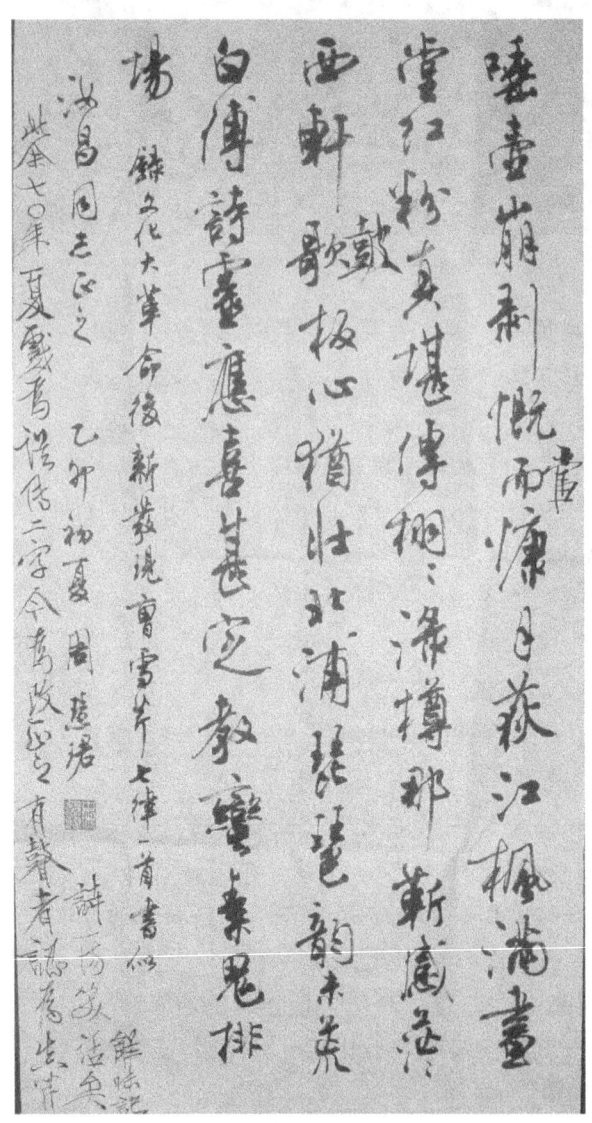

周慧珺书"曹雪芹佚诗"，周汝昌题记后转赠林东海。

宋红 提供

我把这幅字拿在手里，眼睛直盯住周先生；先生脸上的表情十分尴尬，脸皮恍惚在抽搐，眼神发呆，嘴唇在抖动，却说不出话来。我晃了晃手中的条幅，斩钉截铁地说："我来替您保存，搁在您这里不合适。"说罢把条幅递给他，他接过条幅，仰起头，两眼瞪住天花板，上唇向下拉紧，作思考状，突然把条幅推给我，说声"给"，似乎立即松了一口气。我没有接过条幅，说："就这样拿走，不行。您得写上几句话，这才有个交代。"他觉得我的话有道理，就说："改日再来拿。"我说："好的。"嗣后，我拿来一看，先生在条幅上写道："此余七〇年夏戏为，误传二字，今为改正之。有瞽者认为真芹诗，一场笑话矣。解味记。"[41]

林东海将此条幅妥善保藏，"可为日后考据红楼诗案之佐证矣。"

当一段"佚诗"公案结束时，应该客观地评价一下此诗。论者吴先生的溢美之词，作者周先生的故作谦抑，都不足为训。我认为同仁林东海先生的讲解和评价，十分公允，宜为结论。

敦诚作《琵琶行》传奇，是由白居易《琵琶行》长诗敷演而成的一折戏曲，曹雪芹诗的末联是就传奇的脚本写的，是赞扬戏文，而不是写看戏，所以有"定教蛮素鬼排场"之语，意即白居易定会让他的歌伎舞女小蛮和樊素来排练登场，进行表演。而周先生的补诗，却是写传奇演唱的情景，起句"唾壶"就是写唱，典出晋大将军王敦：敦酒后，咏魏武帝曹操乐府诗"老骥伏枥"，以铁如意击唾壶为节拍，壶口尽缺。补诗的"唾壶崩剥"就是从这里来的，用以写听戏的激昂慷慨；次句是写从戏中听出白居易送客浔浦口"枫叶荻花秋瑟瑟"的情景，所以说满画堂都是"月荻江枫"。中二联则是具体写如何饮酒听曲，如何感慨系之。总之，所补六句，写的是听戏，和曹诗末句"定教蛮素鬼排场"是对不上的，倘若曹公写的是听戏，便不会用"定教"这种虚拟的语气，正因为他写的是读脚本，才会用"定教"结束。从诗的风格看，补诗和曹的佚句，也不统一。敦诚为曹写挽歌说"牛鬼遗文悲李贺"，说明曹诗风格与李贺相近，从佚句也可以品出点近似李贺的"怪"味；然而补诗却激情直泻，见不到李贺的"鬼"影。补诗与原佚句如此"枘凿"，以为真曹诗者，固当受周先生"瞽者"之讥。我和周先生诗词唱和多年，久谙其诗艺的深浅，补作那六句诗，当不在话下，自然无需强占别人的诗句，愣说是自己补的。[42]

"曹雪芹小像"（王绘）

关于王冈画的"曹雪芹小像"，五十年代吴恩裕等曾多次托人请求藏主录示画后题咏，想从中考证曹雪芹的事迹，皆不可得。六十年代人亡物失，只能徒叹奈何。谁知到了1980年春天，这些题咏中的一部分真迹，突然惊现于世。可惜吴恩裕在三个月前刚刚去世，他不及见了。

原来，1980年3月间，上海"文清小组"对李祖韩家属落实政策，一部分抄家书画被发还。经家属李名胜细检发现，其中夹有剪开的三页单片，上面写有题咏诗，分析就是从世传王冈绘"曹雪芹小像"的后面剪下来的，原属那手卷的一部分。他们知道这是红学界追寻多年的，经过文研所邓绍基在沪联系，家属们将其捐赠给了中国社会科学院文学研究所。文研所6月12日在北京公布，并召开了专家座谈会。新华社和南北主要报纸纷纷报道，沉寂已久的王绘"曹雪芹小像"又掀起一个小回潮。

此次发现是在大小不一的三片旧纸上，有四人共七首题咏诗，计有：皇八子永璇二首、观保二首、谢墉二首、陈兆仑一首，他们倒是都在原名单之内。陈兆仑的题诗有"进老学长兄"的上款，另三人不具上款，却不见以往李祖韩所称并经胡适认证的题咏上那些"雪芹"或"雪琴"字样。[43]

这些新材料一出，从题咏诗的词句含义推测，多数学者认为更证明像主不是曹雪芹，有人更直指是藏主李祖韩作伪，把无关的画像与题咏诗装裱在了一起。连原本力主其为真的周汝昌也表示存疑了，他曾怀疑像主是作画者王冈的父亲王睿章，号雪岑，可是这批材料把这猜想也否定了。

虽然画像和其余题诗的下落仍然不知，但是新材料证明了李祖韩没有说实话，显示了他不把题咏诗抄给红学家的理由，也证明了胡适的回忆大体上可信。

胡适1960年11月22日在台湾写那篇《所谓"曹雪芹小像"的谜》时，是全凭记忆，想查当年日记上的详细记录而不可得，因为日记留在纽约。二三十年后，胡适的日记和信件出版，使此画的迷雾进一步廓清。

1928年11月28日，胡适收到了叶恭绰寄给他的"曹雪芹的小像？"的照片，加了问号以示存疑，把照片贴入日记本保存。

1929年4月20日，胡适参观全国美术展览会，见到了画像的真迹。当天日记写道：

> 有李祖韩先生藏之曹雪芹画像手卷，他邀我去细看。看了之后，

我说："此人号雪芹，但不姓曹。"祖韩大失望，颇不心服。此卷之照片本，曾载在我的日记中，其人头面团团，已很令人生疑。今日细检卷后题咏，第一页即是"壬午三月皇八子"题的两首诗。壬午除夕，曹雪芹就死了。此时正是他最穷的时候，那能有这样阔人题咏，而诗中无一字提及他的窘困，亦无一字提及他家过去的繁华。

其后有钱大昕、蔡以台（丁丑状元）、钱载（萚石）等人题咏，皆称"雪琴学长兄"，诗中无一字可证此人是姓曹的，也无一字提及他的身世的。

故我断定此人是翰林院中一个前辈，不是《红楼梦》的作者。[44]

胡适为什么只见"雪琴学长兄"，而未提"进老学长兄"？那么此手卷与1980年现世的三块纸片是否同属一物？似仍然存疑。

更值得追寻的，是胡适在六十年代初，与李祖韩家的互动。1960年11月22日，胡适在"揭谜"一文的结尾写道：

我至今懊悔我在三十年前没有请祖韩把全卷的题咏都抄一份给我做从容考证的材料。……我只要指出，祖韩至今不肯发表那些题咏的墨迹与内容，这就等于埋没可供考证的资料，这就等于有心作伪了。所以我希望在不远的将来，祖韩能把那个手卷上许多乾隆名士的题咏全部影印出来，让大家有个机会可以平心评判他们题咏的对象是不是《红楼梦》的作者曹雪芹。[45]

可见胡适的意图，就是想追寻题咏，解决问题。1961年4月21日，胡适致函李祖韩的堂弟李祖法（时居香港），附寄文章剪报，请其转交李祖韩，并希望看到画上的题咏。然后，李祖法是怎样向李祖韩转达的，李祖韩如何回复堂弟，李祖法又怎样给胡适复函，俱不可知。现在只能看到胡适5月22日致李祖法函，他不仅没有得到题咏，反而从其他途径获知画像已"被劫"走。

……今天间接得见李孤帆三月十六日给朋友的一封信，信上说："年前承适之先生询族人祖韩兄的曹雪芹画像事，兹据其弟祖莱弟来告，此画在函询前已不能自保，被劫时亦未摄影留存，故有负适之先生之嘱，亦希转陈为感。"[46]

胡适信以为真，很为李祖韩担心，在十多天里多次致信多人，焦急地探询"劫"者是谁？何年"被劫"？推测"劫"画者就是作伪添款之人，"祖韩受的冤枉不小了"。5月31日，胡适这样告诉李祖法：

"劫"画之人为什么至今不发表画上诸名人题咏呢？因为这些题咏足以证实画上的人不姓曹，不是《红楼梦》的作者。发表了原有的题咏，这画像就没有引人注意的资格了。

> 我疑心那"劫"画的人就是造作那三件伪证的人，(1)"旅云王冈写"一行字，(2)"南石""冈"两小印，(3)"壬午春三月"一行字。此三项，我在三十年前见祖韩此幅时，就没有看见。……
>
> 我今夏去纽约，要把旧日记几十册带回来，我一定要翻出我当日记的话及叶玉虎的原信。
>
> 总而言之，原有的乾隆大名公八九人的题咏是永远要被埋葬或毁灭的了……[47]

我认为，胡适在1961年初发表文章否定画像之后，同年4、5月间这次追寻画上题咏，应该就是李祖韩家属所称的胡适要求买画。这中间有李祖法、李祖韩、儿子李明正和寻访记录者的四层信息转达传递，每一层都可能有误传和误解，增减或变调，遂造成了越来越严重的、终身难以纠正的讹传。

按胡适的本意，他并没有想买画，他终生只是学问家，而不是收藏家，从不收藏字画、碑帖、金石、古玩之类，正与他从来不买房相一致。他想得到的只是那些名人题咏的内容以做研究，这与吴恩裕所求者其实一样。但是香港商人李祖法不一定这样透彻理解，他很可能就传达成了可否转让。还有一个特殊的时代背景不应忽视，1961年是中国大陆上经济最困难的年代，很多类似李祖韩这样的家庭，指望着来自境外的经济和食物援助，或许李祖法想在经济上接济一下大哥，那么卖画给胡适岂不是一个两全其美的机会？

但身在上海的李祖韩会另有考虑。他十多年来一直把画藏而不露，不给国内学者看，也不让人带出国，都是为了自身安全。此画现已名声在外，树大招风，难以悄然转移。而且，那时的海外关系是不光彩的家丑，政治上遭人歧视，可能惹祸招灾，一点点经济上的好处，不值得用政治上的风险去交换。何况是胡适这样的"人民公敌"，避之唯恐不及，还敢往上凑？所以他才骂堂弟："这个时候还写这种信来，太糊涂了。"而这种种顾虑，又不敢在信中写明。再者，在李祖韩儿子于"文革"后期的讲述中，也还可能有保留、有误记。

总之，胡适的意图被误解了，李祖韩的反馈也是伪装的。李祖韩对外所称的"被劫"，与他之前对国内人说的"久借不还"和"被带出国"一样，都是托词和烟幕。国门内外，情境迥异，互相不能理解。胡适是君子，他不疑有诈，为之忧虑。但在敌视胡适的思维定式下，调查者认为他是买画不得方称假，吃不到葡萄才说酸。

此画终将被劫，但不是在1961年，这算是李祖韩的一语成谶吧。而胡适也有他的一语成谶，那就是"原有的乾隆大名公八九人的题咏，是永远要被埋葬或毁灭的了"。

"曹雪芹小像"（陆绘）

河南省博物馆的另一幅"曹雪芹小像"，虽然原件俱在，却更不容易辨清真伪，演成了一出情节更为曲折的侦探剧。

论辩疑云

据称是陆厚信绘"曹雪芹小像"在1963年出现，当时就引起了争议，1978年以后，又重开论战。概括起来，大体上是四种意见。一为像主是俞瀚或俞雪芹说，主张者有郭沫若、陈毓罴、刘世德和香港的梅节等。他们都未怀疑画或题记有伪，但认为画与曹雪芹无关。二为诗真画伪的"敬空"说，由中国历史博物馆的文物鉴定专家史树青提出，他主张尹继善的题诗是真迹，尹为表示谦虚留下右半开白纸，连画像带题记都是民国时期的伪作。三为冯其庸提出的"改头换面"说，他发现画像"头部周围轮廓线有皴擦水迹"，似已改动过，目的是把"长身锐头"的俞瀚，改成"身胖头广而色黑"的曹雪芹。以上三说，都是否定意见。

另外自成一派的，就是一贯特立独行的周汝昌，加上斗志顽强的宋谋玚。他们主张诗画皆真，否定像主是俞瀚，力辩就是曹雪芹，两人略有小异，却一起力排众议。周汝昌还一再以传闻质疑其原为多开册页，为什么变成了单幅？对诗与画的矛盾，待别人指出实为一体并非无关后，他又勉强解释为：尹继善借题俞楚江照的两首诗重题此像，转赠给了曹雪芹。

1976年出版的《红楼梦新证》（增订本），在第七章《史事稽年》中郑重记载："一七五九　乾隆二十四年　己卯　曹雪芹三十六岁。秋，赴尹继善招，入两江总督幕，重至江宁。赴尹幕事，见陆厚信绘雪芹小照题记。"这就是言之凿凿地写入"正史"。1980年出版《曹雪芹小传》，他又用文学笔法，将此敷演成"南游"一章。周汝昌认为"这则题记是记叙曹雪芹的异常难得的文献"，为之作赞美性注疏。"特别是题记小文，词翰渊雅，笔致不凡，作伪之辈，岂能有此？"[48]

同盟者宋谋玚又是极富个性的人物。他是湖南人，原在军队中任杂志编辑，1957年也因为写杂文被划为右派分子，"文革"中再被重点批判，平反后到山西长治晋东南师专任副教授。别看身在小小的地方师专，他却活跃于全国性文坛，交游广阔，与郭沫若、茅盾、丁玲、吴晗等文坛大老有交往，到八十年代当上了第六届全国人大代表。

宋谋玚以保卫曹雪芹的画像为己任，1978年8月专程赶赴郑州，最先联系的就是蓝翎。蓝翎于1974年到郑州大学中文系任教，两人都是因写杂文而被打成右派，又有《红楼梦》这个因缘，这就足够相见恨晚了。宋谋玚谈了自己的来意，蓝翎久已不谈红学，他当然可以尽地主之谊，介绍宋谋玚去博物馆，但表示不相信此画是真，为它辩护没有必要。但是宋谋玚没有听蓝翎的劝，他发挥出湖南人的犟脾气，决心要寻根究底，从此登上了主真派的战车。

在四年里，宋谋玚三下郑州，进到博物馆内看了画像，也看到郭沫若的两封亲笔信。与馆内经手人打探进展，却总感到不得要领，人家总是推说很忙，没有专门去调查，后来才知道是对他保密。他还两上北京，到北京图书馆查阅资料，与红学界启功、冯其庸、胡文彬等交流。宋谋玚斗志高昂，连续发表多篇文章，与史树青、陈毓罴、刘世德和香港的梅节辩论。他认为"敬空"说不能成立，画中人物的年龄和相貌都与俞瀚不符，尹继善诗集中的标题是编辑错误，曹雪芹中年曾经离京南游入尹幕。反正他坚持陆厚信画像为真，所绘就是曹雪芹。

实际上，在陆绘曹像现世二十年间，除了以上四种公开意见之外，还有一种并未形诸文字的看法，少为人知。早在1964年，故宫博物院的鉴定专家刘九庵先生就发表见解，认为画像上题记文字不像是清代乾隆年间的字体，应该是民国年间的字，从而否定像主为曹雪芹。

另一位书画鉴定专家启功也对周汝昌谈过，指出清代画像一般不作题记，而此像的左上角五行陆厚信识语上下款俱备，是为可疑。但他对于像幅对开页左半之两江总督尹继善的题诗笔迹，却一看就认识，说没有真假问题。后来启功拿了一个清代手卷给周汝昌看，是尹继善手写自作诗多首，以之对照小像题诗的笔迹，恰是一个人的字体。启功还对周汝昌透露了一个独得之秘，原来启功的夫人就是尹继善的后裔，这个手卷是家传的。此外宋谋玚在1979年5月拜访过启功，也面聆了类似意见。启功还说判断题记是不是后题跋，画像是不是伪作，只要见到原件，辨别并不十分困难。但他没有见过原作，所以只能推测，也不想写文章。

两位书画鉴定大师不约而同，或者说英雄所见略同，这就是"后题跋"说。后续的发展证明，他们两人的看法，才是正解。专业的鉴定眼光就是不同，哪怕他们还没有见到原件，就已经给出了答案。不服不行。可惜主真派的两员主将当面听了，却执迷不悟。

寻踪调查

1982年10月，第三次全国红楼梦研讨会即将在上海召开，宋谋玚向筹备会议的胡文彬、徐恭时等建议，把陆绘画像借到上海，让全国代表上眼，请上海的文物专家鉴定，岂不是大好时机？这意见得到支持，向河南发出了邀请。一开始，河南省博物馆的回答是已查清画像确系伪作，推辞前来上海。在一再敦请下，总算是来了。

1982年10月23日下午，在全国《红楼梦》学术研讨会的讲台上，河南省博物馆代表副馆长韩绍诗，手举着馆藏的《曹雪芹先生小照》原件向大会宣布，这幅画像的像主是俞楚江，画面上的五行题记是售画人郝心佛串通朱聘之、陆润吾等伪造的。他带来了几万字的调查报告及许多照片，他们在三年里三次赴商丘调查，共计三十余天，调查了六十多个单位，走访了一百多人次，几经周折，最后才得出这个结论。以下就是这离奇曲折的故事。

第一次调查是在1979年11月初，线索从售画人郝心佛开始。郝心佛当年八十岁，家住商丘县城北关陋室中。原以为他是个没有文化的捡破烂老头，一接触发现不对了。他曾读过十二年私塾，后毕业于河南省陆军军事学校，在西北军中任军佐。冯玉祥驱逐溥仪出宫时，他率士兵守卫宫门，从太监的行李中查获王羲之《快雪时晴帖》。加入国民党军队后，做到了少将军需官。他一生喜爱收集碑帖书画，是文化内行，到老年穷愁潦倒，靠代写书信和倒卖书画为生。

最初与他交谈，郝心佛闪烁其词，说了过后又改口。他说："画像是我从旧书画摊上买的，就是曹雪芹。"问你怎么知道是曹雪芹，他便不耐烦地拂袖而去。他透露了画像曾经过该县惯于书画仿古作伪的陆润吾之手，证实寄给省博时就是一幅单页。

七十九岁的古董商陆润吾已重病在身，行走艰难，耳聋口哑，也不能写字。当他看到画像，表现出仿佛久别重逢的惊喜，用颤抖的手先捂住画像的头部，再捂住左侧题记，然后连连摆手。调查者在纸上写字提问：是谁给你看过这幅画？他转身从墙缝中取出一个小纸条，卷曲着露出"郝心佛"三个字。陆的老伴和儿子证实，过去见过这张画，他家确实会做仿古画，还曾经有很多仿刻的印章，但陆润吾没有文化，不会写文章。

画像作者陆厚信，一直是查无此人。既然陆润吾与他同姓，又善于绘画和篆刻，那陆厚信是不是他的先人呢？于是调查组一年后又来重访，即第二次调查。据陆润吾的老伴和儿子说，老头的上一代有兄弟三或四人，长兄名厚尧，字新斋，即润吾之父，亦善绘画；二弟早亡；三弟名厚培；不确定是否有四弟，但没有叫厚信的。

这次还拜访了一名中学教师程德卿，他擅长书法，对当地书画界人士比较熟悉。程德卿非常热情，乐于相助。他看着题记觉得字体眼熟，终于想起了是已故多年的书友朱聘之，答应设法找到其书迹核对字体。程德卿成为揭开谜底的关键人物。

1981年9月，河南省博物馆收到程德卿来信，其中介绍了郝心佛提供的画像原藏主姓名，画像原装册页的其余内容，以及题记编造者为朱聘之。接着又收到了商丘县文化馆转来的郝心佛、程德卿所写书面材料，其中承认和讲述了作伪过程。至此调查取得重大进展，需要调查组再跑一趟。

第三次调查是在1982年3、4月间，连续十八天。

"楚江公像"

先来读一段郝心佛写的《揭开"曹雪芹画像"之谜》，看看他提供的线索，也见识一下这位老人的文化水平：

> 余中岁喜收藏书画，罗致颇夥。解放后尚剩存少许，每每售之以自济。1962年某日，同县友人朱聘之挟一本册页，前后夹有木板，上贴有题签(内容已记不准)，嘱余过目赏评。逾数月，复持此本册页，欲倩余代彼售出，然已无题签。全本约三十来页，内容多为俞瀚所撰书之今体律、绝，后署"俞瀚书"。笔法汉、魏杂揉，自成一格。全本倒数第二页，其右扇为画像，人物着长衫、麻鞋、席地而坐；左腿平盘，右腿曲竖；左手支地，右手抚右膝。风流儒雅，闲情逸致。其左扇为两江总督尹继善所题七绝二首。此画像之次页（全本最末页），有楚门张鹏为此像所题七绝四首，字体似董玄宰之书风。据朱云，此本册页得之于本县俞佾庭后人之手。俞佾庭之先祖名瀚，曾为尹继善之幕僚，其后裔迁居商丘。此本册页既出于俞姓，复有尹诗及张鹏"君是伯牙我子期"及"玉轴还留宰相诗"(指尹之题诗)之诗句为证，知其确系俞瀚之遗物而勿庸置疑矣。[49]

郝心佛主动说到画像来自俞瀚后人，这与刘世德的考证完全合榫。4月3日，调查组在某工厂家属院，见到了俞佾庭的孙媳妇井氏。这老太太六十六岁，身体健康，性格爽朗，虽然没有文化，却记忆力良好，谈吐清晰。

先跟她拉家常，问到她家过去有什么古籍书画。井氏说，见过《三国演义》之类的书，还有一个是用木板夹着的本子，一拉开好长的，记得有的是字，有的没字，里边还画有一个小老头，在那里坐着。话说到这份上，画像真迹就可以拿出来亮相了。井氏一见，惊喜过望，连声说："就是这个,这是我家的！"她用双手拿住画像仔细端详了一会儿，反问道："那原来是一个本子，怎么现在只有一张,那个本子往哪里去了?还有木板呢?"调查者如实告诉她,见到的只有这一张。再请她介绍这部册页从他家传出的经过,她说是1955或者56年卖出去的。"不瞒你们说,我家成分不好,是地主。那时我儿振国正上初中,生活困难,我老头子对我说:'把楚江公像卖了顾个紧吧!'至于卖给谁了,我不知道,也没问他。"

这老太太顺嘴就说出来个"楚江公像"!调查组立即追问,你怎么知道这个名字的?井氏说:"那是我老头子卖画的时候说的,以前他也说过那是'楚江公像'。我老头子识字,有文化,爱看《三国》,我可不知道啥是个'楚江公'。"

井氏还说到,她俞家不是本地人,祖辈是浙江绍兴的。她说家里原来有家谱,"文革"中间被烧了。

说到中午,儿子俞振国回来了,他是苏庄学校教师,又补充说,他在大约1953年看见过一次册页,尹诗和画像原来就有,画像的头部记得与原来的也大致一样。至于这几行小字题记原来是不是有,拿不准。"不过我想若是原来有题记,我父亲有文化,怎么能对我说是'楚江公像'呢?为啥不说是曹雪芹像呢?"

盗名欺世

再继续读郝心佛的材料,这里交代了他与朱聘之联合作伪的过程:

余谓朱曰:"统观全册之诗词、书法,均臻上乘,惜俞瀚名不显赫,恐不易出手。"朱然余见,思忖有顷,曰:"何不将画像析出,李代桃僵,假之以姓氏,单独出售,匪特昂其值,抑且一试今日名流学者之慧目,岂不更有意思!"朱初考与尹继善交游最密之名流莫若袁子才,拟将此像移作袁。余谓:"袁之画像已有留传人间者,不足为贵。"朱继思近代红学盛行,胡适之、俞平伯等人,纷纷作考证索隐,惟雪芹画像尚属阙如,何不使之为曹雪芹乎?朱即按彼时曹、尹二家均属满人贵族,一任江南织造,一任两江总督,同在金陵开府建衙,垂数十年,喜庆答拜,自有通家之好。洎曹氏家道没落,其后裔有投入尹之幕府者亦意中事。于是,乃援笔杜撰,作题记一则。因画像前后无空页,不得不违例书于画像左上侧。适我县有画师陆润吾者,亦吾等之友。其父名厚尧,善书画。至润吾,则专擅摹拟,仿古作伪,辄售高价。因此,题记之落款,乃假陆之氏里图章而为之。朱于画上作伪题记竟,余参照所存《清代学者画像传》(书名不十分准确)一书之题名拟以题签,由朱写贴于画背。其后,余持与所藏九十六字《瘗鹤铭》拓本径寄郑州博物馆，幸馆方收藏，共汇寄十元。[50]

调查组再访郝心佛，这一次他把作伪过程详细讲述了一遍，说题记由他与朱聘之两人编造，并无历史根据，也没参考任何书，说尹、曹两家有"通家之谊"，说雪芹到南京做尹的幕僚，也仅仅是推测想当然。至于尹诗写于何时，雪芹死于哪年，没去考究过。当时生活紧张，只想能把画像卖出换几个钱就行了，谁还去管这些。然后由朱书写，到陆家盖印章。做好后朱要往北京寄，郝不同意，因为北京书多专家也多，怕查出来说是假的退回来。郑州书少，往北京去查一次，往返也得好长时间，不等查出来就把钱得了，所以就寄郑州了。他还说，陆厚信可能是陆润吾的上辈人，用陆厚信的印章，是朱聘之书写题记之前问好了的。朱聘之在得到五元钱后，买了五个馍吃掉了。

下面是郝心佛所写材料的最后一段：

其余各页，除张鹏诗页外，均由朱自行售于本县新华书店。我以五元付朱时，笑谓："君之恶作体剧，或使学者真伪互辨，天下从此多事矣。"朱亦笑之，且曰："有识之士，必据《清史稿·疆臣年表》及《尹文端公诗集》等，详加考究，真伪自可立辨；否则，必为'通家之谊，罗致幕府'所惑，当奉此为希世之至宝也。"复嘱余曰："此中秘不足为外人道也，待有人识出题记之伪，则可于与言此谜之端的。"朱死已近九年矣。其间河南省博物馆曾数次来人向余调查此画之源流，因守故友之嘱，仅告以可据《清史稿·疆臣年表》等书查对，而未道其补写题记之实。今题记既为与朱有笔墨缘之程君德卿所识破，余仍遵故友之嘱，尽言此谜之始末，并出示张鹏题诗原件，以释世人之惑，抑且为学术界澄清此一悬案，望红学家谅察之。[51]

按郝心佛和俞家后人所述，都是原为一本多开册页。那么其余部分去哪了？郝说朱聘之售给商丘县新华书店了。调查组去查，知后上交市书店，商丘市新华书店答复：很可惜，各书店交来的古书和字画，在"文化大革命"初期都被一把火烧光了。

朱聘之是作伪的主角，题记的编创和书写者都是他。此人为什么有如此高的文史水平，能够以假乱真，骗得专家团团转？调查组在县法院找到了他的档案，此人其父为清末举人，其弟为大学毕业，本人六岁起入私塾，可能上过大学，教过书，后入军政界，在商丘县当过镇长、区长，在军队和县、专署机关长期担任秘书。解放后当过商丘市政协委员，1953年任市工商联秘书干事，1955年因政治历史问题被捕，判刑五年。释放后以代写书信和与郝心佛合伙卖字为生，1974年病死于农村。此人长于写作，曾为官员撰写碑文，修改呈文，参与编纂《商丘县志》，且担任主笔。这就难怪，他具有编写题记内容的能力。

调查组找到了三件朱聘之的墨迹。一是《三希堂法帖》释文，二是一幅卖字的条幅，三是从市档案馆找到的一份1954年工商联工作总结报告。特别是这件小楷墨书的报告，字迹明显与画像上的题记一致。朱的字体也被证实了。

以上就是河南省博物馆调查报告的主要内容。[52] 在上海的全国《红楼梦》研讨会上一宣读，引人入胜，满座如闻柳敬亭说书。多数学者们都接受其结论。第二天，上海各报作为重要新闻加以报道，以为二十年悬案终于破解，随后《人民日报》也刊登了类似消息。

鉴定之眼

宋谋玚听罢报告，不仅对情节和结论大为吃惊，而且对其过程的保密大惑不解。就是在老宋三赴郑州的同一时段，调查组也三下商丘，却对他秘而不宣。其实这很容易理解，哪一个认真的调查，也不能在结论未出时随便透露，

所谓"曹雪芹小像"上的"陆厚信"题记，系作伪的关键，实为朱聘之撰并书。这就是民国字体，而非乾隆时期字体。左下角印章应为"陆厚培印"。

那会影响调查结果的准确性，何况你还坚守着一己之见！

周汝昌与宋谋玚不肯罢休，仍持异议，怀疑调查结论。在他们的力主下，将画像送上海博物馆请文物鉴赏专家鉴定，并请市公安局核对笔迹。大会闭幕前一天，鉴定的初步结果传出来，"专家"认为，陆厚信题跋与画像是一体，与尹继善题诗的墨色、印色均无显著不同，无法说明它们产生于不同的时代。（对这样的"专家鉴定"意见，真的不敢恭维。）几天后，黄裳在《人民日报》发表文章《曹雪芹的头像》，也质疑作伪的结论，与他的老同学站在一边。

宋谋玚离开上海后，直接奔赴河南商丘现场，去做他自己的"反调查"。他见到了郝心佛和俞家后人，谈话内容与博物馆报告基本一致，但是因为他成见太深，对于不利于自己的回答，就疑心对方没有说实话。此时又冒出来一件不曾在上海亮相的新材料，就是郝心佛提供了原册页中仅存的一页，张鹏的四首七绝（但被程德卿改写过四个字）。宋谋玚竟怀疑是郝心佛自拟的，当面质问。郝心佛只好一笑，说我做不了这么好。

1983年2月28日，在北京中国历史博物馆，召开了"曹雪芹画像调查报告会"。面对北京的专家们，河南省博物馆韩绍诗再次宣读了增补过的调查报告，公布了郝心佛、程德卿新写的材料，展示了画像和张鹏诗页两份原件，请全国顶级的书画专家过目检验。通过这一次会，应该是尘埃落定，水落石出了。

此次会后，以周汝昌、宋谋玚为一方的主真派，还在继续质疑，争论不休，但是别的学者都觉得真相大白，可以告一段落了。倒是本来名不见经传的商丘程德卿，跳出来与宋谋玚挑战，措词火爆。这时，故宫顶级书画鉴定大师徐邦达在香港《文汇报》上发表了一篇《悼红影议》，如空谷足音，或者说一锤定音。

徐邦达肯定画像与尹继善题诗"都是二百年前之笔，一无可疑"。对头部四周的水渍之痕，他的解释与画家戴敦邦一样，是有人用双氧水洗过，以漂白反铅发黑的面色。他说1973年在《文物》上读了周汝昌介绍"曹雪芹小像"的文章，"当时我看了这插图画像之后，就产生了一系列的狐疑"。问题出在题字上，其书体不够乾隆时代风格，部位迫塞将要碰到图像，款识过长超出常规，印章篆法晚于曹雪芹生前。从此四项破绽，可判定肖像题记为伪书，同时肯定像主是俞瀚（楚江）之说。徐邦达明确表示："以此图称为曹雪芹像这一点看来，我更认为添款时间必在现代'红学'盛行之后，那至多在数十年之内。当时我曾将此意告之在京的同道友人，他们大都同意我的看法。"他还指出，张鹏诗页上"随园""二字系洗去原有字后重书者，书法极劣，显与诗字等不同"。（而这一点，宋谋玚根本看不出来区别。）徐邦达还特地澄清了周汝昌对上海书画鉴定家谢稚柳意见的误传。京沪两位鉴定大师曾经面谈，谢稚柳并不认为"五行题记全系旧物"，"他倒和我的鉴断一样，认为确是新写上去的伪书，而且墨色是浮而不透纸里的。"[53]

徐邦达原本与周汝昌相熟，常有往来，诗词唱和。鉴定会那一天他到场了，看了一眼便知道不真，但是当着周汝昌的面不好讲，推说身体不舒服提前走掉了。但过后写文章公开发表了自己的专业鉴定意见，与周唱了反调。由此，我们应当记起刘九庵、启功不曾成文的相同判断。原来在专业书画鉴定大师们的如炬目光下，这只不过是一个小儿科问题。不知上海博物馆的专家，为什么完全无感？

印章余波

金风玉露又相逢，1983年10月，一年一度的全国《红楼梦》研讨会在南京召开，这一次我本人也是参会代表。没想到"陆绘曹像"又发生印章风波。

徐恭时在会上发言提出，他和郭若愚目验原件，发现五行题记下面的"陆厚信印"实际上是"陆厚培印"。当时画像的原件又到了南京，在南京博物院中展出，我随会议代表一起，亲眼看到了此图。细辨印章，其左侧偏旁很浅或磨损，仅存一线，其右半确乎不是"言"，应是"倍"或"培"字。我从小喜爱篆刻，对篆字还是有一点认识的，故心中赞成徐说。后来郭若愚等又著文，把题记下的两方印结合起来考察，另一方小印"艮生"，"艮"与"培"字义相关，与"信"则绝无联系。还有这两印代表姓名与字，按常规其上下位置是颠倒的。

那时我还没有读过河南省博物馆的调查报告，如果知道作伪参与者陆润吾有个叔叔叫陆厚培，那谜案不一下子就揭穿了吗？朱聘之就是借用了陆家两个现成的印章，可是他误认了一个篆字，又盖反了上下顺序。徐邦达先生还指出，这"艮生"一印是嘉、道以后的浙派风格，不可能在乾隆中期以前出现。

到后来，宋谋玚虽然不得不承认了后题跋说，却仍然强辩："不等于画像就一定是俞瀚而不是曹雪芹。"他一遇到机会，就强调这桩延续二十多年的公案并未了结。直到他2000年12月去世，也没有改口。

周汝昌当然更不会认输。他的视力不能看清原件，体力不能出外调查，并无实际根据，只陷于自己的陈年旧见中不能自拔。到二十世纪末，商丘当地有人称：郝心佛由于有"历史问题"，当年被迫作了伪证。而河南省博物馆之所以故意要对自己的藏品证伪，是屈从于郭沫若院长的官方权威。此说其实不值一驳，因为郭沫若有权威是六十年代的事，但他于1978年去世，八十年代的调查怎么会为了奉承已故数年的郭老而作弊造假呢？讨论任何问题都不应脱离时间概念，否则无异于关公战秦琼了。但是周汝昌闻此却如获至宝，认为"雪芹小照，本来真实。三十余年之奇案，至此方得初步澄清。"[54] 在晚年的自传《红楼无限情》中，周汝昌仍质疑别人是"世间异事多，奇诡忒微妙"，对此画像胪列"怪事"达七重之多，却提不出解"怪"之法。

学者张中行先生在七十年代就非常关心此画，曾支持周汝昌意见，但是被切实证据说服了。他称赞河南省博物馆三下商丘的调查是"福尔摩斯"。然后感慨说："读书人有机会、有能力，吃饱了没事，宁可坐在街头看汽车屁股吐气，也不要再在曹雪芹身上制造花样，骗人。"[55]

回首此案，最令人感慨的，就是两个乡间底层的落魄老人，为了糊口，小施伎俩，便骗得众多殿堂级学者目眩神迷，团团转了二十年，真是"高手在民间"。虽有书画专家巨眼旁观，红学专家却隔行如山。与"曹雪芹佚诗"案相比较，此案有一点相似，那就是当作伪者已经自己承认之后，认真者还力赞其真，反诬辨伪者是何心肠。两案中有一个共同的主角，但是他扮演的角色转换了。周汝昌先生之抱定小像不放松，与吴世昌先生之奖赞"佚诗"不动摇，实有异曲同工之妙。

"靖本"《石头记》

"四人帮"被粉碎后，靖应鹍一家终于从涟水农村回到了浦口，他们一直不曾放弃找书。1980年，在靖老太太临终之际，家人还在追问：是否想起书去了哪里，是不是当废品卖掉了？

1982年，江苏省红学会议在南京召开。在"靖本"的家乡，它成为重要的议题。魏绍昌写了长篇报道《靖本〈石头记〉的故事》，8月连载于香港《大公报》，9月发表在《新观察》杂志，10月25日《南京日报》"文摘"版摘载。

登报第二天，《南京日报》编辑兼记者严中接到南京浦镇南门中学教师陈慕勋的电话，声称他知道"靖本"的下落。严中立即对陈进行了采访，接着又访问了靖应鹍和毛国瑶，以及靖子靖宽荣、儿媳王惠萍。一个多月后，严中写出了调查报告，简单说就是怀疑"靖本"《石头记》被私下带交给了俞平伯。报告寄给了李希凡，他不感兴趣。

1982年12月13日，严中第一次写信给周汝昌，周的反应是极感兴趣，十分兴奋。1983年7月24日，周汝昌于酷暑中草拟了一篇文章初稿，没有马上发表。正是因为严中与周汝昌的结合，使靖本问题变生不测，再发事端。

1983年11月，全国《红楼梦》研讨会在南京举行，我也有幸出席，见到了靖宽荣和王惠萍。两人都是工人，中学文化，这在那个年龄段的人很正常，我在上大学之前也一样。我的印象是，靖宽荣老实木讷，王惠萍外向能言，在会场内外十分活跃，主动结识红学界名流。他俩在旅馆电梯前拦住刘梦溪搭话，刘蒙然不识，还是我在旁边做了介绍。后来我才知道，他们的活跃事出有因。

原来周汝昌一到南京，就接受了严中的采访。这篇人物专访 11 月 24 日在《南京日报》见报，其中在谈到"靖本"时说："去年意外地了解到，它可能还存在。"与会的红学界人士大感兴趣，要求周汝昌详谈。周汝昌不敢在大会上正面回答，支吾其词，窘迫地走下讲台。在场的靖宽荣、王惠萍和毛国瑶对周、严二人非常不满，认为是污人清白。靖宽荣当即回家取来俞、周二人的信件，下午要求在大会上发言说明。但大会组织者怕影响团结，劝靖家息事宁人。靖家人只好在小组讨论时给大家传阅，或到代表住房中反复说明。我就是这样亲眼看见了他们的活动。

要弄清此事的真相其实不难，正如本书前文所叙，1965 年 2 月，毛国瑶要归还向俞平伯借阅的线装影印本《乾隆抄本百廿回红楼梦稿》，委托靖应鹍的邻居陈慕劬、陈慕洲兄弟将书带到北京。当时陈氏兄弟没有看清是什么书，也搞不清《红楼梦》版本的区别，只知道是线装大本，比较厚重。而靖家人为了强调其独特珍贵，可能说了是"祖传《红楼梦》抄本"。这陈慕劬现已调回南京工作，看了报纸，便认为他们当年所带之书，就是文章中描述的失踪"靖本"，于是做了告发内幕的知情人。其实，若果有偷运私藏，理应暗中进行，秘不告人；怎么会先求无关路人托带，再公开登报寻访，唯恐天下不知呢？

在严中的调查中，靖家三人和毛国瑶都说明所带之书是影印的《红楼梦稿》，但是既纯属外行又没看到书内容的陈慕劬认为，书就是"靖本"《石头记》。记者严中当时也是红学外行，又有追求新闻、渴望事发的主观意图，他便只偏信陈慕劬，无视靖家和毛国瑶的证据，做出带有歪曲倾向性的调查报告。而更大的问题在于，严中一头拜在了红学界中的异人周汝昌先生的门下，为师前驱。后来，周汝昌还直接给陈慕洲写信，进一步补充材料。

1985 年 8 月 22 日，周汝昌改写两年前的旧作初稿，题为《靖本石头记佚失之谜》。两年前只敢含糊暗讽，现在要鸣鼓而攻了。据说是为了保护提供材料的严中，除为他化名"尹延宗"外，还将其首次来信的时间推迟了两年（写作 1984 年 12 月 13 日）。这样就造成了时序错乱，因果倒置，令人更觉诡异。此文投寄香港，在《明报月刊》1986 年 1 月号发表。

在介绍"尹延宗"调查情况时，周汝昌引用了毛国瑶出示的俞平伯的两件明信片，内容一是索还借书，二是说托带之"红楼梦稿"已经由其女儿取到，这与陈慕刍叙述的过程完全相符。可是，周汝昌在这里故意曲解"红楼梦稿"一词的含义：

> 第二件明信片所说的"红楼梦稿"一词，显系一个泛称，而非专名——其意即谓："某一部《红楼梦》之手写本。"据毛氏言，靖本之文字，亦每与他本不尽相同，有抄写时代更早的痕迹——然则称之为"稿"就是可以的了，何况这是在"明"信片上，简单数语，又不便让局外人得悉何书，那么用"红楼梦稿"四字以代之，完全可以理解。[56]

如果说陈慕刍和严中都有搞不清《红楼梦》版本的理由，你周先生是何人，怎么会将"红楼梦稿"与"靖本"相混淆？凡粗知红学者，皆知"红楼梦稿"四字，是特指社科院文研所藏一百二十回本，亦称杨继振藏本，首页有于源题"红楼梦稿"四大字，其影印本的书名是《乾隆抄本百廿回红楼梦稿》。故俞先生简称"红楼梦稿"，准确之极，毫无混淆的余地，而周先生居然能巧言迂回，另加解释。这丝毫不能证明俞先生将"靖本"据为己有，秘而不宣，而只能显示周先生无端猜疑，故意曲解，不知意欲何为？

周汝昌还在文中向俞平伯直接喊话："我相信有关人士总会把此事的真相说出来的。如是早年由藏主让赠，更属事所常有，书的所有权自应属于受赠者，……我只不过是希望这部极其珍贵的祖国文物，至少能以影印的方式供

《乾隆抄本百廿回红楼梦稿》线装影印本

诸学界研究，……我们对于原藏主、现藏主的长期保存了此一珍宝，都表示同样深切的感激之情。"这话讲得姿态很高，光明正大，但却让我想起了周先生批评俞先生的用词："微词见讥"，"颇带酸气"。[57]

周汝昌自称"向中央打过报告"，梁归智在作传时解释为"采取预防措施，向中央打报告说明备案"。我们早已知道他动辄给"中央领导"写信的习惯，这一次难免被视为"告刁状"，无人理睬。周汝昌是经历过1954年运动的人，当年他的一个编辑室同事黄肃秋，就写文章批判俞平伯"对古典文学珍贵资料垄断居奇的恶劣作风"（指要求图书馆不外借庚辰本，并特指对周），被上级领导迅速纠偏。周汝昌如今再提类似指责，是明知故犯，还是公报私仇？

周汝昌从初接严中报信到撰文发难，间隔了三年。其间他所处的环境发生了显著变化，那就是冯其庸在这三年里强势崛起，压周一头。1984年底赴苏鉴定列藏本，周与冯彻底闹僵（见后文之第九"交流篇"），心理上很受伤，抑郁难抒。这可能构成了周汝昌的一个心理背景，在强人那边受了气，转向弱者发泄。

周汝昌的文章激起强烈反弹，案件涉及到的当事人毛国瑶、靖宽荣、王惠萍齐写文章辟谣（靖应鹍已于1983年去世），驳斥周汝昌造谣生事，称其"关心靖本是假，想中伤俞平伯先生则是真"。[58]俞先生的外孙韦奈在文研所同事鼓励下，发表了《致周汝昌——替俞平伯伸冤》，称周"诬蔑造谣、攻击人身"，"我们保留对此事提出追究法律责任的权利。"[59]而俞平伯本人一如既往地谨慎宽容，不想招惹是非，他只对来访的记者淡淡地说了一句："对这种人不要理他算了。"[60]

俞周关系自1948年开始，就一直不睦，日积月累，至此是一次总爆发。周文发表的时机，正与社科院文研所为俞平伯召开的平反会在同一个月。这简直是在人家办寿宴时登门踢馆。

此役之后，那位挑起事端的记者严中，也成了"红学家"。他最关注的是《红楼梦》与南京的关系，有《红楼丛话》、《红楼续话》出版。有人称之为"主南说的领军人物"、"红楼补白大王"等，而他最喜欢常用的头衔，是"红学泰斗周汝昌弟子"。

以"靖本"起家的靖宽荣、王惠萍也成了公众人物，屡屡参加红学研讨会，发表文章，主题只限于"靖本"。有趣的是，两人是通过"靖本"为红线，在毛国瑶家相识，才结为夫妻的。

至此，"靖本"虽然不可见，多数人还是信以为真的。或许，是因为那时的社会环境和风气纯朴无欺，不疑有诈？

八　团结篇

《废艺斋集稿》

　　吴恩裕就是一片诚心。1972年，他在发现了"佚文"新材料之后，向周汝昌提出了两人合作写文著书的建议，说如有不同看法，可以分加"周按"、"吴按"，各抒己见，展示学术民主，百家争鸣。1976年，待看到了周汝昌的《红楼梦新证》修订本后，又质问："我的材料你怎么书里都不收？"

　　这令周汝昌很为难，他认为合作实际上是无法办到的。他的书里只收"小像"、"靖本"甚至"佚诗"，不收《废艺斋集稿》，理由也不好当面讲。

　　经过四年的积累，吴恩裕攒够了一部书稿，定名为《曹雪芹丛考》。1976年7月，他找到严文井要求人文社出版。这样，便又与编过《红楼梦研究参考资料选辑》的林东海发生了关系。

　　吴恩裕告诉林东海，"抄存者"名叫孔祥泽。他们俩1965年就认识了，孔祥泽陆续提供了《自题画石诗》、曹雪芹的《南鹞北鸢考工志》自序和董邦达的序。1972年吴恩裕回京后，孔祥泽又给了他一张不全的"曹雪芹手写"自序的双钩摹本。吴恩裕根据这些材料写成了1973年《文物》第二期上的文章。此后，孔祥泽还有新材料冒出，一次只给一小部分，细水长流。两人似乎在捉迷藏，孔先生偶尔露一下脸，又藏起来，所以吴的文章也只能陆续地写。

　　人文社向来比较稳重，对于有争议的问题，往往持观望的态度，不想卷到是非的漩涡之中。所以对吴先生这部有争议的书稿，态度并不积极。直到1977年5月，编辑部有人提出，必须把《废艺斋集稿》的来源和可靠性作必要的调查，以免以讹传讹。

　　据说孔祥泽因历史问题受审过，人文社派人到公安系统外调，查阅过审讯记录。孔祥泽在四十年代曾向日本人学过美术，能画画。那时仍被"管制"，这就是他的名字不能在报刊上公布，只能以"抄存者"代之的原因。林东海想，怪不得那些风筝图谱上，带进西洋画法，不像是乾隆时代的风格。那么要了解《废艺斋集稿》的来源和真伪，就必须同孔祥泽当面谈一谈。而这，不应该通过吴恩裕去联系。

　　1977年9月10日下午，林东海和同事陈建根二人到西城区展览路派出所，要求见孔祥泽。居委会带他们到露园路五条孔先生的住处，院子北边的一间平房，房门紧锁，从窗口往里瞧，约十一二平米，里面空荡荡，好像被洗劫过似的，只有房中间摆着一个小盒子。居委会说，那盒子是他父亲的骨灰盒，他人不知跑到哪里去了，有一年多没拿粮票，不知他吃什么。看到这场景，真有点凄凉之感。

找不着《废艺斋集稿》的经手人,一切的疑点都无法解决,人文社只好把书稿还给吴先生。

后来,《红楼梦》校订组的几位朋友,朱彤、蔡义江、张锦池、林冠夫等,到林东海家餐聚。几两白酒下肚,话自然就多了。提到《废艺斋集稿》,林东海就说了访孔祥泽不遇的事。蔡义江脸上露出神秘的表情,说:"我知道他在哪里,吴恩裕把他安排在西山躲起来,给他送钱送粮票。"怪不得他一年多没回家取粮票呢。

林东海编《红楼梦》研究材料时去过吴恩裕家,知道他虽然是教授,却家境贫寒。如此还要养活一个提供材料的更贫之人,可知吴先生之于曹学,是如何执着,如何入迷,不知该钦佩还是怜悯。因此也可以明白,为什么孔祥泽不能一次性地把所有的材料都交给吴先生,那样他怎么过日子?为避免衣食不继,就必须细水长流呀![61]

"抄存者"孔祥泽以真姓名露面,是1978年6月在香港《明报月刊》上,在别人的文章中。这时候,陈毓罴、刘世德也翻身了,他们1973年写就的《曹雪芹佚著辨伪》一文,在1979年1月出版的《中华文史论丛》第一辑上发表,正式发出了有力的质疑。故宫博物院的朱家溍先生读后表示支持,著文题为《漫谈假古董》,以其丰厚的清代社会、宫廷知识,结合个人经验,从词语到情节,认为《废艺斋集稿》和《瓶湖懋斋记盛》为伪作。

> 我认为这份材料是1943年左右的期间,有一伙造伪者,利用从前某一位风筝制作专家遗留下来的现成歌诀、做法、画本,改头换面,分别工作,有的摹画,有的编造了序文和《瓶湖懋斋记盛》等等文字。这种制造成套假古董和托名著书的事从前也是有的。……总之我觉得吴恩裕同志是现在的一位受骗者。[62]

吴恩裕在同年6月写出文章对陈、刘答辩,他在文末写了一节"最后不能不说的话",动了感情:

> 老实说,我得很努力压抑自己的感情才能读完陈、刘的文章。文中超乎辩论范围的用语是那样多,意气那样重,自信那样强!我本想心平气和地回答他们,但是做起来很困难。
>
> 今后,希望我自己和陈、刘两位,以及所有进行学术讨论的同志们,都应该以所讨论的问题为共同"攻克"的目标,把讨论的两方看成从左右两翼向难题进攻的力量。攻下了目标,解决了问题,才是胜利。[63]

刊载吴恩裕答辩文章的《中华文史论丛》第四辑刚刚于10月出版,他就

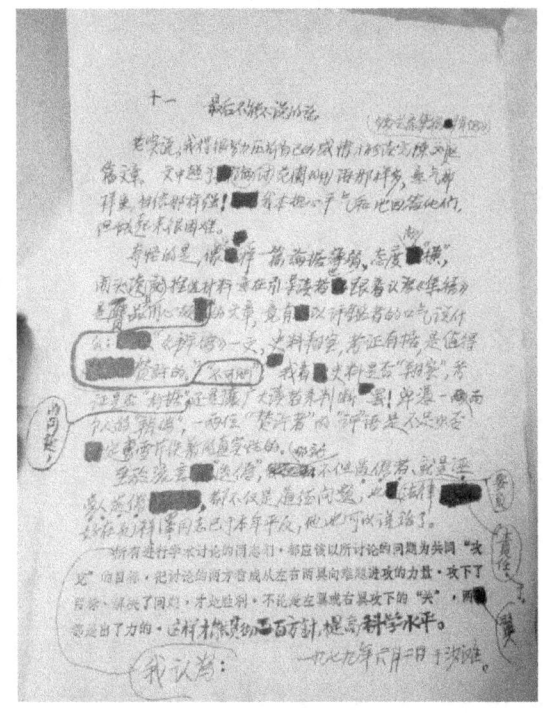

吴恩裕文稿"最后不能不说的话",原稿中比较情绪化,发表文本经删改,已大为温和。

在同年 12 月 12 日遽然逝去。陈毓罴、刘世德在八十年代初的一次红学会议上,宣布不再讨论这一问题,以示对辩论双方话语权的尊重。

实际上,那时对《废艺斋集稿》的追寻,已经跨国延伸到了日本。1979 年 3 月,日本学者伊藤漱平发表的长篇札记中记述了过程。[64]

据日本报纸报道,日本方面是受中共政治局委员姚文元的委托,协助查找《废艺斋集稿》的下落。1974 年 10 月,早稻田大学教授松枝茂夫找到了孔祥泽当年的美术老师高见嘉十,在医院病房里会面。七十八岁的高见患老年性脑动脉硬化,语言表达困难。他只肯定了曾临摹风筝图案,还帮学生改过,但对其他问题的回答都是不记得,不知道。高见嘉十于 1975 年 5 月去世。

此外,伊藤漱平还找到了曾与高见嘉十同在北京的四位同事、朋友等,他们都没有听说过《集稿》以及"金田氏"。从 1975 年 4 月起,日中文化交流协会正式发出照会和调查委托,向日本国会图书馆和各大学、研究机构求助,并取得古书、古董业界和风筝会的协助,大范围搜寻《集稿》,结果都一无所获。通过这一番跨国大行动,唯一能够证明的是,孔祥泽所说的高见嘉十确有其人,摹写风筝图确有其事。但是这一点可怜的结果,怎么能证明《废艺斋集稿》确有其书呢?更如何能与曹雪芹发生哪怕是丝毫的联系?

兼听则明。几乎与此同时,吴恩裕的老同学钱锺书,或明或暗地表示了完全不同的意见。钱锺书与吴恩裕同读清华大学,又同在伦敦留学,吴比钱只晚一年。钱锺书不治红学,唯一一次有记载的参与,是 1962 年讨论曹雪芹卒年时,他参加了茅盾主持的讨论会,坐在俞平伯旁边。

1979 年 4 月钱锺书访美,在哥伦比亚大学见到了老朋友夏志清,两人作一整天畅谈。夏志清记录道:"从现代小说我们二人谈到了古典小说。《红楼梦》是大陆学者从事研究的热门题材,近年来发现有关曹雪芹的材料真多。钱谓这些资料大半是伪造的。他抄两句平仄不调、文义拙劣的诗句为证:曹雪芹如作出这样的诗,就不可能写《红楼梦》了。记得去年看到赵冈兄一篇报道,谓曹雪芹晚年思想大有转变,不把《红楼梦》写完,倒写了一本讲缝纫、烹调、制造风筝的民艺教科书,我实在不敢相信,不久就看到了高阳先生提出质疑的文章。现在想想,高阳识见过人,赵冈不断注意大陆出版有关曹氏的新材料,反给搞糊涂了。"[65]

1980 年,杨绛把在干校的生活写成《干校六记》。12 月,钱锺书为之作《小引》,借题发挥道:"在收藏家、古董贩和专家学者通力合作的今天,发现大小作家们并未写过的未刊稿已成为文学研究里发展特别快的新行业了。"

在七八十年代,钱锺书在博览群书的同时,脑子里总回旋着曹雪芹和吴恩裕。他在读外文书刊的笔记中多次批曰:"曹雪芹佚诗遗物"(《骗人是乐事》),"红学家"(《文疯子》)。在普拉兹(M.Praz)《美与怪》一书中眉批:"吴恩裕曹雪芹",这是从书中某人物依据一纸手札就声称法国人最早发现地心吸力,联想到吴恩裕对"曹雪芹佚著"的发现。

在给老朋友宋淇的信中,他有时径直臧否人物:"陈君天资不高,仅能为最琐屑之考据(如驳吴恩裕假古董之类)"。[66]

八十年代初,天津的词人寇梦碧致书钱锺书,因女婿曹长河有意报考吴世昌的词学研究生,拜托向吴世昌致意。钱锺书回信说:"贤令婿既能做这样的诗词,又何必做吴世昌的研究生。"人们传言,钱锺书、俞平伯等认为吴世昌在外国讲《红楼梦》,在中国讲莎士比亚,未必是真学问。[67]

大学者"天资"太高,聪明过人,也就"一览众山小"了。

书箱

青年工人张行家住北京鼓楼大街,自幼喜欢国画,上过业余美校,曾拜画家为师,周末有时骑车去郊外写生。1977 年春天,就是因此两次到正白旗三十九号老屋,向舒成勋请教过"拙笔"等问题。因为在他家里,有两只陈旧的木箱，上面刻着兰花，还有"拙笔写兰"等字句。这木箱也没什么用，只不过朋友相聚打扑克牌时，架起来权当牌桌而已。有牌友注意到上面刻的字和画，提醒他可能是古董，张行就又想起了"曹雪芹故居"墙上的字。

1977年10月，张行在地安门碰上了孔祥泽，他们以前在一个画家家里见过面。知道孔老逢人就爱说曹雪芹，张行就跟他说了自己家的书箱。孔祥泽当即过来看了，忍住内心的惊喜，嘱咐张行千万别告诉别人。可是他自己却通报给了两个人，一是老相识吴恩裕先生，二是在香山刚认识不久的舒成勋。

舒成勋一听就很兴奋，很快赶到城里来看。与张行一见面，互相都认出来了，敢情不是初交，早已有过前缘。张行赶紧拿出了两只红松木书箱。

只见两只书箱的面板上各刻着一丛兰草，左右相对。一只上刻行书"题芹溪处士句：并蒂花呈瑞，同心友谊真。一拳顽石下，时得露华新。"另一只上端题刻："乾隆二十五年岁在庚辰上巳。拙笔写兰。"两只面板背面还有墨笔写的字句，是五行书目和一首悼亡诗。

张行说，书箱是他祖上传下来的。祖辈传下话来，这是别人存在他家的东西，万万不可损毁，为的是留个纪念。箱内原有古书，早年为了给母亲看病，把书卖了一千多元钱，只是书箱无法作价，才留了下来。

舒孔二人知道"芹溪"是曹雪芹的号，而"拙笔写兰"又与舒家墙上题字的"拙笔"对上了。从张行家出来，两人心情激动，他们三家的三件东西：

乾隆年间的两只书箱

吴恩裕与张行验看书箱

题壁诗、"佚著"自序和这对书箱,可以组成相互印证的文物铁三角啊!

吴恩裕在1月中旬来看过后,又在2月1日,带领着冯其庸、文化部副部长林默涵和古代木器家具专家王世襄,一起到张行家里现场察看。王世襄先生认为,从书箱的木质和做工看,是乾隆时期的,箱上所刻的兰花和字,也够乾隆。吴恩裕则仔细比对了孔祥泽双钩的曹雪芹序字体和书箱上的五行书目,认为字体相同。张行还说,他家早年藏书上,多有"春柳堂藏书"的图章。据此,吴恩裕推断,张行可能是曹雪芹挚友张宜泉的后人。

随后,吴恩裕和冯其庸都在同月写出文章,把这一发现公之于世。吴恩裕的文章是《曹雪芹手迹和芳卿悼亡诗的发现及其意义》,他认为书箱面板背面的墨笔字迹是曹雪芹手书的五行书目,其中的"芳卿"即新娶后妻之名;一首不甚协律、经涂改的七言律诗,其中有"停君待殓鬻嫁裳"之句,是芳卿为伤悼亡夫所作。从而推论两只书箱是曹雪芹续娶时鄂比(即拙笔)送的礼物;可知"新妇"之名和曹雪芹续娶的年代;分析了手迹书目与悼亡诗的意义等。冯其庸的长文题为《二百年来的一次重大发现——关于曹雪芹的书箧及其他》,根据悼亡诗中的"乩诼玄羊重克伤"一句,论证曹雪芹卒于癸未(羊年);又根据专家王世襄意见,认定箱子及所刻书画都是乾隆旧物。这两篇文章都肯定了书箱与"佚著"之间的联系。

朱家溍先生与王世襄是同行也是朋友,他却判定书箱为"假古董",认为书箱中题字用词的时代特征不对。他转述"我听一位鉴定者(应即王世襄——笔者)说:'这两只书箱单纯鉴别年代,是可以说够得上乾隆年代。但是否曹雪芹的遗物,我没有研究过。还有箱内的墨笔字五行,究竟是什么用意?……

八 团结篇 535

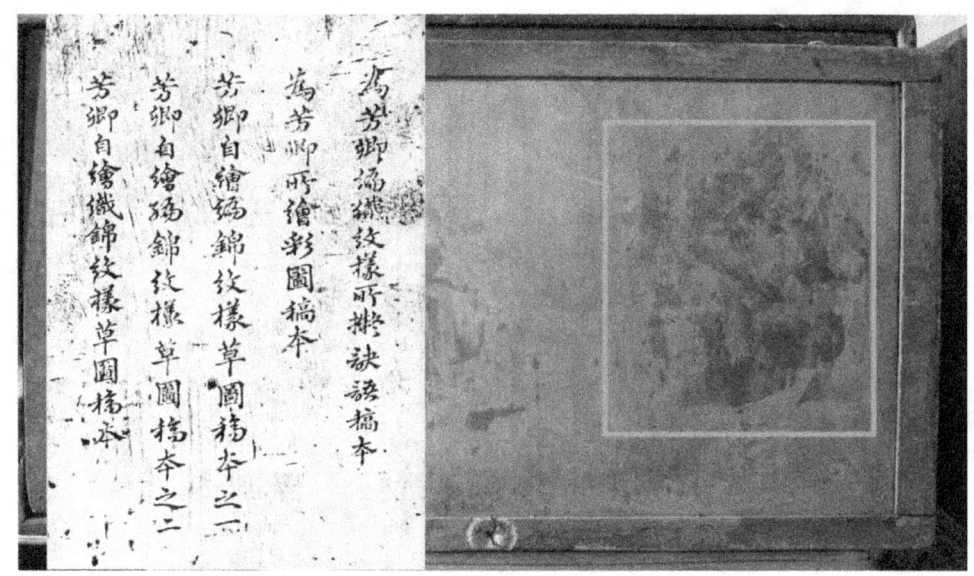

书箱面板背面的五行书目，被认为是曹雪芹手迹。

所以不大懂。'"另一个文物鉴定专家史树青看过书箱后认为，它的规制和边款题跋都有问题。

这以后发生的事，对书箱的鉴真越来越不利。首先是吴恩裕先生在1979年12月猝然去世，佚著和书箱都失去了最坚定的创议者，因此真伪争论变成了一边倒。还有人攻击张行冒充张宜泉的后人招摇撞骗，其实那只是吴恩裕的推测，并非张行自称。张行本来准备出让书箱给有关部门，此时愤而改变了主意，不仅闭门谢客，还把书箱转移到京郊亲戚家中，秘不示人。

另一件事是1983年3月，《文献》杂志刊出了作家端木蕻良与安徽一位老人洪静渊的《关于新见"芳卿悼亡诗"的通信》。洪静渊在信中说，曾从友人处获阅《旧雨晨星集》一书残本，其中有关于芳卿及悼亡诗的记载。他认为那才是"芳卿悼亡诗"原作，而箱箧内所题的不合平仄，词不达意，不像是古时工诗女子所作。他据此推断，其诗应作于乾隆二年之前，这与曹雪芹的卒年相距甚远。端木蕻良也是红学中人，正在创作长篇小说《曹雪芹》。

这样就似乎得出了结论：张行家中的"曹雪芹书箧"，是伪造文物，或与曹雪芹无关。至此似以怀疑派获胜，不了了之。

香山正白旗老屋

所谓"曹雪芹故居"之发现，一直在北京人和红学界中口耳相传。1973年，初出茅庐的爱好者胡文彬、周雷曾经前往调查，倾向于信真，写文章呼吁人们重视。可是随着资料的增多和他们的成熟,1979年二人又合写了《驳"曹雪芹故居之发现"说》,8月发表在《红楼梦学刊》创刊号上。所谓"故居"之说首次在内地公开发表,就是被驳。

在此之前,不知出于什么原因,吴恩裕也改变了看法,与舒成勋分道扬镳,不再承认正白旗三十九号老屋是曹雪芹故居。1977年底,上海画家戴敦邦来北京为《红楼梦》英译本画插图,吴恩裕带领他同游西山,探寻雪芹踪迹。到了这个所谓的"曹雪芹故居"门外,吴恩裕正色告诫戴敦邦:"我不认同这个说法,觉得纯属讹传,是伪迹,不过你可以进去看看,自辨真伪,我是不进去的。"说罢,吴恩裕立定不前。等戴敦邦进去参观一圈出来后,看到吴恩裕在老槐树下的寒风中独坐,不肯移寸步至他已认定的"伪故居"。[68]

吴恩裕的突然去世,使他的这一转变鲜为人知。而当时力主"曹雪芹故居"说的平民百姓,如舒成勋、孔祥泽等,其文化水平和社会地位均不足,没有能力将其披露于世,获得承认。他们共同期待有一位高人出现,一位有学问有地位又认真负责的人,出来对"题壁诗文"做深入研究,对这座老屋进行保护和推广。

1980年夏天,正白旗三十九号老屋又迎来一批参观者,是一位六十多岁的老人带来几位三十多岁的青壮年。老人郑新潮是解放军的炮兵和军马专家,正奔走呼吁成立黄埔同学会。青壮年是北大历史系的几位毕业生,结伴到香山来郊游。他们在途中巧遇,老郑就介绍学历史的年轻人来看所谓"曹雪芹

正白旗三十九号老屋院外旧貌

故居"。其中有一位是胡德平,几天后介绍老人去见了他的父亲胡耀邦,黄埔同学会就办成了。

现在只说胡德平等人见到了"抗风轩"主人舒成勋。舒先生向他们讲述了题壁诗文发现的经过,和曹雪芹在香山的种种轶事传说。胡德平表现出比其他人大得多的兴趣,他听了一上午,中午出去吃过午饭,欲罢不能,下午又单独返回继续聊,老舒便接着讲香山地区的风土人情、八旗掌故和舒家的历史。胡德平仿佛眼前一亮,他后半生的事业被突然唤醒,由此开始了有关曹雪芹在西山生活的研究。

胡德平以后成了舒家的常客。为了掌握第一手资料,他有时头戴草帽,骑着一辆半旧的自行车深入山村向旗下老人采风;有时步踏香山古道,看破庙残碑;有时还在樱桃沟中的石桧书巢小住数日,静心著文,得一时隐者之乐;有时回归城里,到雍和宫之侧的柏林寺图书馆查阅文献,并走访王昆仑、周汝昌、冯牧等前辈专家。他的大部分业余时间,都用在了这方面,据说在三年里,骑坏了六辆自行车。

在1982年第二辑的《红楼梦学刊》上,胡德平和三弟胡德华联名发表文章《香山曹雪芹故居所在的研讨》,明确主张正白旗三十九号老屋是"曹雪芹故居"。我那时刚刚从北大毕业,有了些红学知识,发表过红学文章,已经是红学会员,每一期《学刊》都买,对此话题很感兴趣。因为听说这所谓"故居"发现已十年,这是第一篇公开发表的肯定性文章。马上翻开读过,感觉非常失望,觉得论据颇为薄弱,直说就不像是受过科班训练的学者所为。后来我才略感意外地得知,作者是我的师兄学长,北大历史系毕业;更加重要的是,他俩是时任中央总书记胡耀邦同志的儿子。

胡德平是胡耀邦的长子,1942年生于延安,1963年考入北京大学历史系党史专业,1972年到中国历史博物馆工作,八十年代初时任保管部副主任。但是他的能量,绝不仅限于一个中国历史博物馆的工作人员。从此,他成为"故居说"最有力的支持者。胡德平的应时出现,实际上接过了吴恩裕的衣钵,且有过之而无不及。后来他自己说,他是受命于历史,受命于人们的期望。

1983年12月18日,中国曹雪芹研究会在香山脚下的卧佛寺成立,四十一岁的胡德平被推举为会长。复出的中国文联主席周扬到场讲话,强调的是"让年轻人去干"。那天到会的红学界人士比较全,有吴组缃、吴世昌、周汝昌、冯其庸、李希凡、蓝翎等,本书的几位主角都出场了。尽管中国《红楼梦》学会已经先于它成立,此会貌似是分庭抗礼,但是大概都必须尊重胡会长的背景吧,来者都表示热烈祝贺。

所谓"佚诗"事件已过三年，吴世昌先生已经不拒绝与周汝昌同场参加活动。吴世昌在会上发言说："我们有个红楼梦学会，现在又有了个曹雪芹学会，对曹雪芹进行单独研究，这很好。吴恩裕教授说过：外国有莎士比亚学会，我们也应该建立曹雪芹研究会。现在建立起来了，这个会很有工作可做。"

会场上展览了"曹雪芹所遗书箱"。中午准备了丰盛的宴席。饭后，组织参观正在重修中的"曹雪芹故居"——也就是正白旗三十九号老屋，从卧佛寺步行可达。

这"故居"的真实性如何，与会的多数人都心中有数，不过是心照不宣。此时饭后散步过去看看，送个顺水人情，何乐而不为呢？但是只有北京大学教授吴组缃直言不讳，说"故居"不可信，要求饭后就回去。于是北大中文系所有同来的教师和研究生，都跟随吴先生上了车，打道回府。吴先生在车上继续批评所谓"故居"，说我要是去了，不就坐实了那是个"故居"？须知吴先生的身份是现任中国《红楼梦》学会会长，在到场的红学家中排名第一；而且是刚刚吃了人家的饭，俗话说"吃人的嘴软"，居然一点面子都不给。吴先生认真地说："吃了别人的饭，还是要说真话。"[69] 这情节绝对属实，我的同班同学张鸣，当时就是追随吴先生离场的研究生之一。

把老屋翻建成"故居"，是由胡德平一手推动办成的。没有依赖文物行政部门，而是以曹雪芹研究会这个群众性学术团体的名义运作，虽无资金和编制，但是得到了地方政府和北京植物园的支持，当时的说法叫"民办官助"。

1983年，北京植物园在胡德平等人的指导下，开始整旧如旧的修复。施工队由山北冷泉农民组成。时任海淀区委书记张同吾指示四季青公社予以帮助，公社提供了两大马车的黄松木料，还把拆毁的北坞村七圣庙的砖瓦木料运往建馆工地。这个废物利用，其实是拆掉了真文物，建成了假古董。

"故居"建成了一排十二间清代制式的平房，其中东边七间是原来的旗下老屋，落架重修；西边五间是按原旗营旧制和遗留地基补建的。舒成勋家占其中的四间，发现题壁诗的是西小间。那些被揭掉了的墙皮字迹，也按照原样重新复原了。临近开幕时，他们布置好了五间展室。

胡德平和他的助手们，从一开始就是按"故居"来办的。现在万事俱备，只差一匾，助手白明去找溥杰先生题字。溥杰先写了"曹雪芹"三个大字，就坐下抽起烟来。白明纳闷地问："二爷，您怎么不写了？"溥杰若有所思道："歇会儿。"歇过之后，溥杰把烟一掐，把写好的三个字团了，重新铺上纸，大笔一挥写了"曹雪芹纪念馆"六个大字。白明一看傻眼了，大伙儿让我来求的是"曹雪芹故居"，怎么成"纪念馆"了？二爷，这没法交待呀！可是溥杰不说话，就这样了。

等字一拿回去，一同为筹建"故居"忙活了好几年的严宽等人都不干了，他们埋怨白明说："故居"和"纪念馆"可不一样，纪念馆建在哪儿都行，故居就这一个呀！白明只好再回去找溥杰。溥杰说："我不是红学家，我没有权力写'故居'，请体谅我这份担当。"[70]

另一位书法家兼红学家启功也不赞成称"故居"，建议用"纪念馆"。他说，"我觉得后来的某些红学研究有点不靠谱，仅以七十年代中期发现所谓的曹雪芹故居来说，依我看就属于子虚乌有，我在给学生讲课时曾开玩笑说：'打死我我也不相信'……我以为与其费劲炒作这种没意义的发现，还不如好好读读《红楼梦》本身，体会一下书中丰富的内容。"[71]据周汝昌披露，曾有人问启功：您到曹雪芹"故居"去看了吗？他答曰：不要说"故居"，就是一掀帘子曹雪芹就在屋里坐着，我也不去！问者大笑。[72]

主办者也请冯其庸题字，冯一直没有答应。"我说这栋房子要作为曹雪芹的故居，总要有根据，现在这房子的时间都到不了乾隆，怎么可能是故居？我一直表示我不敢同意，我说你们自己要怎么说，那我管不了，但是我不能认可这个。"如果"是作为清代留下来的一排老房子，里头题的东西跟曹雪芹有关，这样可能比较客观一点，我后来没有再去看过。"[73]

就这么着，"故居"被动地改称了"纪念馆"。1984年4月22日上午举行了开馆典礼，到场祝贺的除政要领导和文化界名人外，红学界有吴世昌、启功（他还是来了）等，周汝昌为纪念馆揭匾。很多内行人都故意躲了没来。

胡德平会长代表研究会和纪念馆讲了话，大意是：学术界在曹雪芹故居问题上是有争议的。我馆对此的态度是争鸣，而不是争霸；我馆力主求同存异的学风，绝不搞党同伐异；我馆提供的展品应公鉴于众，而不应偏于门户。

那时候，我已经在《人民日报》文艺部当编辑和记者，如果本人愿意，也可以亲临现场。但我心里很明确，认为把正白旗三十九号当作曹雪芹故居，这就是个笑话，哪怕是退一步称为曹雪芹纪念馆也不对，有以假乱真之嫌。我不想去，我记得李希凡、蓝翎也没去。近来我专门翻报纸查看，是文艺部另一位老编辑舒展，第二天在《人民日报》第一版发了这个消息，到场人名中没有李、蓝。

31 联合盛宴

红研所转正

1975年开始运作的《红楼梦》校注组,在1976年秋暂停工作,险些被解散。却因为冯其庸挽狂澜于既倒而存在了下来,1977年恢复工作,继续校订直到完成。后期为了做注释,又特邀来了杭州的蔡义江、安徽的朱彤、黑龙江的张锦池三人。

来自杭州大学(现浙江大学)的蔡义江本做诗词研究,在"文革"期间评红热时,被抽调做《红楼梦》中古诗词的注释。他想一次性把事情了结就回归正业,竟把《红楼梦》读了七遍。他感觉里面的诗词曲赋不光是文字注释上的问题,还跟整个小说的情节、伏线设置都有关系。他写成了《〈红楼梦〉诗词曲赋评注》,先是印成教学资料,后来出书,从1975年开始长销数十年不衰。蔡义江本来想的一次性任务,因借调北京进入校注组,变成了终生定位,永无脱身之日。

这是因为,校注组变成了永久性的正式机构。先改名叫《红楼梦》研究室,1979年1月又升级一步,成立了《红楼梦》研究所。那时的《红楼梦》研究正热,研究所正是应运而生。

《红楼梦》研究所就设在恭王府的后花园萃锦园中,这是校注组偶然性栖身"琴楼"的自然发展,也是恭王府即"大观园"说的巧合性结局,可说是物尽其用,地得其所。红研所属于中国艺术研究院之下,冯其庸任所长,主要成员有胡文彬、吕启祥、林冠夫、刘梦溪、陶建基、顾平旦、祝肇丰、徐贻庭等。初期的任务是继续完成校订《红楼梦》,并筹备创办《红楼梦学刊》。

要创办这个学术刊物,面临着三个问题:规模多大,人手何来,以及怎么跟社科院文研所沟通。

在《红楼梦》研究所成立以前，研究《红楼梦》的重镇是社会科学院文学研究所。那里有俞平伯、何其芳、吴世昌和蒋和森等研究人员，个人能力很强，各具特色；另外何其芳在五十年代领衔培育的《红楼梦》研究小组成长起来，邓绍基、陈毓罴、刘世德等结成了紧密的组合，他们的学术观点基本一致，经常合作上阵。就如同"打虎亲兄弟，上阵父子兵"。在北京的其他红学研究人员，基本上是独立的个体，分散于几家报刊、出版社和各大学中文系，大都有编辑和教学的本职工作，不能专业做研究。

本来红学研究者们个人之间在学术观点上就不乏摩擦，现在又组成了《红楼梦》研究所形成山头，与原有的社科院文研所形成了双峰对峙、两派竞争之势。就像是两支球队，文研所队是久经沙场，队员训练有素，配合默契；而红学所队是新队初建，有明星队长，而队员经验有限，尚欠磨合。

现在要办《学刊》，至少在名义上要成为公器，两个团队之间需要沟通协调。因为胡文彬等人年轻愿意出力，又没有历史上的恩怨包袱，就由胡负责与社科院文研所沟通。

三番大聚会

尽管红楼梦学会是在1980年成立的，但是我愿意把1979年，称为是红学界的"团结年"。这是因为，在这一年里，从春到秋，在北京举行了红学界的三次大聚会，为红学会奠定基础。"群贤毕至，少长咸集"，到人之齐，心气之热，前所未见，以后也不会再有，且连绵三次之多。第一次是早春在恭王府葆光室，第二次是5月在四川饭店，第三次是11月在第四次文代会上。

据李希凡回忆：

> 首先是乍暖还寒季节的中国红学家的大聚会，那是在恭王府的葆光室，对于红学界来说，那可是空前绝后的风云际会，我想促成这次聚会的，可能是其庸兄领导的校订注释组的年轻一代如张锦池、周雷、胡文彬同志等，上层领导的参加者有王昆仑、茅盾、周扬、林默涵等，老红学家有俞平伯、吴世昌、吴恩裕、张毕来、周汝昌等，蓝翎也正在北京参加《人民日报》的错划右派的平反，我们一起参加了这次聚会。我忘了是否是贺敬之同志主持的这次会，因为这时的"文化艺术机构"是由他和冯牧同志主持工作。聚会的目的之一，就是消除历史隔阂，显示新时期红学界的大团结。老人家们都很高兴。王昆仑先生一到来就声明，今天人大常委会有会，但我一听说

1979年春,恭王府葆光室红楼初会。中茅盾,陪同者刘梦溪,右一贺敬之,右二戴乃迭,右三杨宪益,右五端木蕻良,左一周汝昌。图中还可见邓绍基、周雷、林冠夫。　　　　　　　　　　　　刘梦溪同意用图

有这个会,我就请了那个会的假,来参加这个会了。为了营造和谐的气氛,茅盾先生和周扬同志也都讲了话,我和蓝翎还被安排在与俞平伯先生同一桌上,敬之同志特别到这桌上,和我们碰杯,我们也向俞先生敬了酒。[74]

据记载,自从 1954 年 10 月 24 日在东总布胡同中国作家协会的"座谈会"场初次会面以后,这是俞平伯与李希凡、蓝翎的再次见面。转眼二十五年矣!中间经历了多少风云变幻,人生起伏。现在举杯相庆,真能够"相逢一笑泯恩仇"吗?

经过几个月筹备,《红楼梦学刊》于 1979 年 5 月创办,实际上与红学所是一班人马打两块牌子。5 月 20 日,编委会成立会在北京西城绒线胡同甲七号的四川饭店后院举行。

开会前,俞平伯坚决不同意担任编委,连顾问也不做,他只同意了来参加成立会。王伯祥之子王湜华当时在红研所工作,那天被派去接俞平伯和顾颉刚。

三年半以前,俞平伯在出席了 1975 年国庆招待会后仅仅几天,10 月 8 日突患中风,因脑血栓而形成偏瘫,从此后行动困难。初发时右手不能执笔,

他坚持握笔练写字,所以病前后的笔迹判若二人,之前可称灵秀,之后益显苍拙。1976年地震时,他在永安里宿舍楼里固守,拒绝出去住防震棚。不久"四人帮"被粉碎,俞平伯作《临江仙》一阕以庆祝。

1977年8月15日,俞平伯迁居西郊三里河南沙沟小区。与此同时,作为"落实政策",归还了他老君堂旧居的一部分。俞平伯拒绝重返故地,这是因为一有往事伤情的心理障碍,二无暖气卫浴的实际不便。老君堂俞氏旧居后来做了社会科学院的幼儿园,孩子们不会知道那里发生过什么。

南沙沟是当时新建的高级别小区,一号楼至五号楼更高级,是六居室与八居室;六号楼至十一号楼则是四居室与六居室。这些楼俗称"将军楼",或"高知楼"。俞平伯所住十一号楼1门2号为四居室,也可称三室二厅,大间作为会客厅,小厅兼过道可供用餐。与原来的两居室单元房相较,自然是一次大改善。大女儿俞成,及外孙韦奈一家,都可以住在一起,老人生活上得到更多的照顾。

这是为一批"国宝级"专家学者"进一步落实政策"的结果,顾颉刚、钱锺书等也都搬来这同一个小区,顾颉刚在七号楼2门1号,钱锺书住六号楼2门6号。俞平伯与顾颉刚这一对新红学老友,虽然住在同一小区,只相隔三幢楼,却因年老多病,绝少往来。

从1978年开始,已经"戒红"十多年的俞平伯,又"开戒"写红学文章,后集合为《乐知儿语说〈红楼〉》系列随笔十九篇。但他当时没有公开,连所在单位文学研究所也不知晓。1964年遭停印的《唐宋词选》,本年终于即将出版,3月里看完了校样。因已有同名的书出版在先,不得已改名为《唐宋词选释》。

这一天,俞平伯和顾颉刚上了王伯祥儿子的汽车。仿佛是故意旧景重现,1922年春在苏州,俞、顾、王三人也曾同坐一辆马车,《红楼梦辨》一书的手稿失而复得。"弹指一挥间",已经是五十七年前的事。

王湜华觉得,二老一路上谈话不多,仅谈及一事,他们回忆起当年那个夏天,为研讨《红楼梦》而热闹频繁通信的往事,一时竟记不清已是多少年前事。本书之第一"开局篇"中曾经写到,俞平伯在1922年给顾颉刚的信中,曾提出要办一个《红楼梦》研究的专门刊物。这样一个设想,也在1954年受到批判。在五十七年后的今天,设想即将实现,两位老人已不再为此而激动,那已是他人之事。

到了四川饭店,在正房餐厅的西间,顾颉刚、俞平伯居中而坐,旁边是叶圣陶、王昆仑。吴组缃一进门,便急匆匆趋前与顾、俞二位握手,直说:"我是你们的学生喔!"茅盾因另外有会稍晚到场。

左起：顾颉刚、俞平伯、叶圣陶在《红楼梦学刊》成立会上。

左起：顾颉刚、俞平伯、吴组缃。图原载《红学：1954》

我曾经把1954年10月24日在东总布胡同的会作为一个历史的定格，记录在案；二十五年后在绒线胡同四川饭店的这个会则是又一次，正好也留下了发言记录，与前一会恰成对照。那一次会的主题词是批判，这一次会的主题词是团结。

出席会议者四十余人，除领导和特邀老专家外，《红楼梦学刊》编委会成员占了二十七人。由文化艺术研究院的东道主贺敬之主持，茅盾、林默涵作为领导讲话，主编之一冯其庸介绍了筹备出刊的主旨。其他发言者还有吴组缃、吴恩裕和邓绍基，显然是照顾到各方面的平衡。让我只摘几句至今读来仍有意义的话。

【冯其庸】我们今天的大会，是一次"红学"界的大团结的大会，从八十以上的高龄到四十左右的较为年轻的在京的《红楼梦》研究者，都团结在一起了，济济一堂，这确实是一件盛事，是一次盛会。这一事实应该说是具有历史意义的，它标志着我们的"红学"将会有很大的发展。我们大家都感到非常高兴。

【吴组缃】我认为，研究学术，要有一股子钻劲。比如周汝昌同志，我看他好像对这部书着了迷。多少年来，那种认真、努力的傻劲，实在叫我佩服。他对曹雪芹的家世、先代，给我们搞出了许多难得的材料。这是很可感谢的，尽管他的观点我并不同意。我觉得这种对学术的钻研精神，在今天很可贵。有些人喜欢观风向，看"行情"，把眼睛盯着领导，打听他们怎么讲，从而加以揣摩和迎合。这种风气实在太坏了。……我们搞学术研究是脑力劳动。你搞脑力劳动，自己的脑子又不肯劳动，不觉得问心有愧么？！

学术研究中应该有不同的意见。我在北大滥竽充数开过《红楼梦》的专题课，也请何其芳同志讲过。我同其芳同志有许多意见几乎有点对立。比如他认为薛宝钗是个"封建淑女"，我可把她看得很坏很坏。我们先后同上这门课。平时也抬过扛。他并没有见怪我。我也不顾虑。

我主张说老实话，说由衷之言。我们一定要说真话。一个民族若是说假话做假事成了社会风气，这个民族就没有希望！

我还敢说，那阻碍着我们四个坚持、四个现代化大干快上的，仍然还是那阴魂不散的《红楼梦》悲剧的根源！《红楼梦》悲剧的根源应该是当年对抗着相持的两方。拿我们今天的话说这就是中央给我们明确指出的：一个封建衙门式的管理制度，一个小生产的习惯势力。 我不认为这是什么"个别的"存在，而是"滔滔者天下皆是也"！

（我赞佩吴先生一贯地直言不讳。）

【吴恩裕】我们应该是既要"争鸣"，又要团结。……争鸣的两方面不是互为敌人，而是拿一个学术上的共同难题为攻克的对象。两方也好，三方也好，谁先攻克那个学术上的堡垒，都对社会主义有益。我们的社会里封建的东西不少，"文人相轻"是封建文人学者的恶习，在资本主义社会中，这种现象也不多见。……但也有不少人专门爱看对曹雪芹和《红楼梦》的考证文章。考据是科学不是文学，文学考据也不是文学。各搞各的，有什么相轻的必要？这方面我们也要反封建。……学术讨论的文章中有讽刺已经不好，要再含沙射影、互相中伤就更要不得，这是在"四人帮"横行时期在文

李希凡（右）、蓝翎（左）向俞平伯敬酒。 图原载《红学：1954》

风方面造成的恶习。[75]

（时过二十五年，吴恩裕仍在为考据争一席之地。他说这番话，是针对着陈毓罴、刘世德对曹雪芹"佚著"的辨伪，他正在起草答辩文章。）

在这次会上，王昆仑、启功、周汝昌等都即席口占赋诗，启功当场挥毫。许多老友久别重逢，互道别来无恙。"欢声阵阵，语笑频频，自始至终充满了团结欢乐的气氛。"

会后开宴入席，李希凡和蓝翎再次被安排坐在俞平伯两边，据说俞平伯一直没有笑容，但与两人"亦颇融洽"。三个人都喝了白酒，李、蓝两人主动举杯向俞平伯敬酒，他也回敬了。三人都站立起来，一屋子人都看见了，这是富于象征意义的握手言欢。这一次有新闻记者抢拍镜头，第二天一早，这照片已见于香港的报端。接俞平伯来的王湜华有点担心，对于这"历史的镜头"之神速见报，不知俞老有何想法，会不会觉得是上当中计，不自觉参加了演戏呢？[76]

当天晚上，顾颉刚在日记中欣慰地写道："六十年中形成之各派，至今日乃团结，可在《学刊》各表示己意，不复厚彼而薄此，亦一可纪念之事也。"[77]

俞平伯在23日写给陈次园的信中说："廿日'红楼梦学刊大会'见昨日《光明日报》，空前团结，颇极一时之盛。"他还写信给海外朋友，索要香港报纸上的照片。在24日写给叶圣陶的信中，则更见他的真性情：

八 团结篇 547

廿日会殊适，不做编委尤惬意，一如兄言。是团结之会前所未有者，而引"学"甚难得成绩，胜利未易言也。吃饭时，我坐在李、蓝之间盖有意安排，亦颇融洽。蓝翎并倩我写字，亦漫诺之。[78]

向俞平伯求字是蓝翎的主动创意，无论从文人习气还是思想倾向上看，他都有理由如此。李希凡应属被动跟随，要写当然是两份。他们还指定内容，最好能书写杜甫《秦州杂诗》之二和李贺诗《苏小小墓》。俞平伯痛快地答应了，很快就用偏瘫的右手书就，不几日就交给了他们。俞平伯本不愿随便为人作书，何况年老体衰，为李、蓝写字，显然另当别论。他在复别人求书的信中称："前为李、蓝作书，二君见属，亦不便却耳。顷不应人书，以心绪不佳，无心翰墨也。"[79]

《红楼梦学刊》在当年8月出第一辑，由王朝闻、冯其庸任主编，茅盾题写刊名。顾颉刚怯于情面，答应了任编委的名义。俞平伯的名字始终没有出现在编委会名单之中，他只在创刊号上发表了一首1964年的旧作七古《题〈石头记〉人物图》。《学刊》首辑在12月又加印，共发行八万册。它是季刊，每年出版四辑，每辑二十五万字，初期由天津百花文艺出版社出版。

另一件也貌似是大联合的迹象，是周汝昌于1979年10月，终于离开人

1979年秋，李希凡、蓝翎陪护俞平伯在四次文代会驻地。

民文学出版社，正式调入中国艺术研究院红楼梦研究所，任研究员兼院级学术顾问。在调动过程中，胡文彬起了穿针引线的作用，似乎是一说就成，颇为顺利。周汝昌所主张的"大观园"，成了他的工作地点，而实际上他并不常去。此事对于他是福是祸，当时还看不清。

1979年深秋的北京，发生了中国文艺界的一件大事。让我引用王蒙的记述："1979年10月30日，四次全国文代会开幕。我看到那些老文艺家，坐着轮椅，扶着双拐，被人搀扶，口齿不清，惊魂乍定……都来了。"会议开到11月16日闭幕，前后十八天。

这会的筹备组长是本书的老相识林默涵，他主持起草的大会主旨报告初稿被报告人周扬否定了，再重新起草。主要是原稿全盘肯定"文革"前十七年的文艺方针，缺乏反思，却批评了前两年的"伤痕文学"。周扬在这次会上，含泪向挨过整的老作家们道歉。

说来归齐，第四次文代会是一个标志，中国的文艺进入了新时期，声嘶力竭，雷霆万钧，一切达于极致的"文革"，终于离开了我们，这应了物极必反的老话。不论具体情节上有多少仓促和不足、肤浅和幼稚，第四次文代会仍然算是一个转折，它毕竟埋葬了"文化大革命"。[80]

这次会上与红学相关的有两件事。其一是新华社记者把几位《红楼梦》研究专家召集在一起，拍了一张大团圆照——用《红楼梦》后四十回的话说，叫"兰桂齐芳"。其好处是济济一堂，是几十年中难得一见的合影，不管观点和关系如何，他们能坐到一起就相当不易（俞平伯因为有病，仅来了三次）；其缺点是"挤挤一堂"，让观者都替他们感到不舒服，是太过明显的摆拍。对此照周汝昌曾有说明："文代会上有一幅大照片，主持者安排的：俞老坐沙发当中，左为吴世昌，右为笔者。吴恩裕兄竟无'位次'，为了'入镜'，坐在沙发的扶手背上。"[81]他根本不提左边的三位，旁若无人。以后每有文章说到红学家，往往都用这张照片。

另一件事是，《文艺报》的唐因、唐达成、侯敏泽三人，以会议简报上公开信的形式，向李希凡再次严肃提出二十五年前的一件小事，质疑他在1954年写《评〈红楼梦简论〉及其他》时，到底有没有给《文艺报》写过信。在本书前文中，已经详细叙述过这件事，《文艺报》四位青年编辑当年就曾当面向李希凡发问，未有满意结果。后来他们尽数被错划为"右派"，平反回来第一次参加大会，旧怨不能释怀，要求李希凡再次澄清，公开答复。既然这次会的整体氛围就是弃旧图新翻身道情，那挨整者向当年发起冲锋的"小人物"

1979年11月初，红楼梦研究专家们在四次文代会上。左起：蓝翎、李希凡、冯其庸、周汝昌、俞平伯、吴世昌、吴恩裕。　　　新华社记者王子瑾摄

提出质疑，也不算意外。

李希凡认为，他们"所以错划成右派，是否与1954年批判运动有关，我不大清楚，但那时我也有一肚子委屈，一肚子窝火，很不冷静，光脚的不怕穿鞋的，我回答得也很不客气"。双方的质疑和答复分别在两期"会议简报"上刊出，疙瘩还是没有解开。李希凡补充说："说句公道话，这三位绝不是'右派'，而是真正的左派"。[82]

此事看起来甚小，但还不算完，再过三十多年，还将被第三次提出。

不和谐之音

实际上，大团结只是愿望而已。《红楼梦学刊》标志着一派的崛起，而另一边，社科院文研所并未示弱，也在5月成立了《红楼梦研究集刊》编委会，未设明确的主编，钱锺书题写刊名。俞平伯应允担任了顾问，并给创刊号提供1964年写的关于靖本"夕葵书屋残叶"的论文一篇，毕竟这是文学所自家办的刊物。文学所是与上海古籍出版社合作编辑出版。恰恰在文代会召开时，第一辑于11月出版，为不定期丛刊，即以书代刊。其出刊周期不如《学刊》频繁，但每辑的篇幅更多，达三十五万字左右。

这两个山头最明显的争斗，表现在 1980 年关于"红学三十年"的论争。

刘梦溪以前是冯其庸在人民大学的学生，这时是《红楼梦学刊》的常务编委。《红楼梦学刊》的创刊词，就是由他执笔。1979 年，刘梦溪写了一篇《红学三十年》，回顾 1949 年以来《红楼梦》研究的历程，发表在艺术研究院主办的《文艺研究》1980 年第三期上，比《红楼梦学刊》还高一个档次。与此同时，他又将此文提交给在哈尔滨召开的首届《红楼梦》研讨会，引起热烈反响，有赞有弹。此文的热点在于，对 1954 年的"《红楼梦》大讨论"和七十年代中期掀起的"红学热"，都给予基本的肯定。

批评者与刘梦溪之间实际上并不是学术之争，而是对政治历史的评价不同。1981 年，在社科院文学所主办的刊物《文学评论》上，接连发表了三篇文章与刘商榷，主旨是像否定"文革"一样，对 1954 年和七十年代中期的两次"评红热"予以基本上的否定。《文学评论》在 1981 年第六期摘编了一篇"来稿综述"，作为总结，具有明显的倾向性。很多支持刘梦溪的稿件被《文学评论》退稿，这些作者转投《红楼梦学刊》，如同投奔自家阵营。《学刊》在 1982 年第一辑上选刊了三篇，并加编者按和作者附记说明缘由，这就更显出两军对阵，壁垒分明。《学刊》和《集刊》各为前沿阵地，背后还自有《文艺研究》和《文学评论》两大刊物作大营支持。

实际上在那时，这样的争论是辩不出个结果的。2005 年，刘梦溪回顾说："如果今天有人问我对这次论争有何看法，我会说压根儿就不该写那篇文章——何必由我来回顾什么'红学三十年'呢！"[83]

两刊并列竞争的客观结果，是红学研究发表的阵地更多了，对繁荣文化有利。我就是这时在北大，与同学梁左开始合写红学文章，在《学刊》和《集刊》上都发表过。红学界的团结高潮，就是我们俩的入门契机。

1979 是红学的一个大喜年。在这一年里，一所两刊相继创立，三次盛会高潮迭起，哈尔滨研讨会和全国性学会正在筹备，三位红学家应邀赴美即将成行……就在这样的热烈气氛中，12 月近年底了，忽然意外地传来吴恩裕先生去世的消息。

吴恩裕是 12 月 12 日在写作中心脏病突发，猝然辞世的。那天他度过 70 岁生日刚刚两天，距在第四次文代会上拍下那张红学家全家福合影，刚刚过了一个月。而半年以后，将在美国召开首次国际红学聚会，他本已预定参会，却永远地缺席了。

这真令人感叹，红学界的事似在《红楼梦》中。这简直是"黛死钗嫁"故事的重演；或者，是"开夜宴异兆发悲音"吗？

红学家们虽然不拒绝在一起拍照（以后将连这样的一瞬间摆拍也不可能了），但实际上个人之间并未"相逢一笑泯恩仇"。下面这个传说中的场景，是比较形象的描绘：

> 红学是显学，权威们却经常观点不同，有时甚至水火不容。有次接见外宾，W先生一见Z先生进门，拔脚就走，"早知他来，我就不来！"Z先生自认受不平待遇，拿拐杖猛捣书房地板，楼下是名分在其上的F先生书房……红学界简直比《红楼梦》本身还热闹！[84]

上例看起来像段子，下面一例是刘梦溪的纪实：

> 红学是打架打得最多的学术领域，……如果是一些客串红学的学人，问题还不大。以红学为本业的人，争论起来大有天翻地覆的味道。周汝昌先生跟吴世昌先生观点很对立，一个住干面胡同，一个住红星胡同。我七十年代末也参加一些《红楼梦》的会议，我们去接他们，他们两位在车上不能坐在一起。幸好周先生眼睛看不太清楚，吴先生只有一只眼睛能看物，我们安排他们一个坐在司机旁边，一个坐后边，彼此就不知道了。[85]

此外，社会上在怎样看待红学界或者红学家？1980年的《新观察》杂志复刊号上，刊登了名漫画家华君武的一幅漫画《曹雪芹提抗议》，引起社会的广泛反响，成了他的代表作之一。

华君武在五十年代是《人民日报》的美术组组长，文艺部副主任，是李希凡、蓝翎的同事和领导。我们不得不佩服华君武敏锐的感觉——这幅画他画于1980年6月，《新观察》复刊号于7月10日出版，十天后全国红学家聚集于哈尔滨，开第一次研讨大会，并成立红学会。他这个提前量掌握得恰到好处。后来，华君武在日记中坦言创作初衷：

> 这个是讽刺我们某些红学家，你们看他正在数曹雪芹的头发，看看里面有几根白头发，繁琐的考证。当然了，《红楼梦》是应该研究的。可是研究到很繁琐的时候，考证太多的时候就可笑了，红学家们对我有的时候也不高兴，那年我在画这张漫画的时候，他们正在哈尔滨开会，他们说"华君武抓我们辫子了"。其实文学创作是一种虚构的东西。在漫画当中我常常喜欢突出主要的，所以不管他坐在炕上还是地下，那就不管了。[86]

1982年，华君武再画此图，还加了题记。

红学会成立

哈尔滨会议,主要是一些当时还年轻的红学研究者促成的,他们富于理想,要改变现状。胡文彬和几位比较年轻的校注组成员四处奔走,极力促成大团结。他们的想法是:通过成立共同的学会,使一个经过多次论争而分裂、分散的红学界,在新时期下得以整合、凝聚起来。

校注组成员张锦池所在的哈尔滨师范大学热情地愿意作东道主,于是1980年7月20日至31日,首届全国《红楼梦》学术研讨会在哈尔滨友谊宫召开,由哈尔滨师范大学与文化部文学艺术研究院联合主办。会议上观点纷呈,但掌握会议的主办方,仍延续北京红学家聚会的精神,强调团结。中国红楼梦学会就乘此机会成立了。

既然红学界内有如此的山头和人事矛盾,红学会会长的人选安排就要慎之又慎,体现各方的制衡。够格的有沈雁冰(茅盾)和王昆仑,但两位都是全国政协副主席,属国家领导人了,不宜屈就。其他老红学家中,德高望重而不介入历史纠纷者又甚少。反复斟酌后,得到一致公举的,是北京大学教授、著名作家吴组缃,由他担任中国红学会会长,获得了大多数与会红学研究者

八 团结篇 553

的拥护。因为吴先生既是小说家,又是对《红楼梦》创作艺术有独到研究的学者。两位副会长分别是社科院文研所的陈毓罴和红研所的冯其庸,冯其庸兼秘书长,胡文彬与刘世德为副秘书长。这些安排,显然是照顾到了两个山头。其实李希凡也有资格当副会长,他的资格比冯其庸老,但是他并无这个意愿。

大会闭幕当天,周雷代表筹委会宣读完领导成员名单,作为艺术研究院负责人的作协副主席冯牧本已要站起来致闭幕词,到场的吴世昌先生忽然站起来称不同意宣读结果,要求再议。他就是这么个脾气,就像是在"五七干校"告别会上,他问军代表要真话还是假话。

场上顿时乱成一团。胡文彬见状跑上主席台,对吴世昌说:"吴先生您提的意见都非常对,但今天会议已经到这儿了,回北京再开理事会具体讨论您的意见。"然后对场下说,"如果大家同意,咱们就热烈鼓掌。"

中国红楼梦学会就在这样热烈的掌声中宣告成立了。据说,它是"文革"结束后成立的第二个民间组织。[87]

但是吴组缃并没有到会,荣任会长这件事,他本人还不知道。回京以后,需要登门汇报说明,争取他接受这个职务。尽管红学会上有吴先生很多弟子,但还是委托李希凡和冯其庸去面见吴先生。都知道吴先生一向淡泊名利,他肯不肯出这个头,还得做工作,心里没底。

李希凡和冯其庸到朗润园住所拜访了吴先生,出乎意料的是没费什么口舌,吴先生就慨然允诺了。

多年以后李希凡听张锦池(他是北大中文系毕业,吴先生的学生)讲了一个插曲。那是因为李希凡在冯其庸后面进屋时,忘了随手关门,吴伯母不高兴地说了一句:"又没长着尾巴!"李希凡曾听校注组里的沈天佑(北大中文系教师,也是吴先生的弟子)说过,吴伯母有病,因此也并未在意,赶快回去把门带上。谁知吴先生听了这话很不安,认为这很不礼貌,心中抱歉,但又不好说什么。因此,当两人告知他已当选为中国红学会会长时,老人连想辞谢的话都说不出口了,就这样应承下来。这插曲后来传开了,成为趣话,李希凡觉得这句骂挨得很值。后来,他们没有用学会的日常琐事去麻烦吴先生,吴先生也一直支持学会的工作。[88]

周汝昌也没有参加哈尔滨会议,因为那时他刚刚从美国远行归来(见后文),需要休息。对于吴组缃任会长,他并不服气,认为应该是自己"领袖群雄"。

中国红楼梦学会成立时,在各种台前幕后的运作下,第一届中国红楼梦学会会长落到了其实并不以研究《红楼梦》为主的北京大学教授吴组缃身上,几位实际上具有实力的红学家如俞平伯、"两吴一周"和名位较高的几个文化人则被安排为学会的八大"顾问"。

对此，周汝昌当然也没有表示什么意见，默认了，但由于自己的红学成就实际处于领袖群雄的地位，对红学界不仅仅是单纯的学术园地这一特点也有了更为切己的体会。[89]

这时候，我正在做吴组缃先生的学生，听先生讲授"中国古代小说史论要"。这题目，似乎同六十年前鲁迅先生在同校所讲的前后辉映。后来才知道，那是吴先生最后一次给本科生讲大课。

注释：

[1] 浩然《我给毛主席守灵》，《苍生文学》1999年第三期。

[2] 吕启祥《诗人的陨落——我所认识的袁水拍》，《红楼会心录》，商务印书馆2015年。

[3] 尹在勤《何其芳评传》，四川人民出版社1980年。

[4] 刘保昌《聂绀弩传》，湖北长江出版集团崇文书局2008年。

[5] 沈治钧《聂绀弩赠诗发疑》，《红楼七宗案》第254、263页，江苏人民出版社2011年。

[6][12][14][18][26][42][43] 林东海《红楼解味——记周汝昌先生》，《文林廿八宿·师友风谊》，第268—306页，人民文学出版社2010年。

[7] 刘再复《吴世昌：直声满学院》，《师友纪事》第72—76页，生活·读书·新知三联书店2015年。

[8] 据周伦玲《周汝昌与康生会面的前后左右》，《中华读书报》2013年8月21日；参见宋希於《周汝昌康生交往抉隐》，《书城》2013年6月号。

[9] 载《天津师范学院学报》1977年第一期。

[10] 吴世昌《论曹雪芹佚诗之被冒认——再斥辨'伪'谬论》，香港《广角镜》杂志第91期，1980年4月16日。

[11] Roxane Witke：*Comrade Chiang Ching*，1977，p282. Little，Brown and Company Boston-Toronto 以下为该书中有关周汝昌的一段原文：

One contemporary critic named Chou Ju-chang wrote a book called *The New Verification of 'Dream of the Red Chamber'*. Although his point of view was close to that of Hu Shih's group，his one advantage was to have used the archives of the Ching court. Despite flaws in his method of verification，the book is still worth reading. When Chou Ju-chang was attacked during the Culture Revolution she tried to protect him（she added quickly that until now she had never admitted that to anyone）. 转引自梁归智《红学泰斗周汝昌传》，漓江出版社2006年。

[13] 周汝昌《倡导校印新本〈红楼梦〉纪实》，《红楼无限情》，第234页，北京十月文艺出版社2005年。

[15] 徐庆全《周汝昌：红楼梦觉过来人》，《中国新闻周刊》2012年6月11日。

[16] 周汝昌《红学的几个侧面观——在一九七九年河北大学中文系学术报告会上的讲话》，《河北大学学报》1979年第四期。

[17] 王利器《〈红楼梦新证〉证误》，《红楼梦研究集刊》第二辑，1980年。

[19] 陈维昭《周汝昌：新红学的巅峰》，《红楼》2004年第三期；亦见其著《红学通史》，上海人民出版社2005年。

[20] 《李希凡自述：往事回眸》，第399页，东方出版中心2014年。

[21] 李希凡《岂好辩哉？予不得已也——关于〈四十年间半部书〉一文的辨正》，《黄河》1995年第一期；亦见《李希凡自述：往事回眸》附录。

[22] 周汝昌《异本纪闻》，《红楼梦学刊》1979年第二辑。

[23] 冯其庸、杨立宪主编《曹雪芹祖籍在辽阳》，辽海出版社1997年。

[24] 《俞平伯全集》第九卷，第258页。

[25] 沈治钧《"曹雪芹佚诗"案拾零——以陈迩冬为先生为中心》，《杭州师范大学学报》2010年3月第二期；亦见《红楼七宗案》第306页。

[27] 周伦玲《似曾题月荻江枫》，《天津日报》2014年12月19日。

[28] 吴恩裕《曹雪芹佚著浅探》第232—234页，天津人民出版社1979年。

[29] 梅节《曹雪芹佚诗的真伪问题》，香港《七十年代》1979年6月号。

[30] 吴世昌《论曹雪芹佚诗，辟辨"伪"谬论》，香港《七十年代》1979年9月号；此文亦见吴世昌《红楼梦探源外编》。

[31] 周汝昌《曹雪芹的手笔"能"假托吗？》，镇江师范专科学校《教学与进修》1979年第二期。亦见《献芹集》第428—430页，山西人民出版社1985年。

[32][39] 周汝昌《从楝亭诗谈到雪芹诗》，《内蒙古大学学报》1979年第一期增刊。

[33] 香港《广角镜》杂志第91期，1980年4月16日。

[34] 此事为李希凡告诉马瑞芳，见马瑞芳《刘心武"秦学"争议始末》，《红楼梦风情谭》，商务印书馆2013年。

[35] 转引自沈治钧《关于吴组缃致梅节函》，《红楼七宗案》356页，江苏人民出版社2011年。

[36] 见《俞平伯全集》第八卷，第115、226、249、250页，花山文艺出版社1997年。又见《暮年上娱——叶圣陶俞平伯通信集》，花山文艺出版社2000年。

[37] 《俞平伯致毛国瑶信函辑录》，载贵州《红楼》季刊1998年第四期。

[38] 《俞平伯全集》第九卷，第277页。

[40] 梁归智《红学泰斗周汝昌传》，第288页。

[41] 参见邓绍基《关于"曹雪芹小像"的部分题咏诗》，《光明日报》1980年6月13日。

[44] 《胡适的日记》第八册，（台北）远流出版事业公司1990年。

[45] 《所谓"曹雪芹小像"的谜》，《胡适红楼梦研究论述全编》第288页，上海古籍出版社1988年。

[46][47]信均见胡颂平《胡适之先生年谱长编初稿》第十册，（台北）联经出版事业公司1984年。据宋广波编校《胡适论红楼梦》商务印书馆2021年版校补。

[48]周汝昌《红楼梦新证》第七章《史事稽年·末期》；第八章《文物杂考·一 曹雪芹画像》，人民文学出版社1976年。

[49][50][51]郝心佛《揭开"曹雪芹画像"之谜》，载《中原文物》1983年第三期。

[52]武志远《关于陆厚信绘"雪芹先生"画像的调查报告》，载《中原文物》1983年第三期。

[53]徐邦达《悼红影议》，香港《文汇报》1983年5月3日，亦见《红楼梦研究集刊》第十二辑，1985年。

[54]周汝昌《文采风流第一人——曹雪芹传》，东方出版社1999年。

[55]张中行《再谈俞瀚及其他》，《横议集》第157页，经济管理出版社2012年。

[56]周汝昌《靖本石头记佚失之谜》，香港《明报月刊》1986年1月号。

[57]周汝昌《热情与冷语》，《红楼无限情——周汝昌自传》，第166页。

[58]靖宽荣、王惠萍《答周汝昌〈靖本石头记佚失之谜〉》，香港《明报月刊》1986年6月号。此文与毛国瑶的《假作真时真亦假——揭开所谓〈靖本石头记佚失之谜〉的真相》，又见《哈尔滨国际红楼梦研讨会专辑》，1986年6月。

[59]韦奈《致周汝昌——替俞平伯伸冤》，香港《明报月刊》1987年1月号。

[60]郑重《访新红学派的开创者俞平伯》，《文汇报》1986年11月16日。

[61]以上见林东海《躲进红楼——记吴恩裕先生》，《文林廿八宿·师友风谊》，第161—172页。

[62]朱家溍《故宫退食录》，紫禁城出版社2009年。

[63]吴恩裕《论废艺斋集稿的真伪——兼答陈毓罴、刘世德两同志》，《中华文史论丛》第四辑，1979年。

[64]伊藤漱平《论曹雪芹晚年的"佚著"——围绕"废艺斋集稿"等真伪问题的札记》，《红楼梦研究集刊》第七辑，1981年。

[65]夏志清《重会钱锺书纪实》，《新文学的传统》，（台北）时报文化出版公司1979年；又见《钱锺书研究》第二辑，文化艺术出版社1990年。

[66]见范旭仑《容安馆品藻录·吴恩裕》，《南方都市报》2016年11月28日。

[67]宁鸣而死《读书札记之四百六十九——第一手史料》，取材于网络"豆瓣"。

[68]《画了一辈子〈红楼梦〉越画越怕——专访画家戴敦邦》，《解放日报·解放周末》2015年11月13日。

[69]钟曦（陈熙中）《风范长存》，《吴组缃先生纪念集》，北京大学出版社1995年。

[70]黄加佳《曹雪芹故居争议始末》，《北京日报》2013年11月5日。

[71]赵仁珪、章景怀整理《启功口述历史》，第206页，北京师范大学出版社2004年。

[72]周汝昌《雅人深致——偶忆与启功先生相交旧事》，《师友襟期》，第229页，北京出版社2019年。

[73]《风雨平生——冯其庸口述自传》，商务印书馆2017年。

[74][82][88]《李希凡自述——往事回眸》，第403、196、404页。

[75]《红楼梦学刊》编委会成立大会内容摘要，原载《红楼梦学刊》通讯1979年第二期，重新刊载于《红楼梦学刊》2009年第四辑。

[76]见王湜华《俞平伯的后半生》，商务印书馆2016年。

[77]《顾颉刚日记》第十一卷（1968—1980），第660页，中华书局2011年。

[78]《俞平伯全集》第八卷，第157、260页。致叶圣陶信书中作1979年"6月24日"，疑应为5月。

[79]见周文毅《是非红楼——俞平伯1954年以后的岁月》，第231页，百花洲文艺出版社2019年。致张人希信见《俞平伯全集》第八卷第126页。

[80]王蒙《我所经历的几次风波》，《中华读书报》2013年10月16日。

[81]周汝昌《俞平伯的遗札》，《红楼无限情——周汝昌自传》。

[83]刘梦溪《红楼梦与百年中国》，中央编译出版社2005年。

[84]马瑞芳《"而已而已"的"小红学家"》，《齐鲁晚报》2018年11月13日。

[85]转引自张义春《红学那些人》，东方出版社2010年。

[86]见《吴冠中、华君武捐赠"内幕"》，《文汇报》2014年10月17日。

[87]许荻晔《从两场论争到全民评红》，《东方早报》2013年12月5日。

[89]梁归智《红学泰斗周汝昌传》，第324页。

九 交流篇（1980-1987）

千里东风一梦遥。
——《红楼梦》第五回探春判词

32 相逢陌地生

会前

哈尔滨会议召开前，冯其庸、周汝昌和陈毓罴三人刚从美国归来。

远在美国，也有红学研究。时势发展到1980年，东西方、国内外已经开始直接交流。想想二十年前吴世昌在英国搞汉学时的东西方完全隔绝，毕竟是进步了。

威斯康辛州首府麦迪逊（Madison），是美国中西部靠北比较偏远的一个小城，丘陵起伏，寒冬漫长。而位于此地的威斯康辛大学麦迪逊分校，却是美国汉学研究的重镇之一。该校东亚语言和文学系兼历史系教授周策纵先生，不采用"麦迪逊"这个中文官方译名，另译为"陌地生"，便具有了异乡求生的人文含义。

周策纵在四十年代，曾任国民政府主席侍从室编审，为蒋介石起草文告。1948年辞职赴美留学，1960年写成代表作《五四运动史》（*The May Fourth Movement: Intellectual Revolution in Modern China*）。后来在红学研究方面也有成就，而且具有一定的思想高度。

威大的经济系还有位华裔教授赵冈，业余也治红学。1978年，周策纵与赵冈商议：能不能把中国大陆、台湾以及各国的《红楼梦》学者都邀请到陌地生来，举办国际《红楼梦》研讨会？这是前所未有的创举，真可谓"周郎妙计安天下"。这计划得到了美国学术协会联会和威斯康辛大学以及各国红学家们的支持。当时正好是国内红研所成立，《红楼梦学刊》创办之际，"红"运当头，中西并举，恐怕也并非是完全巧合。

周策纵和赵冈两人分别利用假期到访北京，结识并邀请中国红学家赴美参会。毕竟《红楼梦》的故乡人，才是红学的主力，能给会议提升档次，增添光彩。而对于那时的中国人来说，出国开会是件了不得的大事。可以确认的是准备邀请三人，但在谁是首批正选，谁是后补挤入，不同的参加者描述大不相同。

首选无疑应该是红学元老俞平伯，那年八十有一（虚岁）。他能参加吗？冯其庸记述说：

> 我去告诉俞平伯先生，俞平伯先生非常幽默，他就把自己的脚伸出来给我看。他是一生的习惯，不穿袜子的，光着脚。他说，你看我这样子能到美国去吗？我一辈子都这个样子，我不能因为要到美国去，改变我的习惯，所以我去不了。他写了一封祝贺信。[1]

俞平伯自己的文字记录，在1979年11月26日致周颖南的信中："周策纵君来书，言明年夏天威斯康辛大学要开红楼梦研讨会，约我前往。我年老有病，且旧业抛荒，自不能去。此书问题复杂，恐议论纷纷耳。"[2]

冯其庸认为首先请的是他自己。"先是发来邀请书，接着又派了赵冈先生专门来邀请我，希望我一定去。被邀请的还有俞平伯，还有陈毓罴。""后来周汝昌知道这件事了，他写信给美国会议筹备处，要求去。所以最后是我和周汝昌、陈毓罴三个人去的。"

事实上，周策纵在1978年8月初次回中国访问时，主动提出要见周汝昌，通过旅游局邀他到住地华侨大厦见面。8月22日，两人一见如故。周策纵拿出一首旧作《客感》给周汝昌看，诗曰：

> 秋醉高林一抹红，九招呼彻北南东。
> 文挑霸气王风末，诗在千山万水中。
> 久驻人间谙鬼态，重回花梦惜天工。
> 伤幽直似讥时议，细细思量又不同。

这是他写久居海外的感触，但也可移作咏曹雪芹。周汝昌读罢，静静地说："你诗作到这样，我们是可以谈的了。"两人共同语言甚多，谈得很愉快，从四时谈到七时还言犹未尽。有位旅游局的女士一直在旁作陪。[3]

周策纵回美之后，很快寄来了照片和诗章，周汝昌欣然应和，两人以"东西二周"并称。周策纵、赵冈两位教授先后来京，都曾与周汝昌谈到召开国际红学会的构想，并试探他的健康和意愿，是否有可能赴会。周汝昌"起初是举棋不定"，"因年迈耳坏，本不拟远行"。但是周策纵"几次函札'促驾'，说：'兄不可不来！'""我真觉得不应辜负了他与赵冈先生的盛情好意，这才拿定主意：还是走一遭吧，以文会友，也是快事。"[4]

综合多方资讯，邀请中国大陆出席这次国际红学会的人选，有过几次变化。

最开始的想法应该是俞平伯、周汝昌、吴世昌、吴恩裕四人中选三。待到北京面谈之后，得知俞平伯不愿去，吴世昌与周汝昌互不相容，冯其庸正迅速崛起，人选就变为周汝昌、吴恩裕、冯其庸三人了。可惜吴恩裕在会议开幕前约半年（1979年12月12日）突然辞世，然后才由陈毓罴替补。其时吴世昌赴英国旧地重访，避开了竞争。

以情理推论，周汝昌应该是继俞平伯之后的第二人选。他的《红楼梦新证》出版已经二十七年，增订本八十万字，是研红者必读之书，他本人已是红学耆宿。而冯其庸那时治红学只有五年，《论庚辰本》不过是薄薄的小册，尚属新秀。以时序梳理，也是两周相见在先，冯获邀请于后，相差几近一年。按照《冯其庸年谱》记载，他在1979年7月3日收到赵冈信，7日收到周策纵信。7、8月间在北京，冯其庸等接待了赵冈来访。12月29日，冯收到周策纵寄来的正式请柬，邀请赴美参会，这已经在吴恩裕逝世之后了。[5] 可见，不顾周而只请冯，周"后来"才知道再挤进来，这样的描述既不合情理，也不符时序。

【以上文字写就三年后，笔者得读《周策纵论学书信集》，原本的间接推论，获得第一手材料的直接证实，摘要简述如下。

周策纵1978年从中国返美后，于11月15日致信周汝昌：

> 前谈及《红楼梦》研究会议事，弟正在极力进行，倘能获得充足经费，必约尊驾莅临，将为盛举也。

四天后（11月19日），周策纵再次致信周汝昌，寄上照片、诗章并重申：

> 前谈及《红楼梦》研究会议事，经已草就计划，此间校方颇愿支持，俟得到充分经费后，当分函各方邀请，甚盼尊驾等能莅临，以光盛举也。

1979年6月26日，周策纵初次致信冯其庸：

> 去年京华一叙，欣慰如在目前，归后琐务忙迫，致延作书，然无不时以尊况为念也。纵去年曾向此间校内外提议在本校召开一国际性《红楼梦》研究会议，学校当局已准予资助，美国学术社团联合会亦已初步同意资助，本拟今年暑假召开，现因时间太促，决改于明年六、七月间举行，拟至少能邀请中国方面红学专家二人参加，兹将纵去年所提之草案另封寄上一份，便请教正。盼尊驾前来参加。……尊驾如能光临，盼能就《红楼梦》初期版本问题，及曹雪芹家族新资料或其他问题宣读一二篇论文，用中文或英文皆可。

1979年11月10日再次致信冯其庸，通报进展：

> 红学会议事，……定于明年六月十五日在鄙校召开，为期五天，

中国方面，拟邀请三人，旅费可全由此间负责。如中国欲加派人来，自付加派人员之旅费，亦至为欢迎，正式邀约函，不久即可寄至文化部及社会科学研究院，弟已将兄列入被邀请人中，盼吾兄能来参加。另二人不知尊意如何？俞平伯先生如能来当极好，惟恐其年迈旅行不便耳。周汝昌兄弟亦极盼其能来，须视其目力能胜其劳否？此外则吴恩裕、吴世昌、王朝闻、陈毓罴诸君，或其他学者对《红楼梦》确有研究者，当亦可考虑。……此事乞兄即与部中高层负责人一谈，并与汝昌兄磋商如何？盼即赐回音……

周策纵又于11月18日致信潘重规，其中谈到：

所邀请人士中，年资较高者，可能英国一人，当约霍克思教授，日本一人，台湾一人或二人，香港一人，大陆三人，弟意俞平伯、周汝昌如能来最好，惟二人健康皆不佳，此外则冯其庸、吴恩裕或吴世昌等亦可。[6]

综上可见，周策纵1978年8月在北京首次面见周汝昌时，已谈及筹办国际红学会的设想，同年11月间两次以书信"促驾"。周策纵在京虽也曾会见冯其庸，但似乎并未透露会事，故在十个月后才写信介绍办会经过并邀赴会，且类似公事对官口气。事分先后，人有亲疏，这区别是很分明的。——2023年9月补识】

冯其庸说："中央同意我们去美国参加这个会，当时文化部、中宣部管这个对外的文化事情，就嘱咐我们，就是三个人作为一个小组，我是负责人。因为那个时候，国际关系还在紧张中，台湾那个时候还趾高气扬，我们也想通过文化工作，参与国际的活动，扩大我们自己的影响，使更多人了解我们。"[7]

行前，"文化部党委负责同志"林默涵单独召周汝昌面谈一次。"谈话的主要内容就是要和谐，尤其与台湾的同行学者，要把良好的关系放在首位。他的语重心长的嘱托，牢记在心，不敢或忽——当然也一步不敢乱走乱行。"[8]

那时候中美之间没有直达航班。三人是6月11日从北京飞广州，12日陆路过境到香港，13日经东京飞芝加哥，再乘汽车去陌地生，加上时差，用了将近四天时间。

据周汝昌说，三人中只有他会英语，在机场办移民局和海关的手续，都把他往前推，另两人站得远远的。他的英语虽然多年不用，但办这事绰绰有余，顺利过关。

对那时的中国人来说，国外的生活费用难以承受。主办人深知他们的收入很低，没法和国外比，不能带有外汇美元，因此管吃管住，还给200美元

九 交流篇

零用。但大会只备二餐，不管早点，到街上去吃早点，还是要靠周汝昌的英语。周汝昌吃不惯美国的客餐，周策纵安排他的一个女学生给他单送中国饭。

会上

首届国际《红楼梦》研讨会，于1980年6月16日到20日在威斯康辛大学举行。周策纵在开幕致辞中说，因为此地位于"梦多榻"（Mondota，周又戏译为"梦到她"）湖畔，顾名思义，是个适合谈梦、做梦的地方。学者们来自中国大陆、美国、日本、英国、加拿大、新加坡等国，还有台湾省和香港地区，共八十多人。五天会期中，共发表了五十多篇学术论文，绝大部分用中文写成。大会宣读论文和答辩，也基本讲中文，这在国际会议上是极为罕见的，与会的华裔学者们以此为荣。

让我只列举论文中的几篇有趣者。台湾的潘重规教授从1959年开始，就著书主张《红楼梦》是"汉族志士用隐语写隐痛隐事的隐书"，是一部怀有反清复明思想的民族主义巨著。在这次会上仍坚持原议，这是又回到蔡元培的索隐派原点上去了。他的另一篇论文《列宁格勒东方院藏抄本红楼梦考索》受到大家更多的重视，因为到那时为止，亲自目验了藏于苏联列宁格勒的"列藏本"（详见后文）的华人学者，还只有他一人。

耶鲁大学余英时教授以前发表过《红楼梦里的两个世界》，说的是大观园里是"情、清、真"的理想世界，而大观园外是"淫、浊、假"的现实世界，这已成为红学界的名篇。而此次会上，威斯康辛大学的余定国教授提出一篇《红楼里被遗忘的第三世界——旨在批评余英时的两个世界说》，使与会者们大呼意外，因为两位余教授是父子关系，儿子在"批评"父亲。余定国认定的第三世界是太虚幻境、大荒山的抽象世界。

叶嘉莹教授毕业于辅仁大学（其校园即北京恭王府），与周汝昌同出于顾随教授门下，当时在加拿大的不列颠和哥伦比亚大学任教。她在会上发表了《王国维〈红楼梦评论〉的得失》和《谈红楼梦的文学成就》两篇论文。

威斯康辛大学的陈炳藻以论文《从字汇上的统计论红楼梦作者的问题》，公布了他的一项科研结果——用电脑分析《红楼梦》的词汇，来探索后四十回的作者。他把前八十回一分为二，共得三个四十回。同时还拿与《红楼梦》同一时代的文康所作《儿女英雄传》也作为一组来比较。操作时，先将各组"母体"随机抽样选取约八万字，各分为形容词、副词、动词等五类，然后设计一个电脑程序，用来判断是否同一作者所写出来的词汇。他得出的结论是《红楼梦》前八十回和后四十回的作者是同一个人。陈炳藻的论文在会场上引起很大争论，学者们对他的创造性劳动表示赞赏，但多数人对其结论不敢苟同。

既然后四十回能在那么多年里骗过那么多人，就不能骗过电脑？此后四十年间，电脑不知进化了多少代。至今电脑似乎还只能查重复率，而不能判定作者吧？其实《红楼梦》八十回前后的差别不在于词汇，而在于情节和思想。

冯其庸也带去了两篇论文，一是《曹雪芹家世史料的新发现》，二是《论"脂砚斋重评石头记"甲戌本"凡例"》。而周策纵的《红楼梦"凡例"补佚与释疑》、赵冈的《己卯本与庚辰本的关系》两文，都是对冯其庸版本问题观点的补充和商榷。

使冯其庸深致不满的，是周汝昌在会上与他公开唱反调。

冯其庸说，他在会议上讲完后，评论组长李田意说，冯先生的论文是权威性的，评论组没有不同意见，全场鼓掌。但是周汝昌站出来说，我不同意冯其庸的这篇论文。"大家都大吃一惊，你们三个一起来的，怎么自己给自己拆台？我也想不到，他会忽然冒出来反对。"冯的论文里讲到甲戌本不避康熙玄烨的"玄"字讳，周汝昌质疑说，甲戌本只有十六回，还有六十四回没有了，也许这六十四回里的"玄"字避讳了呢？所以你这个不能作为定论。[9]

冯其庸想："我本来觉得我们三个人一起去的，不应该自己驳难自己，被人家笑话。这不是家里学术讨论，这个要给国际上好的影响，所以我就一直没有回答。国际记者不少，闹出笑话来，大陆来的人自己争起来了，所以我一直沉默。"

站在四十年后回看当初，我觉得冯先生想多了。学术研讨会亦如球类比赛，参加者是单打选手而不是团体赛，同国籍选手怎么不能同场竞技、各抒己见呢？这不应该是笑话。

轮到台湾潘重规发言，开头就说：我不像冯其庸先生，对周汝昌先生的提问不做回答，我对所有提问的人，一概都要回答。然后冯其庸的反应是：

> 他故意用这个话来刺激我。我觉得我不能不回答了，不回答会造成更不好的影响。但是我也考虑到我一定要维护我们国家的声誉，维护我们中国红学家在国际上的影响，我不能真的跟周汝昌争起来了。
>
> 我就故意说，我说大家都不知道，我们几个研究《红楼梦》的老朋友，在家里互相抬杠、互相提问题，这是习惯了。我说刚才周汝昌提的三点，我并不是现在才知道。我的文章出来以后，先给他看了，他马上就给我提了这些问题，我们大家都当作开玩笑这样来提的。既然他刚才把三个问题又提出来了，我也把我当时在国内，我怎么答复他的讲给大家听听。

我说"玄"字不避讳，……我举的是事实，事实是不避讳，你也应该用事实来回答我的事实，你不能用一个空想来否定我根据事实提出来的问题。我说我也可以同样的回答周先生，那个散失的六十四回里，你认为可能是避讳了，我认为可能完全都不避讳，这不是抵消过去了。我说这个空对空是不能作为论据的。结果底下全场鼓掌，满堂彩声，觉得我批驳得非常在理。周汝昌先生就说，我们都是开玩笑的。他顺着这个台阶就下来了。

关于甲戌本"玄"字不避讳问题，二十五年后冯其庸又有新见解，且待那时再谈不迟。[10]

事实上，周汝昌在这会上与同伴唱反调不止这一次。譬如当张加伦《曹雪芹生辰考》考证曹雪芹的生日是一七二四年阴历五月初七时，陈毓罴和冯其庸先后表示不能接受，唯有周汝昌认为可能有道理。再如夏威夷大学马幼垣教授对《乾隆抄本百廿回红楼梦稿》上的四个印章，是先盖章还是先写字提出疑问。有人认为不能根据影印本下这个结论，这原书就藏在社科院文学所，陈毓罴答应回去好好研究一下。周汝昌则表示，马幼垣的观点是值得重视的。

至于周汝昌自己，他提交了一篇三万字的论文《〈红楼梦〉全璧的背后》。他提出《红楼梦》之所以由流传的八十回本变为一百二十回本大行其道，与乾隆皇帝烧毁禁书有关，高鹗续书是乾隆与和珅阴谋的产物。此文乍出时颇觉新鲜，被认为是观点鲜明，有新突破，在会上反响强烈。但在后来却被认为是索隐派回潮的开篇之作，我们以后再评价。

会议的最后一天，是讨论红学的未来。周汝昌首先提出红学研究应分"内学"和"外学"，就像《庄子》分为"内篇"和"外篇"。他解释"内学"指以作品本身为主，也包括版本问题。而"外学"则包括时代背景、历史、作者等等，单以作者一项，又包括了家世、亲友以及研究者收藏的资料等问题。他还谦称，自己只能说是"曹学家"，而不是"红学家"。"红学"比"曹学"重要，但是曹学的研究对于红学还是有帮助的。周汝昌的提法激起热烈讨论，或补充，或发挥，或纠正，不一而足。

陈毓罴带来了未能出席会议的前辈红学家俞平伯对于今后研究方向的三点意见，这就是他郑重其事地写成的《上国际红楼梦研讨会书》。这"上书"虽然在会上宣读了，但是闻者有限，影响不大，俞平伯后来在1986年再次重申。

会下

会议期间，在威斯康辛大学图书馆举行了一次版本和文物的特别展览。

最让人惊艳的，是甲戌本原件蓦然现身。

在此次会前，周策纵从潘重规处获悉，久负盛名的《脂砚斋重评石头记》甲戌本，在胡适逝世后借藏于美国纽约州绮色佳康奈尔大学图书馆中。于是专门向胡适的后人和康大图书馆商借此书，到会展览。对方同意后，周策纵又拜托老朋友、纽约州立大学教授唐德刚绕道护送此宝到陌地生市，并为其购买了四万美元的保险。这是此本五十多年来第一次公开面世，各国红学家一饱眼福，获益良多。

此外还有日本红学家伊藤漱平带来了他收藏的程甲本；从耶鲁大学借来了程乙本（胡天猎本），以及哥伦比亚大学的《红楼梦》嘉庆十八年本。同时展出的还有与曹雪芹家世有关的辽阳碑文拓片，及其完整墓地照片，这当然是冯其庸的贡献。他还带来展出了曹氏后人曹仪策制作的微型面塑，还有茅盾、俞平伯赠与大会的书法等。这些展品难得聚在一处，令参观者大开眼界。

冯其庸的论文就是谈甲戌本，现在这个罕见的真本居然到了会场，真是万里有缘来相会。良机不可错过，冯其庸要求借出来细看，得到周策纵同意，让他带回旅馆细看了一周，并帮他拍摄了一部分色彩真实的照片（那时的彩照，在美国洗印的色彩更好）。经细检后，发现胡适在影印此书时删去了一部分跋文，冯其庸抄录了下来，后来在《红楼梦学刊》上公布了。

6月20日晚上，本来是周策纵订好要宴请众代表的日子，但就在那一天，那宗训教授夫妇驾车七百英里，从明尼苏达州赶来，一定要请中国大陆学者吃饭，致使两宴冲突。妥协的结果是，待吃完那教授的饭，再把几位送到周教授家，参加团聚。冯其庸等人到达周府时，见周策纵与赵冈正面对着一本程甲本热烈争辩，另一边李田意、唐德刚、潘重规等人，正围绕着一盏落地灯，在仔细查看甲戌本原件。冯其庸当然立即加入，翻阅甲戌本，为众人指点出他发现的几处"玄"字不避讳。当时在场者还有余英时、叶嘉莹、伊藤漱平等。

此时的周汝昌，却安然坐在一边的沙发上，不动声色。因为这一部甲戌本对他毫不新鲜，早在三十二年前，曾在他手中保存了五个月，看得烂熟于心。这时斯坦福大学的王靖宇走过来对他说：您当年的题跋在卷尾，已然看清了。

周汝昌与另一人住同屋，说是照顾，他觉得也有"察看"之意——不确定是冯还是陈。一天中午，美国之音的记者来录音采访，周汝昌就对着话筒说：《红楼梦》是中华文化的精华，是海外华人同胞与我们互相联系在一起的纽带。这时同屋者回来了，一见此状，面露不悦，大声说："你不要和他们搞这个！"这录音广播被国内的朋友听到了，后来还收进书里，受到肯定。

那次周汝昌与台湾的潘重规，在会上会下都有互动。台湾当局不许学者来参加这次国际红学会，潘重规是由香港而来。他读了周汝昌的论文《〈红楼梦〉

周汝昌和台湾红学家潘重规亲切交谈

《人民日报》1980年7月4日的报道

首届国际《红楼梦》研讨会从6月16日到20日在美国威斯康星州首府麦迪逊召开。中国大陆和台湾的红学家参加了讨论会。图为台湾红学家潘重规（右）和大陆红学家周汝昌（中）在一起交谈。

新华社记者　顾文福摄

全璧的背后》，大感兴趣，完全赞同，两人是在"索隐派"政治说上达成了一致。那天潘先生发言之后，评论主席李田意很不客气："你还是那一套老观点，有改变吗？"但是潘先生毫不介意，还是侃侃而谈。周汝昌发言时便称赞道：潘先生具有中国学者的风度。潘重规的回应是：周先生给我的这一评语，比我接受一个学位称号还觉光荣！

这时全场气氛和谐，赢得了掌声。潘重规从讲台上下来，拉住周汝昌要合影。马上有记者上来，拍下这张当时难得的照片。此照随即在《人民日报》头版刊出。

冯其庸也与潘重规有很多交流。潘先生爽朗地介绍了1973年他冒着风险去苏联看列藏本的过程。潘先生还表示很想买到由冯其庸作序的己卯本影印本。

会毕话别那天，很多朋友争着索求冯其庸和周汝昌的书法和绘画留念。他们从下午三点一直写到六点半，这真是能者多劳。英国的《红楼梦》英译者霍克思北京话讲得很好，他说："我有一个请求，你赶快休息，实在太累了！"

与会者都是研究中文的学者教授，因此出现了大量的吟诗作词，赓和酬唱。有意思的是，在周汝昌的带动下，出现了很多篇为曹雪芹的残篇遗韵而补作的"全璧"诗。有周策纵两首,陈永明一首,唐德刚三首,而周汝昌一人竟作了九首,以墨笔写成字幅带到大会上展览,这简直是有蓄谋的越洋示威了。当时海内外隔绝,信息交流迟缓,海外华人学者们似乎并未与闻国内风传的"佚诗"事件,周汝昌也没有说明"唾壶崩剥"一诗背后的秘辛,以致唐德刚作诗竟题为"用弃园唾壶崩剥韵",误以为是周策纵的作品了。其实与此会召开的同一时段,香港那边的刊物上,吴世昌、梅节二人正为所谓"佚诗"而激战方酣。

大会主席周策纵作了一支散曲,"红楼梦外一支《血泪书》——为首届国际红楼梦研讨会作",乃承太虚幻境《红楼梦曲十二支》而来,端的是绝妙好辞。

> 字字鲜红血泪潮,把十年生命都消磨了。毕竟有几度青春年少,怎禁得尽拼换这风情月债,魄荡又魂销。桃红柳绿妖娆,风流人物痴还俏,一个个话来嘴舌不轻饶,眉梢眼角争啼笑,刻画出腐心利欲,迫人权势鬼嚎啕。只落得个荒唐梦幻,红楼白雪路迢迢。尽叫人从头细味把金樽倒,好一似大观园重访了几千遭,想一想悲欢离合,炎凉世态,便古往今来也只共一朝。回头看红学轰轰烈烈,更只是千言万语盾和矛,无穷无尽的笔墨官司总打不消。没奈何,且拍案狂歌当哭,呼朋引类尽牢骚,岂道是召一次国际擂台趁热闹,实为了文章美丽,学术崇高。还应叫那全世界的苍生惊晓,一道儿来品赏其中妙。[11]

对于周汝昌来说,这是一次燕京大学校友的自豪之旅。四十年前的燕京老同学程曦教授,读周汝昌的论文至凌晨两点,一口气读完了才得入睡。"如闻柳敬亭说书,忘记读的乃是学术性很强的论文也!"耶鲁大学的余英时教授一见面就自报家门:"我也是燕京的!"他俩戏称"燕京大学出红学家。"

1980年7月初,冯其庸、周汝昌、陈毓罴从美国返抵香港。

周汝昌归途回到香港,中文大学的宋淇教授在夜里来接机,初次见面,也是先报燕京的学历。[12]

而余英时和宋淇与周汝昌的共同点仅限于燕京校友,他们是在海外提倡以文本和文学研究红学的两员主将,都批评考证派和"曹学",与周汝昌是歧路偶然相逢而已。

俞平伯虽然未能赴美参加,但他其实心中很惦记这个首届国际红学会,其表征就是,他请海外的弟子周颖南,为他搞来全套会议文件仔细阅读。7月14日他致信周颖南:

> 承惠"红"会文件,首尾完整,阅之有味。论文中似以余英时、潘重规较好,未知然否?"红学"索隐派祖蔡子民,考证派宗胡适之(虽骂胡适,仍脱不了胡的范围)。考证派虽显赫,独霸文坛,其实一般社会,广大群众的趣味仍离不开索隐,所谓双峰并峙,各有千秋也。于今似皆途穷矣。索隐即白话"猜谜",猜来猜去,各猜各的,既不能揭穿谜底,则终古无证明之日,只可在茶余酒后作谈助耳,海外此派似尚兴旺。考证切实,佳矣,却限于材料。材料不足,则伪造之,补拟之,例如曹雪芹像有二,近来知道皆非也。一或姓俞,一或姓潘,而同字雪芹。殆所谓"走火入魔"者欤!拉杂书之,以博一笑,不足为外人道也。
>
> ……陈毓羆转述我的话是有的,然恐不为大众所喜闻也。[13]

我以为,俞平伯的这段话,提纲挈领地概括了红学界的概貌,甚至把二三十年后的混乱局面也预料到了。这才是高人巨眼。

国际《红楼梦》研讨会由周策纵首开先例,后相沿成习。第二至第五届国际《红楼梦》研讨会,后来陆续在中国的哈尔滨、扬州、台北和北京举行。周策纵每会必到,并提交论文。

作为此次国际会议的后续,1981年9月到次年1月,冯其庸应斯坦福大学亚洲系王靖宇教授的邀请,到美国加州旧金山斯坦福大学访问讲学,为期四个多月。期间还到访东岸的哈佛、耶鲁、哥伦比亚大学,归程途经夏威夷。那时他还没有背上行政的重担或戴上权威的桂冠,可以作纯粹学者的逍遥之旅。

33 青春作伴

我考上北大，进燕园报到，是在1978年2月27日。却原来大名鼎鼎的七七级，只是因为考试在头年的12月10日，才与77年勉强沾边。在这两个日子之间，我过了二十七岁。后来得知，胡适在这个岁数上，已经留美读博归来，荣任北大教授。而俞平伯二十岁已从北大毕业，二十三岁写出了《红楼梦辨》，二十五岁开始任教于燕京和清华大学。李希凡发表批俞文章名满天下时，也是二十七岁，蓝翎则是二十三岁。而二十七岁的我却只是大一新生，按年齿在班里排第十一位，惜乎未进前十。

冥冥之中，我似乎与北大有某种缘分。更确切地说，是北大与《红楼梦》、红学有某种缘分。为了这本书，请恕我攀比前贤。

在本书已经写到的红学及有关人物中，北大或者燕园，是多少人的求学（或者教学）之所、弦歌之地？这是蔡元培和胡适先后做过校长的北大，这是鲁迅讲过小说史的北大，这是顾颉刚、俞平伯寒窗读书的北大，这是俞平伯、吴恩裕、王利器曾经任教的北大，这是何其芳既做学生又创办研究所的北大，这是林庚、吴组缃仍在执教的北大；这也是曾经迎来顾颉刚、俞平伯、孙楷第任教，送走吴世昌、周汝昌和梅节毕业的燕园……除此之外，还有王昆仑、邓云乡、王若水、陈毓罴、王佩璋、刘世德都是北大毕业生，校注组和红学会中还有更多的校友学长……如此算来，这已经占了全书人物的百分之几十？

除了人，还有物。如果再上溯历史，聚焦地理，北大西门对面的"恩佑寺"、"恩慕寺"两座小山门后，就是康熙年间的畅春园遗址，那里现在是北大的教职工宿舍。曹雪芹的祖父曹寅，曾监管过畅春园西花园工程；曹寅的内兄（换句话说，贾母之原型的哥哥）李煦曾任畅春园总管。畅春园西边，周汝昌课余经常到访的张伯驹"展春园"，就是现在仍属北大的承泽园。请问中国还有哪座校园，能够比北大燕园，与《红楼梦》和现代红学有更多关联吗？

所以我要说，进北大读中文，就是与《红楼梦》结缘。

我在本书的一开头就交代了，一直对《红楼梦》研究很感兴趣。1963年我还在小学五年级，到故宫文华殿看曹雪芹逝世二百周年展览，算是启蒙；到七十年代借着工人理论队伍之机，公私兼顾地看了很多红学的材料。现在正经进了科班读中国文学，岂不是夙愿得偿，该登堂入室了？所以除了按部就班地学习中国文学史以外，我有意识地多读红学著作。

那时候，荒废了十几年，也郁闷了十几年的老教授们，只要身体还允许，就愿意再登讲台，拼命献出自己教学生涯的绝唱。我们这些失学了十几年，也迷乱了十几年的青年人，便如饥似渴地享受老教授们最后的烛光照耀，还有中年老师们迸发的似火热情。林庚教授为我们讲"楚辞研究"，他在燕京大学时已是教授，1953年秋，是他给周汝昌写信询问回京工作的意向。历史系主任邓广铭先生跨系为我们讲授"中国古代文化史常识"中的史学，那时候我不会知道他曾是胡适的秘书，1948年冬最后送先生上路。吴组缃先生为我们讲"中国古代小说史论要"，他既是小说作家又是资深教授，1956年就曾经与何其芳"打擂台"同讲《红楼梦》，成为传诵多年的课堂佳话。时隔二十三年后再次出马，而且是经磨历劫后再发新声，这课程是"人间难得几回闻"。

从日记里查得，吴先生的课是从1979年9月12日上午开讲。开始时教室拥挤混乱，耽误了半个小时才就绪。这课的正式听众应该是我们七七级和七八级文学专业两个班的学生，加上刚刚入学的研究生，再加上中青年教师，加上外系蹭听学生，甚至校外闻风而来的仰慕者，怎能不人满为患，一座难求呢？

以下引用我班同学陈建功的文字：

> 听先生讲课的时候，先生已逾古稀高龄。先生身材瘦削，朗目疏眉，穿着一身浅灰色的中山装，风骨岸然。每次先生步入化学北楼的大教室时，教室里早已人满为患，却静静地一片肃然。……
>
> 先生的课却讲得那么潇洒，讲的是"中国古代小说史"，话题连类古今，典故趣闻信手拈来，印象最深的是翻来覆去地讲到曹雪芹对宝黛爱情的描写之精妙，一会儿说起自己年轻时代的感受，一会儿又扯到对自家儿女的观察，教室里时时响起会心的笑声。先生却不笑。我知道，先生所讲，无意哗众取宠。先生的讲法，非小说大家不能。先生治史，不为史累，他调动了自己作为一个优秀小说家所具备的对生活的独特体验和观察，带领我们神游于中国古代小说的意境、人物、细节之间。[14]

班里与我同样有红学志趣的，是小字辈梁左。他喜欢开玩笑，又总能够作一本正经状，甚至以庄严的政治语言，讲出含义微妙的笑话——这就是他潜在的喜剧天才。但是他也有另一面，能够把古奥的《离骚》背得像数来宝一样滚瓜烂熟，能够把理论术语如家长里短一般灵活运用。渐渐地我们俩互相发现，都倾心于《红楼梦》，都积累了一定的红学知识，这就具备了合作的基础。

1979年初冬，还正是听吴组缃先生讲课期间，我们在刚刚创刊不久的广东《花城》第三集上，看到了诗人徐迟的文章《如何对待脂砚斋》。那几年徐迟先生写作报告文学，风行天下，令人敬佩。可是我们认为他在红学方面却实在外行，或者是故作危言耸听。他全盘否定脂砚斋，说他"盗名欺世"，"恶毒透顶"。话说得太绝，就容易反驳了。此文是我先倡议，邀梁左合作的，记得是我写初稿他再改，写成了《脂砚先生恨几多》，为脂砚斋辩护，其实是说了一些主流派的基本常识，谈不上创见。文章是在元旦时写完的，署名我在前边。班里的黄子平，上学之前就在广东的出版社当过编辑，他受委托为《花城》组稿，这样我们的文章就于1980年5月，在《花城》第五集刊出。作为大二学生就发表了论文，对我们俩都是不小的鼓舞。

这之后，我们俩又合作了一篇《"曹雪芹的乌托邦幻想"质疑》，是谈思想内涵了，好像又深入了一步，其实是在讲自己不熟悉的东西。起因是在《红楼梦学刊》创刊号（1979年8月）上，有王向峰先生撰文提出《红楼梦》表现了曹雪芹的"乌托邦幻想"，梁左提出要驳他，我就跟随助阵。这篇是他先起草，我修改第二稿。这文章我们投给了《红楼梦学刊》，过了一年才发表在1982年第一辑上。

第三篇合作文章叫《警幻情榜增删辩》，是很具体繁琐地考证那情榜到底应该是三十六人还是六十人，各正副册应该包括谁，其演变过程为何，也是与浙江的蔡义江先生商榷。这篇梁左预先做了严密的逻辑推理演算，自信言之成理，并与蔡义江先生通信讨论过。后两篇文章都是梁左先提出点子，我俩讨论丰富论点和论据，由他写出初稿，我再加以补充完善，写第二稿。他的思想比我活跃，长于创意，我的加工则使逻辑更严密，材料更充实，文字更丰满。记得《情榜》一文，他的初稿是七千字，经我扩充到了一万二，让他喜出望外。我在改稿中把"靖本"脂批中的文字错乱比喻为"像排字房里打翻了的字盘"，得到他的击节赞叹。这是因为我上大学之前在报社实习过，有在排字车间的亲身体验（那还是铅字时代），而他从小在报社环境中长大，故心有灵犀。这篇文章写于1981年的4、5月间，发表时已是1982年11月，我们毕业以后了。后两篇都是他署名在前，虽然我年长于他，但他是最初的创意者啊，所以我也不算屈居于后。这第三篇发表于社科院文研所编辑的《红楼梦研究集刊》第九辑，经手人是刘世德老师，当时我们感觉是终于登上了最高级的红学刊物。现在想来，恐怕也有不同派系的因素在。

后来回头看，我们俩合作发表的三篇红学文章，都是与别人商榷的驳论，而不是自发地立论，这是有原因的。青年学生在起步阶段，还在积累知识，一般还不足以自己立论，却年轻气盛，思想敏锐，善于发现问题，敢于与权威辩驳。所以胡适一开始是驳蔡元培的，李希凡、蓝翎一开始是驳俞平伯的，我们俩亦不例外。

参照本书前面的叙述，在1979年前后，红学界热闹红火，特别是有所谓曹雪芹"佚诗"、"佚著"、画像、"故居"之类联翩而来，真事比小说还精彩曲折。但当时剧情正在发展，当事人都在，不适合纪实，却是极好的小说题材。那时候除了搞红学以外，梁左还在写小说，我是写诗的。我们俩于是议论，打算合写一部"红学小说"，以现当代红学研究界的种种隐秘内情为故事主干，把环境背景设在恭王府花园一类的古建筑中，以增强其浪漫、古雅而神秘的气氛。因为我们几次去《红楼梦学刊》送稿改稿，对那里的环境印象深刻。想想如果"大观园"变成了红学研究所，里面出没着不同学派代表、老中青学者、文学青年、古建筑专家、影视剧组等各色人等，在他们之间敷衍出人物纠葛，恩怨情仇，情节起伏，线索错综，必将会像《红楼梦》本身一样引人入胜，且意旨深远。这样便可以戏中套戏，古今穿越，虚实映照，学识穿插，一定既有文化品位，又趣味好看。这个设想可惜只停留于议论，没有成文。

多年后我看到有的文章说，梁左后来还想着写这部小说，但是一直忙于手边的俗务，想着反正都装在他脑子里，来日方长，最终没有写出来，留下遗憾。事到如今，也许只有我还知道这小说打算写什么，但是也只能回忆到这个地步了。

也正是因为当年这个写小说的打算，成为我写作本书的契机。四十年后，时过境迁，物是人非。恭王府固然还在，且旧貌更新；但那些风云一时的主角，包括合作者梁左，都已谢世离场，羽化登仙。此时据实而述，已经不必顾忌太多。而我自己，后来当了文艺记者和报纸编辑，更擅长于纪实。所以当年埋下的小说种子，就长出了一棵纪实之树。

再回到当年。1981年4月，梁左在回老家南通探亲时，偶听说某人家有部《红楼梦》抄本，就抱着极大的希望上门求观。翻阅之后，判断版本既非脂本，评语又非脂评，是较晚出的抄本，便失望地抛开一边。他回到北京后跟我说起，我说哪怕是晚近抄本也有价值，何况它还自带批语，应该详细考察记录下来，不要轻易放过。这时我们已经有了中文系《红楼梦》研究小组，其他老师和同学也这么说。于是他在9月里再次南下，认真调查了这部抄本，写成考察报告《孙崧甫抄评本〈红楼梦〉记略》，发表于《红楼梦学刊》1983年第一辑。这是一部道光年间据程甲本的抄本，有孙崧甫自加的批语，当时保存在孙氏后人手中。此前，孙超（崧甫）是作为晚清的一位重要词人，受到文学研究者关注。梁左的发现，使他又名载红学史册，被收入冯其庸、李希凡主编的《红楼梦大辞典》，胡文彬等人还对孙进行了专门研究。我颇惦念，不知此抄本四十年后花落谁家？

在我们上到大三的时候，我们两人与七八级吴德安、八零级马欣来四人一起，组成了北大中文系《红楼梦》研究小组。吴德安入学前在香山公园做摄影师，给游客拍照的。她业余喜欢红学，曾给在香山考察的红学家吴恩裕先生做过助手。马欣来是戏剧家马少波先生的女公子，一年前她在北京景山

作者（左）与梁左摄于北京展览馆剧场，1981年5月14日。

学校上高三时，就在《红楼梦学刊》上发表了论文，与戴不凡先生商榷。那时戴不凡发表了《揭开〈红楼梦〉作者之谜》（1979年第一期《北方论丛》）的长篇论文，说《红楼梦》作者是所谓"石兄"，曹雪芹只是"修订加工者"，遭到很多反驳。据说冯其庸主编格外赏识，表示马欣来不用考大学，可直接做他的研究生。但小马没有接受这个好意，按部就班参加了高考，以北京市文科第三名的成绩考进北大，立刻被我们吸收为组员。

小组的第一次活动，是1980年12月30日晚上，在二十五楼。我们得到了中文系领导的支持，指派了胡经之、陈熙中两位老师来当顾问，那天研究了可以做的题目。几个人竞相灵活使用《红楼梦》或脂批中的语言说话，有点故意卖弄的意思，让老师表扬我们材料掌握得很熟嘛。我们这个四人小组是两男两女，两"老"两少（我和吴稍长），活动起来自然是很愉快的。

1979年真正成为冯其庸先生研究生的，是我们的班长叶君远。他是我们班年龄最长者，已三十二岁，还因为下乡插队长而工龄短，不能带工资上大学（我带四十元工资上学，在同学中算是富户）。据说经济压力是他考研究生的最大动力，所以只读了一年半北大本科，就去了人大读研究生。除了刘梦溪等早期本科学生以外，老叶是冯先生的第一个研究生，即开门入室弟子。但是他并不治红学，研究方向是吴伟业、清诗等。这也说明了冯先生的学问，要比红学广博得多。

从1979年到1986年，是红学的黄金年代。其标志就是1979年《红楼梦》研究所设立，《红楼梦学刊》创刊；1980年中国《红楼梦》学会成立，威斯康辛国际红学会召开；从1980年到1985年连续五届全国规模的《红楼梦》学术讨论会，分别在哈尔滨、济南、上海、南京和贵阳举行；直到1986年6月，第二次国际《红楼梦》研讨会回归哈尔滨。

笔者有缘也有幸，前五届国内的《红楼梦》研讨会，我有三次躬逢其盛。1981年10月5日至10日，第二届全国《红楼梦》学术研讨会在济南举行。这会由中国红楼梦学会和山东大学联合主办，应该有李希凡的居中联络之功。报道说参加会议的代表共一百六十余人，其中年纪最小的只有十八岁，还在学校读书，这指的就是我们的小马。代表们提交了论文六十余篇，讨论的主题是《红楼梦》的艺术成就。

我们四人以北大中文系学生《红楼梦》小组的名义，到山东济南去参加了这个会。那时候大学本科学生停课去外地，作为正式代表参加学术会议，还是很少见的。感谢北大和中文系对我们的支持，不仅准了假还报销差旅费。在一起开会几天，是结识前辈和同行的最佳机会，这样我们就认识了周汝昌、冯其庸、李希凡、蓝翎、陈毓罴、刘世德、胡文彬等红学家。刘世德先生是这会的组织者之一，非常活跃，我们跟他套上了校友的关系。刘先生见我带着相机，又得知会后将去曲阜，就请我帮个忙，到孔林里的孔尚任墓前，为他拍一张墓碑的照片，后来我寄给了他。

除了专家和老师们，我们还结识了一批同辈的青年红学研究者。例如安徽来的周岭，河南来的凌解放（他还没有开始写帝王小说，没使用笔名二月河），四川来的邓遂夫，山西来的梁归智等，以及当时在社科院文研所读研究生的程鹏、胡小伟。他们后来都有大发展，不能细表。

梁左在会前提前去了南通，再次考察他发现的抄本，然后返回济南与我们会合。他在会议期间向很多学者介绍了这个抄本，大家都很感兴趣，鼓励他将有关材料尽快整理出来，公诸于世。这就是他那篇文章出笼的背景。

开完会后，梁左与小马同行回京，我与吴德安游曲阜，登泰山。我们就是在那次会上，一起加入了中国红楼梦学会。据后来与梁左合作的姜昆说，梁左自称他的红学会会员证是十三号，不吉利，所以不再参与活动。我想这不太可能，以我们的资历，以我们是在第二届研讨会上加入，排号应该在一百以上，不会那么靠前吧？我的会员证已不知何往，难以证实或纠正他的说法了。

参加这会议时，已经是我们在大学的最后一个学期，开完会回到学校，就该写毕业论文了。我的论文选题还是《红楼梦》，要选指导老师。有的老师是广受追捧应接不暇，有的老师是无人报名门可罗雀，于是我就非自愿地被指派给一位后一类老师——也许这就是搞《红楼梦》应得的结果。我给自己

周汝昌1981年10月在济南。作者摄

选的具体题目是有点玄虚的"意境",叫《〈红楼梦〉的意境表现浅探》,从小说扯到了画论和诗境。在引文中,我没有引用革命导师的教导,却有被认为是唯心主义的宗白华和台湾学者徐复观的论述。而指导我的老师,思想观念十分正统,显然不喜欢我的倾向,在论文评语里要求我"应加强马列主义学习"。招我进北大并一直对我很关心的谢冕老师听说了,对我戏言:"谁让你去搞什么《红楼梦》!"我就这么毕业了。

我想把这文章投稿发表,首选是《红楼梦研究集刊》,就寄给了已经认识的刘世德先生,但是被退了回来。于是我再投给《红楼梦学刊》,却是在比较显著的位置(分类的头条)发表了(1984年第一辑),一字未改。因此经历,虽然我感谢《学刊》待我不薄,但还是觉得《集刊》的标准高出一筹。

在济南会议之后,毕业之前的一天,忽然有一天中文系办公室通知我们,说李希凡、蓝翎要来跟我们《红楼梦》小组座谈,让我们四人一起去见他俩。是在五院(原燕京大学女生宿舍)中文系一间办公室里,简单谈了一会儿就散了,当时也不知为什么,有些"纳罕"。其实我们在济南已经见过面,而梁左是《人民日报》子弟,李希凡是看着他长大的。李、蓝二人有何必要大老远跑来见这一面呢?好几年以后,待我也以《人民日报》干部的身份,去北大选招毕业生的时候,我才悟出,李、蓝两人那一次来,应该是暗地里面试我的。

梁左在上学期间说过,他从小就认识李希凡,管他叫伯伯。在北大当代文学的课堂上,我们学到过李希凡与何其芳对典型人物如贾宝玉或阿Q的争论,李的观点讲的是阶级论,何的观点近乎人性论。他二人的地位有过此起彼伏的转折。到了八十年代初拨乱反正,何的观点已经被普遍理解接受了。某次大学生梁左再次见到李希凡伯伯,对他说:现在看来,何其芳的观点还是有些道理的哈!李希凡立马急眼了:你说他有什么道理?梁左知道失言了,赶紧认错服输,不敢再谈下去。

毕业以后不久,有一次梁左来找我,说他在《中国青年报》上发了一篇《什么是"红学"》的小稿(1982年1月2日),是《文学百题》栏目下的普及性知识介绍,该栏目要出书,让他扩充约一倍的篇幅,以与其他篇大致统一,但是他已经没词儿了,才又来找我。我一看很容易,还有未尽的话可说,就给他扩充整理,字数加倍。这是我与他的最后一次合作。这本叫《文学百题》的书到1986年才出来,那时他已经与姜昆合作写相声,混得风生水起了。

当年我与梁左曾戏言,从红学史上看,有成就的研红者常二人结对,两两成双。如一芹一脂、俞平伯顾颉刚、周汝昌周祜昌、李希凡蓝翎、陈毓罴刘世德、胡文彬周雷等,所以我们俩的结对也是渊源有自,甚至是命中有缘。

梁左后来写了电视情景喜剧《我爱我家》，竟成为经典。那庞大的结构，那众多的人物，焉知不是受了《红楼梦》的影响？它里面的台词也有很多是从《红楼梦》里信手拈来。可惜梁左已于2001年英年早逝，年未满四十四岁。这太像曹雪芹的"四十年华付杳冥"或"年未五旬而卒"。而我们小组中最年轻的才女马欣来，也在2017年病逝，年仅55岁。八十年代初的北大学生红学小组，四人已萎其半，先走的竟是两位年少者，怎不令人唏嘘！另一位吴德安毕业后去了美国，隐约听说曾在普林斯顿大学读硕士，后到孟菲斯大学任教，但再无联系。

写到这里，我不禁要模仿着畸笏叟的口吻感叹一声：尚记四十年前燕园剧谈《红楼》乎？如今回首，仅剩朽物一枚，宁不痛杀！

毕业以后，我又有两次机会参加红学盛会。

前三次红学会的主办单位都是大学，其选址都有个人的关系。如1980年哈尔滨师大有原校注组成员张锦池，1981年山东大学有李希凡的老同学袁世硕，1982年在上海师院，有也是校注组成员的孙逊和徐恭时等。那三个城市与《红楼梦》并没有直接的历史渊源。

第四届《红楼梦》研讨会于1983年11月23日至28日在南京召开。这次与前三届有很多不同，一是主办单位并非大学，是由中国红楼梦学会与江苏省文化厅、中国作协江苏分会、《江海学刊》编辑部和江苏省红楼梦学会联合主办，更具官办性质，比以往更盛大；二是适逢整数，有了纪念曹雪芹逝世二百二十周年的名义；三来更重要的是，南京与《红楼梦》关系密切。曹雪芹生于南京，在此经历繁华和变故；他的先辈三代四人在南京担任江宁织造，煊赫几十载；《红楼梦》明写南京石头城，所以才叫"金陵十二钗"。于是在南京开红学研讨会，就仿佛是游子还乡。

这时我已在《人民日报》文艺部工作，与李希凡一起去参会，而且跟他住一个房间。在日常接触中，李希凡忠厚和善，平易近人，毫无名人的架子。跟他同住，这种感受尤其明显，有的与会代表也特地过来，跟我说这种意外的感觉，这与读他文章的感觉完全不同。

南京这次会，有几件事给我留下了深刻印象。首先是带我们参观在南京有关曹雪芹家世的遗迹，比如大行宫小学即江宁织造府和曹家西园遗址，原属两江总督府的总统府西花园，袁枚随园遗址，明孝陵里有曹寅题名的"治隆唐宋"碑等，还有一天是专程去扬州参观。

带队讲解的是南京大学的吴新雷老师，他讲的内容很丰富，但就是方言口音较重，没完全听懂。后来知道了吴老师的一段光荣史，那就是1973年底，他为许世友司令员压缩了五万字的简本《红楼梦》。那时候他不知道毛泽东主席让许世友读五遍《红楼梦》的秘密,也不知道是许司令读原文有困难,只知道是南京军区政治部交给南京大学的任务,让把百万字的《红楼梦》删减为五万字。要求"对《红楼梦》是压缩,而不是缩写,要全部用原文,不能有自己的话;主要人物、情节都要有。"这是保密的政治任务,吴新雷花了三个月时间,倒是真的读了五遍,不然串不起来。其中的诗词只保留了一两首,如《葬花吟》。这真是既难为了许司令,也难为了吴老师。

其次是南京是"靖本"的产生地,不免引起更多的关注。靖家的儿子靖宽荣和儿媳王惠萍在会中表现活跃,已如前述。还有就是对"陆绘曹雪芹小像"的继续关注,那次河南省博物馆把原画又带来了,在南京博物院展出。我也去目验了那幅画,亲眼看到印章应为"陆厚培"。

南京博物院是一座很有历史感的仿古建筑,是从民国年间的中央博物院传承下来的,在当时国内的博物馆中出类拔萃。这次《红楼梦》研讨会的总主持,就是南京博物院院长姚迁,他也是江苏省红楼梦学会会长,一位儒雅的学者型领导,也是冯其庸的好朋友。谁能想到,此次会后不到一年,他就在1984年11月8日自杀身亡。

姚迁为什么自杀?反对他的一方说,他利用职务之便剽窃他人科研成果,多次在别人写的文章上添加署名,打击知识分子云云。《光明日报》在8月两次发文点名批评,还配发了评论员文章,全国舆论哗然,台湾报纸也借机攻击。姚迁深感冤屈,难以承受,他把最后的一线希望寄托于冯其庸身上,写信求助。但是冯正在待命准备去苏联考察列藏本,不得脱身(见下节),就回信说不要着急,待我回来就来相助。姚迁接信泪如雨下,说"来不及了",当夜就上吊自尽。家人为他喊冤,停尸博物院抗议,这事就闹大了。

冯其庸了解姚迁,认为他是好干部而遭诬陷。按冯的辩护说法,姚曾经因为催还从博物馆借去的文物,得罪过省委的老干部;又有某干部把听姚迁说的文物鉴定意见写成文章,擅自加上他的名字以利于发表。冯其庸从苏联归来后,动用他的关系,全力为姚迁奔走呼吁,通过中宣部领导,得到胡耀邦同志批示。终于使姚迁得到平反昭雪,省委书记道歉,《光明日报》为此做了检讨。[15]

在此之前几乎整整二十年,1964年12月22日,南京博物院前院长曾昭燏女士从紫金山灵谷塔上坠塔身亡。那时候的姚迁是副院长,悄然操办了曾院长的身后事。前后两任院长的结局,竟然如此惊人地相似,令人感叹,迫使我不自觉地把话扯远了。[16]

南京会议的两年之后,第五次全国《红楼梦》学术讨论会,于1985年

周汝昌先生主动要求在奇石前拍照，1985年10月于贵阳花溪公园。
作者摄

10月12日至19日在贵阳举行。这次会的中心议题是《红楼梦》的人物论。我第三次来参加了会议，会中去游览花溪公园时，我为周汝昌先生拍了几张照片。

中国《红楼梦》学会成立五年了，这一次要进行领导班子的换届改选，于是出现了一些争名夺利的现象。这令某些来自地方的基层青年代表感到意外，感到失望。其实，全国的各种学会情况都差不多吧？那时尚称学风淳朴，到如今这种名利之争已是明目张胆，见怪不怪了。改选的结果是吴组缃先生荣退，冯其庸当选为会长，蒋和森增补为副会长，蓝翎任秘书长。这，就开启了红学会冯其庸的时代。

贵州虽然是西部不太发达的省份，但是它的《红楼梦》研究却相当发达。这次会议之后，1986年12月，贵州省红学会主办的《红楼》杂志创刊，竟然一直坚持下来。

也是在这次会上，冯其庸做了专题报告，介绍前一年12月去苏联列宁格勒考察列藏本的情况。为了连续讲完我在八十年代参加过的几次会议，差点把那重要事件错过了。

34 冰封彼得堡

缘起

听起来这事很神奇，在遥远的俄罗斯彼得堡，从1832年起就收藏着一部抄本《石头记》。可是书在异乡谁能识？

1963年初，正是北京筹办纪念曹雪芹逝世二百周年活动越来越热的时候，也正当中苏关系日趋冰冷的时刻。在莫斯科高尔基外国文学研究所工作的汉学家里弗京（汉名李福清），出发去列宁格勒也就是原来的彼得堡，到苏联科学院东方学研究所列宁格勒分所，看望同行好友缅西科夫（汉名孟列夫）。孟列夫他们正在整理馆藏敦煌文献，告诉他发现了新的变文和其他文献。李福清很羡慕他们，晚上睡下还在想，是否也做点调查，也许能发现新的孤本，他懂得用孙楷第的《中国通俗小说书目》作比较。第二天到东方所，马上发现了这一部八十回抄本《石头记》。

这李福清与《红楼梦》还有前缘。他1932年生于列宁格勒，十八岁进大学学中文，后到吉尔吉斯共和国跟那里的东干人学得一口流利的甘肃话。1955年大学毕业后，到莫斯科苏联科学院世界文学研究所工作，研究方向是中国民间文学。在莫斯科大学，他遇到了中国研究生陈毓罴，跟他学中国古文。陈毓罴1947年考入北京大学，1951年毕业后赴兰州大学任教，正好听惯了甘肃话。按照陈毓罴的建议，李福清给中国的各省文联写信，要求代为搜集有关孟姜女传说的资料，收到很多刻本和抄本。1957年郑振铎到访莫斯科，李福清抱了一大堆孟姜女资料去请教。郑振铎说，如果我以文化部副部长的名义跟地方要，他们都不一定寄，你李福清比我们中国的领导机关还管用，几封信得到多少资料啊！一定要好好研究利用。

1959年陈毓罴学成回国，李福清也第一次访问中国，认识了民间文学研究会的贾芝、路工等。刘锡诚、连树声等陪他到天桥听评书，听的是连阔如说的《长坂坡》。1961年再到中国，见到了研究俗文学的顾颉刚教授，顾想编孟姜女资料集（这是他早在1924年就致力研究过的课题），李福清便把一部分资料寄给了顾教授。1965年第三次来华，在北京大学进修十个月，由段宝林老师辅导，听过民间文学、文艺理论、中国戏剧史等课程。直到1966年7月，北大的"文革"之火烧起来了，他才回国。

再说那个列宁格勒的《石头记》抄本。李福清和孟列夫初步研究后，合作写成文章《长篇小说〈红楼梦〉的无名抄本》，在1964年第五期《亚非人民》杂志登载。但那时中苏关系紧张，中国又很快一片乱局，红学界无人注意到这一发现。李福清自己在北京时大概也很谨慎，没有向老师们宣扬他的发现。

直到1973年，中国的《参考消息》上才摘录译载了李、孟的文章，那是在江青关注《红楼梦》以后。冯其庸当时就仔细反复阅读了此文，感到此本很有特色，可惜中苏关系冻结已久，无缘一见。我本人也见过此文，记得是连载两天，当时看得半懂不懂，但就是感兴趣，还剪下来保存。

当中国大陆学者绝无可能赴苏看书之际，台湾学者潘重规先行一步了。正在法国巴黎第三大学任客座教授的他，于1973年8月8日飞往列宁格勒。那时候从西方去苏联，叫"闯入铁幕"。登机前未能与孟列夫联系上，到了研究所才知孟去外地度假，而要看敦煌卷子和《石头记》抄本又非孟不可。总之是一波三折，在列宁格勒停留十天，终得两天约十小时，看到了这一抄本。他把"胸中郁积着的问题，把头脑变成电脑，尽量的、尽快的向三十五册抄本中猎取"。[17] 无论如何，潘重规是目验列藏本的第一个中国人。

此后三年内，潘重规在香港发表了三篇文章，介绍和研究列宁格勒藏本《石头记》。1980年在美国威斯康辛首届国际红学会上，他宣讲论文，向各国学者当面介绍。这篇论文于1982年发表在香港《明报月刊》上，题为《列宁格勒藏本〈红楼梦〉考索》。到1984年之前，尽管各国学者关心这个抄本者众多，也有一些讨论商榷，但是大家都未见真容，靠的都是李、孟、潘三人几篇文章的介绍，无异于望风捕影，隔山买牛。

按照苏联学者的介绍，此本在清道光十二年（1832）由库尔良采夫带到俄国。库氏系俄国派往清朝的第11届东正教使团中的大学生团员，1830年来华，1832年因病提前回国，带回此书。那时的俄国人之所以对《红楼梦》感兴趣，据说是用作学中文的教材。起初，此本留存于俄国外交部图书馆，后移交苏联亚洲人民研究所列宁格勒分所，即现在的俄罗斯科学院东方古籍文献研究所。

受命

威斯康辛《首届国际〈红楼梦〉研讨会论文集》，于1983年由香港中文大学出版。时任国务院古籍整理出版规划小组组长李一氓，在1984年初看到了这本论文集，其中潘重规的这篇《列宁格勒东方院藏抄本〈红楼梦〉考索》，特别引起了他的重视。他由此得知，苏联列宁格勒有当时发现藏于国外的唯一《红楼梦》早期抄本，便敏锐地意识到，有必要将这一版本引回国内影印出版。

李一氓是资格甚老的革命家兼文化人，曾参加过北伐战争、南昌起义和长征，为新四军领导人之一，解放后曾任中国驻缅甸大使、国务院外事办副主任、中联部副部长，年近八旬时被陈云推荐负责古籍的整理出版。由他来指挥协调列藏本回归，是最合适的人选了。

此后的事件过程，当事人有不同说法，且尖锐对立。为了公正客观，我需要并列排比双方的原话。

【冯其庸】记得是1984年上半年，大约是4、5月份，李一氓同志的秘书和中华书局的柴剑虹同志到艺术研究院来看我，我们即在我办公室外面的小会议室见面，李老的秘书沈锡麟说，去苏鉴定《石头记》抄本并争取拿回胶卷的事，已基本与苏方谈成了，李老的意思想请我去负责此事。并希望我能再推荐一位专家同去，我当即推荐了周汝昌同志。[归记][18]

【周汝昌】（1984年夏，一天胡文彬来访周家，告知）得到确信，一氓同志决意向苏联洽商出版列宁格勒所藏《石头记》旧抄本。拟派之人就是我。……心里也盘算，如派我去并可以推荐同往者，即拟举文彬之名。（胡文彬一直关注海外和港台红学研究，故特别重视列藏本，靠着与苏联的华裔学者庞英通信，已经写成了专著《列藏本石头记管窥》，由周汝昌题写书名并作序。不久，"沈君"引周汝昌去李一氓家面谈，有中华书局负责人李侃在座。）

等到我下一次再被召去细谈时，已有红楼梦研究所的冯、陶两位所长在座了。

事情起议之初，在主要派人上，没有该所的关系。后闻所内一位女同志说：所内闻讯，所长正在外出远地活动，有同仁以特急电报召回的。此后的事，也是该所内的人透露过。长话短说，就是我逐步变成了别人的"随员"，大非初议时本系"正角"的身份了。[自传][19]

客观的记录是：1984年6月1日，李一氓召集红学家周汝昌、冯其庸和中华书局总编辑李侃等召开小型座谈会，商谈列藏本《红楼梦》回归的有关问题，会上决定派三人组成代表团赴苏联查看藏本原件，拟定中苏双方联合出版的方案。

另据《冯其庸年谱》记载，8月27日晚，冯其庸在敦煌"忽接兰州长途电话，说北京来电报，嘱速回，因不知何事，且此处交通不便，不知如何回去，心内甚急"。冯于9月2日回到北京，展开赴苏的准备工作。[20]

可见所谓"电报召回"确有其事，但并非"事情起议之初"，而是在进行过程中发生了变化所致。此事须报经国务院批准，由外交部安排赴苏联出行计划。从办事规则和情理上推论，李一氓作为主管领导，在如此重大问题上不经过所在单位，而直接指定周汝昌，排除所长冯其庸，是绝无可能的。周先生在行文中有个习惯，不注重交代时间，常模糊出之，这就容易造成混乱。

李一氓格外注意外事纪律，在临行前专门嘱咐专家出访时注意处理好中苏关系。

【冯其庸】10月10日，李一氓同志说：1、这个小组只有三个人的成员，由冯其庸负责任组长；2、小组的对外发言由冯其庸代表，不要大家都发，以免差误；3、有不同意见，不要在苏联争论，我们的目的是把书弄回来，有不同意见，你们回来再争论；4、不要争着发文章，等书出版后大家研究。[归记]

但此事进展似乎并不顺利，因为不明的原因多次推迟。行期从10月15日，推到10月28日，再到12月16日。其间一度要求三人随时待命，不得离京，所以冯其庸错过了南京博物院姚迁的求救。

12月14日到中华书局李侃处开会，领取护照机票，并由沈锡麟代表李老再次宣布他原盼咐过的话，再次明确小组由冯其庸任组长，一切有关事宜由冯负责，并同时明确李侃负责小组的费用管理和有关出版事宜。

【周汝昌】当此隆冬到苏联严寒之地，我以六十六龄之弱躯，实有顾虑，兴致上也不太高，不愿前往，遂专函向一氓请辞。但李老意厚，不获许，仍须勉力奋勇而行。[自传]

消息传来，思想矛盾甚大：自忖年岁太大了，岁尾赴苦寒之地能胜任愉快否？不免担心。（我的这种想法在他人看来很可笑，因为有人还削尖了脑袋往里钻呢！）……

但我命中犯一种不吉星刹，时时处处暗中克我，总有这个阴影不离左右。此次受命出使，恰览珍贵钞本，也不例外——很快就有人插足而来了，钻空子、摘桃子、巧使人等种种手段就施展出来了，我这傻瓜书呆子，又一次给人家去作了嫁衣裳。[周胡]

九 交流篇

出使

12月16日，是早晨7点的飞机，要凌晨4点即起往机场赶。恰值昨夜大雪，严寒，地上积雪甚厚，路很难走。幸好还是准时起飞了，飞行八个半小时。冯其庸睡着了，但周汝昌说坐在经济舱，"这儿不是入睡的地方"，"目不合睛"。如此旅途劳顿倍增，会令人心情烦躁。

抵达莫斯科机场，当地时间为中午12时。这里也是大雪，从半空中俯视，真是一片冰雪世界。下机入境，三人分开验行，周被抛在后面。接机的苏联小官员只与"所长"交谈，不理他。

【周汝昌】转眼之间，所长不见了。我与李公被引上一辆公共汽车式的大座车。在此枯坐了近两小时之久，不知何故，心中着实纳闷。

我问李侃：怎么不见冯先生上车？他答，他早已由专车接到使馆里了。

直到此时，我的"随员感受"方才具体化起来了。[自传]

【冯其庸】苏方为表示礼貌，提出希望我能坐他们的车送我到使馆。经我使馆一秘梁沈修同志与对方商量后，决定让我坐苏方的车，于是我就与李福清一起上车。李福清的汉语甚好，一路不断与我说话，介绍他发现这个藏本的情况……接着他就给我介绍沿途的景色，（当看到当年德军进犯而未能越过的桥上，尚保留着弹痕累累时，）我不禁对苏联红军的英勇无畏和斯大林反法西斯的指挥若定、临危若安的统帅风范深深表示敬意。车子很快就到了使馆门口，他们的车还没有来，按例苏方的车不能开进我们的使馆，所以我就在使馆门口下车，与李福清告别，自己进入使馆，约等了半小时，他们的车方到，即一同进入使馆的招待所。[归记]

原来那大车是在等机组人员，一起去驻苏使馆住宿。

【周汝昌】我这年将七旬的人，却坐在一辆大车里与众人同座，眼巴巴又静等了近两小时的工夫，这才开车送到使馆——而馆内已灯火齐明，大使、参赞等位热情列座接见交谈，似乎不曾想到像我这般体质、年岁的老者，已筋疲力尽了。[周胡]

如果允许我像脂砚斋一样加批，我想说：一，苏方只认级别不知尊老，中方使馆一秘也考虑不周。小组来客一共三人，完全可以安排同车，何必厚此薄彼，制造矛盾？二，退一步说，冯若必须单独上苏方的车，也应及时向周解释。很可能是因为周的耳目皆损而不得而知,这造成他一下飞机就产生了对立情绪,后果很严重。三,冯说"约等了半个小时",周说"枯坐了近两小时之久",未知孰是。时间在这里是相对论,取决于人的心情而可长可短。

【冯其庸】因为使馆内客房紧张,所以让我与李侃同志同住一室,周汝昌同志年龄较大,就单独安排一室,设备较好,便于他休息。[归记]

【周汝昌】其情况总是冯、李二位一室,将我尊为独居一室。他们与苏联专家或其他人员如何商量、如何决断影印钞本诸般事宜,未有一次召我去参加听听,有所了解,当然更谈不到问我有无想法与建议。这也许是由于我耳目不灵(带有助听器),或者是怕我劳累吧。[自传]

笔者批曰:尚记1980年在美国开会时,安排两人同住一室,周认为是"有'察看'之意";这次"尊为独居一室",是在驻苏大使馆内,环境不同了。

12月17日中午,苏联国家出版委员会副主席设宴招待,气氛友好,感觉他们希望谈成。晚11时50分上火车,夕发朝至,18日晨8点抵达列宁格勒。下午才能去东方学研究所,先开欢迎会,再看黑水城出土文书,再看敦煌卷子。

【冯其庸】因为列宁格勒,现在叫圣彼得堡了,12月份是白天最短的季节,整天昏昏乎乎的,白天也见不到太阳,都是那种傍晚的味道,所以我们到图书馆看书,白天都必须开灯。[述传]

我当时心里很着急,不知道为什么让看这些东西而不首先安排看《石头记》抄本?我只得告诉孟列夫,因为时间太紧,还是先看抄本罢,这样,终于拿出了《石头记》抄本。[归记]

列宁格勒(圣彼得堡)东方学研究所之宫殿图书馆

九 交流篇

【周汝昌】馆内大书案一排椅子让我们三个中国来客坐了,将珍贵钞本数函分给了三个人,摆于面前。坐次是:周、冯、李。所以我打开的正是第一函——蓝布硬书函,此应是中国原装,因为函内书册的线装,亦非外国所能有也。

孟列夫先生站在椅后照顾我。打开首册,他先指给我看,书页的补纸竟是将《乾隆御制文集》拆散"运用"的。此事早闻,学界称奇。但我此刻全无心思去细看那"宸翰"的详情,急急拿起放大镜,从第一回"抽看"我最注意考察审视的几处重要字句。[自传]

以后很多研究者都关注这一个特点:第三回写宝黛初会时,描写林黛玉的眉目,列藏本是:"两弯似蹙非蹙罥烟眉,一双似泣非泣含露目。"其他各本有留空待补者,有作"笼烟眉"、"含情目"者,有作"似喜非喜"者,最差的是"两弯柳眉,一双杏眼",皆为后人妄改,以列藏本为最佳。

【周汝昌】惊喜交加——不敢形于色,心里则一块石头落了地!……我心里说,既见二句,以下不必多检了,其'定品'、'定位',已不待烦言细列了。(他草草再往后翻看几处)但心中已无疑问:此本价值,过去低估了,这才真是一件多年来罕遇的奇珍至宝。[自传]

冯其庸来前已经做过准备,知道时间匆忙,不能从头细看,只能抓本子的特征,用来与其他乾隆抄本的特征作比较,较快地基本判断出它的时代和大致渊源。好在他近十多年一直研究《红楼梦》早期抄本,亲眼见过多种原

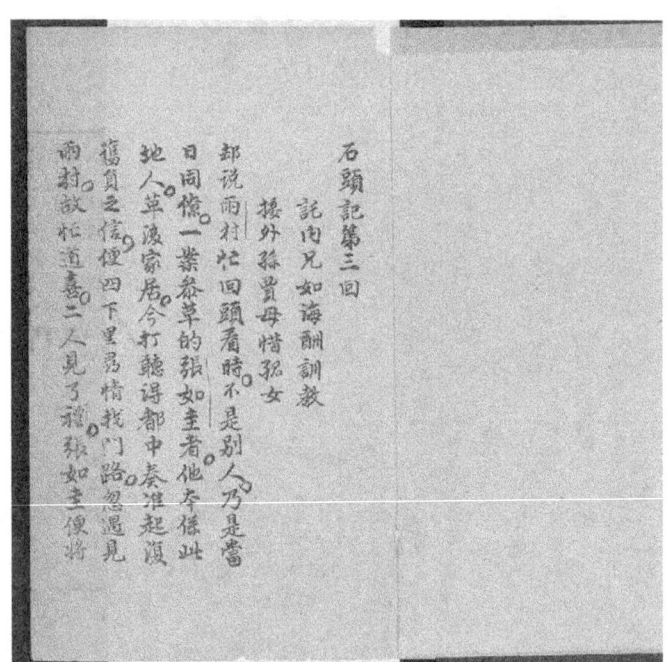

列藏本《石头记》原件第三回。

抄本，包括1980年在美国得见甲戌本，还亲密接触了一个星期。"因此经过这两个多小时的对照，我对这个本子的状况，已经大致上心中有数了。"

【冯其庸】当时昏昏乎乎的天气，昏暗的灯光，我拿一部分看，李侃拿一部分看，周汝昌拿一部分看。大约看了两个多小时吧，天就完全黑了，根本看不见了。他们的设备也很差劲，我们就只好不看了。说好第二天上午再看，看完以后马上就要开会。[述传]

在莫斯科杨守正大使曾经嘱咐，看书后不要立即发表意见，等回来再谈。但是看这个形势，明天不可能不谈意见，而中间又没有时间和场合可以从容商量了。当天晚饭后——

【冯其庸】因此，我征求周汝昌同志对这个本子的看法，想不到他说："我已有我的看法了，现在我不说。"我当时觉得很突然……[归记]

李侃和使馆二秘许恒声都同意应该马上开会——

【冯其庸】我们不敢在房间里讲话，因为大家都明白，所有的房间里都有窃听器的。使馆也交代，你们有什么要紧的话，都到外面露天的茶座里商量，它不可能有窃听设备。我们记住了使馆的交代，所以我们这些事情，都是在茶座里商量的。[述传]

于是我就把周汝昌同志请到茶座里来，因为茶座四面是空的，比较安全。我再次请周先生发表意见，周先生仍沉默不说，李侃就说，那你就把你的看法说给他听，看他有没有意见，于是我就把我准备的意见说了一遍，大意是肯定这个本子，也肯定李福清、孟列夫的文章，并认为这个本子有出版的价值，建议中苏联合出版等等。周先生听后仍表示沉默，一言不发。李侃就说，既然没有别的意见，明天就照这个意思说罢，许恒声也表示同意。[归记]

第二天12月19日，再看书三小时左右，下午3点10分中苏双方开会，商讨对此本的评价和出版问题，这是此行的关键时刻。

但是在周汝昌版的记叙中，是把两天合成了一天，这显然是误记。

【周汝昌】仅仅看了不到两小时的书，下来之后，冯、李二位并无一言相语——更不要说应当三人有个'小组内部讨论'，而到了馆方领导再次召集会谈之时。[自传]

冯其庸思想上已明确，这个抄本确有价值，必须让会议开好，让对方同意合作出版，把缩微胶卷弄回国。另外分析苏方应该也希望能肯定抄本，办成合作，如此官员有成绩还能访问中国，学者显示水平高，是皆大欢喜、两

九 交流篇

全其美的事。

会议开始，苏方显得急切想得知中方意见。冯其庸表示："一、这个抄本的底本是脂砚斋系统的本子，是一个好的底本；二、抄定的时间大约在乾隆末年或嘉庆初年，以后者的可能性为大；三、苏联学者对此本的发现报道并发表研究文章，是有贡献的，文章也是有见解的；四、此抄本值得影印。"苏联方面听了，情绪非常兴奋活跃。

【冯其庸】接着为了尊重周汝昌同志，我就说请我们周先生发表意见。周汝昌同志当即发表了他的看法，说了一些礼节性的话以后，他说：这是一个白文本（即不带任何批注的本子）；这个本子上的批语没有任何价值，全是后人写上去的，不是脂批；三、这个本子抄定的时间是道光年间……当周汝昌同志讲到第三点意见时，会场气氛非常紧张，会议几乎要陷进僵局。[归记]

【周汝昌】这时，冯所长是答话者，数语之后，他就说："请周先生讲他对抄本的意见。"

在此局面之下，我的处境是十分为难的，因为：第一，绝未预知他们二位的看法与打算；第二，我的看法是否妥当，如何表态，也未经征询、商量——往一起碰碰；第三，尤其重要者，行前李老曾着重嘱咐：当时中苏关系有些欠协调，此书我们是求访欲传的，只怕因外交关系不够顺畅，故看书之后表态时不宜过于强调其价值之珍贵，以防引起对方奇货可居的心理，提出难应的条件，事将棘手——所以语气分寸要恰当掌握……

而一到使馆，大使的话里，也正好包含了这么一层顾虑的意思。周汝昌复述他讲的大意是：

第一，本人目损，如此巨帙，只看了一个多小时，无法掌握全面，所以个人意见可能不够正确。如有误说，请保留以后纠正的权利。

第二，此本是一部"脂批本"系统的旧抄本，未经程、高等人篡改过，文字是接近雪芹原笔的（这本身就是价值所在）。

第三，但是一部"脂批本"的原书，却被抄得几乎成了"白文本"——即脂批被删得只剩了极少几条（而书眉上的若干批语，并非脂批，并无价值。此点使李、孟二位不能辨认，以为是难得独存的批语。我讲时淡化了此点，不使他们二位感到为难）。

第四，综合而言，价值在于正文，删掉批语是个缺点。但仍然值得影印，可供研究之用。

会谈基本如此。冯所长说了几句，即行散会。[自传]

【周汝昌】这时我国所派一行三人中,临时推我为发言者。我只好就着一点点管窥蠡测的所得,作了即席发言,讲了我当时形成的几点学术见解。这是中国方面的唯一的学术发言。[21]

让我从旁评论一下:一,周说"只看了一个多小时"应属不实,两天看了五个小时为真。在《红学七题》一文中,他承认是两个下午共四小时左右。此时合两天为一天来讲,是为第二点铺垫。二,周说小组内未经协调不实,中午吃饭时不适合单独商量,但前一天晚上的内部会他完全不提。他应已知冯其庸的评价和意图,却装作不知。三,两人对周发言的记录不尽一致,但无疑周有所保留,低调评价,未使苏方满意,而这并非他的真意。四,周说其原因是李一氓指示不要评价过高,以免苏方奇货可居,这大概是真的。李老作为老外交家,这一考虑在事前完全正确,因为中苏之间隔绝已久,互不摸底,应该设想周全,并非过虑。冯其庸应该知道李一氓有此指示,但在文章中没有提到。五,外交的精髓在于随机应变,灵活掌握。当苏方已经明显表现出合作的善意,中方就不应该故意压低评价"拿糖"了,否则只会对达到目的不利。周汝昌或者是不够见机行事,或者是怄气报复,抵制昨晚的小组预案。最大的问题是:冯、周之间,不能坦诚交流,这心结实由机场登车而始。

其实哪能就这样散会呢?最重要的议程在后边。李侃代表中华书局讲了

列藏本《石头记》全帙

欢迎联合出版此书的意见，这正是苏方所希望的，所以会议再次转入热烈的气氛中。东方学研究所所长立即表示愿意合作出书，条件是由双方学术机构共同署名，双方各两位专家，分写两篇序言。冯其庸代表中方完全同意，这样会议就取得了圆满的结果，双方都很高兴。

12月20日，苏方安排参观艾尔米塔什（冬宫）博物馆和俄罗斯博物馆。周汝昌以体弱告假，独自留在旅馆。

【冯其庸】中午，外事局副局长别兹罗德内依与我们一起在餐馆吃饭，吃饭时他突然对我说："你是一个好人！"当时我不明白他的意思，他又说："如果这次鉴定你们说这个本子不好，不值得出版，那李福清、孟列夫就会受到我们宣传部的严厉批评，现在你们说这个本子很好，所以李福清、孟列夫就高兴了，不会受到批评了，而且你还称赞了他们！"（另据［述传］，这位副局长会说中国话——笔者）这样我才明白他的意思，也可见苏方当时很怕我们说这个本子没有价值，让国际学术界见笑，据说我们苏联之行的多次推迟，都是因为怕我们去了否定了这个抄本，让他们为难，后来终于排除了顾虑，让我们去了，想不到结果却让他们意外的满意。［归记］

正当他们酒足饭饱谈笑风生之时，周汝昌一个人在旅馆里则独困斗室满肚怨气。他抱怨暖气太热，没有热茶，不通俄语，身无分文，饥肠辘辘，困卧在床。直到下午4点，使馆二秘才回来照顾他吃饭。晚上旅馆里有演出，周汝昌不情愿地随众去看，却见是脱衣舞，美女最后身上只剩了"三点式"。作陪的李福清解释说："这是学好莱坞……"

当天晚上一行人乘火车回莫斯科，12月21日早上8点半抵达。上午向杨大使汇报，下午去苏联出版委员会谈判，却因为恰逢苏联的国防部长去世而推迟。

12月22日，冯其庸受寒感冒发烧，李侃利用空闲时间起草了协议草案，冯其庸修改定稿，拿去给周汝昌看。

【周汝昌】忽然冯所长来到我屋，这是唯一的一次。他来是为了将拟好的一份书面材料读给我听，让我签字。——在他名下陪名联署。我恭聆照办。公事至此正式结束。［自传］

这协议草案经杨大使审定，然后翻译成俄文，准备了中俄两种文本。12月23日休息一天，第二天与苏联出版委员会正式谈判。

【冯其庸】12月24日下午3点进到会场，我们的两位翻译梁沈修和许恒声一看会场，就告诉我，今天的会议是成功的会议。我说，为什么？他说，苏联有个规矩，如果是热情的，友好的，放的是最

好的一种牌子的巧克力。今天你看一路长长的条桌上放的巧克力，都是最高级的巧克力，这说明今天会议一定会成功的。[述传]

冯其庸向苏方递交了协议书草案。草案共五条，除上述已知内容外，还包括这样几项：

一、双方确认苏联列宁格勒分所所藏《石头记》抄本所据底本是一个早期的本子，对研究《红楼梦》具有一定的价值。……

四、1985年1月31日以前，根据影印出版的技术要求由苏方将《石头记》抄本的全部合格的底片提交中华人民共和国驻苏联大使馆。中华书局将在1985年12月31日以前，完成线装本的出版工作；于1986年12月31日以前，完成平装本的出版工作。

五、影印出版后，由中国文化部向苏联出版委员会赠送线装本二十部，平装本一百部，作为对苏方的报偿。同时，中国文化部将向苏联出版委员会提供已经在中国出版的《石头记》影印本三至五种各一部。[归记]

苏方认真看后，认为这个协议文本起草得很好，只提出两点修改意见。一是把"一定的价值"改为有较高的价值即本质的价值；二是把赠送的平装本从一百部改为二百部。这两点中方都同意了，于是协议就算圆满通过。冯其庸代表中方肯定和确认这个协议，并口头邀请苏方三至四人在1985年的适当时期访华一至二周。苏方立即表示满意，双方握手鼓掌庆贺成功。这协议只待双方政府代表签字，就正式生效。

当晚10点，三人小组与使馆告别赴机场，为期九天的出使任务圆满结束。

汇报

本以为好不容易全功而返，没想到因为汇报又生波澜。

飞机于12月25日中午12点降落北京，26日休息一天。

【周汝昌】第二天是一齐去向李老交差面报之日。我从早到晚，整整等候了一天，怕随时车来接，什么事也不敢做。如此悬悬了一整日，心中十二分纳闷焦烦。天黑下了，终于没有什么动静。我的一腔高兴准备面会李老的痴心，此时宣告冰冷。

无巧不成书，次日就是到文联开代表大会（应为中国作协第四次代表大会——笔者），一进门，顶头就碰见了冯所长。他笑容可掬，向我说：昨天已向李老做了汇报，李老对此行的成功十分高兴！我不禁愕然。记得只好"哦"了一声，因无话可说。[自传]

冯其庸为什么甩开周汝昌去做汇报呢？

【冯其庸】12月27日一清早，我刚起来，沈锡麟同志即来接我，说李一氓老要我速去汇报，只有很短的时间，李老还有别的事。我上车时，见李侃同志已在车里。沈锡麟同志原想再去接周汝昌同志，但李老正在等着，只有很短的时间，怕李老着急，所以直接把我们送到他家里，李老已经在等了，见到我们非常高兴，因为时间紧迫，我们将通过的协议草案交给他，很简要地说了谈判的情况，并说明双方还要有对等的签字，才能生效。李老当即就说由我驻苏联大使杨守正代表中方签字，这样问题立即就解决了。因为李老另有事，一共只谈了十几分钟，我们就告别了。[归记]

笔者评曰：一，沈锡麟原计划去接周汝昌，就是李一氓原有此意，那么是谁提出不去接他了？未有明言。据周说，从冯家到李老处，正路过周家，顺路并不费时。冯一再强调时间急迫，是借口。二，冯、周已有前嫌，汇报时甩开周，便于告状，冯有这样做的动机，也是对周的报复。三，周汝昌在苏表现确有不妥之处，但他作为党外学者，年老又耳目不灵，行事容或有偏，作为党内领导干部的冯其庸，理应大度宽容一些，不应该睚眦必报。四，其后发生的序言不能两人合作，是此事引发的结果，两人都有责任。

事后，周汝昌给李一氓写了一封信，说明情况，请求谅解，反映意见。怕此信不能达，他派家里人亲送到李老府上。后来，沈锡麟与冯其庸一起到周家来了一次，似有道歉之意，但没有明说。

1985年1月16日，中苏双方合作出版列宁格勒藏抄本《石头记》的协议，正式在莫斯科签订。

3月18日，驻苏使馆委托张致祥将列藏本《石头记》的缩微胶卷带回国内。3月20日，李一氓欣喜之余，赋诗一首。

4月1日，李一氓约见中华书局的李侃等人，除了解中华书局的出书计划外，还特别关注列宁格勒藏抄本《石头记》的进展情况。他希望能尽快把胶卷洗印出来，并做好编辑工作。同日，沈锡麟将李老的诗稿交给冯其庸，建议发《红楼梦学刊》。

4月12日，李一氓又单独约见了周汝昌，听取赴苏访书的补充汇报，并强调了该藏本的价值和意义。这显然是对前次未见的一种补偿。睿智如李老者一定发现，周、冯两人的矛盾，此时已经无法调和了。

李一氓的七律诗《题列宁格勒藏钞本〈石头记〉》发表于《红楼梦学刊》1985年第三辑：

《石头记》清嘉道间钞本，道光中流入俄京，迄今已百五十年，不为世所知。去冬，周汝昌、冯其庸、李侃三同志亲往目验，认为颇有价值。顷其全书影本，由我驻苏大使馆托张致祥同志携回，喜而赋此。是当急谋付之影印，以饷世之治红学者。

一九八五年三月二十日

泪墨淋漓假亦真，红楼梦觉过来人。
瓦灯残醉传双玉，鼓担新钞叫九城。
价重一时倾域外，冰封万里识家门。
老夫无意评脂砚，先告西山黄叶邨。

冯其庸先得到诗，当即"敬步原玉"奉和一首；周汝昌应在约见时得到，遂"敬和二章"。两人在这方面也互不相让，恕我不引了。

出书

中华书局于是进入出版编辑程序，指定的责任编辑是戴燕。这事又巧了，戴燕是我在北大中文系七七级的同学，她是古典文献专业。戴燕将胶卷仔细核对，发现怎么也接不起来，显然苏方提供的胶卷有脱漏。她找了冯其庸，冯其庸再细读，发现是摄影者只拍了A面，凡是B面皆缺。那摄影师不认识中文，总该懂得正反面吧？这样中华书局又通过外交部与驻苏使馆联系，请苏方再拍B面。过了一段时间，补拍的胶卷送到，中华书局把它全部印成照片，摆了办公室一地。编辑戴燕按照章节内容，用了将近两周时间一张张整理，重新排出顺序，再逐张贴起来。1986年1月17日全部贴完，发现还缺十八张。于是再联系，终于补齐。在整个编排过程中，中华书局的领导和冯其庸，都赞扬戴燕的认真细心。此本出版后多年，都未见编排的错误（近闻多年后发现缺一页）。使用此书者，焉知几千张照片，当初是何等的凌乱？

正文就绪了，另一边是序言问题。协议规定了，中苏双方各两名专家，各写一篇序言。李一氓讲求实际，认为序言不必写成长篇学术文章，只需写一篇短文介绍此书的来龙去脉，说清缘由就行，所以文章限定在三千字以内。李一氓通知冯其庸先起草，然后交周汝昌改定，署名周汝昌在前。冯其庸在5月29日用一天即写成，寄给沈锡麟转李老，由李老看过后再转周汝昌。

【周汝昌】不料情况有异，既不能看到任何胶片，也未有商议撰序一事的任何机会。延至1985年7月底，我才得见冯其庸所撰序言稿的复印本，送来待我参会和联署。因为我见稿中并未包含他让我在苏联发言的任何内容，其学术见解又不相接近，很难将我的看法生硬地楔入冯撰序中。不得已，另撰一文，题曰：《"在苏本"〈石头记〉论略——中苏联合影印本代序》，略表拙见，以为日后可以持此对苏联学者的一点地步。[22]

【冯其庸】周汝昌不理这篇文章，回来后自己老早写了一篇文章，交给《云南民族学院学报》发表了，……而且署名是周汝昌，他独自署名。他拿着我起草的稿子连同他已经发表的刊物，还在那个刊物上面写着"请照此发排"，叫人送给李一氓同志。……李一氓同志看了非常恼火，把文稿给他的秘书沈锡麟先生，跟沈先生说，不要理他，就用冯其庸起草的这篇文字，他既然不愿意署名，就署冯其庸一个人的名字。[述传]

周汝昌后来解释，他之所以单独发文，是因为冯已先他独自发表了两篇文章。至此，两人联署作序已不可能，只能采用冯其庸起草的序言，而一人署名也不合适，最后使用了中国艺术研究院红楼梦研究所的名义。

中方序言的问题是两人不和，苏方序言的缺点是长而有错。苏方序言在七月寄到，九月译为中文。

【冯其庸】后来苏联的那篇序言也送来了，写了有三万多字，李一氓同志一看，觉得这篇文章根本不行，无法发表。……一个是太长，一个它讲怡亲王府在扬州，列藏本是从扬州传到北京的，完全是瞎说一气。……其他还有很多不合常识的东西，怎么办呢？李一氓同志就说，一定要压缩，最长不能超过一万字，要我帮他重新压缩。

我一看这篇文章根本没有办法压缩，不是那种讲得有道理、话啰唆一些的文章，可以简化一点。他讲得都不对，我也没有办法，只好重新给他写了一篇序言，一万字左右。[述传]

李福清在1985年12月来到北京，住在王府井旁边的和平宾馆。冯其庸去看他，告诉他该地正是怡亲王府的原址，与扬州没有关系。（按：老怡亲王允祥的老府位于王府井以东，金鱼胡同之南，即今东安市场一带，他儿子弘晓的新府迁到了朝内大街之北。）李福清痛快地接受了中方的压缩修改建议。

如此阴差阳错，原本应该由中苏专家四人写出的两篇序言，竟被冯其庸一人包办完成了。

1986年4月，列宁格勒藏本《石头记》（平装本全六册）终于由中华书局出版，当时首印10000册。我马上买了一套。

同年同月，周汝昌利用他全国政协委员的身份，为此事上书告状，形成政协第323号提案。冯其庸与李侃写了答复《关于赴苏考察列藏本〈石头记〉

事实经过情况》）。当然是公说公有理，婆说婆有理，没有结论。

1991年苏联解体以后，列宁格勒恢复旧名圣彼得堡。这个原来简称为列藏本的《石头记》抄本，遂改称为圣彼得堡本或在俄本。

周、冯两人在1984年赴苏鉴书而交恶的故事，讲起来复杂，概括起来也简单。那就是：冯其庸两次登车而去，不带周汝昌玩儿；周汝昌两次抵制预案，我行我素，自说自话。周汝昌固然有特立独行的习惯，但冯其庸也有独断专行的做派，且冯的行为在先。第一次下机先走可能是疏忽，第二次甩开汇报肯定是故意。周、冯对立在此后延续了二十八年，就是由此开端的。人说细节是魔鬼，当代红学史的发展前景，就因这样的细节所规定，而扭曲变形了。

笔者

我本人与列藏本也小有关系，这就是，1987年在《人民日报》上发表了两篇有关文章。

其一是《书影功成慰雪芹——读影印列宁格勒藏抄本〈石头记〉》，在报道中略加评论。

> 过去红学家对此本的了解，是少数人走马观花，多数人隔山买牛。而今影印本出，化一为万，化秘籍为公有，有志于此者皆可以作精细的微观研究。此一善举，必将促进《红楼梦》版本研究的进展。

（《人民日报》1987年3月31日）

其二是《〈列藏本石头记管窥〉读后》，这是对胡文彬先生专著所作的书评。

> 我得读《管窥》一书并发此一番议论，是在列藏本《石头记》影印出版之后。不得不遗憾地承认，这样一个顺序，使此书的价值颇受损失。怎么读者已经看到"全豹"了，作者还在那里"管窥"？须知这部一九八七年六月出版的书，定稿于三年前的盛暑之中，而我国三位专家赴苏目验列藏本，并与苏方达成影印出版的协议，是在数月后的同年隆冬。（《人民日报》海外版1987年9月19日）

其实，那时候我在《人民日报》文艺部，本职工作是负责影视剧的宣传。而在1987年，为广大读者所关注的《红楼梦》，并非什么万里之外的列宁格勒藏抄本，而是映现在家家荧屏上的电视连续剧。

35 从报纸到荧屏

历史上只有我们那一届,入大学是在2月,毕业就业也在2月。

1982年2月,我走进了《人民日报》在金台西路的大院报到,但是没有进应该去的文艺部,而是先打发到资料室打杂。每天圈选剪贴报纸,分门别类地放置到中药铺一样的抽屉柜内,以备编辑记者需要时查阅。这类似于如今的网络搜索,但那时候就靠笨拙的手工劳动。这样就难免心生不满,觉得

1980年以后的《人民日报》社大门

怀才不遇。

那怎么办？我就利用上班时间研究《红楼梦》。我的办公桌与组长老寿同屋对面，有一段时间我带来两种《石头记》的影印本，即庚辰本和己卯本，当着组长的面反复对照查看，研究版本异同。这就是公然对抗啊！老寿一开始还忍耐着，后来实在忍不住了，说你差不多就得了啊。

我之所以要研究这个，就是因为看了冯其庸的《论庚辰本》，也产生了兴趣，对照的结果是发现了不同的证据，足以动摇冯先生的结论。就在资料室"冷藏"的日子里，我写成了两篇版本考据文章，与权威的冯其庸先生商榷。这两篇的题目是：《对〈石头记〉己卯本与庚辰本关系的再认识——冯其庸〈论庚辰本〉献疑》，和《己卯本中武裕庵校笔的意义及其来源》。简单说，冯先生在《论庚辰本》中判定现存的庚辰本是直接按照怡府己卯本过录的，但是我发现了很多证据，即二者同中有异，证明并非直接过录，可能是间接过录的。换句话说，它们之间不是父子关系，而更像是兄弟或叔侄关系。而己卯本中的很多改笔，从笔迹看是一个叫武裕庵的人所作，以此可以推测己卯本的流传过程。

这两篇文章我写完也抄清了，但是没有敢寄出去发表，当时没想好怎么处理，就压在抽屉里。这是因为冯先生是红学会领导，是《学刊》主编，虽然也有另外的山头可以投靠，但是我已经直接认识冯先生了，他也待我不薄，不想撕破了这层关系，开罪于冯先生。不久，我就看到有人发表了文章（赵冈、魏谭、李少清等），论述了与我类似的意思，后来复旦大学的应必诚还出版了专书《论石头记庚辰本》。众人之所以不约而同，是因为己卯本的影印本在那时一出来（冯其庸先生参与编辑并作序），大家都可以研究，都会发现那些证据。而冯先生的文章写得早（1977年），难免有未尽之处。后来到1991年，冯先生接受了众人对他的局部纠正，修正了自己的观点，承认"现存庚辰本并不是从现存己卯本直接过录的"了。这就使对己卯本与庚辰本关系的研究更为深入，更接近真相了。[23]

我的两篇文章始终没有发表，一放三十多年，没有人知道我也曾早早地与冯先生商榷过。文章抄完的时间，是1983年10月。

就是在那个月里，在被积压了一年零九个月之后，报社终于决定重新分配我们这几个七七级大学毕业生，我终于归队文艺部。那天文艺部副主任缪俊杰和评论组长蓝翎双双到资料室来接我，需要带着办公桌和椅子一起搬过去。他们俩竟然抬起桌子，一前一后走在前面，我搬着椅子在后跟随。一边走一边心里特别不落忍，文艺部的领导怎么这么礼贤下士，平易近人呢？这一出"二人抬"，让我一下子爱上了这个单位。

那天到文艺部刚安顿下桌椅，我就去拜见正主任田钟洛，就是袁鹰。他微胖，特别和蔼可亲。我崇敬地说：从小学我就读您的散文……他轻松地一笑，勉励了我几句。

我就这样开始做编辑和记者。布置给我的第一个任务，就是去参加中国文联的大会，主题是清除精神污染，批判人道主义和异化问题。中国文联的主席是周扬，他在五十年代总是批别人的，此时因为一篇纪念马克思逝世一百周年的报告《关于马克思主义的几个理论问题的探讨》，变成了挨批的对象。这篇文章的起草者之一，是《人民日报》的副总编辑王若水。而这场批判运动的主导者，是另一位理论权威，中央政治局委员胡乔木。五六十年代胡、周二位都是中宣部副部长，都介入了1954年那场运动，又共同指导1963年的纪念活动。此时初入《人民日报》文艺部的我，就仿佛是近三十年前的蓝翎。但是谁能想到近三十年后运动又起，却是胡乔木批周扬？

周扬在这篇文章中指出：过去把人性、人道主义当作修正主义批判，有很大的片面性甚至是错误的。"马克思主义是包含着人道主义的"，"承认社会主义的人道主义和反对异化，是一件事情的两个方面"。他揭示了社会主义社会中的异化现象，在经济领域、政治领域和思想领域都存在。联想到过去李希凡与何其芳的争论，孰是孰非呢？

那天我第一次当面见识了很多著名的文化人。我当天晚上写报道，第二天在头版见报。这是我第一次堂而皇之地在电头写上："本报记者某某报道"，写时就在心头闪过一丝疑云：好不容易熬出了头，但是如此以运动报道开端，真的光荣吗？后来我才明白，文艺部里多位老同志的思想倾向很鲜明，又与周扬、王若水熟识，他们不便或不愿意参加这个会，任务才派到了我这个新人头上。这一天有报可查，是1983年10月25日，又是一个多事之秋。

就在那几天里，我因事去了一次《红楼梦学刊》编辑部，它坐落于恭王府后花园中间的安善堂，按周汝昌的说法就是"大观园"内。杜景华编辑给我看了一封作者来信，是外地某大学教师，几个月前投来一篇稿，用时髦的"异化"理论来分析《红楼梦》。真是《红楼梦》是个筐，什么都能往里装。但"异化"正是周扬主张的理论，刚刚挨了批判，谁谈"异化"就等于精神污染。所以那个作者吓坏了，赶快来信声明原稿作废，千万别发。那稿件当然不会发表，若编辑不厚道给捅回本单位，或者向有关部门告一状，就够作者喝一壶的。我心里说，搞"红学"又不像我们编报纸，你追什么时髦呢？幸亏这时的编辑已经知道与人为善，不随风起舞，想当年蓝翎不就因为一篇未发的文稿，被打入地狱之门了吗？

以后几次去红研所和《学刊》编辑部，我注意到一个小伙子，很帅很精明也很能干，一表人才。他叫张庆善，早在1981年山东济南红学会上已经认

袁鹰肖像
丁聪 作

识了。那次我作为北大学生与会，他比我年龄小却已经工作六年了，是四位大会筹备工作人员之一。那时候的印象，小张是适合搞行政的干部，不太像做学问的书生。后来事实的发展，证明我看人的眼光不行。

本书中早已写到1954年的《人民日报》，没想到将近三十年后，竟然成了我自己的工作单位。那一场运动中的三位主角，都成了我的直接领导，每天都低头不见抬头见。田钟洛即袁鹰是文艺部主任，李希凡是副主任管副刊，蓝翎是评论组长，我是评论组员。按照报社里的传统，对他们的称呼是老田、老李和老杨。

主任老田在1954年已经是副主任（当时称副组长），他是文艺部里思想最开明、经历最丰富、业务最熟练、最不可或缺的主心骨。1952年从上海调来《人民日报》，从一开始就是主力，不管何种任务，他都可以挥笔成篇，倚马可待，无论是评论报道散文诗歌，文武昆乱不挡。最显著的例子，就是1954年10月23日那篇署名文章《应该重视对〈红楼梦〉研究中的错误观点的批判》，为评红批俞运动打响了"第一枪"。经历了二十多年的风云历练，他已豁然清醒。1977年做了主任以后，老田变得更有主见，不再甘心于只做工具和喉舌，尽量按照自己的政治判断、新闻敏感和文人情怀来组织稿件。这也有一个最显著的例子，就是1980年10月，他敏捷地直接去医院探视，从侍病的黄宗英手里，取来赵丹"遗言"《管得太具体，文艺没希望》，亲自抓紧处理，赶在8日见报，那是赵丹逝世的前两天。此文同时引来了赞誉和非议，老田又顶住压力，承担了责任。

九 交流篇

此外，老田在编辑业务、版式字体上极为熟练内行，文艺部里无人能及。除了报人的身份以外，他还是作家和诗人，创作成果丰硕，在中国作协兼职，在文学界人脉广泛。报社里有个传说，在"文化大革命"前，老田曾经一次性捐出八千多元稿费交了党费，按当时的价值可以买一座四合院。老田的人品，由此可见。

本来是副总编辑王若水分工主管评论、理论和文艺，但就在我到文艺部时他被撤职，由新任副总编、原来的评论部主任范荣康接替。巧的是老范就是我的大学同学、研红伙伴梁左的父亲，其知名度并不高，因为总写社论，都是不署名的。他虽然贵为副部级干部，但是家里的成员却都比他知名度更高。妻子是作家谌容，长子梁左，次子梁天，还有小妹妹梁欢。老范一直待我很好，格外照拂，我内心铭感，却只是心照不宣，君子之交。

李希凡

刚见到李希凡时心里有点波动，但不是仰视。逐渐体会到文不一定如其人。他是个黑壮汉子，身高（1米81）体也重。很多人从他的母校联想，以为他是山东人，其实他生在北京通县，祖籍浙江绍兴——这体型与籍贯就是个逆反。他不仅身材魁梧，谈吐也豪爽，像是个武人；但是他从来没有当过兵，却是以文艺评论家名世，还是研究《红楼梦》的——这是形象与职业的逆反。他为人厚道，性格和善，乐于助人，只要别跟他当面谈文学或政治观点，他就是一个老好人；但是读他的文章则完全是另一回事，他在红学以外的文坛上敏感好斗，词锋锐利，一直保持着斗士姿态——这是为人与为文的逆反。还有，他的知名度比报社的社长和总编还高，一度"通天"，而且在五六十年代稿费收入也高，被戏称为"新富农"；但是他为人低调，衣着朴素，不摆架子，生活平民化——这是名高与低调的逆反。

与以上"四反"相对立的，还有"一正"——那就是他的思想观念与他蒙眷受恩的特殊经历高度一致，他在意识形态上是坚定不移的左派，终生不曾动摇。

文艺部里，主要是评论和副刊两块。从五十年代开始，李希凡就做了评论组长，负责编每周一版的文艺评论版。这版上都是大块文章，两三篇文章就能装满，李希凡自己就是评论家，对此已经驾轻就熟。但是在七十年代，他或自愿地长期外出，或被迫地发配干校，位子就空出来了。待回来鹊巢已被占领，他只能另谋领地。

1982年，田钟洛调李希凡去副刊组负责。1983年，李希凡被正式任命为文艺部副主任,分管副刊和作品版。副刊与评论虽然都属文艺,却是另有一功。李希凡擅长的是高头讲章,板起脸来论述;不擅长副刊式的谈天说地,娓娓道来。同时,这是党报的副刊,历来都是比"正刊"更为敏感之地。李希凡一直不喜欢蓝翎的杂文讽刺笔法,但杂文却是副刊的灵魂和精华,每天必有,领衔头条。李希凡自认没有老田那样多面手的才能,编副刊往往遇到困窘,有时夜间要抽换杂文,搞得手忙脚乱。与李希凡的天性或特长比起来,副刊不适合于他,但是评论组他回不去了,此刻只能接受现实,勉为其难。

李希凡没有某些文化名人那种端着的派头,那种牛皮哄哄劲。他布衣粗服,不修边幅,常见他人高马大地骑着一辆锈迹斑斑的红旗牌自行车上下班。他的办公桌上书报稿件堆如山积,烟头满罐也不倒掉,只留出一小块地方够铺开稿纸写作就行。看他的字体细小缩屈,无论与他的身材还是文风都不相般配(这又是一"反"了)。

我刚到文艺部时,见李希凡和蓝翎是在一间办公室里,左右并排摆两张办公桌。我以为他俩和谐如初,在一起是天经地义的。

蓝翎

蓝翎能参加1979年红学界的三次团聚,是因为他正在北京办理"右派"平反改正事宜。平反办好后,他又返回河南过了一年多。这期间田钟洛主动问李希凡,蓝翎是否愿意回报社,他得自己有个态度。李希凡便写信,催蓝

蓝翎在1980年代

九 交流篇　603

翎和钟洛同志联系。为了蓝翎回京，李希凡拿着他的户口本到处跑。结果在1981年济南红学会之后，正是《人民日报》从王府井向金台路搬迁之时，蓝翎回来了，两个老伙伴又坐在同一间办公室里。那几年他们俩一起出席过多次会议，同住在一个房间，表面上还是和谐的。

　　蓝翎回到报社后才入了党，先当编辑，后任评论组组长，也就是我的直接上级。不久报社里调整办公室，文艺部搬入十号小楼，正副主任可以独享一间，其他编辑都是两人一室，蓝翎组长的办公室在我斜对面，工作更方便了。

　　蓝翎那时五十岁出头，我们都称他老杨。他是真正的山东人，却是中等身材，显得文质彬彬。口音略带山东味，平时话不多，说起来慢条斯理，时带幽默，天生的杂文口吻。他喜用毛笔作小楷行书，无论写文稿还是改校样，写得流利潇洒。这样的文人，在二十世纪八十年代已属凤毛麟角。他文章中的表达方式，也多是或戏曲或民俗或古典，不讲教条理论，很少说时髦的套话。虽然他比李希凡年轻四岁，却更像个传统文人，有民国风。以致他在《龙卷风》书中，要这样辩解："若干年后，一些不了解具体情况且存有政治偏见的人，总把我和从旧社会来的知识分子同等看待，未免有点高抬。"[24]

　　与李希凡的粗放和大而化之不同，蓝翎的习惯是整洁精细，井然有序。每天扫地、擦桌子，案上一尘不染，除了笔筒、墨盒、烟缸、电话机，别无他物。他用毛笔小楷写作的稿件，秀丽清爽，可以直接制版入书，当成名人墨迹来看。他既然这么爱干净，也可以说是眼里揉不得沙子，或许他的性格和际遇，都是由此基因而来。

　　老杨好讲前朝旧事，也很爱"揭人老底"，讲的是一些文人的轶事和报社里五十年代的故事。在我跟老杨的接触中，从来没有听他谈过《红楼梦》。平反复归的蓝翎似乎对《红楼梦》失去了兴趣，以致开全国红学会没兴趣参加了，才轮得上我陪李希凡两次去赴会。1985年在贵阳的红学会上，蓝翎被缺席选举为秘书长，即使如此他也没怎么过问学会的工作。蓝翎的兴趣主要转向了杂文上，这既是他旧日的专长，也是他倒霉的原因。

　　我初进文艺部时，正赶上几位老同志离退休。有一位原来管杂文的老同志，身材不高，秃顶，面目和善，笑脸迎人，听说是去过延安的老干部。他就是刘甲，我那时完全不知道他与蓝翎发生过什么恩怨往事。听说他经常去石家庄，积极参与、协助河北省在1983年建立了杂文学会，次年出刊了《杂文报》。他自己出了两本书，首倡宣扬"新基调杂文"理论。刘甲认为，现在已经进入新时代，要"自觉地克服鲁迅式杂文基调的积习，洗尽鲁迅式杂文基调的残痕"，"以国家主人翁的高度责任感，反映国家主人翁的呼声和情绪"。

　　在杂文这一块地盘上，蓝翎再一次与他的老同行、老对手狭路相逢。与蓝翎一样反感"新基调"的，还有一批与他经历和观点都相仿的老杂文家，如曾彦修（严秀）、邵燕祥、牧惠、舒展、谢云、乐秀良等。黄裳称"新基调"并不新鲜，"早在五十年代就已经开始了"。蓝翎撰文批评："刘甲……企图以'新基调'的理论统一'杂坛'，凡不引以为同'调'者，皆视作'异端'，从而猛攻之。"这些杂文家主张不要"新基调"，还是"鲁迅风"。杂文界对刘甲群起而攻之，他的新理论鲜有支持者。几年之后，在杂文界内部，"新基调"论偃旗息鼓，甚至声名狼藉；但是实际在媒体上，它仍然繁盛如昨，只是不需要打那块招牌罢了。这场争论，其实还是五十年代形成的分野，在不同时代背景下的延续。[25]

蓝翎在八十年代以后的身份是杂文家。但是杂文界的日子，注定比红学界更不太平。

老杨的观点十分鲜明，对"文革"嫉恶如仇。他特别坚决地反对在八十年代中期开始复活的"革命样板戏"，那些唱段广播总能唤起他不愉快的记忆。与他同样态度的还有后来取代了李希凡的副主任舒展。虽然唱"样板戏"是我的拿手好戏，但我在单位里就不敢露这一嗓子。管戏剧的编辑几次推荐了上海戏剧学院院长余秋雨的剧评文章，确实是见识和文采都好，可是蓝翎坚决堵住不用，理由是余曾经是"石一歌"成员，有"文革"写作组的前科。

老杨毫无疑问是坚定的改革派，可是他有时也表现出顽固的正统观念来。比如，基于官本位上的官场级别，在《人民日报》与中央电视台合办座谈会的时候，他一定坚持只能由文艺部来对应央视，因为报社（正部级）是与广播影视部平级的。有一位比我更年轻的编辑，进报社前已经加入了民盟，且被作为接班人培养。已经做了文艺部主任的老杨知道后，说如果你是民主党派，在党报内部还要讲统战，就不好办了，那同事只好退出了民盟活动。

1986年底，《人民日报》文艺部发生了一次"改朝换代"。

李希凡

李希凡在《人民日报》文艺部工作了三十二年，却在距离休年龄只差一年（五十九岁）的时候调离了。这其中自有道理。

对于八十年代初的思想解放运动，李希凡的认识是"自由化思潮"，他自称"怀着抵触情绪注视着现实生活的某些现象，特别是文艺现象"。1980年，他忍不住发言参战，直言批评张洁小说《爱，是不能忘记的》中的爱情自由主题，被很多人视为"教条主义文艺批评的一个代表"，李希凡宁肯闯祸也不避让。八十年代中期，报纸上刚刚开始出现"有偿新闻"，大约相当于后来的"软广告"，别人都不说什么，因为报纸也需要"创收"。唯有李希凡激烈反对，斥之为"出卖版面"。

在李希凡老年写的回忆录中，他多次抨击"我那个单位"，"我的老领导"。那么，当时的《人民日报》是什么情况？让我引用一段同事的文字：

> 七八十年代之交的人民日报，群星灿烂。经过"反右"、"文革"等一次次政治运动，一批饱经风霜的老党员、老报人劫后余生，他们的价值取向惊人的相同或相似。他们是新中国几十年政治动荡的幸存者和观察家，乱世藏智者，愤怒出诗人。他们用多年苦难积淀的智慧，命运沉浮没有消磨的勇气，各司其职，各尽所能，在党和国家的大变革、中国人民的大觉醒中打下了人民日报的鲜明烙印。从平反冤假错案、真理标准讨论，到推广农村生产责任制、落实知识分子政策……他们勇敢地面对现实，真诚地质疑教条，大胆地挑战权威。[26]

而李希凡则是这样认识的：

> 特别是我的老领导，言谈话语中间，都透露出"反毛"、"非毛"的情绪，更使我十分反感。我认为，毛主席发动"文化大革命"，的确犯了严重错误，但是，我的一些领导和"战友"却由此而举起了"反毛"、"非毛"的旗帜，他们就没考虑到这种"自毁长城"的蠢事，是在重蹈共产主义运动彻底否定斯大林，最终导致苏联解体的覆辙，一时间美帝国主义的"民主"，成了某些人爱吃的"香饽饽"，仿佛列宁的帝国主义论已经过时了，……
>
> 我却没有什么好心情，而且和周围的气氛很不和谐。我虽不知道我的报社领导和上级领导有什么矛盾思想分歧，但我读到了一篇周扬同志的关于人道主义的文章，听说起草人有三位，每人一段。我为周扬所不值。他是编过马恩列斯论文艺的，又一辈子在宣传毛泽东文艺思想。自然，资产阶级人道主义，自有其历史的进步作用，但那是对封建主义的上层建筑而言的。如果社会主义的无产阶级专政和人民民主专政，在共产党执政期间犯了什么错误，那也只能用无产阶级的意识形态加以纠正，而决不能倡导资产阶级人道主义。在一次编委扩大会上，我发表了我的看法，我们的总编辑却感到很稀奇，说他没想到我会有这种看法。……在我那个单位，这是和"反毛"、"非毛"的思潮混在一起的。[27]

如此圆凿方枘，南辕北辙。何况，还有以前积累下来的旧怨，李希凡显然不适合再在《人民日报》工作下去了。

另一方面，是艺术研究院那边需要他去。按照冯其庸的记述，1986年，中国艺术研究院领导班子里老干部要退了，党委书记苏一平提出，要调冯其庸去任常务副院长。经文化部长王蒙亲自出马商谈，人民大学才同意他调出。但是冯其庸只同意做管学术的副院长，不愿做常务副院长，他推荐李希凡担任此职。

【李希凡】正当我计划"后事"（指离休——笔者）之时，不料8月间文化部人事司司长徐文伯同志（后来是文化部副部长）突然来到了我的办公室，我一听来意，是商调我去中国艺术研究院任职，这实在出乎意料。我知道，这时的研究院仍在恭王府，那里的老院长，多数是我熟识的"老延安"前辈，如张庚、王朝闻、郭汉城、苏一平等。文伯同志表示，老院长们都已年过七旬，不能再拖累他们了……我答应文伯同志，给我三天的考虑时间。

说实话，到研究机构去工作，本是我五十年代大学毕业时的向往。不过，这已是旧梦，后来做了编辑，一干就是三十多年，在这个岗位上交游广阔，视野也开阔，也并不妨碍我业余写作，我甚至很庆幸没有去文学研究所。现在已到了晚年，中国艺术研究院虽然有红楼梦研究所，但那是在特殊条件下成立的，其他各所室，都是音乐、戏曲、话剧、美术、舞蹈各门类艺术的研究所室，去那里主持工作，对我来说，确实是一个陌生的新课题，在即将离休之年，要冒这个险吗？我自己很犹疑，谁知我回家和妻子及孩子们一商量，全家异口同声支持我去，而且我向老上级钟洛同志和好友英韬同志说明情况后，他们也赞成我离开。这使我下了决心，三天后回复了文伯同志。这时《人民日报》的社长已是钱李仁同志，我与他并无恩怨，他表示挽留之意。外事处还通知我去访问朝鲜，我婉言谢绝了这种不必要的"安慰"，办完了各种手续，骑着自行车到文化部人事司报到。当时的文化部部长王蒙同志，立即接见了我。本来在五十年代，我曾对他的小说《组织部新来的年轻人》进行过粗暴的教条主义的批评，并因此而受到了毛主席对我的批评。可他并没有记我这个仇，而是热情欢迎我到中国艺术研究院来任职，并介绍了艺术研究院的现状。[28]

另据传闻，是王蒙把李希凡要去文化部系统的。与此同时，按照李希凡的说法，是蓝翎想把他"拉下马"。

更使我心情不愉快的，是文艺部领导要换届了，我才听到，我的那位老伙伴，忽然"变脸"，到处骂我，无非要拉我下马，仿佛

> 他一生的噩运都是我造成的。我始终想着1954年的合作，不愿应对他这种挑战，只当不知，别给毛主席丢人。党委征求我对他的意见时，我说的都是好话。换届闹过去了，他并没拉下我去，只不过，他也当了副主任。[29]

我当时是他们手下的普通编辑，不知道领导换届的内情，也没有听到过蓝翎"骂"谁。事实上李、蓝两人的矛盾，从未在文艺部同人面前表现出来。一些"本报内部消息"到近年才流传到我耳中，说是文艺部曾经推荐李希凡接任部主任，但在报社受阻，理由是年龄偏大（五十九岁）。另有消息，是中组部不同意。这些上级领导的意见，应该不是蓝翎去"拉"的结果。按时间顺序，李希凡的请调在八月，而文艺部的领导换届发生于初冬，其间有近三个月的时间差，所以不存在"没拉下我去"的问题，是李希凡请调在先。还有，李希凡自称他曾任《人民日报》文艺部"常务副主任"。但是文艺部虽属司局级，却一共只有二十多人，有一正二副三位主任，从来没有也不需要"常务"副主任，《人民日报》各部均不设"常务"副主任。而行政级别相等的艺术研究院却因体量庞大，人员机构众多，正院长由文化部领导兼任，而必须有"常务副院长"。二者情况截然不同，这"常务"二字是不能类推的。

在我的印象中，蓝翎并不是"也当了副主任"，而是越级直接"扶正"。此刻的蓝翎后来居上，已经比李希凡略胜一筹。

记得是在1986年初冬的一天，在文艺部会议室开全体会议，宣布领导的人事变动。原主任老田（袁鹰，六十二岁）离休，老杨（蓝翎）继任。以蓝翎的资历、才能和名望，都足够当我们的主任，他只是因为曾经被打成"右派"而耽误了。李与蓝之一调一升，说明了《人民日报》领导层对二人的态度，也符合多数民意。在这个新老交接的会上，蓝翎表态说他并无意当官，只希望"布衣离休"。有位老编辑没听懂，还追问："什么？什么？"那年蓝翎是五十五岁，没想到他的主任只做了三年，到离休时真恢复到布衣。

蓝翎从此在组织上和空间上与李希凡分开，两人渐行渐远，再难复合。

蓝翎当主任的三年，是我在报社干得最痛快的三年，也是令老同事们至今怀念的三年。

那时候报纸上能登的，正是我们想写的。譬如副刊组主办了"风华杯"杂文征文，匕首和投枪的风格重新高扬，杂文再创辉煌时期。譬如同事陈原按范荣康副总编的指示写出《崔健的歌为什么受欢迎》，并配发《一无所有》歌谱，被外界认为是文艺开放的信号。我自己做的事也差堪自豪，当电影《红高粱》在柏林获奖后，我与张艺谋彻夜长谈，迅速写出报告文学《红高粱西行》，在作品版以整版见报,让莫言在三十年后还不忘记。随后,我又随中国电影代表团赴戛纳电影节,为陈凯歌的《孩子王》参赛造势助威。

因为我的本职工作是电影、电视的报道和评论,《红楼梦》只是我的爱好和特长,只能在遇到机会时略显身手。1987年播出了电视连续剧《红楼梦》,就是一个大好时机。

电视剧

影视剧的《红楼梦》,应该说并不属于红学范畴,而属于大众娱乐,但它们毕竟与红学相关。导演对红学家毕恭毕敬,编剧可能就是红学中人,还要到红学界邀聘顾问,所以红学的派系影响,在影视的过程和成品中若隐若现。

1982年,中央电视台自发提出要拍《红楼梦》。10月,导演王扶林到上海参加第三届全国红学研讨会,既请教学问,也延揽人才。顾问胡文彬、邓云乡,编剧周雷、周岭都由此相识,随后加盟。

这时主管电影的文化部领导陈荒煤劝中央电视台,说一些电影老导演毕生的愿望就是要拍一部《红楼梦》,是不是让给他们拍?或者你们跟电影界合作?央视既不肯让出题材,也不愿意"合作"成为附庸,坚持要自己拍,却也真是强撑硬汉,底气不足。

央视《红楼梦》的坚定主导者是副台长戴临风。他们的对策就是成立高规格顾问团,请来一班名家捧场。1983年7月,《红楼梦》剧组在北京饭店举行成立仪式,同时发布顾问委员会名单。其中包括了红学界、文学界、戏剧界的一些顶级专家,如王昆仑、周扬、曹禺、沈从文、吴组缃、启功、朱家溍、

周汝昌与饰演薛宝钗的演员张莉在北京大观园。

杨宪益、吴祖光、赵寻、吴世昌、周汝昌、杨乃济等，以及编剧顾问蒋和森、导演顾问成荫。这样的阵容，在以后是难以复制的。

　　这名单里没有李希凡和冯其庸，原因何在？李希凡曾公开表示，《红楼梦》不可改编，曹雪芹之所以用小说这个体裁来写《红楼梦》，不是用绘画、诗歌或戏曲，就是因为他找到了小说这个最佳载体。而时任《红楼梦》研究所所长冯其庸提出，顾问人选须经他同意，这要求有点过分，是不可能满足的。[30] 于是，在野的周汝昌正好乘虚而入，成为顾问中的主力。

　　红学界对电视剧的介入，第一表现在编剧，第二是演员培训班，第三是顾问在拍摄过程中的随时咨询。

　　在上海红学会上，许多代表提议蒋和森最胜任编剧之职，因为他既写过文采斐然的专著《红楼梦论稿》，又创作过小说《风萧萧》、《黄梅雨》。蒋和森应承下来了，一开始很投入，曾为写剧本跟友人切磋到夜间一两点，试写了一集。但学者的严谨和慢工出细活不适合电视剧创作的节奏，剧组不能等，蒋和森身体也吃不消，便知难而退。此后，胡文彬推荐了三位新编剧：他的研红搭档周雷，党校写过电影《谭嗣同》剧本的刘耕路，和淮北煤炭师范学院青年教师周岭。

　　1981年9月在济南，我认识了周岭。他与我年龄相近，1974年的工农兵学员，当我们还是学生，他已经是教师。周岭负责改编后四十回，承担了最艰难的任务。因为前八十回是照葫芦画瓢，后四十回却要抛弃旧本，自己种出另一个葫芦来。这既是领导从思想观念上提出的要求，必须大悲剧结局；也是周岭个人的学术观点和创作冲动，他以前就研究"探佚"，想恢复"曹雪芹的原意"。

　　在确定创作方向的会议上，经过热烈的争论，由戴临风拍板，决定剧本要全部删除神话梦幻、封建迷信等内容，拍成一部"纯现实主义"的电视剧。这其实不符合原著的整体精神，造成了最终的成品是"红楼无梦"。

　　剧本要送给顾问委员会专家看，专家里最上心的是周汝昌，他不甘心当挂名顾问，非常想施加影响。因为他痛恨"程高伪续"，认为是政治阴谋的产物，恨不能毁而弃之。老周的思想，通过小周体现于电视剧中。导演王扶林明确说，他的编剧是周汝昌派。两年多里，周汝昌每次拿到剧本，无论哪一稿，都会逐字逐句地推敲，然后伏案疾书，一封封写信，例如："昨晚一夜未眠，又为你想了几套编剧方案，供你选择……"若有机会他很愿意到剧组来，或者请编剧去家里面商。顾问们提出的修改意见，周岭逐条接受，反复打磨。

　　除剧本外最重要的准备工作，就是开拍前办的两期培训班。演员们集中住在圆明园和八大处，每期三个月，学习古典文化和红学知识，也学习琴棋书画、民俗礼仪。训练班课程由编剧周雷安排,他开讲红学概论,胡文彬续讲国内外红学研究概况,朱家溍讲述《红楼梦》中的北方生活习俗,邓云乡则讲南方生活习俗,周汝昌辨析《红楼梦》原著之优与续书之劣,王朝闻评述怎样正确理解《红楼梦》的角色,李希凡论说《红楼梦》的历史背景,编剧刘耕路赏析《红楼梦》的诗词歌赋,编剧周岭讲解《红楼梦》的主要人物……老师中还包括冯其庸、张毕来、蒋和森等。这些知识,成为演员们表演的底蕴。

红学界专家们对电视剧的贡献,还贯穿于拍摄的全过程中。譬如是参加过1963年文华殿展览的建筑学家杨乃济,把他当年设计的大观园模型加以修订,规划建成了位于北京宣武区南菜园的实景大观园。号称"晋籍沪人北京专家"的民俗专家邓云乡,是俞平伯四十年代在北京大学的学生,他多次长期驻组参与培训演员,随摄制组辗转各地拍摄现场,既组织布置民俗场景,又辅导教授动作礼节,是使文字立起来,历史活起来的关键人物。胡文彬的头衔是副监制,全程参与了从初期策划、实景建设到现场拍摄的多项工作。

拍摄完八七版《红楼梦》后,编剧周岭被调到中国艺术研究院《红楼梦》研究所,成为李希凡和冯其庸的下属。这工作岗位与他五年前的某市师范学院教师相比,已经是巨大的进步。这既是因为他聪明有才加能干,也是借了电视剧的东风。我没有想到,他并不满足于此。九十年代初,周岭弃文下海,开始了经商、创业之路。

电视剧《红楼梦》拍成首播时,周汝昌正访美未归(见后文)。他寄来题诗曰:"朱楼搬演多删落,首尾全龙第一功。"后来他抱怨作为顾问未得到任何报酬,甚至未能得到一份录像带观赏。他为周岭所作"根据曹雪芹原意新续"的剧本作序,认可其否决高续的勇气和意义,对改编的质量却吝惜赞词。

冯其庸在电视剧筹拍时未能入局,那时他还没有坐上红学会的头把交椅;但到电视剧播映时,他已经是绕不过去的首席权威了。他的题词是:"自有《红楼梦》以来最广大的普及。"在1987年下半年,《红楼梦》剧组挟超高人气到香港、台湾地区访问,在当时尚未与中国建交的新加坡举办盛大的"红楼文化展"。与电视剧并无渊源的冯其庸担任带队团长,并以书法家的身份挥毫写下"红楼梦长"四字条幅,送给海外友人。这好像是不问耕耘,只问收获了。

笔者

1987年春节期间,电视连续剧《红楼梦》在中央电视台试播了前六集。同年5月2日,全剧在央视一套播出,全民争看,造成"开机不看《红楼梦》,纵有彩电也枉然"的局面。当时我写影视的评论,已经小有名气,有报刊来主动邀约，《红楼梦》又是我的长项，于是发表了三篇文章。

刚刚看过试播的前六集，我写成一篇《当你站在巨人肩头——电视连续剧〈红楼梦〉观感三题》，发表在《文艺报》1987年3月14日的四版头条，约三千字。所谓"三题"，其一是"表现：比生活流更'飘逸'些"，批评电视剧再现和写实有余，而表现与浪漫不足，特别是把太虚幻境删落了，殊为可惜，这就是有些人批评的"红楼无梦"。其二是"情节：'复原'之得与含蓄之失"，批评第五集中"秦可卿淫丧天香楼"一节的"复原"大可不必。其三是"结构：在连续剧与章回体之间"，希望编导者能够自觉地注意到雅文化与俗文化、章回体与连续剧之间的微妙关系，当有助于作品结构的流畅和开阔自如。

五个月以后，《红楼梦》全剧播完，我又连写两篇《电视剧〈红楼梦〉琐议》，在《中国青年报》上连载（8月9日和16日）。

上篇叫《拘谨之憾与超脱之途》。我"把电视剧从形式上分作三层，将不满足逐层道来。"

最里层（内形式）是一种艺术精神的整体把握，或者还有创作方法的判别和选择。是"日常生活流"呢，还是该更飘逸一点？形象点说，导演似乎羁绊在怡红院、潇湘馆一个个具体的房间中难以脱身，而未能腾空作俯瞰整体的"逍遥游"。要把握并表现曹雪芹创构的笼罩全书的大意境，须得略知禅宗，略通庄子，读一点李贺的诗以及中国古代画论，懂一点"超以象外，得其环中"的道理。这样，才有可能由微观的拘谨变为宏观的超脱，在再现之流中融入表现之风。这也关联到在现实主义基础上浪漫主义方法的融汇。减弱神魔色彩固出于好意，但毕竟说不清通灵宝玉和风月宝鉴的来历，抹不去那么多宿命难逃的谶语伏线。而太虚幻境的删却，更在一定程度上变复调为单弦，化叠彩为一色，岂不可惜！

中间层是结构与叙述方式的腾挪变化。……可惜这些变化仍止于量的伸缩和弃取，而不是从小说到电视质变中主动的再造。……事件之间，场景之间，集与集之间，都尚缺一种更强的粘合剂和更柔顺的润滑剂。如何找到一种更适于电视剧本体、更属于编导者主体的叙述方式，是此剧尚未完成的任务。

最外层（外形式）是镜头组成和造型手段的运用。万把个镜头中间，有多少是纯为讲故事而别无价值地存在，多少是通过长短、动静、机位、组接顺序等等，传达着情绪、喻义从而具有独立的价值呢？建了大观园，再盖荣国府，它们是仅仅为搬演故事提供了一个说得过去的场景（这里不谈其旅游价值），还是以其形状、色调、质感等造型因素为典型人物提供了典型环境，或进而参与了全剧意境的构筑呢？……看来症结还在于导演对影象艺术本体的认识、对调动造型因素以造境抒情的重要性是否自觉。若只是在文字形象与影视形象之间拘谨而吃力地"硬译"，焉得不事倍功半？

多次听到八十回以前部分"忠于原著"，编导如是说，评家也如是说。而我却以为忠与不忠并不重要。话剧《家》，曹禺忠不忠于巴金？电影《乱》，黑泽明忠不忠于莎士比亚？名著改编要成精品，皆须有改编者与原著精神上的碰撞，皆须有改编者主体意识的参与。只要艺术精神相通（也不排除自己的解释），在叙述方式和造型手段上便应大力扬己之长。若只是处处蹑迹循踪，缩隐自我，必流于平庸。如此说来，电视剧《红楼梦》前八十回部分缺憾的原因之一，竟是过分受"忠于原著"所宥了。

下篇叫《续作之难与观赏习惯》，专论周岭兄的续作。我认为不管续作者艺术功力有多高，后人续作也不可能成功。因为"其一，学术真实对艺术想象力的限制。""其二，创作时态对作者心理和作品性质的制约。""其三，不同的主体面对不同的客体，反应自不同。""我以为天地大得很，有才华的聪明人何必一定要来闯这个禁区——这禁区不是某人划定的，而是文学和美学的客观规律所决定的。"

三十多年后再看自己当年的评论，我还是觉得道理讲得不错，但就是有点站着说话不腰疼，标准定得很高，过于苛求创作者了。

电影

比电视剧晚两年，北京电影制片厂还拍了电影《红楼梦》。1987年初，我已经看过北影厂的剧本，所以在写前一篇《当你站在巨人肩头》时，有意无意地将影视二片进行了对比。我更多地偏袒电影，对它寄予希望。这篇在《文艺报》上发表以后，有一次我作为记者到北影厂参加活动，有朋友介绍我跟谢铁骊导演认识。谢导说他看了我的文章，"我可不敢站在巨人肩头，我顶多抱着巨人的脚脖子！"

电影《红楼梦》开拍前，中国电影第一人夏衍的意见是：不拍为好；启功先生的劝告是：最好不拍。二人都认为这是一件吃力不讨好的事情。但是谢铁骊没有听，在厂长汪洋的支持下硬是坚持开拍了，编剧是谢导自己和谢逢松。请了朱家溍为历史顾问；红学顾问有李希凡、冯其庸、胡文彬、丁维中四人,都是艺术研究院和《红楼梦》研究所同人。所以后来被认为,电影是冯其庸派,与电视剧的周汝昌派对立争锋。一个最明显的区别是:结局按原后四十回拍摄。

1988年到1989年,六部八集的电影《红楼梦》陆续完成。这是中国最长的电影,长达735分钟,即十二个多小时。

电视剧与电影两个《红楼梦》打擂台,本来是一场以小扛大、以弱对强的挑战。可是谁能想到,经过观众和时间的检验,所得竟是一个反转的结果:电视剧被称为经典,甚至难以超越;而电影被人们遗忘,几乎毫无影响。这部中国最长的电影,成了中国最悲壮的电影。

尽管电影《红楼梦》剧本比较完整,导演手法老练,演员演技纯熟,大银幕胶片视觉效果更佳,但是它的劣势更是无法超越的。首先是容量超长,没有人能在电影院里看完,这违反了电影的本质,此乃命也。其次,是拍摄和放映的时机不利,前被电视剧的光芒所掩,后受不安定的年代所欺,生不逢时,此乃时也。再次,电影选用女演员扮演贾宝玉,是一大缺陷,适合演贾宝玉的男演员可遇而不可求,此乃运也。

《红楼梦》中的英莲(即香菱)"有命无运",便已"应怜"。电影《红楼梦》无命背时缺运,徒唤奈何!

笔者

此外,那几年《人民日报》上有关《红楼梦》的文章,几乎让我一人承包了,而且还因此与周汝昌、冯其庸两位先生产生了互动。

《喜见奇书传新影——影印〈蒙古王府本石头记〉评介》(《人民日报》海外版1987年12月26日)。当时是北京图书馆新馆在紫竹院旁建成,我为之写了多种形式的多篇报道,发表在本报的不同版面上。蒙府本的来历前文已述,现在北图为庆祝新馆落成而出版精装豪华影印本,价三百元。这价钱正相等于1961年付给原书主的奖金,也相当于那时我三个多月的工资,我买不起。在采访副馆长胡沙时,我表示了对红学和这套书的兴趣,他未置可否。待多篇文章见报后,他大概看我确实卖力,也有些水平,就送给我一套书。我得书后,写了这篇书评来推荐。

此书是周汝昌作序,他在序中提出新说,认为书中批语并非脂批而是"佟批"——清初权贵家族佟氏(隆科多)后人所作之批,佟家的命运牵连着曹家,"而这种升沉否泰,才正是曹雪芹黄叶著书、写作《石头记》的兴感与历程的真正的源头"。我肯定了"周先生在为名著善本作序时,不浮光掠影地勾描版本概貌,不公允中庸地复述诸家公论,也不宥於自己'一言既出'的旧说。他羞作敷衍矫饰之序,而是把序言当论文来作,提出具有实际意义的创见(哪怕其中难免疏漏)。这态度,应该说是既严肃又富于勇气的"。

我把刊有此文的报纸寄给了周先生,很快收到了他三页长的回信。查我当年的日记,曾先后收到周先生四封信,但现在只剩下这一封了。

李彤大弟文几

适得手笺,欣诵为快。昨日丁宏新同志之小柬亦至。请释念。

我说"千万勿误会是催发表"!可结果你两位都"一致""强调""大

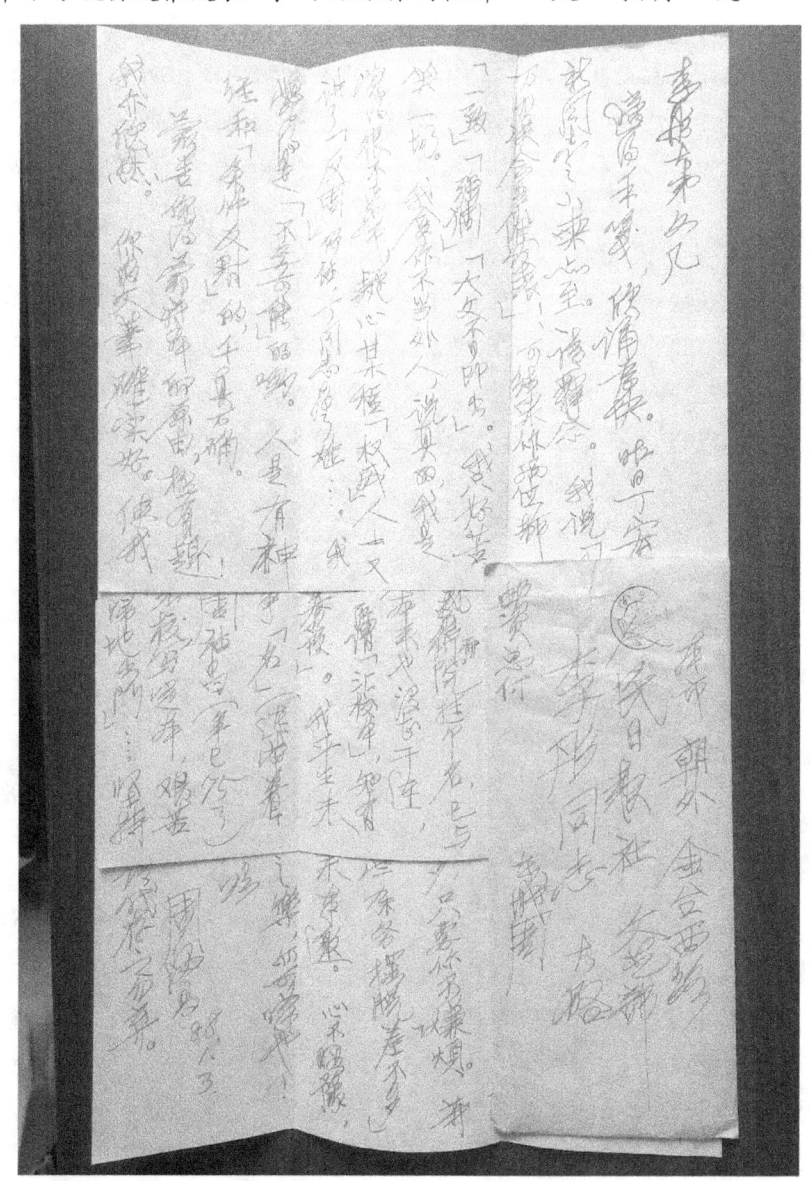

周汝昌
致作者书

九 交流篇

文不日即出"。我只好苦笑一场。我拿你不当外人,说真的,我是觉得很不正常,疑心某种"权威"人士又讲了"反周"的话,丁同志为了难……我觉得是"不无可能"的哟。人是有神经和"条件反射"的,千真万确。

蒙告你得蒙府本的缘由,极有趣,我亦欣然。你的文笔确实好。使我有"心折"之感的文章,并非容易,在报刊上更是如此。所以不是"谬许"。你还年青,当几年"报人",磨练磨练,未始不是好事。据我看,"前程"必不令我成为妄言者。

我现在只在中国艺术研[究]院挂个名,已与"红研所"毫无关系(本来也没甚干连,[人]家什么也不让得知的)。所谓"汇校本",知有此事而已。人家怕我"参预"。我平生未尝与任何人争"功"争"名"(连带着"利")。倒是与家兄周祜昌(年已75了)苦作了四十年的大汇校写定本,艰苦万状,经过抄家与"扫地出门"……坚持至今,并无一人理睬,更何况"支持"。幸而不久也将竣工。我们奢望:这是一个<u>写定</u>(下加重点,下同)本,不是"某本作某"的"技术性工作",其意义无比重要。将来盼能得到你撰文评介。

要和你谈的很多,只要你不嫌烦。等我把手头积压的这些杂务摆脱"差不多"时,心里<u>素净</u>,定来奉邀。心不暇豫,简直是难求晤言之乐,亦可叹也!

草草代面,即颂

研祺

周汝昌 88.1.3

"隔年皇历"请代存之勿弃。

看来周先生真是"拿我不当外人",说了很多私房话,此信可入红学史料。信中说到"大汇校写定本……幸而不久也将竣工",后来得知,他们在1986年完成抄定稿,确定书名为《石头记会真》;1987年初稿写讫,但离真正的"竣工"还为期尚远。

大概是在此之后,我去了一次周府做客,在东城朝阳门内南小街北端的南竹竿胡同,原称八大人胡同。是在一座比较大的四合院里,有门房,有二门,周汝昌住在正房,有大红抱柱,前廊后厦,厢房也带走廊,在那年代是比较高档的院子了。印象中室内比较满而乱,但感到儒雅的书香。谈的什么已经不复记忆了。

后来我才知道,这房子是八十年代初"落实政策"的结果。前文说过周家住房紧张,为省钱从三间换成了两间,一住二十年。之所以得到改善,还和我们《人民日报》文艺部有关系。1978年8月,周汝昌与刘旦宅合作的《红楼梦》人物诗画配,在文艺部新办的《战地》增刊创刊号上发表。副刊组长姜德明到红星胡同(即原无量大人胡同)十四号周府拜访并送来刊物,见只有两间屋,内室是夫人和女孩子挤住;外间用书架隔开,里边是周汝昌的木床,外为"书斋兼客厅"。姜德明感到惊讶,说:您怎么住的这个样子!我们想不到,您写个报告,我立刻想法儿代为上报……

周汝昌的求援信通过姜德明在《人民日报》内参登载,得到了时任中组部长胡耀邦同志批示。然后中宣部派了梁光弟局长来目验实况,开始寻找较好的住所。经过曲折,最后定在这南竹竿胡同的113号院。这里原是夏衍同志的旧居,给了他正房五间,有厕所、厨房、自来水设备,而其余同院共用一个水管龙头。1981年搬家(就是林东海得"佚诗"条幅那次),周汝昌感到一下子升到了"天堂"。

后来,我发现了一个大概连周汝昌本人也不知道的秘辛,这南竹竿胡同还与他的"师傅"胡适有一段渊源。当胡适留美归来初到北大任教时,从1917年10月到1918年3月,曾在这朝内南竹竿胡同租住过半年(见本书之第一"开局篇"第2节)。因为他那时才初出茅庐未曾发迹,来访过的朋友也不多,所以少为人知,门牌号也失记了。等到九十年代胡适的日记出版印行以后,这些历史的陈迹才逐渐被发掘出来。胡适初出茅庐之地,成为周汝昌半老安居之所,这是周汝昌与胡适的又一重缘分。

周汝昌一家人的生活,在八十年代有了很大的改善。他在1978年被特邀为第五届全国政协委员,每年到大会堂参政议政,从此连任四届。在艺术研究院,他的职称于1981年正式评聘为研究员,相等于正教授了,并任院级学术顾问。同年搬进大房子,四散的子女也都陆续回到北京。长女月苓从唐山调到北京冶金机电学院(今北方工业大学)任教;次女丽苓从天津与人对调工作,后到北京图书馆(今国家图书馆)任职。这两个女儿是上过大学的,丽苓在1975年为增订《红楼梦新证》做过助手。三女儿伦苓高中没有毕业,1969年赴陕北延安地区"插队"务农,后到宝鸡当工人。她在1980年被调回北京,入艺术研究院做父亲的研究助手,以弥补周汝昌眼耳不便的缺陷,也改善了自身的生存处境,从此她一直守在父亲身边。[31] 小儿子建临1974年从内蒙古乌拉特旗兵团返回北京,在北京化工二厂做工人,后来调到大观园工作,也沾上了红学。周夫人在八十年代曾患癌症,经过医疗恢复得不错,健康地活进了新世纪。总之,周汝昌一家的命运,在八十年代与国家的命运同步改善。他写过一些歌功颂德、感恩戴德的诗文,也是由衷而发。

我这时略知了周、冯矛盾很深,但我只是个记者,稍涉红学而已,理应是个旁观者,也可以说是脚踩两只船,一碗水端平。不久我又去了恭王府里的红研所,冯其庸先生主持的《脂砚斋重评石头记汇校》首卷出版了,他送我一本,毛笔签名题赠,还答应将送我全套五卷。我取回书来,又写了一篇书评《为红学筑一块基石——〈脂砚斋重评石头记汇校〉首卷读后》(《人民日报》海外版1988年2月6日)。这篇被《新华文摘》同年第五期转载,我猜想,转载或许与胡文彬先生有关,他在调去红研所之前,原为《新华文摘》编辑。

文章中,我这样描述红研所的工作:"七年间,《红楼梦》的十一种早期抄本的影印或复印本(后来又补上列宁格勒藏本,共十二种)汇聚于北京恭王府内的一间斗室,将它们的异同比勘对校,记录于专用稿纸,一字不苟,一本不漏——这项绝不轻松却并非人人都能理解的工作,由冯其庸先生总其成,冯统一君任其事。"我这样肯定其意义:"必有此一番汇校功夫,才能使整个红学研究建立在更为科学、坚实的基础之上。在感悟和鉴赏之余,增加些定量的实证分析,这样去认识曹雪芹本人、《红楼梦》本文究竟是何面目,探讨作者的修改或后人的妄改究竟反映了何种思想或心态……如是观之,我们不妨称这厚重而精美的五卷大书,是为红学研究添筑的一块基石。"

这书我对它评价很高,却没有细看,其实冯先生在出书前也没有细看。他只进行了总体设计,具体实施者是冯统一。这部《汇校》的第一册出来后,正赶上冯先生过生日,寿宴正要开始,忽然接到一个电话,一个朋友说,发现《脂砚斋重评石头记汇校》里错得太厉害了。冯其庸马上翻开书核对,发现确实抄错很多,句子完全不对。冯其庸后悔不迭,心中不悦,晚饭几乎没吃,生日也没过好。他们暂停印第二册,把第一册重新校订,做了勘误表,随第二册发行,算是勉强的弥补。[32]

这部书价格也很贵,记得是265元,幸亏主编冯其庸先生答应赠我一套。因为连续遇到两种我买不起的红学大书,才引出我又写下一篇文章:《〈红楼梦〉价值几何?》(载《文艺报》1988年4月9日)。我发现研究在不同时期《红楼梦》各卖多少钱,是个很有趣的问题。

那时我掌握的材料还不够多。所以我在写本书的过程中,有意搜集和记录了更多《红楼梦》版本交易的价格。1927年胡适买甲戌本代价"袁头三十";1932年徐星署在隆福寺书摊"捡漏"买到庚辰本花了银元八块;1938年吴晓铃在琉璃厂仅费四十元购得舒序本;1949年徐家把庚辰本卖给燕京大学得到黄金二两,折合七十美元,法币五万元;1961年,北京图书馆接受蒙府本"捐赠"时,象征性付给了人民币300元。本书后文还将说到,北师大在1957年买陶洙手抄本，胡适藏甲戌本2005年回归上海博物馆，直到2017年拍卖刘氏眉盦藏本后得名"卜藏本"……欲知价值几何，且看后文分解。

我在那篇文章中总结说："从某种意义上说，涨价升值就是一种'识'。""可以透视出我们的社会已经更重视文化，是文化本身在升值。""若要使好书传播远影响大，便不能过分昂其值，历史和经济规律会找出它合适的'度'。主张出版物'优质优价'者，望能于此着眼；而弄文学或治红学者，也不妨关心一下书价中所含的信息吧。"[33]

附及

文艺理论家周扬于1989年7月31日逝世，享年八十一岁。

注释：

[1][7][9]《风雨平生——冯其庸口述自传》，商务印书馆2017年。本节中冯其庸事迹和引文均见此书。另参见冯其庸《梦多湖畔论〈梦〉记——首届国际〈红楼梦〉研讨会随记》，《读书》1980年第九期。

[2]《俞平伯全集》第九卷，第268页，花山文艺出版社1997年。

[3]参见周汝昌《曹雪芹小传》之周策纵序，第14页，百花文艺出版社1980年；梁羽生《笔·剑·书》，百花文艺出版社2002年。

[4]周汝昌《国际红缘》，《周汝昌与胡适》第180页，百花文艺出版社2013年；《弃园中的周策纵先生》，《红楼无限情——周汝昌自传》，第328页，北京十月文艺出版社2005年。本节中周汝昌事迹和引文均见此二文。

[5][20]叶君远《冯其庸年谱》，中国社会科学出版社2015年。

[6]《周策纵论学书信集》，陈致、孟飞、黎汉杰整理，第237—260页，中华书局2020年。

[8]周汝昌《国际红缘》，《周汝昌与胡适》第180—181页。

[10]参见本书之第十一"围城篇"中"甲戌本归来"一节。

[11]引自周汝昌《陌地红情——国际红楼梦研讨会诗话》，《献芹集》，第255页，中华书局2006年。

[12]见梁归智《红学泰斗周汝昌传》，漓江出版社2006年。

[13]《俞平伯全集》第九卷，第277页。

[14]陈建功《我作哀章泪凄怆》，《文学七七级的北大岁月》，第86页，新华出版社2009年。

[15][32]见《风雨平生——冯其庸口述自传》。

[16]见岳南《南渡北归·第三部 离别》，第200—244页，湖南文艺出版社2011年。

[17] 潘重规《列宁格勒十日记》，（台湾）东大图书公司1993年。

[18] 以下冯其庸之叙述依据一文一书:《列宁格勒藏抄本〈石头记〉回归记》，见《石头记脂本研究》，人民文学出版社2015年，原载《红楼梦学刊》2003年第一辑，有删节，简称[归记]。《风雨平生——冯其庸口述自传》，商务印书馆2017年，简称[述传]。仅标简称，不一一另注。

[19] 以下周汝昌之叙述依据两书中的两节:《万里访书兼忆李一氓先生》，《红楼无限情——周汝昌自传》，简称[自传]；《"绣衣"出使》，《周汝昌与胡适》，简称[周胡]。仅标简称，不一一另注。

[21][22] 周汝昌《红学七题》，哈尔滨国际《红楼梦》研讨会论文，1986年5月作。转引自《红学泰斗周汝昌传》，漓江出版社2005年。

[23] 见冯其庸《重论庚辰本——〈校订庚辰本脂评汇校〉序》，《石头记脂本研究》。

[24] 蓝翎《龙卷风》，第14页，东方出版社1995年。

[25] 参见吴营洲《"新基调杂文"的前世今生》，《文学自由谈》2017年第四期。

[26] 祝华新《人民日报 叫一声同志太沉重》，引自网络。

[27][28][29] 《李希凡自述：往事回眸》，东方出版中心2014年。

[30] 石岩《87版〈红楼梦〉的流言："出了事我担着"》，《南方周末》2010年9月2日。

[31] 周汝昌的三女儿本名伦苓，后因发放身份证时作"伦玲"，而从之不改。故本书中她的名字随时间先后而不同，上世纪八十年代以前作"伦苓"，九十年代以后及引用她的作品时，采用其现用名"周伦玲"。

[33] 本节中笔者这些与《红楼梦》有关的报刊文章，大多收入拙作《红高粱西行》，大象出版社2020年。

十 分化篇（1979-1995）

且书中钗黛每每并提，若两峰对峙双水分流，各极其妙莫能相下，必如此方极情场之盛，必如此方尽文章之妙。

——俞平伯《红楼梦辨·作者底态度》

36 功罪谁说

在这一节里,要补叙几位老先生的未尽之事。他们的共同点,是都在八十年代前后撒手人寰。这里便以其离开的先后为序。

吴恩裕

吴恩裕在他生命的最后六年里,抓紧做了很多事。

1973 年以后,吴恩裕的政治压力稍减,恢复人身自由,开始有机会继续做曹雪芹的研究。这年 11 月 13 日,吴恩裕应邀在历史博物馆礼堂做题为《关于〈红楼梦〉的民主思想和曹雪芹的世界观》的学术报告。

人民文学出版社的林东海聆听了这次演说,他有点失望。这个论题,是吴先生把现在所热衷的"曹学",与他的本专业政治学相结合的产物。不用说在那样的年代,即便在"文革"之前,他也不敢放肆地把自己的真实想法袒露出来,不敢把他从英国哈罗德·拉斯基那里学来的费边主义政治学说,拿来研究《红楼梦》的思想和曹雪芹的世界观。而是只能隔靴搔痒,讲些众所周知的启蒙思想。听过这一演说,林东海对吴先生得到一种新的认识,觉得在他憨厚的外表下,潜藏着一种睿智,能行于其所当行,止于其所不得不止。

第二年,林东海为了编《红楼梦研究参考资料选辑》,曾经两次去吴恩裕家征求意见。吴先生在沙滩后街五十四号的居处是平房,不算宽敞,光线不足,屋里有点昏暗,几乎没有什么像样的家具,连书柜都没有,只是靠墙架了几块厚实的长木板,当作书架,歪歪斜斜摆了几排书。来了客人只能坐在床沿边上。按那时的北京平民家庭,这样的境况很普遍;但是按留洋老教授、著名红学家的标准,就是很不常见的贫寒,令林东海感到吃惊。

吴恩裕在1970年代

林东海从吴先生家出来,感慨良多。家境那样贫寒,还正在养活提供材料的孔祥泽,可知他之专注于曹学,是如何执着,如何入迷!

周汝昌也说:"他的宿舍是政法学院的十分敝旧的土平房,那排房屋前后开门,草篱茅舍。我常造访,留饭也是北方的朴实作风——大碗捞面条,只一味干炸酱,什么也没有,但食来很香。"

画家戴敦邦在1978年初,多次到吴恩裕家拜访请教。他印象中吴家居所是一个略大于门卫岗亭的空间,两人谈红说曹之际,不时听到窗外有人招呼:"吴教授在家吗?"有亲友找他介绍事情的,有邻里家庭不睦托他做和事佬的,也有带疑难问题请他解答的。

七十年代中期,吴恩裕继续在北京西郊大规模查访曹雪芹足迹。这时常常陪同吴先生的,就是后来与我成为同学的吴德安。如1973年3月,他们同登香山半山上看"一拳石";1974年4月和1976年6月,同赴香山正黄旗和蓝靛厂火器营,访问老人。正白旗与白家疃,更是屡次必访之地。据其长子吴季松统计,从1954年到1977年,吴先生到香山实地考察达五十多次。

1974年夏,吴恩裕专程前往南京、苏州、上海、杭州等地,考察江南织造府的遗迹,寻访曹家材料。大概没有什么新发现,收获无多。归后他告诉

十 分化篇 623

林东海,在苏州江南织造府有两通石碑,被木头团团围住,看不见碑石上的字。林东海觉得吴先生虽然年过花甲,却还保留着一颗清纯的童心,有点像小孩捉迷藏,到处寻觅曹雪芹的藏身之处。

1976年唐山大地震后,吴恩裕南下河南郑州避震,与时在郑州大学教书的蓝翎多有往来。蓝翎忆及,尽管吴恩裕仓皇离京,但仍将其红学研究手稿和资料带在身边,避震之余,依然笔耕不辍。后来吴恩裕索性从亲戚家搬到郑州大学招待所,与蓝翎不仅谈红学,更谈政治形势。巧的是,那时吴世昌也避震到了郑州,两吴是否有约而同来,与蓝翎是否有过三人聚谈,已难确考。

画家戴敦邦还回忆,有一次吴恩裕南来上海,到戴敦邦家里,见书架上放有一册《石头记》版本的论著,他立刻严肃地说:自己与这位作者不是一路的。这种严肃而决然的态度,使戴敦邦愕然。

林东海认为,但凡一个人对于某种东西入了迷,经常会流于轻信,这也是一种"迷信"。吴先生对于民间传说,对于世俗传言,就带有这样一种"迷信"。他发掘和研究《废艺斋集稿》,就是过于轻信了,难怪他那么容易上当。

> 在那一切都政治化的年代,学术自然也被政治化了,研究政治学的不切合现实政治,研究马克思的不切合现实马克思,于是吴先生成了被嘲笑的对象,教授级别也由二级降为四级。吴先生对这一切都能顺其自然,西方的那一套吃不开,就把它搁置一边。……从此他便避开了"政治",躲进了"红楼"。鲁迅先生说"躲进小楼成一统,管他冬夏与春秋","红楼"不同于"小楼",不能自成一统,仍然属是非之地,但不是大是大非,而是小是小非,虽然水浅,却还是小小的避风港。当年同吴先生一起从伦敦大学政治经济学院出来的,有罗隆基、储安平、王造时等人,这些人想坚持自由主义政治观,结果大都出了问题。吴先生属于"识时务者",知道躲进"红楼",因而没有招来无妄之灾。
>
> 了解吴先生的经历,对于吴先生在"曹学"方面的一切作为就比较容易理解了。倘若把《红楼梦》当作文学来研究,他不是学文学的,自非他之所长;倘若把《红楼梦》当作经学、史学、政治来研究,涉足的人又太多,不免老是踩到别人的脚印,带出两腿泥。于是他学古人的采风,到民间搜集材料,他不会不知道有些材料并不可靠,然而宁可信其有,不可信其无,否则便玩不下去了,文章也不用写了,总不能躲到"红楼"里无所事事呀。也许他真的相信《红楼梦》里太虚幻境的那副对联:假作真时真亦假,无为有处有还无。[1]

周汝昌则这样评价吴恩裕——

吴恩裕（前左）、林默涵（前右）、李希凡（后右一）在1979年春的红学界聚会上。　　　　　　　　　　　　　　　　　图原载《红学：1954》

我敬重吴恩裕先生，数十年的切身经历品评，方信他是我所交的红学学者中人品最高尚、人心最仁厚的好人益友。

他为人热心肠，没有某些红学人物的抑人利己的坏心计，是我数十年深交的难得的高尚人士。他主动带我求眼科名医，关心备至。

恩裕兄为了探研雪芹，一腔热诚，全力以赴，世无第二人。因心太切，意太痴，遂易为妄人所乘，将伪造"资料"向他"炫示"，吊他的胃口。他太天真，识辨力又不足，一概深信不疑，又不喜听友人的忠直之言，于是在学术上受到损伤。每念及此，不胜嗟惜。[2]

吴恩裕固然失于轻信，但如果反求诸己，周汝昌对陆绘小像和初期的"靖本"，不也同样轻信吗？只不过所信的物件各不相同而已，那是不是"识辨力不足"呢？"将伪造'资料'向他'炫示'，吊他的胃口"，这包括自己的"佚诗"吗？而他们两人之间最大的区别，就在于是否葆持着"天真"。

1977年以后，吴恩裕终于可以回归老本行，重新整理自己的政治学著作。1978年秋，中国社会科学院新成立世界政治学研究所，吴恩裕从政法学院调过来任研究员，受邀主持筹备工作。政治学被无端禁止了二十多年，正计划在废墟上恢复，这项工作才刚刚开始，让"老戏骨"大展长才的舞台才刚刚启幕。

也是1978年秋，在北京新创刊的大型文艺刊物《十月》第二期上，吴恩裕发表了新的一批"曹雪芹的传记故事",可视为1962年那未完的《曹雪芹的故事》之续篇,包括《德荣塑像》《文星猝陨》《遗爱人间》《遗著题句》四篇。他在文后附记中写道:"意图是根据已知材料,结合近十几年来发现的实物、文字和传说,写《红楼梦》作者逝世前后的情况。我不想在写他实际上平淡的生活时,加上任何耸人听闻的虚构;但对他的思想却有一些推测性质的描绘——有的通过对话,有的通过叙述。对后者,我力求既描述他的进步思想,又不逾越他的时代局限。"

大约半年前,春天里到沙滩吴恩裕家登门约稿的,是北京出版社编辑、当时新起的小说家刘心武。刘心武自称"红迷",读过吴先生以前的多种著作,双方一见如故。刘还说起,他与吴先生的助手吴德安两家是世交。在刘心武眼中,年近七十的吴先生"看上去至多花甲,头发黑黑的,身材保持得恰到好处,眉宇间有英气,却又透着儒雅","有一种留过洋的气质"。刘心武在编辑文稿时,将"传记故事"改题为《曹雪芹之死》。[3]

1979年6月,吴恩裕又续写成《曹雪芹传记故事》三篇,分题为《忿辞宗学》《庐结白瞳》《宣外巧遇》,9月发表于《长江》文艺丛刊创刊号上。

1979年12月12日下午3时半,正在写字台前赶写文章的吴恩裕,心潮汹涌,心脏病突发,昏倒在地,再也没有拿起笔。这篇文章《我对曹雪芹上舞台或上银幕的看法》已经写到第十八页,稿纸上留下一道浅浅的笔迹划出去的痕迹。这篇遗作于1979年12月26日,发表在《文汇报》上。

吴恩裕突然病故,周汝昌写了一首七律和七首七绝哀悼挽念,让周雷去追悼会现场张贴。由于当时正处于"曹雪芹佚诗"的解谜时刻,红学界有流言说"周汝昌气死吴恩裕"。周汝昌在回忆文章中无奈地叹息:"他的病逝,居然也成了某些人造谣挑拨是非的'资本'。"

顾颉刚

顾颉刚也是在1977年,搬进了三里河南沙沟的高知楼,安享晚年了。每天傍晚携妻在小区院内散步,经常能遇到同院居住仅隔一楼的钱锺书和杨绛,归后每次都载入日记。俞平伯也住同院,但很难碰上,他在1975年中风后行动不便,极少出门。

当时学术活动开始逐渐恢复,以顾颉刚名声之大,冗事繁忙。可他毕竟已八十多岁,颇感时不我待,力不从心。1978年5月5日散步时,"遇钱锺书,致箴言。……锺书劝予勿于社会上无聊人往来,浪费垂尽的精力。又谓吾一生为众矢之的,即因门下太杂之过。良友之言敢不遵从。我过于爱才,只要人家有一点长处,即不忍使其埋没。而其人一得社会地位后即行反噬,固不独杨向奎一人而已。"钱锺书的话顾颉刚显然听进去了,准备遵从。三天以后(5月8日)两家又遇上了,顾颉刚才知道了杨绛的身世:"与静秋散步,遇锺书及其夫人杨女士。……锺书夫人杨绛,系荫杭之女。其父别号老圃,于二十年代常在《申报自由谈》中揭其所作历史考据文字,予时颇爱读,不知其能集成一书否。"7月18日再次相遇,"锺书以洪迈诗'不将精力做人情'语相劝,当勉力行之。我居三里河,实无异退休,惟有努力抓住此未来之五年,将笔记及论文集编好,庶不负一生劳力。"[4]

1979年,就在这南沙沟寓所,顾颉刚激动地对采访者谈起鲁迅:"解放以后,历次运动批评我,'文化大革命'中批斗我,'排挤鲁迅攻击鲁迅'总是我一条罪名,我曾一再解释,说明当时情况,从来无人听得进去。"[5]

顾颉刚与鲁迅的关系,仍然是他最大的心病,也是给后人留下的持久的疑团。《中国小说史略》是否抄袭?既然顾颉刚有那样深厚的历史素养,有胡适培育的实证精神,如果他对鲁迅和盐谷温的两部著作没有做过对比验证,会轻率发言吗?假如说顾颉刚年轻时"一时孟浪"失言,为什么在历经磨难、吃尽苦头之后,到晚年仍然拒不认错,还在日记中"自誓不说一谎话而已"?他不是有意把日记留给后人,让历史检验吗?

这问题让我困惑不已,持续整个写书过程。幸而在收尾阶段,笔者自认为找到了答案。让我们话说从头。

盐谷温的《支那文学概论讲话》,是在1918年12月写成,1919年出版。当1920年和1921年之交,鲁迅开始在两校讲授小说史,并油印出《小说史大略》讲义时,精通日语的他,必是直接参考了原版日语书(鲁迅事后承认"盐谷氏的书,确是我的参考书之一")。那时是新学术的开创阶段,规矩还不成熟,鲁迅没有注明参考书籍。

顾颉刚并不通日文,但是他有两位好朋友,分别两次翻译过盐谷温的《支那文学概论讲话》。1921年5月,郭希汾(绍虞)将此书的第六章《小说》单独抽出来译成中文,取名《中国小说史略》,由上海中国书局出版。而鲁迅的课原称"小说史大略",1923年出书时也改为《中国小说史略》。从先后顺序看,是鲁迅袭用了郭译书名,也不排除是恰好撞车。郭绍虞中学就与顾颉刚同学,1919年在北大哲学系做旁听生,1923年又受顾颉刚邀请加入了他组织的朴社,二人私交甚密。因此有一种解释,因鲁著与郭译的书名巧合,才使顾颉刚误会为"抄袭"——此说是只知其一,而未知其二。

1925年2月,顾颉刚又新结识了陈彬和,他翻译了盐谷温《支那文学概论讲话》全文，取名《中国文学概论》。在《顾颉刚日记》上7月23日和26日两次记载："审核彬和《中国文学概论》。"该书1926年3月由朴社出版。原来顾颉刚与盐谷温的书并非无关路人的关系，他是其中文译本的编辑兼出版商，曾仔细"审核"，岂能不熟悉这本书的内容？这时间正好在陈源向鲁迅发难之前，而顾颉刚自己坦承："我告陈通伯，《中国小说史略》抄袭盐谷温《支那文学讲话》"。至此，其来龙去脉已经一清二楚了。[6] 至于胡适所说孙俍工的全译本，是1929年出版的第三个版本，题名《中国文学概论讲话》。

此后几十年中，为鲁迅辩诬、对顾颉刚声讨者甚众，他们多数都不曾直接比对鲁、盐的著作，是人云亦云，习惯性是非。直到顾颉刚去世近二十年后，到了新千年之交的前后，才有学者做认真客观的比较研究。 1999年黄霖、顾越指出：将鲁迅的油印教材《小说史大略》与盐著相比较，要比鲁迅后来成书的《中国小说史略》更为接近。鲁著共十七篇，除最后三篇与盐著无关，其余者从基本框架到具体论述，"都与盐史有着千丝万缕的关系，甚至有不少观点和材料是直接从盐史中借鉴而来的"。[7] 当然鲁迅也时有增补与新见，后改订为《中国小说史略》，又增加了更多自己的成果和卓见。

2005年，钟扬又具体比对了两部著作对于《红楼梦》的研究，指出："鲁迅《小说史大略》对《红楼梦》故事、人物、版本、作者及续书者皆复述盐谷温《中国小说史略》之观点与史料。以致连盐谷温的缺陷也一并被转述。"[8]

我们的《外史》讲到这里，大概可以得出结论：说鲁迅的《中国小说史略》抄袭、剽窃盐谷温，固然是出言不逊，厚诬先贤；说它借鉴、吸收了前人的成果，总该属实事求是，难以否认。鲁迅虽事后被动承认，出书时却没有主动说明。事实上，鲁迅与盐谷温后来也曾友好交往，互赠资料，传为美谈。

本《外史》作者认为，这并不是一个一方造谣诬陷，另一方清白无辜的简单冤案。在这件事上，鲁迅与顾颉刚两人都各有其不足，有经验教训值得记取。在鲁迅来说，小说史的平地开创匪易，借鉴前人必不可免，但应该注明来源，感谢作者，学术行为有待于规范化。他最初的否认并不十分硬气；而后期的怒骂和诅咒，确实有失风度。在顾颉刚来说，他对著作权的判定和语言表达，分寸、程度上不够准确，借鉴不等于抄袭；他始在私下传言，而终不肯出头应对的做法，也被鲁迅理解为"阴险"，为人处事上有欠缺之处。

鲁迅已属圣贤，稍有缺点也无损他的光辉。顾颉刚虽有过失，他已经为之付出了沉重代价，不必再苛责了。

顾颉刚一生勤奋不息，临终前数年一直坚持笔耕不辍，"要无恨于此生"。可惜天不假年，没有再给他希望的五年。1980年12月25日晚9时，顾颉刚因脑溢血去世,享年八十八岁。而他的日记记到了 12 月 18 日为止。

顾颉刚与胡适一样,长年坚持写日记,自觉的历史感极强。《顾颉刚日记》始于 1913 年,终于 1980 年,共六百余万字。能坚持写下来不易,能基本上完整地保存下来亦不易,因为它与胡适把日记留在美国纽约,环境完全不同。《顾颉刚日记》2007 年在台北联经出版事业股份有限公司出版,2011 年又在北京中华书局出简体字版,煌煌十二大卷,为后人留下了内容极其丰富的原始史料。

张伯驹

1978 年以后,张伯驹逐步获得平反,恢复名誉,举办夫妇画展,还担任

黄永玉画《大家张伯驹先生印象》

了许多名誉职务。

1982年初,在北京莫斯科餐厅,黄永玉邂逅了垂暮之年的张伯驹。后来他画了一幅《大家张伯驹先生印象》,并作长篇题记:

> 某日余偕妻儿赴西郊莫斯科餐厅小作牙祭,忽见伯驹先生蹒跚而来,孤寂索寞,坐于小偏桌旁。餐至,红菜汤一盆,面包四片,果酱小碟,黄油二小块。先生缓慢从容品味。红菜汤毕,小心自口袋取出小毛巾一方,将抹上果酱及黄油之四片面包细心裹就,提小包自人丛缓缓隐去。余目送此庄严背影,不忍它移。……
>
> 夫人国画音乐家潘素系余同行。老人手中之面包,即为其带回者。情深若是,发人哀思。[9]

不久,农历正月十五,张伯驹突患感冒,被送进北大医院。他走进病房一看是八人间,坚决不住。潘素好说歹说,把他暂时安定下来。旋即向院方申请换到单人或双人病房,得到的回复是:不够级别,不能换。几天内,同病房死了两个病友,张伯驹的感冒也被传染成了肺炎。2月26日,当女儿张传綵终于拿到上级同意转院的批示时,张伯驹已经离开了人世,享年八十四岁。

有打抱不平者跑到北大医院门口高声叫骂:"你们知道张伯驹是谁吗?他是国宝!你们说他不够级别住单人病房?呸,我告诉你们——他一个人捐献给国家的东西,足够买下你们这座医院!把那些住高干病房的人,都扒拉一遍,看看哪个的贡献,能赶上张伯驹?"[10]

张伯驹不是红学家,他只是与红学偶然相交。

聂绀弩

1985年6月8日,胡风因病去世。因为家属对文化部所拟悼词的内容和措词有争议,追悼会迟迟无法举行,遗体不能火化。聂绀弩只比胡风小一岁,此时也已经是八十二岁的老人,闻讯后他立即赋诗《悼胡风》:

> 精神界人非骄子,沦落坎坷以忧死。
> 千万字文万首诗,得问世者能有几!
> 死无青蝇为吊客,尸藏太平冰箱里。
> 心胸肝胆齐坚冰,从此天风呼不起。
> 昨梦君立海边山,苍苍者天茫茫水。

聂绀弩身体状况越来越糟,长期卧病在榻。家人和好友都劝他去住院,但是他坚持要写完《贾宝玉论》之后再去医院——他最后的文章,还给了《红楼梦》。11月10日,他在纸上歪歪扭扭、模糊不清地写下《雪峰十年忌》诗二首,遂成绝笔——他最后的诗,留给了老领导冯雪峰。

1986年3月26日,聂绀弩溘然长逝于北京协和医院。

有人说聂绀弩是典型的"文人气质",还有人以为他是"名士派作风"。钟敬文《怀聂绀弩》诗云:"怜君地狱都游遍,成就人间一鬼才。"

孙楷第

自从1971年春从干校返回北京后,孙楷第一直在寻找、索要他失去的藏书。

俞平伯的藏书是1966年被"红卫兵"和群众抄走的,后来发还了大约三分之一。但孙楷第的藏书是1969年他自己召中国书店上门搬运的,算"收购",这是一个巨大的差别。

孙楷第夫人多次出面找中国书店交涉,提出因"业务需要",希望要回自家的藏书。中国书店则声称,藏书早已拆卖,"需要书,开单用钱买"。实际上,当时中国书店已经不再营业,孙楷第藏书应该还比较完整。

个人交涉无果,孙家便寄望于组织帮助。1972年7月,文研所军工宣队致函中国书店,希望退还孙楷第藏书。

8月9日,孙楷第上书周恩来总理,信由孙夫人亲自送往中南海北门,就在孙楷第曾经工作过的北京图书馆对门。以下接着抄孙楷第上周总理书:

> 1972年,我年75岁,记忆力尚未完全丧失。我虽然年纪大了一些,我受了毛主席的教育,在我的力之所能及的范围内,我仍愿做点对于人民有益的事。对于青年同志,在政治方面,我愿向他们学习;在业务工作方面,我愿和他们合作,做他们的助手。从我自己方面来说,我的著作还有将成而未完成的。在我未死之前,我愿意自己完成它。我的已经印行过的几种著作,多年以来,经我增订修改,书上的批注不少,我也愿意在我垂暮的时候,把这几种书的批注做一总结,重加增订修改,使它们成了定本。
>
> 然而,要做这些业务工作,必须要书籍。我的书籍不是一次买的,是从我在北京上学时起,五十年间,陆陆续续买到的。所以,我的书,都经我摩挲过。这些书,有的是我备参考用然后不可缺的。我的书数量不多,重要的书缺的尚多,而且都是普通书,真正版本性的书没有。然而几十年来,我作文章,基本依赖这批书。十之八九的资料是从这批普通书中得来的,必要时才向图书馆借出。如同工人一样,这批书是我的一套基本工具。没有这一套基本工具,我不能做东西。再从感情来说,这批书跟我几十年,我和它们有了感情,

有眷属一般的感情。我回到北京后，见不到它们，真如《文选》左太冲咏史所说的"长卿还西蜀，壁立何寥廓"。

  由于上述的原因，我才大胆地冒昧地把我将我所有的全部书籍交给中国书店的经过禀知总理。并且希望从中国书店取回我的书籍（酬赎）。我的这种希望，是否合符党的政策，我不知道。如果我的这种希望并不违悖党的政策，我诚恳地请求总理帮助我，教中国书店在一九六九年冬交给他的书籍全部将原书退还我。同时，我把中国书店交给我在京亲戚的四百二十六圆六角七分人民币如数送还中国书店。[11]

8月12日，总理办公室将此信批交学部军工宣队政工组处理。此后，何其芳受孙楷第之托，致函"学部业务组"领导。1972年到1974年，孙楷第曾三次致函北京市革委会主任吴德，都没有结果。

1977年元旦，《光明日报》披露了孙楷第藏书在"文革"中散失的情况。据说，中国书店正是在此以后，拆卖孙楷第藏书。这时，已经开始落实知识分子政策，退还查抄物资，包括自动上交的财物。中国社会科学院领导也比较重视孙楷第藏书问题，单位、个人屡屡向中国书店交涉。所获唯一的结果，是1980年由单位出资"赎买"，领回了六捆"乱七八糟"的书籍。

刘再复回忆道：

老年孙楷第

下干校两、三年之后，没想到，时局和政策变了，他和其他老少知识份子们又回北京了。回来之后，他分到了一套有两间小卧室的房子，屋里空空荡荡，一本书也没有，此时，他才感到巨大的失落与虚空，顿时坠入书的"苦恋"中，想书想得发呆。他面对墙壁，手里拿着一张白纸死死盯着，硬是要从空白中读出文字来。然而，他只能久久面壁长叹。一九七七年，我第一次去看他时，他已病卧在床。见到他时，他紧紧地拉着我的手说："再复同志，他们对我太不人道了。"[12]

孙楷第晚年常常对儿子孙泰来说："我们干了傻事，谁同情傻子？"换一个文词，就是"君子可欺之以方"。

当环境又允许孙楷第工作以后，他不顾年迈体弱，重新编订旧作，继续小说戏曲的书目著录。即将成书之时，于1986年3月初因病住院。家人觉得所剩时间无多，追讨藏书必须加紧进行。最后的努力是给社科院院长胡绳写信，又转托北京图书馆一位原来的同事，他与中央某领导人有姻亲关系。

那时，文学所刚刚为俞平伯开过平反大会（见后文）。所长刘再复心中惦记着：

想了结这笔债，但是想来想去，还是毫无办法，革命的强大风暴早已把他的书籍全部扫进造纸厂了，谁也没有挽回之力。孙先生晚年，一直苦恋着他的书籍，一直面壁哀叹，直到一九八六年临终的前一刻，他还在自己的手掌心上写着一个"书"字，在他逝世前的半个小时（在协和医院的小病房里），我在他的身边。他的夫人对我说，这十年他就念着一个"书"字，这个"书"字也就是他的全部遗嘱。

1986年6月23日，孙楷第在北京协和医院病逝，终年八十八岁。

孙楷第去世后，根据生前遗愿，未举行任何仪式。仅按他的请求，将骨灰埋在北京师范大学的校园里，位于校医院南面东侧，并在上面种了一棵小松树，没有保留任何碑记。

对于孙楷第这位燕京大学中文系的研究生导师，周汝昌好像不愿意提起，说起老师，只提入燕大时外系的顾随，而不提出燕大时的真导师孙楷第。这师生二人的差别显然大于师承关系。

附 许政扬

孙楷第在燕京大学的学生，周汝昌的同寝室同窗许政扬，研究生毕业后到南开大学中文系任教。他的学术功力深厚，被誉为"独步两宋"。在"文革"中，他遭到斗争，被劳改，被抄家，于1966年8月投水自杀，年仅四十一岁。骨灰没有被保留。"文革"后为他举行骨灰安放仪式时，骨灰盒里装的是他校注的《古今小说》一书。许政扬培养的弟子黄克，八十年代在中华书局，为老师的老师——孙楷第的著作《沧州后集》任责任编辑。

吴世昌

在红学之外，吴世昌是研究词学的专家，自己写诗作词也有相当的水准。所以在"曹雪芹佚诗"一役中，吴世昌很自信，很固执，结果很受伤，很打脸。

吴世昌1961年在英国牛津出版的《红楼梦探源》一书，是他最重要的红学著作，他因此而名列著名红学家。但因为是英文书，在海外知音渺渺，在国内见者寥寥。1962年回国后倏忽二十四年，直至离世也没有出版中文版。1980年出版了《红楼梦探源外编》，可是"正编"何在？中国读者只闻其名，未见其书。

《红楼梦探源》中文版为什么迟迟不见？根据吴世昌1962年3月24日致北京中华书局信（见前文之第五"集合篇"第19节）可知，中华书局在那时已向作者约中文本，吴世昌当时已编译了五分之二，但需要修改原文，他希望在两个月内完成全书，暑假回国前就可以交稿。但是实际上，此后进展极为缓慢。

1972年8月28日吴世昌在给江苏教师吴海发的信中写道：

> 至于《红楼梦探源》一书，回国后本想把它写成中文本，因忙于搞新出的材料及其他事务，没有来得及搞完，不久又有文化大革命，一切暂停，故目下尚无中文本。目下我又有别的任务，研究《红楼梦》的工作又暂时放下，至早要到明年才有可能重理旧业。

1976年1月9日吴世昌再致函吴海发：

> 《红楼梦探源》的中文本屡译屡辍，我初回国时因忙于整理新发现的红楼材料，搁置译事。最近有人催我，现正继续此事，但我同时兼任文化部的《红楼梦》版本整理小组顾问及外文出版局的《红楼梦》英文译本顾问，再加本单位的工作，所以较忙；不能全力从事译书，进行甚慢。以后若能译成出版，当再奉闻。[13]

一度想两个月完成的事，竟然二十四年干不完。其中必有原因，容我代为分析。

第一，是因新材料需修改的内容原因。擅长双语的作者翻译自作，一般都不会拘泥于原文，而是改写。吴世昌在1962年希望两个月译完，实际上是不现实的。当时面临的新问题就有：脂批要根据甲戌本影印本改，胡适序言要驳，对英文版的反馈要回答，等等。诸如此类的新材料以后还会出现，都要改动原作，就拖慢了进度。在初期的1962至1966四年里，这是主要原因。

第二，政治环境变化的客观原因。如前所叙，1962年是一个相对宽松的环境，为迎接次年的纪念活动，是红学书籍出版的最佳时机。但是那个机会转瞬即逝，1964年以后，红学书籍就不太好出版了。尽管作为作者，在私下工作还是可以的。而后"文革"风暴接踵而来，"一切暂停"。中期的1966至1976十年，就这样荒废过去了。

第三，作者心有旁骛的个人原因。从"文革"后期开始，吴世昌担任了他讲的两项顾问工作，但那不过是偶尔顾问而已，并不需要全力投入。1978年以后，他有了更多的政治和学术荣誉头衔，占去很多时间。他也写了《外编》中的那些文章，其中一些是对英文版《探源》中观点的引申发挥，更多是意气用事，与他人的论战。他不必要地主动参与一些新话题的评价与争执，如所谓"曹雪芹佚诗"，不但浪费了时间精力，而且损害了自己的学术声誉，耽误了主要的学术建树。在多数时间里，他有选择做什么的自由，但是他似乎

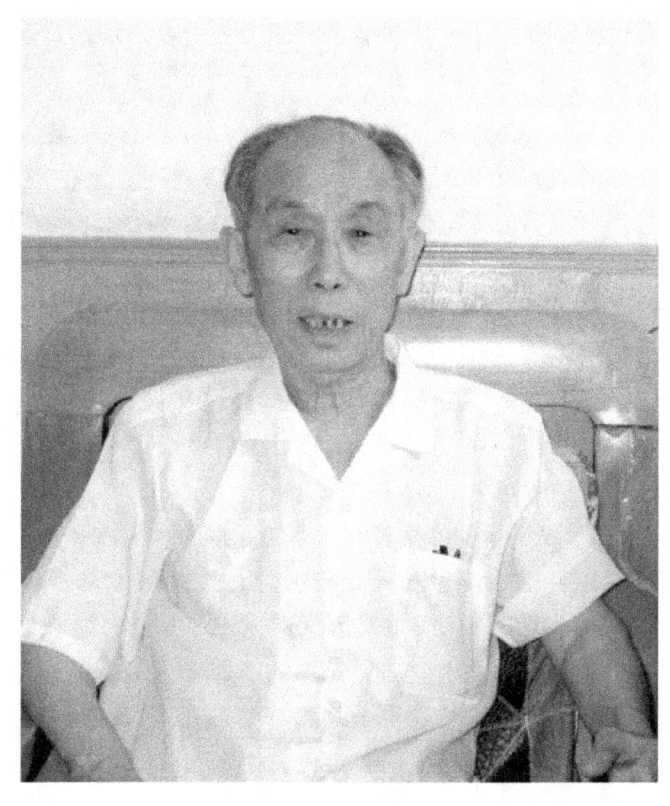

吴世昌在1980年代

畏避或不情愿去重理旧著，而宁愿找借口去做眼前其他无谓之事。试想如果他把在"佚诗"辩论上虚掷的时间精力用在译写中文版《探源》上，不是皆大欢喜的结局吗？我为他生命最后十年（1976－1986）的虚度而惋惜。

英文《红楼梦探源》既然难见，体现吴世昌红学研究成果的，就是中文的《红楼梦探源外编》了。其中《论脂砚斋重评石头记（七十八回本）的构成、年代和评语》、《残本脂评的底本及其年代》、《红楼梦稿的成份及其年代》等关于版本的论文，在红学界有较大影响。吴世昌的红学观点颇多创建，但几乎所有观点都引来人与之商榷。譬如他不接受胡适所起的甲戌本、庚辰本之名，另创脂残本、脂京本等新名称，却未能流行通用；他最早在英国研究"脂京本"，其成果被冯其庸的研究所否定。他提出脂砚斋是作者曹雪芹的叔叔，是主人公贾宝玉的模特儿；提出所谓"棠村小序"说；还有对《红楼梦》原稿后半部若干情节的推测，等等。可见吴先生读书很细，思考很勤，推理严密，同时联想力也许求之过深了。吴世昌不仅与周汝昌针锋相对，与海内外不少红学家都有驳难文章，笔墨官司打得十分热闹。这些答辩和反驳文章构成《红楼梦探源外编》的主要篇章。譬如在归国未久的1964年10月，他便与日本的伊藤漱平教授就"棠村小序"问题展开论争，措词尖锐，不容置辩。他写道："我和伊藤素昧平生，彼此无恩无怨，真不知道他何以要这样和我过不去。"学术之争，何出此言？

吴世昌在学术上喜欢抗声争辩，这与他在生活中惯于坦率直言是一致的，文如其人。文学所里有人说，吴先生在政治上总是那么天真幼稚。当了所长的刘再复为他辩护说，一个学人和作家，为什么一定要在政治上成熟呢？其实，他们几乎注定是不成熟的，不成熟才可爱。他们的心思和才智无法用到政治上，对于政治，只能凭良知的直觉说话。吴先生的那一点天真幼稚，正是他不懂得政治算计。刘再复就喜欢他这种天真，到老还心存清泉般的一片天籁。

或许，这才是解释吴世昌的性格和行为选择的一把钥匙。他青年时的哭陵绝食、自由主义主张，中年时的毅然回国，直到老年的固执强辩，都可以统一于这种可爱的天真。

1986年吴世昌病重时，住在北京协和医院。当时轮流守在身边看护他的，只有研究生施议对和外甥鲍彤。在他弥留之际，社科院领导没有去看望他。1986年8月31日，吴世昌因病逝世，享年七十八岁。到八宝山给他送行的人中，有习仲勋和胡乔木。向吴先生的遗体告别后，鲍彤向习仲勋告了一状。为此，习仲勋对着院长胡绳发了脾气，他拍着沙发的扶手大声地说："连吴世昌先生这样的学者你们都不关心，还说什么关心知识分子！"[14]

1987年，吴世昌的女儿吴令安从美国留学回国。她就是那位在英国完成了中学教育，回国后入北大物理系，又下乡当了三年农民的二女儿，后来成为物理学家。1997年秋，她代表家属，把吴世昌的全部藏书一万二千余册，捐给家乡海宁的查济民图书馆，收藏于"吴世昌先生藏书室"。

吴世昌的《罗音室文集》在八十年代出了第一集，后面的出版社就不接受了，要求家属或单位"补助"。家属没有钱，文学所要考虑那么多学者之间的平衡，也无能为力。这书要等到十年后，才有可能出版。吴世昌的侄女吴令华是吴其昌的女儿，1949年毕业于金陵女子大学中文系，她主编了《吴其昌文集》、《吴世昌全集》。吴令华这样写到《红楼梦探源》中文版的编辑过程：

> 正在考虑请人翻译时，忽然发现了先生自译前半部书的手稿，从纸张分析，似写于回国前后；经与原书查对，内容有不少增补和修正（如原第六章第四节扩为一章等）。这发现使我们惊喜，随即请清华大学外语系两位青年教师曹莉、孙郁根翻译后半部，与先生自译稿合璧，以飨读者。[15]

在英文版出后三十六年，在吴世昌逝后十二年，《红楼梦探源》中文版终于在1998年第一次出版。

至2014年，有人在报纸上又重提当年周、吴两人的"曹雪芹佚诗"之争。吴令华已是近百岁老人，她站出来为叔叔辩护说：

> 至于世昌先生卷入此事，则正是为学人探求真理的天职所驱动，以及后来对恩裕先生的恼怨感同身受，也是"不解知难退"吧。[16]

这是为尊者讳吧。

俞平伯

红学

外孙韦奈说：

> 从1966年到1986年这20年中，外公从来不公开谈《红楼梦》，我的外祖母时刻在"严密监督"，我们在家也很少提《红楼梦》。1986年11月，外公去香港演讲《红楼梦》研究，若是外祖母在世，恐怕不会成行。

在1979年4月23日致俞润民的信里，俞平伯告知儿子最近写了十篇有关《红楼梦》的新作，而不拟示人。这些文章就是《乐知儿语说〈红楼〉》。

在其中《从"开宗明义"来看〈红楼梦〉的二元论》的结尾,俞平伯写道:

> 前有句云"尘网宁为绮语宽",近有句云"老至犹如绮梦迷",以呈吾妻,曾劝勿作,恐亦难得启颜耳。

这就证明,老妻真的是阻止他谈红的。

在《漫谈"红学"》一文中,他仍然在自责:

> 《红楼梦》好像断纹琴,却有两种黑漆:一索隐,一考证。自传说是也,我深中其毒,又屡发为文章,推波助澜,谜误后人。这是我平生的悲愧之一。

在《宗师的掌心》一篇中,俞平伯写道:

> 红学家虽变化多端,孙行者翻了十万八千个筋斗,终逃不出如来佛的掌心。虽批判胡适相习成风,其实都是他的徒子徒孙。胡适地下有知,必干笑也。"[17]

这话在1979年,还不能公开说。

俞平伯四十年代的学生邓云乡在七十年代末又重拜师门,向先生请教,老师还是很少谈及《红楼梦》。1981年,邓云乡写出《红楼识小录》即将出版,请俞先生题签并赐序。俞平伯回信说:"属题签当如命","小序以愚自六六年后,迄未写作关于此书文字,其发表者皆仅存之旧稿或小诗词,未便破例,希谅察是幸。"[18]

1979年以后,俞平伯在北京出席过几次红学界的聚会和接待外宾,都不过是一顿饭局而已。而八十年代初的多次红学研讨会,无论国际还是全国,俞平伯都以年迈多病为由,婉谢邀请,没有出席。需要致贺,一般是书写一首过去作的与《红楼梦》有关的旧诗,应付过去。1980年,国际《红楼梦》研讨会在美国威斯康辛举行,俞平伯毫不犹豫地谢绝了。5月26日,他认真地写了一篇《上国际〈红楼梦〉研讨会书》,是他郑重其事的考量。

上书中谈了三点意见:一、《红楼梦》本身属于文艺的范畴,毕竟是小说;论它的思想性,又有关哲学。今后似应多从文、哲两方面加以探讨。二、应当怎样读《红楼梦》呢?只读白文,未免孤陋寡闻;博览群书,又恐迷失路途。似宜编一"入门"、"概论"之类,取同、存异、缺疑三者自皆不可废。三、对《红楼梦》与曹雪芹有褒无贬,推崇备至,并无助于正确的理解。《红楼梦》虽是杰作,终未完篇;若推崇过高则离大众愈远,曲为比附则冥赏愈迷,良为无益。如能把距离放远些,或从另一角度来看,则可避免许多烟雾,而《红楼梦》的真相亦可以稍稍澄清了。

俞平伯后来悲愤地说:"老实讲,我还有很多想法,例如我一直想搞的《〈红楼梦〉一百问》,还有过去所谈的也有许多不妥之处,应予纠正。但手头没有资料了,还搞什么。"《红楼梦》研究让他蒙受了半辈子不白之冤,但《红楼梦》的情结仍然埋在他的内心深处。

1985年,又有一部在1966年抄家中失去的《红楼梦》程甲本被发还给俞平伯,这是五十年代郑振铎先生所赠,上盖有"蘅芷馆"章。这是俞家的标记,因为俞平伯原名铭衡,夫人许宝驯小名芷官。还回来的书上,盖着康生的藏书印记。它是怎么到得康生之手呢?

北京东城宽街附近的府学胡同三十六号,是一所豪华的深宅大院。1967年在此成立北京市古书文物清理小组,实即全市抄家文物的汇总处理之地。后来在门外挂起北京市文物管理处牌子,里面成立了"首长接待组",专门"为无产阶级司令部服务"。在1970年前后的几年里,经常是门前高级轿车汇聚,附近安保戒备森严。很多"文革"新贵首长到此觅宝,象征性付个低价,便实现了抄家珍品和文物的重新分配,改换主人。

据内部人员透露,在此收获最多的就是最有文化的首长"康老"。康生得到的有宋拓《熹平石经》,黄庭坚草书《腊梅三咏》(仅支付五元),《金瓶梅》

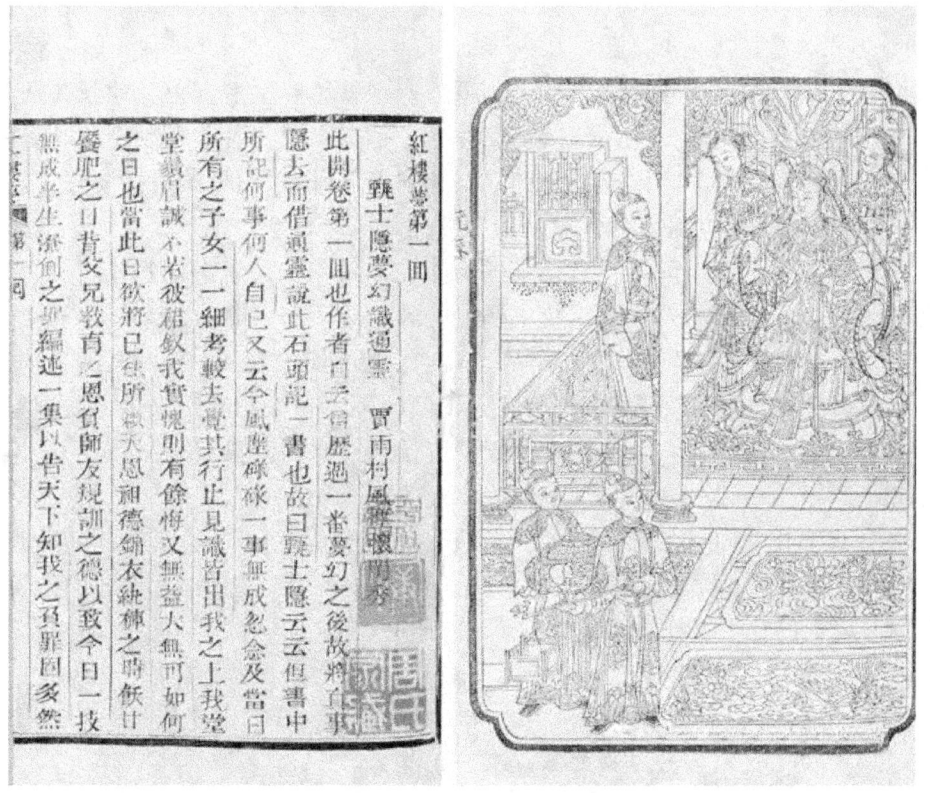

俞平伯原藏程甲本,上有康生印记。

等12080册善本书,及大批珍贵图书、绘画、书法、拓片和名贵印章,另有各种石质的砚台多达五百方。[19]俞平伯的这部《红楼梦》程甲本,显然是包括在内,又因康生的故世和倒台而发还。

俞平伯得书后感慨系之,写下题记:

> 红楼梦最初只有抄本八十回,后有百二十回。清乾隆时,程伟元始以活字排印,其第一次,今称"程甲",为是书最早的刊本。是为程甲残本,凡六册,存首三十回,原有周氏家藏印,不知何人。于五十年代余治红楼梦,西谛兄惠赠,后钤衡芷馆图记,及丙午(1966年)家难,并书而失之,遂展转入它人(即康生——笔者)之手,余初不知也。今其图记尚在,越二十载而发还,开卷怅然。爰属孙女华栋为钤新印以志经过,并留他年忆念之资云。乙丑夏四月信天翁识於京都,时年八十有七。[20]

此本于2003年7月在嘉德公司拍卖,以起拍价仅十八万元成交。后来听说,买者是一个三十一岁的年轻人,名叫卞亦文。

友情

俞平伯与他在青年时结下的亲密朋友,保持了终生的友谊。他长久怀念着早逝的朱自清、郑振铎,他密切交往着王伯祥、章元善、顾颉刚、叶圣陶等老友。后者都是苏州人氏,合称"姑苏五老"。俞平伯虽然祖籍浙江德清,却生在苏州,著名的俞家曲园就是他家故宅。

叶圣陶家的四合院中,有茂盛的海棠树。每年四月海棠花盛开时,必请老友来共赏。五位老人饮酒赏花,畅叙吟咏。这活动大概从六十年代初就开始了,一直延续。1975年4月19日,五老合影于海棠花下,由叶圣陶之孙三午摄影,命名为《五老图》。此后老人逐渐凋零,剩下三老、二老还要相聚。俞平伯最后到访叶府,叶圣陶有"周甲交情回味永,海棠花下又今春"之句咏此事。

顾颉刚在1980年12月辞世后,俞平伯哀痛至深,沉吟良久。到次年4月,才写下五首七绝,题为《思往日——追怀顾颉刚先生》,每首之后都附有跋语,回顾了两人的一生交往。选录其三。

其一
昔年共论《红楼梦》,南北鳞鸿互唱酬。
今日还教成故事,零星残墨荷甄留。
一九二一年与兄商谈《石头记》,后编入《红楼梦辨》中,乃

"五老图"。前排左起顾颉刚、王伯祥，后排左起叶圣陶、章元善、俞平伯。

吾二人之共同成绩。当时函札往还颇多，于今一字俱无，兄处独存其稿，闻《红楼梦学刊》将甄录之，亦鸿雪缘也。

其二

少同里闬未相识，信宿君家壬戌年。

正是江南樱笋好，明朝同泛石湖船。

一九二二年初夏，予将游美国，自杭往苏，访兄于悬桥巷寓，承留止宿，泛舟行春桥外。自十六岁离苏州，其后重来，匆匆逆旅。吴趋坊曲，挈伴同游，六十年中亦惟有此耳。

（这应该就是乘马车丢失《红楼梦辨》手稿又寻回那次。）

其三

悲守穷庐业已荒，悴梨新柿各经霜。

灯前有客翛然至，慰我萧寥情意长。

一九五四年甲午秋夕，承见访于北京齐化门故居。呴沫情殷，论文往迹不复道矣。[21]

（在那个"多事之秋"，顾颉刚于1954年11月3日傍晚往访俞平伯。）

这几首诗，可入红学史的篇章，也为本书前面的记述，增添了当事人自己的诗意补充。

俞平伯在1970年代末

邓伟 摄

平反

俞平伯一辈子都靠夫人许宝驯照顾，既为丈夫，又享小弟之福，包括在干校的艰难岁月。但是1982年2月7日，许夫人先走了。俞平伯沉浸在悼亡的伤痛、郁闷中难以自拔，整日寡言鲜语，足不出户。有时半夜三更大喊大叫，甚至是："我要死……"

这种因丧妻而引起的消沉情绪，延续了三年多，直到1986年初，社会科学院召开大会为俞平伯彻底平反，才为之扭转。而这件事之所以能办成，并非来自上级的恩典，完全是文学所新任所长刘再复一手推动的。

1984年底，刘再复任文学所所长。上任不到一个月，他就产生一个感觉，研究所满身是债,三十多年来政治运动不断,欠债就在积累增加。作为国家学术机构的负责人,有责任为前人还债,平反冤假错案就是还债。建国之初,就把俞平伯先生打成"资产阶级知识分子",后来加上"反动学术权威",现在可以通过召开俞平伯先生八十五岁寿辰和从事学术活动六十五周年纪念会,给俞先生重新评价。刘再复知道,还债不容易,要还俞先生的债,就必须否定"最高指示",否定许多大小人物"义正词严"的批判。而涉及到领袖的指示和全国性的运动就是大事,必须层层请示,还不知结果如何。文学所的其他领导对此议均表示赞成,所内老专家亦积极支持,钱锺书先生对刘再复说:"你做得对,我一定出席你的会。"

名为纪念会,实际上是平反会。为了写大会的报告,虽仅三千字,却要阅读俞先生的著作和许多批判文章,刘再复为此花了两个月时间准备。看到俞先生在1954年之后,宝贵的三十多年光阴白白流失,实在可惜。由此更觉得应当还债,还给俞先生学术自由和学术尊严。刘再复由此想到,还需要还孙楷第先生的债,还钟惦棐先生的债,还王叔文先生的债,除了政治债之外,还有经济债、房子债、出版债。至于被当成"白旗"拔过的(如已故所长郑振铎和钱锺书),或当成资产阶级个人主义讨伐过的,就算不得债了,时过境迁,谅解就行。反正,"白旗"也不像先前那么臭了,正如"红旗"也没有先前那么香了。

会议用文学研究所的名义举办,规模很大,一下子发出四百多份通知,还发到各地。却没有向上级请示报告,只是把通知发给了院长胡绳和其他副院长。当胡绳院长见到通知时,已经离开会只有几天了。他立刻把刘再复紧急找来。

一开门,他就怒气冲冲地从沙发上站起来说:"再复同志,你就是自由主义,开俞平伯的会,这么大的事,通知都发出去了,我刚收到通知。连个请示报告都不写。你忘了毛主席的批示了吗?怎么办?"他满脸通红,着实生气了。我只好装糊涂说,我当所长不久,不知道开这种会还得写请示报告。其实,我和何西来等几位副所长早就明白,一旦写报告肯定开不成会。胡绳听我辩解,更生气了:这是毛主席定的案,能不请示吗?他这么一说,我又只好装傻跟着说了几个"怎么办?"他说:你通知都发到全国了,还能怎么办?赶紧补写一个报告,呈交中宣部。我立即说我不会写这种报告,他看了看我,或是相信我的话,或是担心我写得不好问题更麻烦,就说:那就由我替你写一个报告给中宣部吧。我连忙握着他的手激动地说:"胡绳同志你真好。"我如释重负,赶紧往外就走。到了门边,他又把我叫住：等等，俞先生的会我还是会去参加的。这可把我高兴死了，我立即"得寸进尺"说：你可得讲讲话。他点点头：讲几句吧。在胡绳的支持下，纪念俞先生的会成功召开了。[22]

胡绳向上级请示，以及相关主管领导的反应过程，尚缺乏具体的资料证明。但是胡绳在会上的讲话《庆贺俞平伯先生从事学术活动六十五周年》一文，后来在收入书中时，末尾特别注明"胡乔木同志审阅过这篇讲话稿"。[23] 显然，这个会的规格已远远超越了文学研究所乃至中国社科院的级别和范围，具有代表官方表态的意味。

胡绳的讲话虽然简短，但调子却很高，除了明确表示"1954年下半年因《红楼梦》研究而对他进行政治性的围攻，是不正确的"，还进一步强调，关于红学方面的不同意见，"只能由学术界自由讨论"，"我国宪法对这种自由是严格保护的"，"按照四项基本原则中的人民民主专政原则，党对这类属于人民民主范围内的学术问题不需要，也不应该做出任何'裁决'"。

这些话，很像胡乔木的语气，相当肯定而自带权威性，还左右逢源地把学术自由与"四项基本原则"统一起来。我们记得，胡乔木本来就与俞平伯的关系很好，被聂绀弩认为是俞平伯的后台。1954年批判开始以前，俞平伯曾经多此一举地把介绍《红楼梦》的文章，送胡乔木审阅。胡乔木提了意见要他重写，才把问题搞复杂了。我们还知道，胡乔木与胡绳，当年都名列在毛泽东致信的二十八人名单上，胡绳甚至越级排在第六位（可能是后补的）。那时胡乔木是中宣部常务副部长，胡绳是中宣部秘书长。1977年至1982年，胡乔木任中国社会科学院院长，胡绳是他的继任者。现在，胡绳的讲稿又经过了中央书记处书记胡乔木的审改。他俩与此案的关系，倒是"有始有终"了。

纪念会于1986年1月20日，在中国社会科学院近代史研究所的小礼堂内举行。这个地点其实是红学的热点，就是当年的北大校长胡适旧居东厂一号西院——周汝昌曾来此借书还书；俞平伯在胡适临走前一天早上曾来此话别。但是此刻，那古色古香的四合院群已经消失，代之而起的是一座七十年代建筑，平庸无奇的白色大楼。同一个地点，时隔三十七年多，这真是一个悲剧性的时空穿越。

出席大会的有俞平伯的同事、朋友、学生、家属等，共二百余人。主席台上，俞平伯坐中间，院长胡绳坐其右侧，副院长钱锺书坐其左侧。除了胡绳院长的定调讲话和刘再复所长的主旨报告以外，到俞平伯本人发言时，他自己只讲了简单几句，还是写在纸上逐字读出的，主要内容则由外孙韦奈代为宣读。

左起：胡绳、俞平伯、钱锺书在纪念会上。　图原载《俞平伯全集》第五卷

俞平伯讲稿的内容，经过了慎重考虑，在家人的商议帮助下，决定把《一九八零年五月二十六日上国际红楼梦研讨会书》，与一篇旧作《评〈好了歌〉》加在一起，略加整理，冠以总题《旧时月色》。六年前他提出的三点意见，是他对当时红学状况的宏观看法，只在美国威斯康辛的会上由陈毓罴代读过，并无什么影响，六年来状况也没有改进，所以他愿意借这个比较庄重的机会，再讲一遍，可见老人的期望之殷，郑重其事。俞平伯在八十年代尽其所能讲了两次，能起多少作用？后面的历史可以证明。而《评〈好了歌〉》则是讨论《红楼梦》中一个很具体的问题，看似微观，却蕴含着盛衰兴亡的大道理。俞平伯把这两篇凑在一起作为发言，作为自己学术生涯的告别演说，俗眼看来不太协调，但很具有俞平伯自己空灵蕴藉的特色，也包含着他的良苦用心吧。结尾处一句点题："往事如尘，回头一看，真有点儿像'旧时月色'了。"余味无穷。

对于这个会议的评价，主持者刘再复感觉是气氛热烈，到散会时更是群情兴奋，与会者纷纷上前向俞先生道贺、照相。钱锺书先生主动走上前来，对刘耳语："会开得很好，你做得太对了。"

但是在俞平伯先生家属那一边，却感到还不满足。外孙韦奈认为，会议"调子很低，规模不大，连家属人数都要删减。各报没有什么报道。外公回家后不说，不是很兴奋"。家属与单位领导的地位不同，感受也有别，这不足为怪。俞先生多年来心情压抑，洞明世事，不显兴奋之情，本在情理之中。而作为家属也不能理解，官场生态复杂，刘再复已经是冒险犯难，竭尽所能了。

这次纪念平反会能够在俞平伯八十六岁时召开，实在应算是很及时的。

再早不可能，再晚恐怕也没有机会了。

那天周汝昌也到会了。

> 俞先生学术生涯六十（应为六十五——笔者）年曾有庆祝盛会，我携贺诗并苏州评弹老艺人黄异庵托我转奉的诗笺，到会亲手交付他老，他显得很高兴。会后又感赋《满庭芳》一曲，吴小如兄见之，特以工楷书为大幅。[24]

如果这是"相逢一笑泯恩仇"，大团圆的结局，当然甚好，但现实远没有那么乐观。就在此会召开的同一个月里，周汝昌所作《靖本石头记佚失之谜》在香港《明报月刊》发表，指责俞平伯私藏了"靖本"。一年以后，韦奈在同刊发表《致周汝昌——替俞平伯伸冤》，欲追究周汝昌"诬蔑造谣、攻击人身"的法律责任。俞、周关系彻底破裂，已如前述。

这样的结局对于两位主角来说，当然是悲剧性的，但是进入了文学作品，则未必是坏事。杜甫诗云："文章憎命达"。两位红学家都同意，《红楼梦》原著应是悲剧性结局，远胜过"兰桂齐芳，家道复初"。我们这本书也是如此。

访港

已经十几年不出门远行的俞平伯，居然在 1986 年 11 月，赴香港访问讲学一个星期，这是一月平反的间接结果。

俞平伯曾经在 1920 年赴英留学途中路经香港，老来颇为怀念。于是香港中华文化促进中心和香港三联书店便邀请他旧地重游。外孙韦奈极力促成，办理全部手续，协助准备讲稿，并陪伴同行。[25]

1986 年 11 月 19 日启程，在飞机上，由于俞平伯耳聋，起飞时的轰鸣噪音他一点也没听见。当飞机已飞到八千米高空时，竟全然不知。他在此之前只坐过一趟飞机，那还是早在三十年代，从北平飞天津。那是什么老飞机呀？颠簸而低飞，已经完全不可同日而语。

到香港后当晚下榻亚洲饭店，正赶上跑马场有赛事，临窗可见灯光亮如白昼。后来讲起对香港的印象，他就是四个字："香港很亮。"俞平伯在日记中写道："北京久居，很少活动。此行更换环境，耳目全新，想对身体有益……"

俞平伯平生两大爱好，一是爱写字，二是喜吃。他到"食在香港"的美食城大饱口福，记入日记："……菜精美，蟹、鱼、烧二冬均佳。尤以海蜇头为最，鲜嫩无比，久未吃过。菜丰盛，不敢多吃，每样一点，便很饱。自饭店步行十余级台阶出至大街，扶街旁铁栏杆观市夜景，霓虹灯广告比比皆是，金铺中珠光宝气，富丽堂皇。守门者多为印度人，此久已不见……香港夜景之明，留下深刻印象。各种服务热情周到,此种事虽小,亦很重要,可由小见大。"

乘缆车游览太平山,俞平伯忆起六十六年前所见情景,恍如隔世。当坐在顶楼喝咖啡时,随笔写下杜甫句:"春水船如天上坐,老年花似雾中看。"现代化的香港,给他留下极其深刻的印象,他赞叹香港的社会服务;喜欢"招手即来,不挑肥拣瘦"的"的士",更为香港有一批成为社会中坚的有为青年感到欣慰……

在香港的七天,他得到了晚年生活中难得的一醉。回京后为赋一绝云:

沧桑易代繁华逝,更有何人道短长。

梦里香江留昨醉,芙蓉秋色一平章。

七天访港活动中,正式公开露面只有两次,21日下午是记者招待会,22日在中华文化促进中心作讲座。那天会议厅里座无虚席,又另开一室,有闭路电视来传送会场实况。俞平伯的讲题是《索隐与自传说闲评》。虽然还是由韦奈代读,但俞平伯认真聆听,不时插话解释。

俞平伯熬过三十二年的磨难,在多年闭口不谈红学之后,终于当众开口,来略谈索隐与自传两说之得失,便具有了耐人寻味的意义。当他写《红楼梦辨》时,是力据以考证为基础的自传说,斥索隐为"猜笨谜"的。这一观点在《红楼梦研究》中有所改变,随后仍因自传说而挨批。如今,他已经看淡这一切,不偏于一派之立场,不计较一己之得失,却站得更高,看得更深。

> 索隐、自传殊途,其视本书为历史资料则正相同,只蔡视同政治的野史,胡看作一姓家乘耳。……《红楼梦》之为小说,虽大家都不怀疑,事实上并不尽然。总想把它当作一种史料来研究,敲敲打打,好像不如是便不过瘾,就要贬损《红楼》的声价,其实出于根本的误会,所谓钻牛角尖,求深反惑也。……夫小说非他,虚构是也。虚构原不必排斥实在,如所谓"亲睹亲闻"者是。……只自传之说,明引书文,或失题旨,成绩局于材料,遂或以赝鼎滥竽,斯足惜也。[26]

这既是对历史上索隐派与自传说功过的客观评价,也是对现实中自传说与索隐派合流复活,以致"赝鼎滥竽"的批评。这样的认识,是俞平伯晚年的进境,也是卓识。

俞平伯在讲座中谈到作者问题:"若依自传说,又把《红楼梦》完全归于曹氏一人。情况到底怎样呢?从最早的甲戌本看,那上面列了一大堆名字,有:空空道人、情僧、吴玉峰题《红楼梦》、孔梅溪题《风月宝鉴》、曹雪芹题《金陵十二钗》、脂砚斋仍用《石头记》。""到底谁写《红楼梦》?依我个人之见,《红楼梦》的完成不是一个人的力量,它凝聚着许多人的心血。"这一段是文言文本没有的,是俞平伯在将讲稿改写成白话文本时,萌发出来的新意。

在讲后提问环节中，俞平伯来者不拒，兵来将挡，一连回答了近三十个问题。而且思维敏捷，答问得体，本来一辈子口讷的人，竟超水平发挥。

有人问到《红楼梦》中"二尤"部分写作风格与全书迥异，俞平伯回答："我认为《红楼梦》本来就不是一个整个的东西，不是一个人从头到尾写完八十回。"他还发挥道："我想可以简单地说一句：曹雪芹和《红楼梦》都是很伟大的，但是曹雪芹没有作《红楼梦》。用我们现在的话说，《红楼梦》是'集体创作'，不是一个人作的，怎么可能是曹雪芹一个人写出这八十回书的呢？他一个人是写不出来的。"

这就成了轰动香港报刊的大新闻："俞平伯说《红楼梦》是'集体创作'"。有人问：俞平伯是不是老糊涂了？

韦奈后来在文章中为外公补漏：俞平伯所说的"集体创作"是加了引号的，实际是指在各手抄本流行于世时，抄书者往往会依自己的观点有所增删，做某些改动，而这些改动，亦使得该书更为完美。现今各版本的不同之处，即是俞平伯此说的依据。若把他的"集体创作"理解为像现在那样，众人分段执笔，就完全错了。

在香港，俞平伯有大量的题字要写。韦奈说："由于兴致高，那几日的字也比往常写得好。用北京话说是：'有精气神儿。'他每日忙于应酬，活动量比在北京时不知要多了多少倍，但毫无倦意。那出色的表现可说是空前绝后了。"

临终

"重游香港带给他的兴奋，在回京后不久，有如大海退潮！很快便平静下去。他又一头扎进'故室'，过他那清寂的生活，随年事的增长，健康及精神每况愈下，夜间时常大嚷大叫，脾气愈发古怪，与在香港的杰出表现，判若两人。可以说，他的生活，从飞机降落在北京机场那刻起，便全部结束了。"韦奈继续说。[27]

1988年，俞平伯曾作一诗，抒发的是不平之气：

　　不敢妄为些子事，只因曾读数行书。
　　严霜烈日都经过，次第春风到草庐。

1990年1月4日，即夏历己巳岁的腊八，是俞平伯的九十华诞。家人为他举办了小规模的祝寿宴，就在寓所附近的贵阳饭庄，定上四桌。正日那天，俞平伯强打精神，整整一个上午在客厅接待络绎不绝的客人。无论辈分大小，在给他拜寿时，他都坚持要站起来还礼。从寓所去饭庄，他乘坐一辆租来的专供老人使用的小型三轮车，由外曾孙韦宁蹬着，缓缓行去。路人谁知，坐在那辆吱嘎乱响的破旧小三轮车上,穿着一件旧中式大棉袄的老头儿,会是名震遐迩的大文豪!

九十岁后,俞平伯的精神和身体如冰消雪融。4月里,他写下一张纸条:"一瞑不复秋,黄昏齐到京。身后事当在亚运会后。妄涂。"仅几天后,即再一次脑血栓中风,左侧瘫痪。前一次发病是十五年前,病在右侧,九十岁的老人左右并发,更加可怕。协和医院的神经科主任闻讯赶来,建议立即住院治疗。但俞平伯一向讳疾忌医,摇头拒绝,只好在家里吃药调理。

1990年6月病重后,他只能在床上度日,谈话和思维已断断续续,让人不可捉摸。在半昏迷状态中,俞先生多次对韦奈重复一句话:"你要写很长很长的文章,写好后拿给我看。"什么文章呢?初时摸不着头脑,俞平伯的思维已只能出,不能入。那些天,一会儿要韦奈把脂批本拿给他,一会儿又要他自己的八十回校本。他一反常态,常常坐在书桌旁翻看《红楼梦》,一看便是半个多小时。多少次,他把韦奈叫到身旁,似想说什么,又说不出。几经反复,终于在断续的话语中弄清了他的想法:要重新评价后四十回!

俞平伯用颤抖的手,写了些勉强能辨认的字,一纸写:"胡适、俞平伯是腰斩红楼梦的,有罪。程伟元、高鹗是保全红楼梦的,有功。大是大非!"另一纸写:"千秋功罪,难于辞达。"他还对大女儿俞成(韦奈的母亲)说:"我不能写了,由你们完成,不写完它,我不能死!"

俞平伯在晚年很少谈《红楼梦》,不想在病中,却念念不忘地牵挂它,如痴如狂。神智清醒时不谈《红楼梦》,那是他理性的压抑;而神智不清时纵情《红楼梦》,才是他天性的张扬。

俞平伯于1990年10月15日逝世,享年九十一岁。韦奈相信:外公定是带着对《红楼梦》的惦念和不甘心离开人世的。

跟从了俞平伯四十五年的弟子吴小如尊师,从不谈老师的不足或不是。待韦奈透露出老人临终前关于功罪的评语后,有朋友请教他如何理解。吴小如摆摆手悄声道:"老人临去世的话,不足信。"[28]

身后

三年以后,1993年8月上旬,在庐山上举行的一次学术讨论会上,社科院文研所刘世德先生在一次分组讨论中,就俞平伯与周汝昌的关系问题,特别是"靖本"问题谈了一些看法。不料当时南京的记者严中也在现场,表示会后写信给周汝昌,转达其看法。后来严中在他的文章《俞平伯与周汝昌》中转述了周汝昌给他的回信,这是在俞平伯身后,从周那方面对两人关系的一个总结：

> 很快收到周汝昌的回信，信中谈及了他和俞先生的"同"（"自叙说"和对后四十回的评判）和"异"（曹雪芹生卒年和对"靖本"的评判），但他表示，与俞平伯绝无"不可调和的矛盾"，相反，他一直是同情和敬重俞先生的。周先生并对我叙了三点：一、文学研究所创办的《红楼梦研究集刊》，要发俞的《记"夕葵书屋石头记卷一"的批语》时，俞题原件的小照片他们没有了，由刘世德向周讨去，周明知这是一篇反对他的文章，但仍欣然费了大事觅得慷慨送给了刘。二、文学研究所召开庆贺俞平伯先生从事学术活动六十五周年会议时，周热情到会，并书面祝贺，还携有他人托付致的诗，亲手交给俞平伯先生。会后，满怀激情地写了《满庭芳》词纪念此会，寄予俞之高足弟子吴小如（周之学友），吴为书家，用正楷书写此词，作为共同纪念的珍贵痕影。三、周于《靖本石头记佚失之谜》刊《明报月刊》之前，特向中央打了报告，说明此事真相始末，并强调说："此事意在澄清文物（批语）的真伪，以防搅乱学术研究，不是针对俞老——对俞，再不宜伤害他了。恐有人借此又挑拨是非，故特向中央报告、备案。今俞生前所在单位仍有个别人说要为俞'打抱不平'……"，周言至此，掩不住他万分的感慨。[29]

严中是在八十年代初，挑起"靖本"是非的始作俑者，后成为周汝昌的及门弟子。在俞平伯去世之后，他仍然积极探听传话，代师公布信件，做法不无可议之处。就是在这篇《俞平伯与周汝昌》中，他追叙了1954年俞、周初次聚首，东道主启功和吴小如"很紧张"，"当系寓有'打和'之意在"。吴小如先生随即撰文反驳，何来紧张？焉须"打和"？（事见本书前文之第三"批判篇"第11节。）这样严先生的作用就延展得更远，与俞周关系相始终。

现在俞周关系已经落幕。本《外史》作者，有必要作几句总结。

俞周两人本来差着一辈，不应该成为直接的对手。回想1948年的当初，是周汝昌误读俞信，心中记恨，向胡适抱怨，俞却浑然不知，无意得咎。俞在1954年春公开商榷卒年，是纯粹的学术分歧；同年夏初会时的友人好心，被周方歪曲性理解为服软求和。同年秋黄肃秋指责的"垄断"珍本问题，当时官方即查无其事，几十年后却仍被拥周的后人指为"原因主要在俞先生一方"，[30] 可知人言可畏。

几十年间，既有从卒年开始的学术之争，也有政治风浪中的人性考验。在学术上，两人不仅观点有别，从风格、路径上就大异其趣。俞平伯把《红楼梦》当小说研究,靠的是敏慧的文学感受和平顺而谨慎的推理;周汝昌则一边强行把小说落实为自传,一边推崇"悟性",发挥想象,逆向得出惊人之论。学术风格是为人风度的反映。周汝昌聪明过人,锋芒外露,宁愿对人意作出负面的揣测;而俞平伯平和内敛,与世无争,且受到政治权力的多年压抑,委曲求全。发展到1986年的"靖本风波",不一定仅是偶发的误会,更像是矛盾积累的爆发。其间的攻防是非原很明显,不需要再加人为的臧否。而"拨乱其间"、唯恐不乱者,更何须多论。在笔者看来,俞、周两人间的差别,更多地是心理和性格上的差异吧。

胡适遗事

就在俞平伯平反到逝世那几年里,在中国大陆上,胡适的形象与评价正在悄然变化中。

1987年,在北大图书馆工作的沈乃文偶阅台湾《传记文学》杂志,看到有关胡适遗嘱的消息,才得知胡适的遗愿,是把他留在北京的那批藏书、文件交托给北大。1993年3月,时任北大图书馆馆长庄守经访问台湾,专程到胡适纪念馆寻找胡适遗嘱。纪念馆馆长吕实强请示中央研究院院长吴大猷。5月,吴大猷作出决定,同意将胡适遗嘱的中、英文复印件提供给北京大学。

北大图书馆从此开始了索还藏品的努力。1994年3月,他们致函北京图书馆,请求根据胡适遗嘱,归还一百零五种善本古籍。既然这些书是六十年代经文化部分配而去,自然还需要领导部门批准方可交还。于是,1995年2月,北大图书馆动员了校内七位政协委员,联名向政协八届全国委员会提出议案,同时上书中央领导陈情。

这时北京图书馆承认接受并保存胡适私人藏书属实,但认为胡适藏书的分割有其历史原因,对待历史遗留问题应慎重,北图作为国家图书馆,条件最为优越,因此这批书还是仍由他们保存为好。

社科院近代史所的情况更为复杂,他们认为北大的请求"不符合实际情况",声称所藏的胡适个人资料"并非来自北大,亦非由文化部分配"。他们在进驻该所现址东厂胡同一号(即胡适原居所)时,在胡适办公室中发现了他未及整理搬运的大批书信、文件。这些文件由近代史所整理并保存,应算近代史所固有。此外,他们的收藏中还包括来自王重民的捐赠和向历史博物馆征集得来,只有很小的一部分来自北大。

与此同时,社科院近代史所加紧整理、编辑出版《胡适遗稿及秘藏书信》。据主编耿云志统计,该所藏胡适档案中包括胡适文稿958件,他人文稿1898件,胡适书信约六百通，其家人的信件亦约六百通，他人致胡适的书信约一万余通。此外还有胡适日记（包括记事录等）43册，公私文件近1000件。总计所藏资料一万五千余件。

由此可以证明，近代史所的上述主张在一定程度上有理，即胡适办公室中留存的书信、文件，不包含在从后院藏书房中搬走的102箱中。所以1962年文化部分配给近代史所的数目是1924件，而他们实存一万五千余件。但客观地说，或者从广义上说，它们也都应该属于胡适遗嘱适用范围。

可是近代史所认为：胡适遗嘱的法律效力值得怀疑，如何解释也需进一步商讨。他们认为北大拿不出实据，无法证明1954年和1964年两次分割为事实。

三方面各说各话，未能达成共识，北大的努力徒劳无功，胡适藏书和文件合并的计划于1995年搁浅。1998年9月，北大教授陈平原撰文《关于建立"胡适文库"的设想》，提议社科院、国图及北大三家联手，把藏品归于一处，建立"胡适文库"，不管谁当家，总能保持其整体性，方便学术研究，也尊重适之先生的遗愿。但是"文章发表后，如石沉大海"。胡适遗留在北京的书籍资料被一分为三的局面，已经是既成事实，难以改变了。[31]

此时，胡适临走时留下的那句话："我虽在远，决不忘掉北大"，更令人回味无穷。

从1949年到七十年代末，胡适在中国大陆上一直是被批判的对象。自八十年代中期起，正面评价的著作逐渐问世，这与俞平伯的平反恰恰同步。胡适的传记、研究论著陆续出版，胡适的著作、文集、书信、日记也都被重新整理印行了。其中最突出的正是规模宏大的《胡适遗稿及秘藏书信》四十二卷（耿云志编，黄山书社1995年），这就是精选了社科院近代史所藏品的主要部分；还有四十四卷本的《胡适全集》（安徽教育出版社2003年）。

尚记得毛泽东在1956年说胡适："二十一世纪，那时候，替他恢复名誉吧。"对胡适的重新评价，还真的是发生于世纪之交。只是这翻案并不彻底，仍心有余悸。譬如胡适在北京住过的房子不能保留；老家安徽绩溪的故居是以"徽派建筑"的名义列入文物；在北大校园里不能为胡适立雕像；举办一次《胡适全集》出版的发布会，还要半公开半遮掩，《全集》内容还因故不能收全。总之，对胡适虽然不再批判，可以研究，却仍不能纪念效法，还是"犹抱琵琶半遮面"。[32]

37 "假做真时真亦假"之三

《种芹人曹霑画册》

此物是在新世纪重新发现的后来者,与众不同处在于,本系列其他多数物件都是求真得伪,先真后假;而这一个竟然点石成金,弄假成真了。

自从 1985 年做过全国《红楼梦》讨论会的东道主,贵阳就成为国内红学研究的重镇之一。1986 年成立了省红学会,又出版《红楼》杂志。1988 年,《贵州文史丛刊》上发表了一篇《〈种芹人曹霑画册〉真伪初辨》,初次披露了这本册页的存世。后来围绕着此物,出现了几重怪事。

一奇是文章作者父借子名。此文署名赵竹,是一个当时年仅二十四岁的中央美院毕业生,回贵州任教。后来知道,实际作者是其父赵荣,他就是该刊物的主编,兼贵州省红学会副会长。他从贵州省博物馆副馆长、资深文物专家陈恒安处得知,在"文革"之前,有清嘉庆年间曾任陕西巡抚陶廷杰的后人,找他鉴定《种芹人曹霑画册》。省博在 1979 年从陶氏后人手中以人民币二十五元购得此画册。当时博物馆另一研究人员刘锦鉴定为"伪本",以"伪曹霑绢本设色花果人物画册"定名,作为参考品藏于馆内库房,未予重视。

这套册页为八开,紫檀木封面上贴题签《种芹人曹霑画册》,内页为绢本,左诗右画,画的内容是写意笔法的四幅蔬果、四幅杂画,仅第八幅画上署"竹堂"款。左侧题诗的署名有闵大章、陈本敬、曹霑等,有些题识时间为"乾隆辛巳夏日",即乾隆二十六年(1761)。其中最可注意的是第六幅,右画一个瓜(疑似西瓜或南瓜或其他),左边题诗为:"冷雨寒烟卧碧尘,秋田蔓底摘来新。披图空羡东门味,渴死许多烦热人。"落款为"种芹人曹霑再(或并)题",钤白文印"曹霑"。引首钤一长方印,后辨识为"忆昔茜纱窗"。难道,

《种芹人曹霑画册》中的西瓜图及题诗,署名"种芹人曹霑"。

这是曹雪芹的画、诗和字吗?令人难以置信。

这篇文章虽然发表了,还是影响不大。1989年,这本册页遇到一次出头的机会,可称之为二奇。

从1983年开始,国家有关部门组成了一个最权威的中国古代书画鉴定组,由谢稚柳任组长,启功、徐邦达、杨仁恺、刘九庵、傅熹年、谢辰生共七人组成。其任务就是走遍各省市博物馆,对中国内地保存的古代书画进行普查,费时七年,基本摸清了家底。

1989年9月下旬,谢稚柳、杨仁恺、刘九庵、傅熹年等四位专家飞抵重庆,在这里鉴定了贵州送来的一百多件书画,《种芹人曹霑画册》也在其中。根据杨仁恺先生留下的笔记,曹霑的画册是9月25日鉴定的第十五件。杨仁恺的意见是:"画是乾隆时人作,是否曹氏?待考。诗与画同时。"此条笔记前画了一个○记号,表示非真亦非伪的资料类。此画册送回贵州省博物馆后,馆内记录为:"一九八九年全国书画鉴定组鉴定,认为与曹雪芹无关,不像造假,存疑。"

以后此册继续无人关注,在库里一放二十多年,等待出头之日。

"靖本"《石头记》

"靖本"《石头记》虽然实物不存在,剧情却能够常演常新,总有吸睛效果。五十年代悄然入眼;六十年代消失无踪;七十年代遍寻不获;八十年代剧情翻新,是外行误认,内行诬指;到了九十年代,就发展到怀疑造假,揭露骗局了。

当七八十年代之交,红学刚刚复兴时,多数学者对"靖本"批语信任无疑,在论文中作为可靠的材料引用，这也包括笔者本人。但多少还是有些不踏实，毕竟原物未见，只凭毛国瑶一个笔记本；毕竟文字错乱太甚，错得没有道理；毕竟其内容好像都是为支持一派观点，而度身定制。渐渐地开始有人怀疑，"靖本"有可能是无中生有的伪造。

旅居美国的那宗训教授写道："在目前的情形之下，靖批并不能用来作为研究《红楼梦》的材料。因为照上面的分析，我们很难相信，真的有一部靖藏的脂批《红楼梦》。……绝不能因为现在研究《红楼梦》的材料太少，我们就不分真假，一律采用。如果这样，就会发生很多不可靠的结论，对于研究《红楼梦》是有害无益的。"[33]

台湾的历史小说家兼红学家高阳直接称靖藏本是"假古董"。"事实上根本没有这个抄本，只有毛国瑶伪造的脂评。"他考证清史并无武将封爵姓靖者，又考证"夕葵书屋"主人吴鼒的年龄不符，可证明是假文物。他逐一批驳批语的异文故布疑阵，故弄玄虚，马脚尽露。他认为此案毛、靖应是主谋，周汝昌也不无嫌疑。[34]

对"靖本"的真实性表示怀疑者，还有吴世昌、徐恭时、魏子云等。到1992年，贵州的《红楼》杂志成为质疑"靖本"的主要阵地，出现了所谓"打假组""三生一潮"——俞润生、石昕生、李同生和任俊潮。

1992年《红楼》第三期上，发表了俞润生的《对靖本〈石头记〉及其批语的若干疑问》，提出了十大疑问。同期上还刊登了任俊潮的《〈红楼梦〉"脂靖本"质疑》，明确指不可见的"脂靖本"实属子虚乌有，其中的材料可能是毛国瑶参照俞平伯《脂砚斋红楼梦辑评》而伪造的。尔后，石昕生和李同生参加了"揭伪"，而毛国瑶则著文反驳，说石、李是对他制造"冤假错案"。

石昕生（1930-2006）是业余红学爱好者，1979年就与毛国瑶交了朋友，共同研红，曾在浦口毛宅多次留宿长谈，但毛并没有透露曾与俞老通信。石昕生"对靖本及其批语从知之甚少到认识较多；从完全相信到完全怀疑，其间经二十八年岁月。"石昕生成为毛国瑶最坚决的反对者，主张"靖本批语"是个人造的赝品，目的是为支持俞平伯的脂、畸"二人论"和"壬午卒年"说，而反驳主张"癸未说"的周汝昌等。

反对派的理由大概有：无正文却有批语；"夕葵残叶"是假文物；靖批所附"紫雪诗"也是赝品。最关键的一条证据是任俊潮揭出的，见庚辰本第四十八回脂砚斋批语：

> 细想香菱之为人也，根基不让迎探，容貌不让凤秦，端雅<u>不让纨钗，风流不让湘黛，贤惠不让袭平</u>，所惜者青年罹祸，命运乖蹇，足为侧室……

查俞平伯《脂砚斋红楼梦辑评》1954和1957年版，因疏忽漏掉了"不让纨钗，风流不让湘黛，贤惠"十二个字，以后的版本修改后同庚辰本。而与此条对应的"靖本"第116条批语，恰恰也缺少这十二个字。这是不是足以证明，"靖本"批语的来源，就是俞平伯的《辑评》？这一条被认为是铁证。

在"曹雪芹佚诗"和《废艺斋集稿》两案中的打假干将梅节先生，在"靖本"问题上一反常态，偏偏成为坚定护卫者。他替毛国瑶辩解道："不是抄自俞《辑评》，而是删节问题；而且靖批删去此十二字是花了心思，经过斟酌。"但是笔者难以想象，俞平伯先生在辑录批语时一个无心的疏漏，竟会和二百年前批者"花心思斟酌"的删节完全一致，这是怎样极小概率的巧合！而且如此删节，道理何在？试问袭人和平儿两大丫环，受用得起"端雅"二字吗？它本来是形容李纨和宝钗的啊！

梅节之所以这一次站到了打假的对立面上，是他设身处地着想，认为编造假"靖本"脂批的难度太大。他曾对蔡义江、胡文彬等圈内朋友说："不知道毛国瑶先生造得出来造不出来，反正我造不出来。"蔡义江说："我也造不出来。""我说造假本来就不容易，造曹雪芹、红楼梦的假更不容易。有高手不是试过了吗？我不相信一个二十九岁（1964年毛国瑶三十四岁——笔者）、在大学读了一年中文系，被打成右派退学在家的青年，能串通编造靖本及其批语。"[35] 应该说，造假虽难，但不是绝对不可能，它的或然率，要比"删节"脂批的巧合为高。梅节的辩护多是主观的推论，缺乏客观的实证，还不能说服我。

周汝昌对待"靖本"的态度，其前后的变化极大，耐人寻味。开始他大加称赞，乃至"'靖本'是二百年来发现的各种旧抄本中最宝贵的一部"。他抢先著文介绍，在香港《大公报》发表，为靖家招来"里通外国"的罪名。1973年在修订《红楼梦新证》时，周汝昌改称"在我能够目验原件之前，暂应持以慎重态度。"1986年因诬指俞平伯私藏了"靖本"，而与毛、靖反目，势不两立。1998年新版的《红楼梦新证》出版，周汝昌转而完全采信了"靖本"伪出说。2000年在一篇序文中他说："有人造伪证以迎合俞先生，已为石昕生、李同生二先生以力证揭露了。"[36] 对此我想说：如果认定"靖本"为伪造，天下本无其物，那么俞氏偷运、私藏之说就成了无稽之谈，是不是应当声明收回并公开道歉呢？不是说不能修正己见，与时俱进，而是说应该始终保持求实之意，善良之心。

在"靖本"问题上，俞平伯起着关键作用，不可小觑，也不可绕行。在他过世八年之后，又被人们怀念起来，强势回归了。在贵州的《红楼》1998年第四期上，刊载了俞平伯自1964年3月至1982年7月十八年间给毛国瑶的信六十三封，讨论"靖本"，执着不休。1964年俞平伯为"靖本"写过两篇文章，其中《记"夕葵书屋石头记卷一"的批语》，已于 1979 年在《红楼梦研究集刊》创刊号上发表；而长三万余字的《记毛国瑶所见靖应鹍藏本〈红楼梦〉》，却在动乱中失去，令人嗟叹无及。然而也在 1998 年 4 月，此文又在上海《文汇读书周报》上重现于世。原来在 1964 年 7 月初，俞平伯曾经将原稿挂号寄给毛国瑶请提意见，毛在详细校改后退俞，但他在寄前留了个心眼，抄录了一份副本，遂使俞文得以保存。《文汇读书周报》编者"因其特有的学术价值和史料价值"，破例连续四期全文刊出。此文尚留存于人间，属不幸中的万幸了。

毛国瑶于 2006 年去世。周汝昌闻讯向青年学人打听："听说毛国瑶先生去世，临终前对靖本说过什么没有？"

毛国瑶把秘密带走了。"靖本"究竟是真是伪，是否曾存在于天地间，将永远无法确证。而所谓"靖本批语"，究竟是毛国瑶所摘抄，还是他自己的伪造，也难以完全证实。"孤证不立"，何况还是只有一个人声称见过，一个人写在本上的"虚证"。有人提出对它"存而不用"，就是不再在红学研究的论证中使用"靖本"靖批，以前论文、著作中用过的，若再版最好也删除，我认为这是一种科学的慎重态度。

至 2020 年以后，又有中青年学者于鹏、高树伟等，靠校勘毛国瑶留下的一百五十条批语，更加明确地判定"靖本"为蓄意伪造，认为自从它 1964 年出世起，使诸多学者受到误导，使《红楼梦》版本研究误入歧途。

《废艺斋集稿》

与"靖本"非常类似的是《废艺斋集稿》，都是出而复没，都是仅凭一人之言，都是疑点多多，迷雾重重，都是学者中质疑者多，信真者少。

八十年代以后，林东海听说，推出《南鹞北鸢考工记》的，不只是吴、孔二人，还有一位风筝专家费葆龄。孔作线条的描摹，费设色涂抹，吴则撰写文章，三位一体。费葆龄回忆起这段经历，感慨地说："没别的说的，就是一个'缘'字。"那么这究竟是曹氏风筝，还是费氏风筝呢？

八十年代末，李希凡、冯其庸主编了比较权威的《红楼梦大辞典》。其中的《废艺斋集稿》条目，称"据吴恩裕撰文介绍"，内容多处"据说"，就是持存疑态度。"关于《废艺斋集稿》的存亡、真伪及价值，学术界一直有争论。吴恩裕认为它是研究曹雪芹生平、思想的直接材料。另一种意见则认为《废艺斋集稿》包括吴恩裕本人从未见过实物，1945 年后其收藏者金田氏已杳无消息。所以，《废艺斋集稿》是否存在和是否曾经存在过还是一个谜，尚不能作为研究曹雪芹生平和思想的依据。"[37]

整个九十年代,"废艺斋"遭冷落,几乎被"废"了。没想到进入新世纪,它又花样翻新复活了。

2004年初春,在香山脚下的"曹雪芹纪念馆"即将二十周年之际,孔祥泽一家三代合著的《曹雪芹风筝艺术》一书面世,重点介绍曹氏风筝的分类特点和制作工艺,详细描摹出了《南鹞北鸢考工志》中提到的四十三种风筝图样,及恢复的十四种风筝的扎糊技法。同时在书的开端,又将《废艺斋集稿》的发现由来、《南鹞北鸢考工志》的抄摹过程再重述一遍。

是年,孔祥泽老先生已年逾八旬,他不再像三十年前那样隐姓埋名,而是高调曝光了。半是对风筝文化传播的执着,半是对《废艺斋集稿》持续半个多世纪的一往情深,局外人恐难体会。此事与胡德平和他的香山"故居"研究相配合,孔氏一门得到了他的大力扶持。孔门何幸,连遇吴恩裕、胡德平两个贵人,才能脱离凡胎,彻底翻身。

在孔祥泽用白话文转述的《懋斋记盛的故事》里,说曹雪芹和董邦达共同鉴别过两幅画,一幅是"宋人李龙眠的《如意平安》",另一幅是"明人商祚之《秋葵彩蝶图》"。2005年3月20日下午,胡德平召集了一个讨论会,与会专家有李希凡、刘世德、刘梦溪、孔祥泽等十几人。会上展示了两本画册,宣布曹雪芹学会成员、海淀区文物管理所研究员严宽在2005年1月发现,《如意平安图》更名为《元人如意平安图》,收录在社会科学文献出版社出版的《宋元明清画图录·花鸟卷》中;《秋葵彩蝶图》即为现存台北故宫博物院的《秋葵图》,见载于人民美术出版社出版的《中国历代名画集》。他们认为两幅画是经曹雪芹鉴定后,才为乾隆皇帝收藏。以此可以证明《瓶湖懋斋记盛》为真,乃至连带《废艺斋集稿》也是真实的。

在这个会上,一贯对《废艺斋集稿》证伪的刘世德当场提出质疑。他认为,这两幅画与研究曹雪芹是否写过《废艺斋集稿》没有任何因果关系,最多能证明孔祥泽提供的《瓶湖懋斋记盛》的白话文故事中,提到的两幅画确实存在,但不能证明所谓敦敏写的《瓶湖懋斋记盛》本身的真实性。刘世德认为,孔祥泽提供的资料中有诸多疑点,例如提供给吴恩裕的影印资料为何两次字数不一样,在资料中为什么会出现曹雪芹夫人亲自招呼客人这种当年不可想象的事情等。

八十多岁的孔祥泽不光与会,还站出来接受记者采访:"耄耋老人亲见佚著"。"记者见到了八六高龄的孔老。孔老高兴地说:'能亲见此书的,我大概是国内仅存的一人!'据他讲述:孔家是风筝艺人世家。1927年,先外祖辗转从某王府借到一些风筝画样,让他临摹,事后听外祖说,那些画是《红楼梦》

 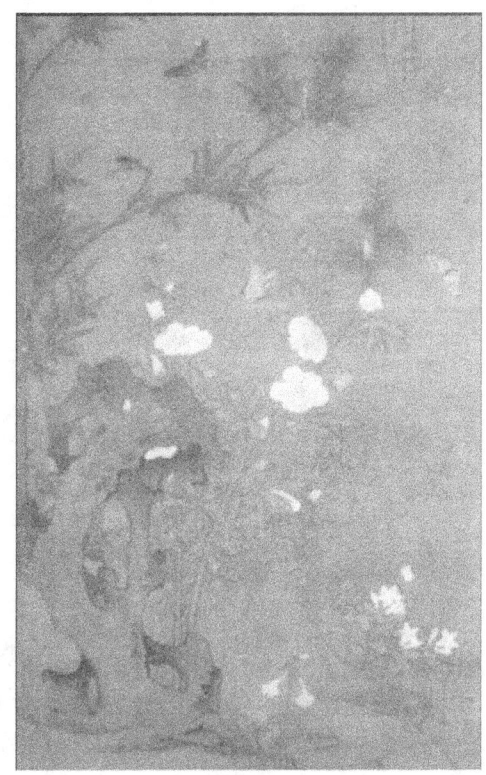

《如意平安图》　　　　　　　　　《秋葵彩蝶图》

作者画的，物主将把它们卖给了日本收藏家。"（其外祖即《自题画石诗》的作者富竹泉。此说法与原称四十年代从日本美术教师处看到不同，为什么前后不一？——笔者）他还告诉记者："我提供的抄录因为没有佐证，在很长一段时间里面没有办法被大家采信；现在，文中提到的古画被发现了，曹雪芹著述《废艺斋集稿》的说法终于得到普遍认可。这总算是了了我对曹先生的一份崇敬之意。"[38]

这次会后的4月间，严宽又找到两本旧杂志，在北平故宫博物院《故宫书画集》第三十期（1933年）中查到《元人如意平安》，在第三十八期（1936年）中见到曾被《石渠宝笈》著录的商祚《秋葵图》。胡德平认为，这进一步"证明了《记盛》文的真实性"。

但是我认为，严宽的后一次发现是画蛇添足，适得其反，恰恰提供了反证。因为既然两幅古画早在三十年代就已发表过，孔祥泽是在四十年代学美术的学生，他见到两本《故宫书画集》的机会不是很大吗？他根据杂志上图版所见，来描述两幅画编成白话故事，不就其来有自了吗？

2006年，香港的梅节将一篇1978-79年的旧作《曹雪芹佚著〈废艺斋集

十　分化篇　659

稿〉质疑》发表出来，此文对陈毓罴、刘世德当年提出的各项质疑提出了更详实的补充。梅节认为，这批材料可能是艺人的传本风筝谱，有人加以篡改、伪造而嫁名雪芹、敦敏和董邦达。甚至也有可能，全部文字都是伪造的，是一个彻头彻尾的骗局。[39]

这篇旧文迟发，论证相当有力。把梅节对"佚诗"、《集稿》和靖本三者的不同态度联系起来看，证明了俞平伯的那句话："认真比辨伪难，良信。"

书箱

张行家的一对"曹雪芹书箱"，也沉寂了二十年，被红学界人士淡忘了。直到 2004 年，自称"草根红学家"的邓遂夫发表了一篇《曹雪芹箱箧公案解密》，又把案子翻了过来。

邓遂夫是四川自贡人，从 1979 年便肯定书箱为真。1981 年，曾经到北京张行家中拜访，那时书箱已经被转移到京郊，张行答应运回来给他看，却因为邓的行程改变，终失之交臂，缘悭一面。据他说，1983 年刚刚看到洪静渊的通信，便怀疑是洪某造假，曾在南京开红学会时与胡文彬相约，会后就去安徽访洪静渊，一探究竟，但是因故未能成行。一晃过了五年，他还是不能释念，终于在 1988 年 6 月初，参加完安徽芜湖的全国红学会后，独自去黄山市（即原屯溪市）调查。

在当地的徽州师专，有一位 1954 年与李希凡、蓝翎几乎齐名的第三位"小人物"白盾，此时已是著名红学家、教授。在他的协助下，邓遂夫先后走访了知情人、书法家方宗耀和当事人洪静渊老先生。

洪静渊曾反复推说他看到的《旧雨晨星集》抄本，是在方宗耀那里。而方宗耀的说法相反，称是在洪老先生家里，他出示一个刻本，请方写成条幅，约四百字，有诗有文。这次邓遂夫不仅记录了方宗耀的谈话，还请书法家写下了证言：

> 遂夫先生询及《旧雨晨星集》事，略告实情如下。
>
> 洪静渊谓在我处见到该残抄本，非是。实乃我在他处见到，且非抄本，乃印本耳。时间大约在八三年春天，他因数月前曾嘱我为其书写赠叶圣陶的四首七绝，故已相识。此次则又写信要我去他家。去时，他拿出一《旧雨晨星集》印本，要我为其书写其中一段文字作横幅。我当即遵嘱写出一约两尺宽一尺高之横幅相赠。内容已不记得。八五年，北京某刊编辑刘宣来访，谓洪静渊称：系在我处见到该书残抄本。我告之不是事实，他无所适从，往返于我与洪之间，

探询数次，耽延约一月之久，始离开。现在洪仍坚持此无稽之谈，用心实不可测。谨此奉告。

戊辰初夏　方宗耀　于黄山[40]

邓遂夫又找到了洪静渊，他是已逾八十高龄的乡居旧式文人，曾任高中语文教师，身体硬朗，"少年心性"，能作旧体诗，又喜攀附名贵，故作诗请方宗耀书写后，寄赠叶圣陶，又邀端木蕻良来家做客。看来很有弄虚作假、追名逐利之嫌，至少是出了风头，在全国造成影响。他根本拿不出所谓《旧雨晨星集》残本，所谓从方宗耀家中看到"白宣纸抄本"应属谎言，那首合律的"许芳卿悼亡诗"及文字，可判断是他自己修改编造的。看起来，这很像是郝心佛、朱聘之故事的重演，还是高手在民间。

从书箱案到伪书案，案中套案，这是更为典型的"假作真时真亦假"。邓遂夫也是真沉得住气，从有意调查到实际走访，等待了五年；从调查完成到著文公布，竟延宕了十五年。他解释说，这期间有十年离职"下海"，在海南经商；回归文坛后，又忙了五年校订脂评。这也是二十年里，中国一批文人经历的缩影吧。我只不明白，写这样一篇小文，不过举手之劳，难道会耽误他的生意吗？如此不计时效，不仅使去伪存真无谓地推迟，更让洪静渊无法对证，也就令"解密"的可信度降低了不少。

2004年，邓遂夫在"解密"的同时，发出这样的慨叹："该文物在面世以来的二十六年间，并没有得到应有的妥善保护和深入研究。据说，近年来收藏者张行先生在提出极低廉的转让条件亦得不到有关部门回应的情况下，已将此件出让给海外的收藏者。如果这一情况属实，真乃我国文物收藏和学术研究的一大损失。"

因此"解密"，有人得出结论：这一对书箱，是曹雪芹唯一存世的遗物。那么，书箱无恙否？书箱今安在？还有下回分解。

曹雪芹纪念馆

从正白旗三十九号老屋，到"曹雪芹故居"，再到曹雪芹纪念馆，那个地址也被关注了将近五十年。

曹雪芹纪念馆在1984年4月开幕，一直存在下来。但是对于它并非曹雪芹故居的反对声，也持续不断。按照胡德平的说法，就是正方和反方一直在较力。

曹雪芹纪念馆因其地域所在，归属北京植物园管理。为了旅游景点建设，增加文化含量，曾经几次扩建，整顿周围环境，展览内容也经过多次调整充实。主要的一次扩建是在1996年，拆除了旁边邻居的旧房，加建了第二排房子,成为两排十八间。也有人认为,1996年是"故居"的一次危机,在纪念馆内部,有人把溥杰题写的匾额摘下,把书箱复制品收回,把"抗风轩"中的题壁诗文遮住,甚至还要推倒西壁。可是游客强烈要求,正方有人撰文呼吁,还有人写长信向中央领导反映情况。双方较力的结果,是接受现状,终使纪念馆得以完好保存,并持续开放利用。

转眼就到了2004年初春,北京植物园举办桃花节,曹雪芹纪念馆建馆二十周年时,与孔祥泽家三代合出风筝书一起,胡德平也出版了他的《说不尽的〈红楼梦〉——曹雪芹在香山》。这是他二十多年来研究曹雪芹与西山关系的集成之作,字里行间流露着浓郁的香山情结。胡德平梳理了上世纪后半叶陆续报道过的有关曹雪芹的一批文物和传说,他认为香山地区有关曹雪芹的传说、正白旗村题壁诗、曹雪芹书箱、《废艺斋集稿》、南京江宁织造署的"蔽芾官斋"诗句、曹雪芹祖居、清朝的八旗制度以及曹雪芹的人生观等,构成了"环节相通的文物链条"。也就是说,他把这些都一揽子统合在一起,认为全真全信,缺一不可。

2005年,当严宽在胡德平的指点下找到了两幅古画时,面对记者,他们声称:"这一发现,不仅为《废艺斋集稿》附录《瓶湖懋斋记盛》的真实性提供了实证,还为鉴定曹雪芹的另一件遗物书箱和考证香山正白旗三十九号曹雪芹故居提供了佐证。"其实两画与所谓"故居"能有什么关系?在学术上这样联类推理,结果不一定是"一荣俱荣",也可能"一损俱损"啊!还不如一码是一码。

当年的所谓"曹雪芹故居",如今的曹雪芹纪念馆,既是正方的实体基地,也是他们的精神灯塔。而胡德平本人,既是组织领导,也是精神领袖。从某种意义上来说,胡德平是吴恩裕的接班人,前仆后继。他在学术基础上不如吴教授,在投入和痴迷程度上则不相上下,在社会活动能力上后人肯定远胜于前人。

以胡德平为首的正方,非常推崇吴恩裕的观点和业绩,几乎奉为祖师。但是他们可能不知道,或者知道了不说,吴恩裕在他生命的最后两年里,否定了正白旗三十九号老屋与曹雪芹的关系,与舒成勋分道扬镳了,这有前述画家戴敦邦的证言在。他就是将"佚著"与"故居"分而治之。吴恩裕的这个态度不曾形成文字发表,他本人又过早离世,以致没有广为人知。

不管正方还是反方,总要和平共存。时间长了,也就习惯了,必须学会容纳对方。这正反两方的分野,基本上就是曹雪芹学会与《红楼梦》学会的区别,是传说派与文献派的区别,是民间派与学院派的区别,是在野派与当权派的区别。前者稍占下风,但具有社会活动能量;后者略居优势,长在学术研究水平。而双方的最大公约数是:即使观点上有分歧,但是曹雪芹只有一个,各自保留不同的观点，纪念同一个曹雪芹。胡德平认为，我们能将发现的文物保存起来，将研究的领域拓展开来，将各种观点集中起来，而且有一个地方，供人们缅怀他，纪念他，这比一家否定了一家，最后什么都没有留下要好得多。

张家湾"墓石"

在1962年全北京市挖坟掘墓寻找曹雪芹，"踏破铁鞋无觅处"之后三十年，1992年8月，忽传来在通县张家湾发现了曹雪芹"墓石"的消息，又一次"得来全不费工夫"。

以下的故事，都是根据发现者李景柱讲述：

1968年秋后，张家湾村开始平整土地。村西有块地俗称"曹家坟"，从地面的坑坑凹凹、高低不平看来，这里曾经是一个坟场。一起平整土地的有十几位农民，他们在离地面一米左右深处，挖出一块长条型石头。李景柱感到好奇，用手抹了一下石头上的土，发现石上刻有"曹公讳霑墓"五个大字。李景柱当时想了想，脱口而出："这是曹雪芹的墓碑。"

他们继续往下挖，挖出了一架白骨，但没有发现棺木，也没有什么随葬物品。一起干活的韩士宽想，死者既然是个名人，听说古代死人嘴里会含着宝珠，他就拿起颅骨，在小推车的把上磕了磕，结果只掉出些土来。他们大为泄气，把尸骨扔进了附近的萧太后河里。当天晚上，李景柱叫上堂弟李景泉，两人一起把墓碑悄悄运回家中。

李景柱怎么知道这是曹雪芹的墓碑呢？原来他是初中毕业生，文史爱好者，那年二十岁，在张家湾一带可称是"土秀才"。他的中学语文老师曾送给他一套《中国文学史》，所以他知道曹雪芹是《红楼梦》的作者，还有个名字叫曹霑。他说当时就意识到，这块墓碑日后或许很有价值。他用铅笔和纸，把碑上的字拓了下来，五个大字加上左下角"壬午"两个小字，共六张纸。1969年他家盖房时，用这块石头当了东房山墙的基石，这个秘密就埋藏下来了。

1987年秋天的一个下午，李景柱上街去买烟，碰见一个电视摄制组在拍片子，他好奇地跟着看热闹，从大石桥头跟到了旧当铺门前。他有意地与摄制组成员搭话，跟顾问严宽、摄像师李莽和司机张耀龙分别说上了话。原来这是北京电视台《曹雪芹的足迹》摄制组。写到这里，忽发现剧组导演就是我的大学同学王娟，真是太巧了，可以跟她作第一手的了解。

一听到曹雪芹，李景柱来了兴头，他问严宽："曹霑的碑有没有价值？"严宽说："很有价值。曹霑就是曹雪芹，如果发现了曹雪芹的碑对红学研究是一个大贡献。"严问碑在哪儿，李说我给你找找。

按照剧组成员回忆，谈话有所不同。李说张家湾有曹家的墓地，他看到过墓碑。问是谁的墓碑，他说好像是个"顺"字。问他是不是"曹頫"？他说记不清了，又说他曾抄下了碑文。而且还提到张家湾村有一所曹家老宅，1958年时曾经当过公共食堂用。李景柱貌似懂得很多，可是当给他介绍就在组内的周建临时，他却对其父周汝昌一无所知，完全无感。

对李景柱所说线索，剧组非常重视，后来两次找到他家里，苦口婆心地说服，要求拍摄他所说的曹碑。这时李景柱似乎感到为难，不情愿地带剧组开车跑到十几公里以外，白绕一圈交差，让剧组失望而返。

后来李景柱解释说，当时他的目的是想印证一下碑的价值，"其实我清楚，这块碑就在我的房基里，除非掀了房子，否则根本拿不出来，我又不敢说实话。因为要拿碑就得拆房子，我是个农民，家中经济困难，拆了房子谁给我盖？为避免麻烦，我只好搪塞过去。"

李景柱有一次跟村党支部书记聊天时，透露了自己家珍藏着一块曹雪芹的墓碑，书记就给说出去了，这也是全村的光荣啊！结果，县文化文物局、旅游开发公司等三番五次地上门找李景柱，张家湾镇的党委王副书记也一次又一次地劝说，逼得李景柱"没辙"了。他说是1991年家里再次翻建房屋，把这块墓碑又刨了出来。

《北京日报》记者焦保强最早获得了这一新闻线索，时间是1992年7月上旬。焦保强想抢先发稿，但是通县却不同意见报。出于慎重考虑，他们想先请专家鉴定。张家湾镇政府辗转找到了冯其庸先生。

1992年7月25日，冯其庸一行四人，冒酷暑来到通县张家湾村，镇政府领导以及相关人员接待了他们。其实冯其庸对张家湾并不陌生，早在1981年就来过，实地查看与曹雪芹有关的当铺、码头等遗迹，但当时丝毫没有听说过曹雪芹墓碑。

李景柱（左一）带领冯其庸等勘察"墓石"出土地。

曹雪芹墓碑鉴定会会场。图左斜坐者为周汝昌，后排最右为冯其庸。

冯其庸先听李景柱讲了以上的故事，又看到了墓碑。且看他初见后的描述：

> 约一米左右高，四十多厘米宽，十五厘米左右厚，墓碑质地是青石，做工很粗糙，像是一块普通的台阶石，只有粗加工，没有像一般墓碑那样打磨……。碑面上凿刻"曹公讳霑墓"五个字，也不像一般的碑文的写刻，就像是用凿子直接凿的，因为字体是笔划一样粗细、方方正正的字体，有点类似八分书，但毫无笔意……。总之给人以十分草草的印象。因为刻得很浅，字迹与石色一样，几乎已看不清楚……。在碑文的左下端有"壬午"两字，"午"字已剥落左半边，但还能看出确是"午"字。[41]

他们围着石碑拍了照片，经反复观察后一致认为：石碑和碑上所刻的字迹，都是原来就有的，而并非后来新凿上去的。

张家湾镇政府定于 8 月 1 日上午，召开曹雪芹墓碑鉴定会并发布新闻。焦保强不愿眼看着到手的独家新闻溜掉，就抢先一天在 7 月 31 日的《北京日报》上发表了消息。为此，通县和市文物局都有点不高兴。

第二天，众多的首都红学界和文物界专家到场。先有专家兴奋地肯定其重大意义，然后文物专家秦公直接否定，周汝昌接着表示怀疑，连连发问，把李景柱问得张口结舌。其他持否定意见的还有顾平旦、严宽、苏天钧等；而表态支持认为是真品的有冯其庸、刘世德、杜景华等。两相比较，似乎是反面意见占了上风。

张家湾的地方领导不甘心，于 8 月 26 日上午，另外请来两位权威专家，是文物专家史树青和金石专家傅大卣，文物鉴定委员会的副主任和委员。借助放大镜仔细观察后，傅大卣确认："石头是旧的，字也是旧的，没有什么问题。"有人问碑文的字刻得怎么样？史树青回答："字很好，写得很好！"他还认为：

十 分化篇 665

"曹公讳霑墓"石块

这不是一块墓碑，而应称"墓石"。"石头很旧，字也很草率，但是它是真的，不容怀疑。反过来说，有意做假的人，不会用这样的石头。这墓的特殊之处就是用了不经意的石头，刻字也很草率，应该说是符合曹雪芹生前的生活状况的。"

随后，冯其庸于8月31日第三次来到张家湾，进一步研究"墓石"。

在此之前，冯其庸与周汝昌两人已各有文章，不约而同地都在1992年8月16日，于上海两报发表。冯其庸的长文《曹雪芹墓石目见记》，载于《文汇报》上，是在最初目验的三天后写成。他判断"雪芹暮年潦倒，以至于无棺可盛，草草裸埋，碑石亦是极端草草，认真地说，这根本不是墓碑，而是随死者埋葬作为标志的墓石，故埋在入土一米深处，而不是立在地面上，墓石下端一点也未留余地，因为它根本就不是用来树立的墓碑，而是作为标志的墓石"。他还根据康熙五十四年《江宁织造曹頫复奏家务家产折》中，说曹家有"通州典地六百亩，张家湾当铺一所"的记载，推测曹雪芹家祖坟可能就在通县。在此之后，冯其庸进一步认定这块"墓石"完全可信，证明曹雪芹卒于壬午、葬于通县已无可疑。

周汝昌同一天在《解放日报》发表《"曹雪芹墓碑"质疑》，对这块碑持否定态度，提出了八点疑问。一是石质不合，石料粗劣，既不适合镌刻，也不能久历岁月；二是碑字为胡乱剜凿，而不是镌刻而成的；三是工序不合，未经书丹而直接剜凿成的；四是字体不合，七字全不类清代乾隆时期的书体，乃是现代人书写之形态；五是行款不合，只标干支"壬午"，二字又僻居左下角最低处，这在清代绝无可能；六是文法不合，既立碑于祖茔，刻字居然称之为"曹公"，这是对其祖宗不敬；七是地点不合，雪芹友人的挽诗"鹿车荷锸葬刘伶"，意即随死随葬，不择地点，不入坟茔；八是方位不合，敦诚挽诗"他时瘦马西州路"，用典特标出"西州"路，则绝不在京师之东。总之"漏窦重重，是否真实，大可疑义。"这还只是初步印象，经过几个月沉淀，周汝昌又发表了一篇长文《曹雪芹墓碑揭伪》，[42] 从"质疑"进一步而"揭伪"了。

笔者行文至此，再加上综合其他先生的质疑，还想补充三点疑问。其一，只标干支而没有清代帝号，这在书中可以，如"庚辰秋月定本"，因为书是供人近期读的，不必考虑到六十年以后；但刻在墓碑则不对，因为碑是要传之久远的，后人怎么区分康熙壬午、乾隆壬午或是道光、光绪壬午？其二，此"壬午"是去世之年还是制碑之年？如果是前者，碑上只记卒年而不提生年，非常不合体例；如果是后者，那么曹雪芹卒于"壬午除夕"，哪里还有埋葬和制碑的时间？第二天就是"癸未"了。乾隆年间人为什么要如此惜字如金，徒留混乱？其三，称曹雪芹为"曹公"，是后人对古人特别是文豪的尊称，近年评红文章中常见，但这绝不应是进入祖坟、面对祖宗的称谓，碑上称"君"才是合理的。这三点对于乾隆年间人是难以解释，对于一个现代作伪者则是轻车熟路——他采用了红学文章中常见的尊称，常见的卒年，还想省工尽量少刻字，就造成这样一个不伦不类的赝品。

可注意的是，"墓石"的发现者或称提供者李景柱，并不是一个普通的农民，他是一位略具红学知识的爱好者，他关注张家湾的曹雪芹遗迹，主动为电视片摄制组提供信息，他既知道曹霑，也知道曹頫。而且，他在1987年对摄制组讲的是曹頫（先错读为曹顺），怎么五年后又变成曹霑了？

那么，史树青和傅大卣两位先生的权威鉴定意见又怎么说？我们已知十几年前史先生看河南的"曹雪芹小像"就曾走眼误判，那时的鉴定还无关乎经济利益，属无心之失。再举一个近期的旁证：有所谓超级富豪、收藏家、地产商谢根荣者，办有"根荣陈列馆"，2002年入藏了两件金缕玉衣。他请来史树青等五位国内顶尖文物专家鉴定，评估价值人民币24亿元。谢根荣以此骗取银行贷款10亿元，暴露后于2008年被捕，一审被判无期徒刑，银行损失5.5亿元。这所谓的金缕玉衣，是他从浙江老家找来玉片，由也是搞文物鉴定的牛福忠穿起来的，成本仅几万元。请来做鉴定的五位专家只隔着玻璃柜走一圈看了看，史树青提出了24亿元的价值，其他人附和，写好鉴定书，全都签了字。

此案在2011年9月被中央电视台曝光。记者采访时,四位专家都把责任推到史树青身上。"反正史树青在嘛,他是文物鉴定界的大家,我当时是在他领导下的。""史老是大权威,史老说这个价值是很高的。史老说的话,我们是很尊重的。""当时史老在,跟他相比我就是打杂的,史老说什么就是什么了。"但史树青已于2007年去世,享年八十六岁。记者还了解到,按照惯例,评估费是评估价值的1%–5%,谢根荣给了专家们几十万元的评估费。

关于"曹雪芹墓石"鉴定的内情,外人不得而知,但不妨由此及彼,举一反三。这年头,专家的话,也不可尽信。

"曹雪芹墓石"拓本,冯其庸多次题跋。

"曹雪芹墓石"的学术意义,还是在于曹雪芹卒年。1962年大讨论中,郭沫若曾指出"壬午说不免有孤证单行之嫌"。冯其庸此前曾持"癸未说",那是根据书籍上的墨迹。自从见到"墓石"上"壬午"二字后,他就改信曹雪芹卒于壬午年。至此"壬午说"似有了三条证据,即甲戌本第一回脂批、"靖本"夕葵书屋残叶和张家湾"墓石"。三证鼎立,孤证不孤。但问题是,后二者都不一定靠得住,不能排除是有人故意造假。卒年还是不能定论。

关于"墓石"的争议,就像"靖本"一样,再一次陷入了曹雪芹卒年问题的旧泥潭之中。从1947年以来,它就永远纠缠不清。一旦陷入这一争论,红学家就有可能抛开客观科学的态度,而以"壬午"、"癸未"两派站队划线(或加"甲申"成三派)。这一次除了冯其庸转变立场外,支持"墓石"为真的还有邓绍基、刘世德、陈毓罴、王利器等专家。他们或本来就是"壬午"说的主将,或为周汝昌的对立面。认为"墓石"为假者,除周汝昌外,还有蔡义江、胡文彬、严宽等。

问题的核心在于:李景柱是否伪造作假?继而还可以问:为什么一块其貌不扬、毫无历史文化含量和技术含量的石头,能使那么多专家信以为真,如获至宝呢?他们是由衷地确信无疑吗?

《北京日报·京华周末》连续发表了十几篇争论文章。1992年9月20日,同村农民刘兆致信该刊,从时间、地点和旁证人三个方面,质疑李景柱的说法不实。此信被冯其庸阻止发表,于是《京华周末》不再发表与"墓石"有关的任何文章。后主编宗春启将其发表在《视点》杂志上。[43]

争吵持续了两个多月后,1992年10月18日,国际《红楼梦》研讨会在扬州召开。研讨会的主题本是"《红楼梦》与中国文化",但却因为墓石这个突发事件而跑了题。因为会是由冯其庸主导的,而周汝昌已不再参加此类会议,所以研讨会得出了"基本认定曹雪芹葬于通县张家湾"的结论。有的与会代表说:"冯其庸先生为墓石问题很生气,谁都不敢说墓石是假的。""为了一块墓石,冯、林、杜等人那副神气,实在可怕。"

以后传出,胡文彬说:墓石当然是假的,有关部门为了给"某人"留点面子,才没有继续深入报道。

蔡义江则直言不讳地写道:"1992年,河北(应为京郊——笔者)通县张家湾农民李景柱献其自凿'曹公讳霑墓壬午'字样阶石一方,玄其说,京城内外轰动,新闻媒介纷纷披露。知李之为人者及上过当者,则起而揭其惯以诳语骗人之伎俩。"[44]

1996年,七十二岁的冯其庸从中国艺术研究院离休,移居通州张家湾。他在那里建了一座"瓜饭楼",张家湾成为他的安居终老之地。

《爽秋楼歌句》

除了周汝昌以外，诗词专家蔡义江是对"墓石"打假的主力。1994年初，在他的辨伪文章《西山文字在，焉得葬通州？》中，为了说明曹雪芹的葬地不在北京东郊而在西郊，引用了一首词。出处是周汝昌的《红楼梦新证》（增订本）第七章《史事稽年·末期》，称在《爽秋楼歌句》一书中，有一首《八声甘州·蓟门登眺凭吊雪芹》：

> 尽长空万里见神州，关河莽微曛。指盘房磴蹯，巫间缈漠，寒木疏匀。去住归鸦万点，飐飐是山村。残石欹秋草，不表孤坟。回首红蕖铺海，傍清溪老柳，桥迹都湮。认谁家前邸，碧瓦尚连云。奋笔椽，黄车阅世；柱尔曹，牛鬼谤遗文。高风起，散余霞处，洒酒酬君。[45]

不久，在中央电视台邀集的一场讨论"墓石"真假的座谈会上，一位社科院文研所的先生（邓绍基或陈毓罴）对蔡义江说："您谈'曹雪芹墓石'的大作拜读了。……文章最后引周汝昌《新证》中的那首词，其可靠性恐怕还值得考虑，不知道会不会又是周先生自己写的。"蔡义江"心里'格登'了一下，因为以前出现过此类情况。"

以后，疑窦越来越大。一查《红楼梦新证》的版本，1953年版不载此词，1976年版作"佚名《爽秋楼歌句》"，1985年和1998年版中作者却变成了"周氏"。直到2004年，胡德平、严宽还在毫无疑问地运用此材料，在演讲和文章中证明曹雪芹在西山的生活。

在2006年第三辑《红楼梦学刊》上，沈治钧发表文章《日望西山餐暮霞》，把问题公开揭示出来。因为新出版的周汝昌自传和传记中交代了，"爽秋楼"就在周家津门咸水沽老家的花园中，系其祖父周印章所建。如果说该《歌句》作者是清朝人的话，他对曹雪芹和《红楼梦》的了解与赞颂，太过超前，难以置信。于是向周汝昌先生发出呼吁，"解铃还须系铃人"，请出面释疑。但是周先生没有回应。

随后，蔡义江发表短文，虽然对"墓石"的观点未变，但承认"误引"该词，接受批评。"我则以为问题已很清楚了。历史又重演了。"[46] 所谓"重演"者，就是周先生的那一次前科——七十年代那首《题琵琶行传奇》七律"佚诗"的旧事。一诗一词都发表在1976年的《红楼梦新证》上，二者只有七页之隔。而这一次上当的，又是一位诗词专家。

38 殊途不归

通县张家湾"墓石"出土以及李希凡、蓝翎相争,其实我都是听说,没有亲历,因为1989年我就出国了。那时候,我已经知道胡适1948年12月离开北平时,只带走了甲戌本《石头记》。所以我在登机前夜整理行李时,把一本影印的甲戌本塞进了箱子。我以为,今后很可能要与中国文化脱节了,只好带上一本,作为中国文化的代表,留个念想,聊寄乡思。也因此,冯其庸先生答应赠我的《脂砚斋重评石头记汇校》五卷,只得到前三卷,未能圆满。

那时候没想到会有互联网,东西方文化能这么迅速畅通地交流;更不会想到我能在西半球,写成这样一本与红学有关的书。

李希凡对蓝翎

李希凡到了艺术研究院,坐镇恭王府,在五十九岁上经历了一个巨大的角色转换。从现实新闻的火线,到艺术研究的书斋;从不掌实权的中层干部,到全院实际上的一把手;从舞文弄墨的空谈,到行政和经营管理的实务,都是他的新课题,要"而今迈步从头越"。调令遁出,便告状不少,阻力不小,但他已无退路,只能决心向前。李希凡从来没做过也不擅长行政工作,尤其拙于理财开发,曾因当法人代表而被债主包围,十分狼狈。但他还是尽力做了一些实事,推动搞研究出成果,提倡建立"前海学派"和"前海红学",任期并未虚度。李希凡曾多次说:"不后悔来艺术研究院。"

1987年调入红楼梦研究所的卜键回忆道:

> 那时的中国艺术研究院还在恭王府,上班必要经过院长办公室门外的长廊。希凡先生常穿着大裤衩、挺着肚子站在门外,一缕在

手，满脸的受用；我是能躲即躲，不得已时便侧身低头急过。皆因自己生性偏拗，不愿趋奉攀附，又听了不少"小人物"云云，微有芥蒂在心。而希凡先生看在眼里，自也不会待见，曾表示"这个卜键从来不给我说话"，却未曾有任何打压。经历过一轮大小风波之后，自己渐知人性之正邪并不以所谓的左中右划分，对希凡先生的仁厚坦诚心生敬意；希凡先生也渐渐知晓我的性情和用功，与其庸师力荐去文化艺术出版社主持工作。[47]

李希凡在艺术研究院的其他下属也写过，他虽坚守信仰，但爱惜人才，呵护晚辈，绝不是那种整人的领导。遇到风波涌起，类似刘梦溪当年的事再次发生。李希凡刻意保护冒头的下级，却对告密求荣者拍桌子申斥，事后还并不向被保护者表功求偿，这叫作施恩而不"市恩"。

另一边在《人民日报》，蓝翎（杨建中）的文艺部主任职务，在他五十八岁时被免除。这是时代大环境的变化，他身不由己。在人生路途的后半程再次受挫，他心中的曲折不问可知。1991年7月，蓝翎年满六十岁，8月离职休养，属于到点下岗。他仍继续生活在朝阳区金台西路的《人民日报》大院里。此后他的生活和心态，正如《龙卷风》一书的序中所说：

蓝翎在1990年代

> 当我从工作岗位上退下来，含饴弄孙之余，把笔为文，略述往事，作为历史的折光以存照，亦快事也，也算略尽自己的历史责任。……
> 老汉我乐陶陶，创作兴致不减，心情安然，没有牢骚！[48]

这时李希凡已经调离《人民日报》社五年了，虽然他比蓝翎年长四岁，却老当益壮，超期服役，一干十年，任职到六十九岁。两位前"战友"从工作上、空间上、思想意识上和人生道路上，都已经越离越远。本可以大路朝天，各走半边，"从今分两地，各自保平安"。但事实上并不那么简单。

李希凡是名人，也是文化官员，他的行为和形象不时可以通过报刊甚至电视看到，蓝翎难免会产生他自己的反应和看法。我觉得他心中总是有点与老伙伴"试比高"的情结，既曾升而复跌于前，又有浮而再沉于后，说是"没有牢骚"，其实正是"牢骚"。不平则鸣，他又有擅讽刺的习惯，是写杂文的名家。他大约在报社同人之间议论过，忍不住又发为文章。

1992年4月11日，蓝翎在《济南日报》上发表了一篇杂文《变脸》。文章的全文我没有看到，现根据李希凡的引文摘录一段：

> "两面派"惯于抢占上风头，拉大旗作虎皮，包住自己吓唬别人。和你本是伙伴，手拉手称"亲密的战友"，一看风头不对，立即站高冈落井下石，把"战友"推入"右派"的队伍。几十年一过，伙伴的"右派"得改正，却又大言不惭说自己是"漏网右派"。当右派所受的屈辱，并不下于文王被囚，左丘失明，孙膑刖膝，太史公下蚕室，毫无荣耀，硬往这里挤干什么？不过，这一挤也露出破绽。其个头比伙伴高，福体比伙伴重，为何小的被捉住，而大的竟"漏网"？谁能说清这"网"是怎么织的？"两面派"的漏洞处处有。"文革"时已堕为"江东子弟"，不久，又自称是一贯正确的"马克思主义者"。鬼才相信！[49]

这里虽然没有点名，但谁都明白说的是"小人物"战友李希凡。在北京很难看到《济南日报》，但那里是他俩母校的所在呀。于是，"光载有《变脸》的这张报纸，我（李希凡）就收到三份，有同班同学寄来的，有山大校友寄来的。难道不指名就可以逃脱诬陷的'罪责'！"

据我所知，无论是在历史上，还是此刻的现实中，李希凡并没有做对不起蓝翎的事，不曾"落井下石"。平心而论，此文中的进攻性语言有些过分，是蓝翎公开挑起了他们二人的晚年之争。

李希凡当时的反应，是给《人民日报》党委写了一封投诉信，希望组织出面，规劝、制止对方的行为。据一位看到了信的文艺部党支部委员说，信写得言词恳切，不希望兄弟失和，影响不好。而报社领导的批示是：笔墨官司，来而不往非礼也。组织不愿意介入他俩的个人恩怨。

李希凡还给蓝翎本人写了一封信,就毫不客气了。"在他自己面前,抖搂了一下他的'裹脚';当然,也是出于人自卫的本能,说了一些想说又该说的话。"蓝翎认为这是一封"绝交书","受别人挑唆,来信将我痛骂,表示彻底决裂"。蓝翎还说:"我不怕和他打官司,此前他还有一封辱骂我的长信(即此信),比这厉害得多。如果对簿公堂,那可是铁证。法律保障公民的通信自由,但搞政治诬蔑和人格侮辱则是犯法的!"

对此李希凡回应说:"我欢迎他把那'铁证'公开,但需要全文发表,不要断章取义。因为我在信中讲的都是事实,我对此负责到底。倒要看蓝翎是否有这个决心和勇气了。"显然李希凡是在信中揭了很多只有他俩才知道的老底,但私信与公开发表完全不同,所以法律才要保护隐私权,如此"激将法"挑战是不应该的。以上是蓝、李交锋的第一回合。

1993年,蓝翎看到了香港出版的一本书《中国文坛游记》。其中李希凡回答作者刘济昆访谈的一句话,使他深受刺激:

刘:您和蓝翎合写的评论《红楼梦》的书,主要是谁执笔?
李:那本书第一篇文章是我写的,其他是蓝翎写的较多。[50]

第一篇正是两人的起家之本,这岂不是剥夺了自己的著作权?所以蓝翎必须要列出史实,为自己正名。于是,他开始写作回忆录。

山西的文学刊物《黄河》闻讯,便主动组稿刊登。蓝翎在1994年3、4月间写成第一篇《四十年间半部书》,内容是详细记述在1954至1955年的《红楼梦研究》批判运动中的经历,兼及1973年的改书,长四万余字。《黄河》在6月拿到稿子,曾想先征求李希凡意见,但考虑未经蓝翎同意,又担心周折过多,可能会影响文章的刊出,所以未与李希凡联系,就在第五期刊出了。此篇与另外两篇回忆1957年反右和其后在农场劳改的文章合并为《龙卷风》一书,于1995年3月出版。本书前数篇的叙述,从中取材甚多。

蓝翎"半部书"著作权之被忽视,不自近日始。他在文章的开头就列举了三个例子。第一个是江青,当1972年美国维特克夫人问到"两个小人物"时,她回答说"只有一个(only one)!"第二个是何其芳,他在文章中对李、蓝两人并提时,发生过多次变化,从"李希凡、蓝翎同志",到"李希凡等同志",到"李希凡同志等"。蓝翎特别反感这个"等"外待遇。第三个是周汝昌,1954年李、蓝奉命写文章保护周过关,周汝昌感动得落泪;到七十年代出《红楼梦新证》修订本时,他主动要求用李、蓝旧文章做代序,曾经跟蓝翎当面谈妥,但到书的后记中,他只说"征得作者李希凡同志的同意"。既然有这些前因,现在蓝翎要一吐为快。

蓝翎首先详细回忆了1954年9月中旬某晚的邓拓约见，然后倒叙在山东上大学、分配北京、二人合作写文章及发表的过程，再正叙冯雪峰约见、奉命连续作文、讨论会召开到大批判展开、工作调动、合作出书、与李希凡待遇不均到结束合作等情，然后又跳跃到1973年修改旧作——这些正是本书前文所叙的依据。蓝文写的是围绕着二人合作的《红楼梦评论集》一书（每人半部书）的风云变化，也基本上涵盖了他自己从事《红楼梦》研究的经历，和与李希凡个人关系演变的前因后果。

蓝翎写的是回忆录，记叙文，可算是纪实文学。这样就可读性较强，娓娓道来，引人入胜。文中既有宏大叙事，也有个人体验，给我的感觉是翔实可信，尽管可能偶有时间上的小误（如我在前文指出）。在记叙中偶发议论和讽喻，包括对李希凡的怨言，也是事出有因，有感而发。这些怨言大概三个方面：一是详细回顾文章写作过程，贡献多少之争；二是两人的思想分歧，左右之争；三是个人的意气之争，包括算经济账（1954年和1963年的两笔稿费）。我认为在李蓝之间很难完全"秉公而论"，因为蓝翎在政治上长期处于劣势，历史就对他不公，蓝翎有怨气要抒发是可以理解的。

蓝翎的记忆力很令人佩服，有些细节生动。譬如写那个改变命运的秋夜，在见到邓拓之前，貌似闲笔的气氛渲染，写得气定神闲：

> 一九五四年九月中旬的一个星期六（据查为十八日）晚上，我从北京颐和园东门对过的马列学院（即现在的中央高级党校）返回城内，登上32路从捷克进口的"斯可达"大红汽车。车上人很少，车窗全开着。车开得很快，秋风送爽，心情舒畅。车到西直门，在门洞右边换乘有轨电车，叮叮当当，慢慢悠悠。过平安里，即进入北城的单轨线，等车错车，更慢，但心不急，明天尽可休息。车到鼓楼东的宝钞胡同站，背着背包信步进胡同，路灯黄淡淡，一片静悄悄。没有手表，心想不知是几点几分了。坐车又走路，肚子有点饿。路东一家小饭铺的门仍开着，馄饨锅里煮着一只鸡，热汤翻滚，白汽上升。我选个座位坐下，要了一碗馄饨，四两（十六两一斤的老秤）木樨炒饼。饭足身热，回宿舍睡觉去。[51]

这是散文写法，到议论时用上了杂文笔法：

> 当然，从某种意义上说，当代的文人都可算作穷文人。在"文革"前，即使极少数有三两万积蓄的文人，也算不得富贵人。但是，也不可否认，少数善于看风向紧跟的人，在政治运动中，在极左思潮横行时，拉大旗作虎皮，包住自己，吓唬别人，以真理的保卫者或化身自居，手拎棍子，四处出击，恨不得像宋太祖赵匡胤那样，

十 分化篇 675

"打遍四百座军州都姓赵"。虽不富不贵,然有权有威,令人望而生畏,若不慎被其一棍抢倒,也是很难翻身的。政治运动中的群众斗群众,表现于文坛则是文人斗文人,一斗,贫贱富贵俨然"楚河汉界"矣,胜者焉能不骄不傲? 文人之间的忽亲忽疏,忽远忽近,忽好忽坏,忽敌忽友,大率缘此而生,非全由个人禀性也。这是历史的悲剧,每个人只充当了一个小小的角色,还够不上我负天下或天下负我的大人物,干嘛反表现出一副叱咤风云的英雄架势?[52]

这期杂志出版以后,10月5日,《黄河》编辑谢泳给李希凡寄去杂志,并附信表示:

一、我们与蓝翎先生素不相识,只是偶然听说他在写回忆录,所以特约此文。

二、我们认为所有参与过中国当代文化史上论争的人,都应本着向历史负责的态度,为今后研究中国思想文化史提供第一手资料。

三、我们认为蓝文有这方面的价值。

四、先生如有辨正、答辩、反批评性文字,无论长短,本刊愿及时揭载。

五、论战双方有绝对平等的权利,对事不对人,诸家论见,容各不同,但必需以客观、理性、公平的风度行事。

六、先生如赐文稿,因有论战性质,本刊一字不改,一句不删,并奉呈二校清样。

《黄河》编辑部表示:"我们希望读者能从这文章中读出更多的东西,至少从中了解五十年代知识分子的心路历程,这对于当代思想文化史的研究是极有价值的。""我们希望这次论战真正成为有理性有风度的自由论辩。"[53]

李希凡认为,在蓝文发表以后才向他宣布"论战双方有绝对平等的权利","是明显地迫我应战了"。他于1994年11月3日写成答辩长文,题为《岂好辩哉? 予不得已也——关于〈四十年间半部书〉一文的辨正》,在《黄河》1995年第一期发表。

如我前文所述,李希凡为人淳厚,但为文犀利。虽然他对蓝翎本不亏欠,是后发自卫,但是他显然被激怒了,写得言词尖刻,顾不上风度。这一篇是驳论文,是情绪的宣泄,行文不够顺畅,层次略欠清晰。既然他过去作文艺评论就是以逞强好斗著称,那现在为个人自我辩护,就更是火力全开了。

答辩文章分为三部分。第一是关于两篇文章和一部书的著作权问题。关于香港记者刘济昆记录的那句话,李希凡解释说是脱漏了"主要"二字,他的原话是"那本书第一篇文章主要是我写的"。这解释比较牵强,他也没有表示一点歉意。按照蓝翎的叙述,他写了第一稿和第三稿,李希凡写了第二稿,两人贡献起码是基本上平等吧?李希凡承认,"认真回忆起来,除王国维那篇有特殊情况(按:李希凡匆匆拉一草稿后出国了),未及写出初稿外,其他文章我自问做的工作并不比蓝翎少。"这话没错,那么就算两人的贡献各50%,还是不能说"主要是我写的"啊。而且,李希凡因年长署名在前,已经占了便宜;蓝翎永远排在第二,又长期受压,在著作权方面比较敏感是有情可原的。李希凡在六十和七十年代两次再版修订该书时,都主动不忘记蓝翎,这应该肯定。但是他在九十年代答问时确有疏漏或偏颇,是矛盾激化的原因之一。

第二部分是"关于'抖裹脚'与'鲜花和受奖'"。李希凡长篇地回顾了自己的光荣历史,夸耀自己的著作等身,同时讥讽蓝翎没有代表作,"有哪一本书,能与之相比可称为'一家之言'的论著?"我是很敬佩李希凡的勤奋著书,持久不懈的,但每个人的条件不同,何必以己之长,笑人之短?明知道蓝翎损失了二十年的大好光阴,还这样对比就有欠忠厚了吧?另外,李希凡在文中多处夹枪带棒地暗示蓝翎有政治历史问题,或个人道德缺陷,这在公开发表的文章中,很不应该。李希凡长期与蓝翎同在《人民日报》,如果真有这类问题,怎么早没对组织讲?而八十年代以后,报社的组织领导很信任蓝翎,他的声誉甚好,不然怎么能当全报社级的纪委副书记?

第三个小标题是"关于'政治污蔑'和'人格侮辱'"。这里讲的是反右、江青召见和"文革"问题,对此,李希凡和蓝翎有着截然不同的态度。蓝翎指李希凡"上面有线,非同小可",是"江东子弟"。李希凡对此并无认识或检讨,只是强调他并没有写江青授意的文章,"江青这条线是挂不上的"(请对照本书中所记事实)。他还指责"现在蓝翎想做的,粉碎'四人帮'后,我所在单位的某些人,都是曾经做过的。"那么到底是谁错了?他指责坚持改革开放的《人民日报》领导是"反毛"、"非毛",而他自己呢——

> 李希凡决不做危害党的事业的败类,也决不做损害毛主席声誉的忘恩负义之徒。历史的经验教训自有党来总结。我还是我,改正错的,坚持对的,忠于毛泽东思想和自己的信仰,努力做好党分配的一份工作,献身于我挚爱的社会主义文艺事业。蓝翎不觉得现在再把我"补充"为"四人帮"的"江东子弟"已为时过晚了吗?中国共产党是有严格的干部审查制度的,这用不着蓝翎操心费神!我是中国共产党的第十三次、第十四次全国代表大会的代表,蓝翎手里有什么"铁证",可以向党揭发么!否则,"搞政治诬蔑和人格侮辱则是犯法的"(引自"蓝文")![54]

李希凡的文章通篇都在指斥，一些语言很不理性，俗而少文。比如："说这话也不嫌牙碜！""岂不活得太腻味了！""真不害臊！"我都有点替文艺评论家害臊了。

自辩文的结尾，李希凡也写了一段散文：

> 1994年10月16日，是毛主席《关于红楼梦研究问题的信》写作四十周年，又恰恰是我外孙女慧可的八岁生日。15日清晨，我备了一束鲜花，携女儿、女婿并慧可，一起前往毛主席纪念堂。我们在接待处张同志的陪同下，从行进中的长长的行列旁边步入纪念堂。他介绍说，纪念堂管理人员不多，每周天天开放，每天都有四五万人来瞻仰毛主席的遗容，实在忙不过来。张同志很热情，还在毛主席坐像前为我们拍了照片。我同慧可一起把花束置放在毛主席的座像下，行了三鞠躬礼。我肃立着，过去的一些往事重又浮现在我的脑海里……心中不禁涌起了一股酸楚的惆怅！我想，毛主席他老人家的"在天之灵"如果有知，当不会责怪于我，当能够理解我被迫无奈的苦衷……[55]

李希凡与蓝翎的分道扬镳和公开争论，其内因何在？无论是著作权还是经济账，无论待遇不公还是意气用事，或者说性格不合，其实都是皮毛，都是标而不是本。其本质在于两人的思想观念和政治态度不同，可简称为左右歧途。蓝翎写过，早在山东大学期间，蓝翎"是属于假'左'，而李希凡则近于假'右'。如果有一个是真，怕从此真要生分了，闹翻了，彼此不相往来了。"所以他俩才能合作，一度成为战友。两人之所以分手，是因为时代风雨冲刷，真相逐渐显现。到老时之所以反目成仇，就是两人都摘下了假面，完全露出了真实的自我。

李希凡的小女儿李蓝出生于1963年，她的名字是因蓝翎而取。二人"笔墨官司"之后，李蓝十分生气，闹着要改名。李希凡不同意，说那是历史。

两位都是我曾经的领导。我尊敬坦诚敢言、坚定改革的蓝翎，而李希凡是真实的革命左派，并非假装，不带引号，正直而不整人，且终生不渝，也值得尊敬。

这场论战之后，李希凡回头重看1954年由他俩引发的那场运动。四十年了，确实是一个适当的时机。

> "文革"后的一段时间里，以及1988年兴起的一股思潮，对这场批判全盘否定，并把它和毛主席的晚年错误扯在一起，我是有不同看法的。最近，我看到中共党史出版社出版的《中国共产党的

七十年》，对这场批判运动作了这样的评断："……党发动这两次批判（另一次指批判《武训传》——李希凡注），提出的问题是重大的，进行这样的工作是必要的。结合实际的事例，开展批评和讨论，来学习如何掌握和运用马克思主义，是知识分子自我教育和自我改造的一种方法。这两次批判，对学习和宣传历史唯物主义和辩证唯物主义起了好的作用，有其积极的方面。但是，思想问题和学术问题是属于精神世界的很复杂的问题，采取批判运动的办法来解决，容易流于简单和片面，学术上的不同意见难于展开争论。这两次批判已经有把学术问题当作政治斗争并加以尖锐化的倾向，因而有其消极方面。"（《中国共产党的七十年》第312—313页）我以为，这样从正反两个方面来总结这场批判运动，才是有说服力的。[56]

蓝翎曾说李希凡写文章喜欢大段引文，而他不愿这样（我也嫌太长，删节了一部分）。李希凡就是这样习惯于引经据典，以官方书本的论述，来代表自己的意见。

李希凡对穆欣

1995年底，李希凡再一次遇到麻烦。久不发声的"文革"人物穆欣，在《传记文学》第十二期上发表文章《三十年不言之言》，不点名地指控"某红学家"在1967年给他制造了"文字狱"，并揭露其人与江青的特殊关系。这红学家当然是指李希凡。更让李希凡恼火的是，这杂志本是他的部下，《传记文学》是归艺术研究院管理的，他还挂名刊物的顾问。据说有人故意背着他这个领导、顾问兼当事人，也未经新任主编审阅，在刊物发排前临时塞进而发出来了。

穆欣这个人，在本书中已是熟人，现在该补叙一下他的来历。穆欣本名杜莱米，1937年加入中共，曾任《晋绥日报》采访部主任。解放后，任新华社云南分社社长、中共中央党校新闻教研室主任，从1957年起任《光明日报》社党组书记兼总编辑。此后的几件事本书已经讲过：是他在1962年3月引荐周汝昌拜会康生，4月把吴世昌的著作提供给毛泽东；是他主持的《光明日报》在1964年6月刊发了两篇评介京剧《智取威虎山》的文章，先贬后褒。在"文革"初期的1966年6月底，他又在钓鱼台约见李希凡，代表江青传达了批评。因为那时，他的身份变为"中央文革小组"成员兼办公室主任。但是穆欣在1967年1月突然下台，9月被捕。

穆欣在秦城监狱被关了近8年，直到1975年5月才放出。"文革"结束后，穆欣获平反，1979年起任外文局副局长，后兼任人民画报社社长、总编辑。

1984年4月离休。

现在,穆欣在三十年后的文章中公布了自己遭难的秘辛:

一九六七年一月十七日,某红学家(他和光明日报社造反派始终保持密切联系)把他写的大字报《穆欣是反革命两面派》贴到光明日报社,"揭发"我所谓"反对京剧革命、辱骂江青同志严重罪行"。他拿三年前——一九六四年六月间《光明日报》发表的一篇触犯江青的文章来算老账,一面炫耀他与江青非同寻常的关系,吹嘘当年江青曾为此事和他"谈了三小时";一面造谣对我诬陷,说他曾经亲自听到我骂江青"有神经病"。

某红学家这张大字报贴出第二天——一月十八日,江青立即下令逼我回光明日报社"参加运动"、"接受群众批评"。造反派对我进行的第一场批判,就是从某红学家大字报"揭露"的"辱骂江青"一事开始的。后来据王力说:"因为有人揭发穆欣在'文革'以前说过江青有精神病,江青就说他是叛徒,让我派人调查。我调查结果说不是叛徒,江青不满意我这也是原因之一。"一九六七年九月五日夜江青在中央文革小组接见安徽来京代表的会议上,当众诬陷"穆欣是特嫌"。与此对照,王力所讲的这些情况是可信的。从此以后,江青和叶群勾结起来,对我的迫害步步紧逼,终于将我关进牢房。直到"四人帮"垮台,这一条"罪状"才抹掉。[57]

为此,需要再回顾1964年6月的京剧现代戏会演。通过穆欣的这篇文章我们才知道,那时为了《智取威虎山》的宣传,《光明日报》先发表了林涵表的文章,对其评价不高。这引起江青不满,通过中宣部向穆欣施压,不仅要求再发文章高度肯定《智取威虎山》,还必须由总编辑穆欣本人署名。7月5日,江青为此在中南海召见穆欣,与李希凡竟然是前后脚的同样待遇。李希凡已先面见江青,再看《智》剧,回来立即写出长文,在7月6日的《人民日报》发表,高度赞扬该剧。同年秋天,李希凡有一次到《光明日报》开会,穆欣与李谈起江青,当着报社别人在场,说:"没见过像她那样易于激动的样子,不知是不是脑袋有病?"(穆欣自己说法)这就是事情的前因。

李希凡见了穆欣的文章,勃然大怒。他在1996年2月写出反驳文章《"三十年不言",一言匕首见——驳穆欣》。暂且排除文章中大量的攻击性"大批判"语言,把事实干货捞出来,李希凡的说法是:

(一)我本人从未直接给穆欣写过大字报,当然更没有到光明日报社给他贴过大字报。

事实是,1967年初,我在人民日报社挨批斗期间(按照"穆文"

的说法推断,应是在1967年1月间),光明日报社曾有两个人来找我调查情况,我是在被监视下接待他们的。来人告诉我,穆欣已被揪出,有的罪行牵涉到你,你应老实交代,不要隐瞒。我说:我和穆欣不熟,只在一起开过会。来人说:怎么不熟?穆欣还找你去钓鱼台谈过话。你们一起开过会,他都讲过什么?特别是对江青同志,对京剧革命,情况我们都知道,就看你的态度了。大凡经历过"文革"的人,对这种调查取证是绝不陌生的。于是,我写了一份证明材料,揭发我所知道的穆欣的问题。至于这份材料是以何种形式公布的和怎样公布的,以及如何为人所用的,我并不知情。

(二)我所写有关穆欣的揭发证明材料的大致内容:

1. 写了江青在1964年夏找我谈话的情况。她批评我与吴晗同志辩论历史剧问题的文章是"书呆子气",指出《海瑞罢官》是政治性质的问题。谈到要支持戏曲改革,特别是京剧要演革命现代戏,以及她当时批评《光明日报》所发的林涵表同志的《〈智取威虎山〉观后漫笔》的一些情况。

2. 写了在1964年秋《光明日报》举办的一次讨论会上,穆欣与我的交谈。在会间休息时,穆欣曾问起我:"你也写了一篇《智取威虎山》的文章?"我说:"是,我们报上前一段没发文章,受了中央的批评。"他立即气呼呼地说:"什么中央,就是江青。我看她有神经病!"他讲这话时也有《光明日报》的同志在场。当时,正是江青找我到中南海谈话不久,听穆欣在大庭广众这样讲江青,我吓了一跳,怕他再说出别的来,就赶紧走开了。看了"穆文"才知道,他大概是当面听到了江青对《光明日报》的批评,所以才有这么大的火气。

3. 写了穆欣在1966年6月底,约我到钓鱼台谈话,代表"中央文革"和江青严厉批评我的情况。[58]

李希凡还说:

我是光明日报社的"群众组织"必定要调查的当事人。我不是什么"得知此事",而是穆欣对我亲口所言,我是亲耳所闻,他讲的就是"江青有神经病",我只能实话实说。……当场听到穆欣讲这话的不止我一人,我讲的如果与其他当事人有所不同,不是会有制造伪证之嫌么?既然"穆文"强调,"当时辱骂江青,被看成了十恶不赦的大罪",那么,他又怎么能指望别人知情不举,查到头上还继续隐瞒呢?说实在的,假如我真是"存心害人",恐怕就不必等到穆欣被揪出来之后,《光明日报》的人找到我头上再说了吧。

再者,如果仅是一个外单位人的孤证,何足以成为所谓的"穆欣的十大罪状"之一呢?[59]

通过双方陈述,事实实际上清楚了。一,说江青"脑袋有病"(穆说),或"有神经病"(李说),实际上大同小异,没有本质区别,在当年都是大罪名,足以下狱治罪。二,李希凡没有到《光明日报》贴大字报,他是应外调人员的要求,写了一份材料,提供了内容,被《光明日报》自己的人抄成了大字报贴出。三,李希凡没有造谣,是"亲耳所闻","只能实话实说",不能"知情不举",不能"制造伪证",况且有其他人证在场。

剩下的问题是:设身处地在当时那种情境下,李希凡应该不应该实话实说?是"只能"实话实说吗?是应当"捍卫江青同志",还是为穆欣打掩护,或者是明哲自保呢?

穆欣在《光明日报》做了十年总编辑,他曾告诉李希凡,《光明日报》在关键时刻总有康老的指示。或许正因为如此,他才能在"文革"初起便进入了"中央文革",并参与接管《人民日报》。但是穆欣独尊康老,却对江青不敬,还冒失地祸从口出,故只在1966年做了七个月的中央大员,接下来却蹲了八年大牢。李希凡的揭发材料,确实是对穆欣的致命一击,是改变他命运的推手。

李希凡在他的驳文中,用了很大篇幅,去揭露穆欣作为"中央文革"大员的罪恶,和作为《光明日报》掌门人批判过多少领导人和文化人。似乎这样就能证明他十恶不赦,就没有资格指责李希凡当年的行为。

但是我想说,罪人与常人之间,甚至魔鬼与英雄之间,并没有隔着楚河汉界,或者阴阳两界。不过是命运和机遇让他走到了那一步而已。如果不是姚文元而是李希凡写了批判《海瑞罢官》的文章,焉知后者的结果如何?在李希凡那个位置,其实他也有进入"中央文革小组"的可能,入与不入,不过在领导以及本人的一念之差。李希凡的朋友,我们的大红学家冯其庸不是也曾入选"中央文革"吗?他的去与不去,也是在一念之间。还有,穆欣和李希凡都是编报纸的,只不过在不同的报社,是不同的级别。但是1966年的《光明日报》,已经完全不同于1957年以前,此时期不同报纸上的内容,几乎舆论一律。当李希凡带着女儿去北京图书馆查阅1966年全年的《光明日报》,把所有点名批判过的人名单抄录在案,都算作穆欣罪行的时候,难道就没有想过,与彼同时自己也在编报,除了文艺评论版,还一度担任文艺部负责人,那一年你的版面上有没有点名大批判文章?是不是也应该追究主编之责呢?

读李希凡的《驳穆欣》文,更让我感到不舒服的,是通篇的大批判或大字报式的语言。试举一例:

"穆文"呼风唤雨,极尽造谣诽谤之能事,混淆视听,罗织莫须有的罪名,对我进行疯狂的政治诬陷,发泄他那久蓄于心的怨恨和阴毒,并借此来做一篇为自己翻案、树碑立传的大文章。[60]

李希凡指责穆欣:"独特的嗅觉、思维、推理方式及大字报式的文风,竟没有些微的改变,这确实令人不可思议!他仿佛'定格'在那已然逝去的动乱年代。"让李先生说着了,我读李先生文,也有同样的感觉。

如此我便想再发一问:在三十年后回首当年,应该不应该有所反思,略表歉意?不管穆欣有多少错误,因为自己的"实话实说",不作伪证,而让他锒铛入狱,坐了八年大牢,就那么心安理得,理直气壮,义愤填膺,义正词严吗?

在九十年代发生的蓝翎和穆欣两案,都是对方进攻,李希凡处于守势招架应对,这已经与他在青年、中年时善于发起主动进攻不同。但他在回应时理性不足,缺乏自省,怒气太盛,词锋过严,其实不一定有利,反损及自己的声誉。想起俞平伯在遇到类似情况时,对策是"不要理他算了"。如果那样,也就不是李希凡了。

冯其庸

1975年《红楼梦》校注组进驻恭王府门外空置的"琴楼",不过是暂借性质。1979年,小组转正成为永久性的红研所;1980年,中国音乐学院在"琴楼"复校,红研所就搬入府内,登堂入室了。到1986年9月,当年的两位副组长李希凡、冯其庸,又同时正式调入中国艺术研究院,任常务副院长和副院长,而正院长是由文化部长王蒙遥领,这样他俩就成了艺术研究院或者说整个恭王府的最高负责人。十一年间,完成了反客为主的圆满归宿。

《红楼梦》研究所暨《红楼梦学刊》编辑部合署办公,初在恭王府的后花园萃锦园中。但是好景不长,花园要搬迁复建,在1988年先期修好开放了。红研所搬出花园又进王府,落脚在西路后进的锡晋斋的厢房,这种做法受到谷牧副总理的批评。[61]红研所极有眼光或者说极其幸运,占据了恭王府中最幽深、最高贵的院落,原府主人的起居所在,并在此安营扎寨十几年。顺便说一句,锡晋斋之得名是因为恭亲王在此收藏西晋陆机的《平复帖》,这是现存最早的法书名迹,1937年被收藏家张伯驹购得,1956年捐献给文化部。

去恭王府西路要经过挂着"天香庭院"匾的垂花门,锡晋斋前面一进的厅堂是葆光室,作为艺研院大会议室使用。葆光室东侧隔壁耳房就是李、冯两院长的办公室,一座北房里面隔成三间,中堂空着作小会议室,两边是两间院长办公室，李希凡在东，冯其庸在西。李希凡办公室里简洁单调，而冯其庸办公室里高挂着多幅他自己的书画作品，除办公桌外还有画案。我去那里是八十年代末，去领受冯先生送给我的书，顺便问候一下老领导，我仍称他老李。

除了中国艺术研究院副院长一职，在十几年时间里，冯其庸一直还兼任红楼梦研究所所长、《红楼梦学刊》主编和中国红楼梦学会会长。这三个职务就是三位一体，集于一身。所以他是中国红学界的当然领袖，绝对权威，同时又是自成一派的学术领军人物，难免树大招风。而李希凡已非当年的"小人物"，上节所述争斗，并非红学界的矛盾。在红学界内部，他是一个老好人的形象，成为矛盾的调解者和缓冲剂。

本书讲到这里，已可以看出规律，红学界总要推出权威。曾经是胡适，曾经是俞平伯，曾经是何其芳，曾经是李希凡，各领风骚几十年到三五年。在上世纪的八九十年代，轮到冯其庸了。或许，是学术就得有权威，否则就无法发展。问题在于，权威因何而立，权威是否秉公无私，权威是否大度能容，权威能否推进学术发展。像当年蔡元培能给胡适送去可做反对自己弹药的书籍，胡适能把珍贵的甲戌本借给初次见面的青年周汝昌，那样的权威不知能否再现？有人提出：

当代中国的问题在于，一方面我们需要建立权威以维护学术的

恭王府锡晋斋院落，1980—90年代《红楼梦》研究所和《红楼梦学刊》在此院东西厢房办公。　　　　　　　　王娟 摄

尊严和规范，另一方面又保护"小人物"的研究条件和话语权利。因为当代中国的学术研究还属于"计划体制"，在学术资源、科研经费相当有限的情况下，不但拥有学术权力、而且拥有行政权力的"大人物"，特别应当谨慎宽容，特别应当向蔡元培学习。[62]

关于冯其庸的外貌，《红学那些人》一书的作者张义春这样描写："冯其庸之轮廓酷似启功——面微圆、少棱角；然眼角偶露杀气，令人不寒而栗。"前半句我以为是得其形而未得意，但见皮而未见骨；而后半句稍嫌夸张过分。作为比较，启功先生的脸型自少及老，一直是团圆如月，笑面如佛，正映现着他为人的圆融和善，谐趣高雅。而冯其庸到老年时虽然也"面微圆、少棱角"，看他年轻时的照片，却是骨骼硬朗，棱角分明。这也正与他的内在性格相符：坚毅果决，敢做敢为。

冯其庸是这样一个混合体：他既是教授、学者，又兼为诗人、画家和书法家，甚至摄影也不错。他既是有国学根柢的文人，又入党甚早（比李希凡早七年），是革命领导干部。老话叫又红又专，新话可以说亦官亦学。他的学问是真学问，同时，他又执掌官的权力，处于核心地位，而且三位一体。这样，他就具有了制定规则、裁判是非、决定取舍、掌握命运的条件。在红学界，冯其庸曾经扶植新人，肯定新说，巩固组织，推动发展；同时这"宝鉴"的另一面就是，可以杀伐决断，独断专行，如果冯其庸不首肯，一种红学新说、一个红学新人恐怕也很难得到承认。

胡文彬原在《新华文摘》做编辑，借调几年参与电视剧拍摄。他向冯其庸表达了想调入红楼梦研究所工作的愿望，1987年3月办成了。令他想不到的是，不仅调动手续办得神速，而且一到新单位就被任命为副所长，工资也由99元变成了144元。同年全国第一次评职称，胡文彬在研究所内部征求意见，大家都认为，他填个副研究员较为稳妥。谁知申请表拿到冯其庸面前，所长说："你怎么填副研究员，应当填研究员。"结果当年四十八岁的胡文彬，第一批就获得了正高职称。当时胡文彬说："我并不是冯其庸的学生，我和他也没有任何金钱上的来往，更没有其他方面的利益关系，他就是爱才惜才。"

红学虽为显学，红学会却没有钱，要开学术会，得找铜臭钱。八十年代，多是靠大学或地方政府的关系；进入九十年代，商业大潮汹涌，就必须靠企业赞助了。所以在1988年安徽芜湖开过全国《红楼梦》研讨会后，六年没有再开全国的会。1992年10月在扬州开过国际红学会，据说全是靠冯其庸的"才艺"才开得起来。不光是要把他的书法、绘画送人，以换取资助，冯其庸更是在紫砂壶上题字"红楼梦长"，作为纪念品赠送。不是印在壶上，而是逐一

1980年代末红楼梦研究所会议。前排左起：刘梦溪、吕启祥、胡文彬、李希凡、冯其庸、邓庆佑、杜景华。

刻划，每个壶都是真迹。与会代表不到一百人，他却需要刻几百个，因为周边要打点的关系太多呀！

就是在这次扬州会上，冯其庸强行将"墓石"列为重要议题。媒体遵照会议精神，宣传"与会者一致认定"曹霑"墓石"是可靠的。江苏省红学会会长姚北桦（原会长姚迁的继任者）说，会是在我们江苏开的，我们不能没有自己的态度，便在《扬子晚报》发表了署名文章《不能认定》。

1994年8月，在休会六年之后，全国红学会终于在山东莱阳召开，得到了《大众日报》和当地企业的赞助。但是这次会，没能开成一个久别重逢的团结会，却是一次硝烟弥漫的宣战会。冯其庸致开幕词时说："对于种种歪论，我们不能退让，我们要为真理而争，要为扫除谬论而争，要为广大的青年读者、为广大的读者群不受蒙蔽而争。"

李希凡也在开幕式上讲话，调子要温和正面得多。他在传统地赞颂了毛主席、周总理对红学的关怀之后，透露了一个秘密。另一位老革命家（指邓小平）在退休之后也关心红学，曾经派人到《红楼梦学刊》编辑部，要购买全套已出刊物。那是在九十年代初，由杜景华接待，来人自称是邓办的，红研所的人还有些将信将疑。

待到1997年8月中旬，一场北京国际红学会闭幕之后，红研所全体休假三天，只有孙玉明一人住在恭王府办公室中。忽有一位慈眉善目的老太太敲门进来，跟孙编辑聊了约一个小时，有一位年轻女士陪同。原来她就是邓小平夫人卓琳来微服私访，孙玉明没有认出来。

这时邓小平已逝世，卓琳随后又邀请红学家们来家中谈谈。10月24日上午，冯其庸、张庆善等六人去地安门附近的邓府会面。卓琳说，要看《红楼梦学刊》的是她自己，那时小平同志没有时间。原来卓琳也迷红，程度还不浅，聊起红学知识来头头是道。她毕竟是云南的大家之女，三十年代就考上了北京大学啊。第二年春天，冯其庸、张庆善、蔡义江又再次去与卓琳聊红学。卓琳还关怀《红楼梦学刊》的财务困难，帮助他们找来五十万的赞助。[63]

现在，笔者可以揭开本书中预设的又一伏脉。不知红学爱好者卓琳和来访的红学家们是否知道，他们脚下的邓小平同志住处，倒退六十多年，就是三十年代胡适的居所——地安门米粮库胡同四号之所在。

胡适在1937年7月8日离开了那座三层小洋楼和大宅院。到1938年9月，当他被国民政府正式任命为驻美大使时，米粮库四号被卖给了著名画家陈半丁。他在院内广植花木，命名为"五亩之园"，这面积还不到原"淑园"之一半。陈半丁在此居住了十三年，1951年售与新政府的公家。此宅遂为中央社会调查部使用，部长李克农、副部长孔原两家曾一起在此居住。到1969年，这里成为理论家陈伯达的住处，但是他在1970年倒台。

1976年，原建筑被夷为平地，重建新宅。1977年，复出后的邓小平一家迁入新居，在此住了二十年，这就是新门牌的3号。而东边紧邻原皇城红墙的1号，是原"淑园"的主体，曾经做过医院和工厂，后成为军事机关，以保卫中央首长的安全。[64]

"陋室空堂，当年笏满床；衰草枯杨，曾为歌舞场。蛛丝儿结满雕梁，绿纱今又糊在蓬窗上。"从米粮库胡同这一个地址，就可以看出世事的沧桑变化。

话扯远了，且说1994年在山东莱阳的全国红学会上，冯其庸之所以要火力全开，是因为当时红学界的状况比较杂，红学界的声音有点乱。

南京出了一个学者欧阳健，从九十年代初开始研究版本，提出一个异类观点："脂本乃后出之伪本，而程本方为《红楼梦》之真本"，或者简称为"程前脂后"。他是冯其庸要"扫除谬论"的重点。

河北丰润是周汝昌主张的曹雪芹祖籍地，这与冯其庸主张的曹雪芹祖籍辽阳说相冲突。老一代史学家杨向奎是丰润人，1992到1993年多次在报刊上发言，认为"曹雪芹即丰润曹鼎望之裔孙，曹钤之子。因曹钤自幼寄养在曹寅家，曹雪芹便在曹寅家长大。"丰润据此已经在张罗着为曹雪芹建纪念馆了。

到1994年，又有丰润人刘润为写出《曹渊：红楼的原始作者》，以及王家惠《曹渊即曹颜》，二文同时在《文艺报》上发表。他们否认曹雪芹是《红楼梦》的作者，这就不仅是祖籍地之争了。

杨向奎是什么人？他是历史学家，中国社会科学院历史所研究员，时已八十多岁。他是顾颉刚在北京大学的学生，也是李希凡在山东大学的老师。杨向奎在1948年就曾与胡适通信，探讨过曹雪芹祖籍丰润的可能性。胡适在那年2月14日的上海《申报》上公开答复说："曹雪芹的家世，倒数上去六代，都不能算是丰润县人"。[65]

以上两例，与冯其庸及以他为首的红学主流派形成尖锐对立，学术讨论已经不够，而必须进行坚决的斗争。在那次会上，主流派公开"南批欧阳健，北批杨向奎"，谴责他们是"与红学的前进背道而驰"，是"非学术和非道德的喧闹"。

对此，与会者表现出不同的态度。拥护支持者当然有，譬如山东大学教授马瑞芳认为，冯其庸"就像爱护自己的眼睛一样爱护《红楼梦》，像保护自己的眼睛一样捍卫《红楼梦》"。"当红学海洋浊浪乱翻时，冯其庸等老红学家起了'定海神针'的作用"。

但是江苏省红学会就没有服从命令听指挥，会长姚北桦礼貌地回敬了三句话。他说：第一，据我所知欧阳健其人读书很钻研，他对版本问题有个人研究新见解，别人不好阻止他，这是他的学术研究自由。第二，中国红楼梦学会不是党中央，学会负责同志发表的文章也不是"红头文件"。所以，地方红学会不存在"贯彻执行"问题。第三，我们江苏红学会的同仁对欧阳的学术观点也有不同认识，我们开过会开诚布公地坦诚地交换过意见，欧阳保留他的学术见解，这样相互切磋有什么不好呢？[66]

对于杨向奎的批判，使李希凡十分恼火，说："批我的老师杨向奎，连招呼都不打一个！"其实杨向奎还不仅是老师，1954年，他任《文史哲》主编，李、蓝两人的第一篇文章就是他主持发表的。那文章若未发，以后的一切都无从谈起，李、蓝的命运、红学的兴衰，乃至中国文化、政治的发展路径，都有可能是另一个样子。所以，杨向奎对李希凡很重要。

北京大学侯忠义教授以前提携过欧阳健，他指出，1994莱阳会议是冯其庸学术生涯中最不光彩的一页，是他日后不敢正视的一页。

中国红楼梦学会章程规定领导班子任期三年，这次已经六年，必须要改选了。选举后冯其庸连任会长，陈毓罴、刘世德、蔡义江、林冠夫等为副会长，杜景华任秘书长，孙逊、胡文彬为副秘书长。

与会代表很多人都茫然不解，胡文彬劳苦功高又年富力强，1980年就是建会的功臣，十四年后绝对够副会长资格，怎么反而降了？给他个副秘书长是明显的贬低。张锦池与冯其庸大吵一场，为胡文彬抱打不平。张说胡是对红学会做出过贡献的人，为什么如此排斥他？甚至说："我不看着你吐血，就要把唾沫吐到你脸上。"胡文彬表示以后决不再参加国内红学会了。[67]

据内部人士透露，冯其庸与胡文彬的关系，早已不复当初。这一对《红楼梦》研究所的所长和副所长，在1992年爆发了尖锐斗争。看那个阵势，属于你死我活那种，所内人员也被要求表态站队。这是研究所内部的恩怨情仇，外人难以了解，也不便插嘴了。张庆善在次年被提拔为副所长；而周岭则随后离开了红研所，下海创业去也。

与此几乎同时，在《红楼梦学刊》1994年第三辑上，组织了五篇专稿同时发出，作者有刘世德、蔡义江、宋谋玚、杨光汉、唐顺贤，齐声与欧阳健"商讨"，实为揭开了"进行全面批驳"的战幕。会议与刊物双管齐下，这就发挥出了"三位一体"制的力量。

在此还须补充说明，本来社会科学院文学研究所是另一个山头，他们曾经是文学研究的"国家队"，在五六十年代的何其芳时期，四顾无对手，"一览众山小"。与他们相比，《红楼梦》研究所和冯其庸本人，都属后起之秀。在八十年代初期，两边还可以平分秋色，旗鼓相当。那时文研所也主办了《红楼梦研究集刊》，一度水平高于《红楼梦学刊》。因为不定期，后几年出刊逐渐稀落，最后两辑之间竟相隔三年。《集刊》至1989年10月出版第十四辑后停刊。

过了二十多年，《集刊》的主持者刘世德先生回顾办刊始末，透露出无奈的苦衷：

> 我和陈毓黑先生、魏同贤先生等曾于二十世纪八十年代创办了《红楼梦研究集刊》，由上海古籍出版社出版，一共出了十四辑。没有专职的编辑人员，没有办公室，单位没有拨给任何的经费，出版社也没有向我们要过一分钱。编辑工作实际上就是由我和陈先生，再加上当时还在中国社会科学院研究生院文学系就读的石昌渝、胡小伟两位，利用业余或课余的时间，共同操作的。没有继续出版下去的原因，是因为出版社改变了初衷，由他们给我们发编辑费变成了要我们向他们交纳资助费。由于经费没有来源，无奈之下，只得被迫停刊。[68]

让纯粹的书生直接面对商业大潮，可以想象其艰难万状。文研所红学团队失去了发表园地，便有点像"冷子兴演说荣国府"，"外面的架子虽未甚倒，内囊却也尽上来了"。这样,《红楼梦》研究界"双峰对峙,二水分流"的局面,勉强维持了十年,就在一场"秋风秋雨"中结束了。

此外在贵州还有一份《红楼》杂志,由贵州省红学会主办,从1986年12月出版试刊号以来,每年四期,连续坚持下去。此刊物的生存之道是不偏于一派,中期(1990-2006年)的主编梅玫女士坚持了"百家争鸣"的方针,完全对立的意见能照发不误,譬如"拥周"和"反周"的文章并见,对"墓石"、祖籍、"程前脂后"等各种争论问题,正反两方面的意见也次第刊出,连文字的"芒刺"也不磨圆。《红楼》与《红楼梦学刊》的关系不是抗衡,而是拾遗补阙,填缝捡漏。至2021年,《红楼》还在坚持,已出刊超过140期。

哪怕是一家独大的《红楼梦学刊》也难免感觉困难。创刊初期原在天津的百花文艺出版社,五年后被迫解约,1984年起改由艺术研究院自家的文化艺术出版社出版,一直艰难维持。以致他们在卓琳女士面前开口诉苦,幸而获得帮助,找来一些赞助。接班的新主编张庆善在2017年回顾来路,感谢冯其庸的独力支撑:

> 办学刊最大的困难是经费,全靠冯老一己之力到处化缘支撑着。在最困难的时候,我不知如何是好,冯老安慰我说,没有关系,我就是卖了我的字画也要支持学刊办下去。他甚至提出找几位书画名家的朋友一起为《红楼梦学刊》拍卖字画筹集办刊经费。冯老这种为事业为红学发展的无私奉献精神,让我们年轻人十分感动。当然,我们没有让老先生去卖自己的字画筹集经费,但冯老是我们强大的依靠和精神支柱,没有冯老的支撑,学刊在当时的情况下是办不下去的。需要说的是《红楼梦学刊》多少年都是靠自己筹集经费和发行收入支撑着,并不像有些人说的那样拿了多少国家经费,多少年来《红楼梦学刊》没拿国家一分钱。直到前两年《红楼梦学刊》才得到国家社科基金的有力支持。[69]

附及

1994年1月11日,北京大学教授、原红学会会长吴组缃在北京逝世,终年八十六岁。

1996年4月23日,文研所研究员、红学会副会长蒋和森因病在北京逝世,年仅六十七岁。

于是,红学会、红研所和《红楼梦学刊》三位一体、独步天下的局面更加巩固,文研所的红学家也只能以个体的身份加入到体制内来,在一定程度上,有点像《水浒》里的"招安"。问题还有另一方面,那就是通县张家湾的"曹雪芹墓石"出来后,冯其庸放弃了他原来主张的卒年癸未说,转而认同壬午说,而这正是文研所一派从俞平伯开始,所长期坚持的。从这一学术观点上来说,又是冯其庸向壬午说投靠。所以,双方皆大欢喜,握手言和。这就是1994年红学会改选,冯其庸连任会长,陈毓罴、刘世德连任副会长的背景情况。

在此之后,红学界的主要矛盾已经不在红研所和社科院文研所两个单位之间,而是体现在"三位一体"之内的官方主流红学家,与之外的"草根"或"龙门"红学家,或未成家的爱好者芸芸众生之间了。当然,两大巨头冯其庸与周汝昌个人之间的矛盾还在继续,早已冰冻三尺,并非一日之寒。这两类矛盾纠缠到一起,是周汝昌与"草根"结盟,甘当"龙门"领袖;冯其庸与在野者联盟冲突,形成朝野对抗。

当冯其庸功成名就,成为"三位一体"的霸主之后,就像是做了大王的陈胜不能容忍老乡提他的草根旧事,他本人对"洪广思"这个名字特别忌讳,谁提跟谁急。早在1980年,"草根红学家"邓遂夫已经在《红楼梦学刊》上冒头,他又写了一篇《〈红楼梦〉主题辩》,在小注里提到了"洪广思"三个字。他懵懂地把文章直接寄给冯其庸,还附言道:如果可以,便作为提交给哈尔滨会议的论文。哪里想到,邓遂夫参加首届全国《红楼梦》研讨会的资格因此被取消,此后他的文章再也不能登上《红楼梦学刊》了。邓遂夫为此后悔不迭,多次"痛心疾首"地说:"我若事先知道,何必加那条小注啊!"

1974年,当冯其庸在《文物》上发表第一篇红学文章时,已经五十岁。1975年受命校注《红楼梦》之时,职称仅是讲师,那时他需要借重二十一年前就名扬天下的李希凡。此后十一年间,冯其庸进步神速。到1986年,他与李希凡同时调任艺术研究院副院长之后,仍然身兼"三位一体"的会长、所长和《学刊》主编,掌握着实权。在院务方面,李希凡是常务副院长,排名在前,而冯其庸主管学术。但是在红学领域,二人并列《红楼梦学刊》主编,李希凡只坚持他的政治方向、阶级论和典型论,在红学专业方面中庸平和,或者不介入、不过问;而冯其庸则张扬自主观点,固执专断,咄咄逼人,逐渐将李希凡变成了帮衬。凡涉及曹雪芹身世与讨论《红楼梦》版本的文章,都必须经冯其庸点头方能发表;对于外界的"奇谈怪论",他忍不住挥戈上阵,发起进攻。赞之者可以说他是保卫真理,正本清源;弹之者也可说他是排斥异己,唯我独尊。在这种时候,李希凡往往是观棋不语,他已经不是四十年前那个冲锋陷阵的角色了——只要不牵涉到他自己。当然,对一些"乱象",李希凡也有他自己的看法,必要时会跟冯其庸结成统一战线。

老年冯其庸

红学所的卜键这样赞美红学二老的关系：

> 其庸先生与他（李希凡）是红学研究的两枚定海神针，而二老的一生情谊也令人艳羡：领衔完成人文版的《红楼梦》校注本，为读者提供了一个公认的优秀版本；合作编纂《红楼梦大辞典》，获得国家辞书二等奖；还有一系列的国内外学术会议，带动影响了一批批青年学者。作为私谊，早年的他们互设家宴（应是因饭馆较贵吧），其庸师曾赞徐潮老师的水饺、馅儿饼，希凡先生则说冯先生做冰糖肘子一绝；后来同在艺研院，一个常务副院长一个副院长，工作之余定期家庭餐聚；再后来一起离开领导岗位，仍以各种机会不时聚会；直到大家都走不动了，便在电话中聊天。其庸先生重视对西域的学术考察，在职期间多次赴新疆，一走就是二三十天，主持工作的希凡先生总是给予支持。[70]

1998年12月，七十五岁的冯其庸不顾头晕症的困扰，作《我与〈红楼梦〉》长文，总结自己大半生的研红成果，遍及曹雪芹家世、《红楼梦》版本和思想内容等方面。在结尾处他归结道：

> "红学"目前有许多争论，但仔细看看，有的争论是没有意义的，甚至是广告性的，所以读者千万要留心静观。
>
> 然而，"红学"又是一门真学问，所以任何广告式的争论和吹嘘，总是代替不了真学问的，这一切，都将由历史来加以沉淀。[71]

在冯其庸初任艺术研究院副院长的几年里，他仍然住在人民大学宿舍，即"铁一号"，后改张自忠路三号，就是原段祺瑞执政府内西侧，红一楼丁组的五层。我在《人民日报》的同事陈原，是人大子弟、冯家常客，他这样记叙"冯伯伯"十二平方米的书房："'宽堂'，冯其庸先生用这样一个雅号来命名他的书斋兼卧室，我总感觉有点近于自我嘲讽。这间所谓的'宽堂'，其实窄而又小。八个摆满经史子集的大书柜，一张重叠交错地置放着文房四宝和文稿的书桌，加上个行军床，使屋内除了一条可容人侧身而过的小通道外，别无余地。"[72] 后来他又写道："当冯先生的家搬到位于红庙的文化部专家楼后，房子终于变宽敞了。"

1995年深秋，来自沈阳的作家初国卿，到红庙新的"宽堂"造访。他在冯家所见，已大不相同：

> 进入他的居所里，你仿佛置身于一个小型博物馆，大大小小三十几个书柜，近两万册藏书，使他终日生活在书巢之中。他的收藏品，从菩萨造像到古盘陶罐，从秦砖汉瓦到奇石异草，几乎无所不包。还有天山的羊头骨，和田的葫芦王，连盆景也是雀舌黄阳树。[73]

初国卿来得早了一点，第二年，冯其庸就乔迁去了通县张家湾"瓜饭楼"。散文作家或许不知道，当时在冯其庸的楼下，就是周汝昌的家。

周汝昌

从五十年代到七十年代，周汝昌、冯其庸和李希凡三人，在北京各据一方，间隔甚远。周在人民文学出版社，冯在人民大学，李在人民日报。碰巧都姓"人民"，实际了不相涉。但正如贾母所说："不是冤家不聚头。"在冯其庸治红学初始之时，周汝昌患了眼疾，几年后必须离开编辑工作，转岗研究单位，身不由己地投奔了《红楼梦》研究所。没想到正投在冯所长麾下，在这一共十几个人的狭小地方，一山难容二虎。周汝昌颇感受压气闷，"勉从虎穴暂栖身"。

周汝昌在本性上就是特立独行的。陈维昭对他的概括颇为精到：

> 周汝昌是红坛的独行侠。……他发挥了诗人的丰富想象力和学者的博学强记，运用诗化的语言，在一般人所无法过渡的地方，他借助想象的翅膀而飞渡。诗人的才气，使他习惯于在想象中翱翔，这想象有时借助于他的学力而创造奇迹（如对曹宣的考证），有时则因其在材料与观点之间强行飞越而令人瞠目结舌（如关于史湘云的考证）。[74]

就是从这"才气"和"悟性"出发，形成了周汝昌红学学说的核心，即绝对化的"写实自传说"，和对程高"伪续"的深仇大恨。这种独特思维在新时期的标志性作品，就是1980年在美国的威斯康辛，发表的那篇三万字论文《红楼梦"全璧"的背后》。

周汝昌是精心选择了那次国际场合，发表他经过长期构思和准备的重磅新论。那真是多年不鸣，一鸣惊人。《全璧背后》揭破了一个惊天大阴谋，据周先生考证，原来《红楼梦》续书是乾隆、和珅"定下计策"，用重金延请高鹗捉刀，"将曹雪芹一生呕心沥血之作，从根本上篡改歪曲"。这是"中国文化上最最令人惊心和痛心的事件！"

帽子如此之大，罪名如此之重，究竟有多少证据呢？主要是根据嘉庆道光年间的两则笔记——其实笔记就如同今天的网帖，市井流言，聊备一说而已。赵烈文《能静居笔记》引了一条辗转传闻："曹雪芹《红楼梦》，高庙末年，和珅以呈上，然不知所指。高庙阅而然之，曰此盖为明珠家作也。后遂以此书为珠遗事。"陈镛《樗散轩丛谈》说，《红楼梦》向无刊本。乾隆五十四年春，刑部尚书苏凌阿家藏抄本"被鼠伤，付琉璃厂书坊抽换装订，坊中人藉以抄出，刊版刷印渔利"，始流布于外。

这些材料并非新发现，《红楼梦新证》初版中即已引录，胡适读后批为"妄说"。[75]实际上两条笔记中，并无片语涉及续书。此时周汝昌重新加以推论：因刑部尚书苏凌阿是和珅亲戚，续书便与和珅发生联系；又因高鹗考中进士那年（乾隆六十年）是和珅充任读卷官（并非主考官），高鹗续书便是和珅指使了。[76]

香港梅节对周汝昌批评道：

> 所谓"君臣定计"，所谓"篡改歪曲"，完全是周先生读书"得间"、无中生有、原罪推定：乾隆是狗皇帝，和珅是大奸臣，他们过去做过许许多多坏事，所以高鹗续书这件"坏事"也一定是他们指使的。乾隆诚然做过许多坏事，禁锢思想、销毁书籍（修四库恐怕不能说是坏事）。但科学论证不同于"文革"批判大字报，把高鹗续书归到乾隆皇头上，总得有事实，有证据。[77]

而陈维昭指出周汝昌的论证方法是：

> 那个强烈的戏剧性臆想召唤着他，于是他不惜对历史文献断章取义，在互不相关的历史文献之间陈仓暗度，截取真实的历史文献去适应他的戏剧性臆想，并把这种"考证"方法称为"悟证"。为了戏剧性臆想而放弃科学性原则，这样的所谓考证其实是娱乐性的、趣味性的，而非学术性的。[78]

从《全璧背后》开始,周汝昌由暗转明,转守为攻。1982年,他发表了《什么是红学》,干脆把文学性研究剔出红学的范围,"我说研究《红楼梦》的学问却不一定都是红学。……不能用一般研究小说的方式、方法、眼光、态度来研究《红楼梦》"。周汝昌把红学界定为四学:一"曹学",即研究曹雪芹及其历史、社会背景问题;二"版本学",指研究原著、思想被程高篡改的问题;三"探佚学",指根据脂评和前八十回的伏线,来弄清八十回后曹雪芹本来的意旨、构思;四"脂学",指对脂砚斋批语的研究。他认为仅此四学才是"真红学",四学归结到一点,是为了证实《红楼梦》乃是曹雪芹的自传,"小说体不过是其外衣而已"。在此基础上再加以"宏大叙事化",提升为"这学,应是中华文化之学,而不指文学常论"。[79] 把红学特殊化,隔离、架空、抬高到一种独一无二、玄妙无比的境地,这宏论让多数人都难以企及了。

作为回应,应必诚发表了《也谈什么是红学》,对周汝昌的观点作出批评:"红学有它的特殊性,但是,不能以此来否定对《红楼梦》本身的思想艺术的研究。……把《红楼梦》本身的研究排除在红学之外,而排除了《红楼梦》本身研究的'红学'内部的分工,又搞得愈来愈细、专学林立,这样一种拘于一隅,彼此孤立的做法,会取得怎样的成效!"[80] 又有赵齐平(我的老师)在《我看红学》一文中说,凡是研究和《红楼梦》有关问题的都属于红学,并认为不以研究作品本身为主,而"不断由内线作战转到外线作战",才是有关"红学向何处去"的让人忧虑的问题。[81]

大约是在1985年的7月29日,黄裳写信给黄宗江,对他们两人共同的

周汝昌在1990年代

南开中学老同学发了几句议论："汝昌确有些学阀气派,但没有几个班底,他曾要我作文捧之,未如其愿,对我也有些意见。真是可笑。"作者黄裳和编者李辉都很坦诚,把这信原样发表于书信集中。[82]

正如我们在前一篇所叙,1980年访美开会和1984年赴苏鉴书,周汝昌与冯其庸两次同行出访,被压缩在小空间里近距离争斗,使二人的矛盾激化,难以调和。这时,周汝昌因为与周策纵教授成为知交,故获得美国"鲁斯基金"资助,在1986年9月再赴威斯康辛大学讲学一年。他带着三女儿伦苓照顾起居,正好远走高飞,暂避一时。

在这一年的时间里,周汝昌在威斯康辛大学为周策纵教授代课七次,讲题包括红学、诗学、研究方法和古文选讲。同校的赵冈教授是清华出身的北京人,颇尽地主之谊,曾多次开车陪周汝昌去大学医院检查身体和眼睛。1987年春天,周汝昌应邀有纽约之行,在三所著名大学讲学。

4月1日先行到了普林斯顿大学,应比较文学系教授浦安迪（Andrew H. Plaks）的邀请,下午在"壮思堂"讲《红楼梦》。听众多为大陆和港、台的女学生,其中有我们北大中文系红学小组的吴德安,她与周汝昌本来相识。晚上浦安迪请周汝昌到一家华人餐馆吃晚饭,吴德安作陪,但浦安迪只坐着不吃饭,因为他的信仰,不吃猪肉。不要想到什么愚人节,这天正好是阴历三月初四,周汝昌的七十岁生日（虚岁）,这餐饭就是为周汝昌祝寿了。

然后去了纽约市立大学,则是唐德刚的关系。他请周汝昌为大学的文学院长、系主任等全无中国文化背景的洋人讲一次《红楼梦》,作为正在筹备的一项新课程"世界各国文化代表作"之一。周汝昌先从解说"红楼梦"三字的意义讲起,洋人们似茫然不得其味。最后归到一句话："这部小说是中国小说中最为伟大的一部,因它包涵有最丰厚的中华文化意义。"周汝昌说出cultural significance时,唐德刚应声呼出"there"一字,可译为"一语中的"吧。这样院长们好像明白了。

4月7日下午,夏志清教授邀请周汝昌到哥伦比亚大学讲《红楼梦》,这天留下了比较详细的记录：

> 周先生讲《红楼》,新见迭出,不怕惊世骇俗。……凡此种种,在一个不深于"红学"的人看来,大概都是非常可怪之论。但周先生引经据典,言之凿凿,不由得你不相信。总之,按照周先生的意见,曹雪芹和他的伟大杰作《红楼梦》在他死后都蒙受了千古奇冤,今天的红学家应为曹雪芹洗刷冤枉,恢复《红楼梦》的本来面目。他称这一工作为"探佚",他说:"在红学中,现在有一门新的学问在

兴起,即探佚学。"[83]

会后夏志清请周先生父女在月宫餐厅吃饭,作陪者中有我的老同学查建英。周汝昌记述,"查建英女士对'探佚'这门新红学很感兴趣,对我讲的(推考而得的)情节表示惊奇"。席间话题渐渐转到周先生的家事,伦苓不断诉苦,说父亲工资不高,而食指浩繁,生活从来都是不宽裕的。三女儿至今没有出嫁。大哥小时得脑膜炎,弄得又聋又哑,讨个媳妇也是聋哑人。还有一个小弟,所有这些人全在父亲这里吃饭,那二百来元人民币的工资管什么用? 刚刚又碰上"文化大革命"……伦苓现在给父亲作秘书,但自认对文学对《红楼梦》都是外行。伦苓说:"爸爸,怎么你的脑子我们一点都没遗传呢?"周先生似乎没有听见,脸上纹丝不动。夏志清提高了嗓音对他说:"我说你是个书呆子,只顾自己读书,老婆不管,孩子们也没有教育好。"周先生突然像孩子一样地笑了,说:"你这话说得最好。我就是一个书呆子。我也最喜欢人家叫我书呆子。"然而在座者都惨然,终席不再说话。

在美国的其他时间里,周汝昌写作了一本书,叫《红楼梦与中华文化》,要探讨"三大基点",即《红楼梦》性质何属、核心何在、整体何似三问题。他论述中国文化的传统是"文史合一",贾宝玉身上的文化精神正是曹雪芹文化精神的实录,《红楼梦》具有"大对称"结构,可以由小说以映射作家生平,也就是"以贾证曹"。原来在貌似宏伟的"中华文化"题目之下,贯串该书的还是顽强复活的"自传说"。1989 年,此书分别在北京和台湾出版。

当周汝昌在哥伦比亚大学讲到"探佚学"时,在场的唐翼明问起对梁归智《石头记探佚》一书的看法。周汝昌大感惊奇,"怎么,梁归智是你的朋友? 嚄,这个青年人了不起,我觉得是年轻一辈红学家中最有才华的学者。"他呆滞的眼里又放出光来,再加一句:"我真高兴你是梁归智的朋友。"

这梁归智 1981 年在山西大学研究生毕业,其毕业论文就是《石头记探佚》,周汝昌是校外评审专家,并为书作序,高度赞扬"这是一件大事情,值得大书特书。在红学史上会发生深远影响"。从此梁归智成为周汝昌的私淑弟子,往来密切。

1982 年,北大教授兼红学会长吴组缃赴太原开会讲学,公开批评了"探佚"的路子。原来吴组缃一直对"探佚"不以为然,曾多次明确反对,就是对亲传弟子梅节也不例外。吴组缃在整体上支持梅节反驳周汝昌的湘云嫁宝玉说,但也批评他:"你的文章也偶然有'钻'(牛角尖——笔者)的时候,例如悬揣史湘云为何跟卫若兰睽离以致成为双星,我觉得就不必那么具体地设想那个过程。"[84]

几年后吴先生在北大见到山西大学的研究生，又谈起"探佚"，生气地说："《红楼梦》研究怎么能这样搞？"还说周汝昌和梁归智两个如何如何，对梁的名字脱口而出。九十年代初，梁归智有意报考北大的博士，托人联系未果。1995年他也访美，才听联系人告知，当时吴组缃先生听说梁归智想考北大，对人说："招谁也不能招他呀！"[85]

让我们再回到北京恭王府。1986年秋天周汝昌前脚刚去美国，李希凡与冯其庸就联袂入主，到中国艺术研究院掌权了，两人同在一个屋檐下办公，成了周汝昌的共同领导。三位红学家由散而聚，"离合岂无缘"？

1987年8月周汝昌自美归来以后，借院领导李希凡来看望的机会，提出坚决离开红研所，也就是脱离冯其庸的管辖，惹不起躲得起。他已年届七旬，不能像年轻人那样辞职下海去闯荡，必须在体制内有一个地方领工资啊。于是周汝昌的人事关系就转到艺术研究院办公室，与秘书总务办事员为伍。以周汝昌的身份资历，他理应在《红楼梦》研究所里排行老大，院办公室貌似大不相宜。可惜因为惧怕、躲避冯其庸，周汝昌只能以鸿鹄之躯，暂居燕雀之巢。还要感谢李希凡的新官上任，适时出现，可以挡在周、冯之间，缓冲救急。这是李希凡在1955年初的奉命保护之后，又一次对周汝昌施以援手。同时，周汝昌也退出了《红楼梦》学会，不再参加任何活动。

周先生在1988年1月3日给我的信上有一句话："我现在只在中国艺术研[究]院挂个名，已与'红研所'毫无关系（本来也没甚干连，[人]家什么也不让得知的）。"那正是在此之后，刚好是个证明。

工作单位是一回事，居家地点又是另一回事。周汝昌与冯其庸在1954年同进北京，居家住房几十年都相距甚远。周汝昌在东城区住过三个四合院的平房，五十年代在门楼胡同，六七十年代在无量大人胡同（后改名红星胡同），八十年代迁南竹竿胡同；而冯其庸长期住在人民大学宿舍"铁一号"大墙内。两人完全可以井水不犯河水，眼不见心不烦——况且前二十多年两人了无干涉，本不心烦。这局面偏偏在两人交恶以后改变了，所谓"不是冤家不聚头"，那意思其实是"成了冤家便聚头"。

九十年代初，文化部、艺术研究院分配"专家楼"住房，周汝昌、冯其庸两人搬进了朝阳区红庙北里同一幢楼的同一个门。

在前文之第八"团结篇"第31节里，我曾经引用过马瑞芳的散文，说到两红学家楼上楼下的关系，初以为那是某种戏剧化的表述。写到这里一核查，才发现是真的，周先生住201，冯先生住301，都是三居室的单元。周汝昌是接受分配，冯院长应有权选择，我不知他是不是故意选这套房，就是要压你

周汝昌在红庙寓所

一头。还记得李希凡在《人民日报》文艺部那个同事吗？就住在李希凡楼上，号称是"上有青天，下踩李希凡"。周、冯两家如今同居一楼，在空间上被叠压在一起，彼此只隔一层楼板，而且是冯上周下（如马瑞芳说"名分在其上"），具有象征意义。正所谓"鸡犬之声相闻，老死不相往来"。生活的真实，有时比戏剧更精彩。但这是喜剧，还是悲剧呢？

周汝昌在此终老。而冯其庸于1996年，迁居通县张家湾"瓜饭楼"，据说他仍然保留着楼上的房子藏书用。

很多到过周家的记者或《红楼梦》研究者都描写过他们的印象，一套普通的三居室，没有装修过，客厅与书房合用一室，屋内陈设简陋，家具陈旧，几张办公桌上堆满了报纸书籍，紧挨着旁边的沙发上也堆着书。待客谈话是搬过几把椅子围个圈，喝水的杯子要一直捧在手里。

1993年2月25日，四兄周祜昌逝世，终年八十岁。周汝昌写了哀深痛切的悼念文章："他忍辱含垢，耳闻不忍闻之言辞，身受非常人所能堪的对待，他一古脑儿吞咽在肚里。……他为寻求真理，几乎耗尽了所有的力量，他的后半生，可说就是为了《石头记会真》一书而奋斗到底的。""愿我们二人，如有来生，仍为兄弟。"[86]

从此以后，周汝昌成为更纯粹的红学个体户，单枪匹马，独力支撑，甚至是以一人为万人敌。从七十岁开始，以一己之力，以半残之躯，他没有衰颓，也没有消沉，却是衰年发力，燃烧余热，开创了晚年写作高潮，堪称奇迹。就像是他给香山纪念馆题的字那样，"残杯冷炙有德色，不如著书'红庙'村"。

周汝昌在三十岁左右便已双耳失聪，仅余微弱听力。在五十多岁时，又因用眼过度，双目近乎失明，无异于雪上加霜。他仅靠右眼尚余0.01的视力，继续文字工作。据说，老人更愿意享受那种"扑在纸上的感觉"，他写作时几乎要把脸贴到稿纸上，写的字从葡萄大逐渐如核桃大，写串了行，甚至交叠在一起。他日无虚度，每日坚持写两千字。他怕别人把稿子誊错了，还一一注上拼音。他认为"校书如校雠，一个字也不能错"。

周汝昌不愿意走口述记录的捷径，坚持自己"盲书"写作。在他看来，中文书面语的音韵节奏，是口语所不能比拟的。读周汝昌八十年代以前的著作文章甚至书信，他独特的语言风格和结构章法是很突出的。我对他所谓文字的"音韵节奏"稍有体会，他也在信中表扬过我的文笔，那时我与周先生还是感觉相通的。大概九十年代是一个过渡阶段，前后文字风格的变化，是可以看出来的。

周汝昌晚年写作的老骥伏枥、勤奋刻苦，着实令人赞叹和钦佩；但这并不能令我们一定会接受他辛苦做出的结论。就像是周汝昌对靖本《石头记》（后期）和曹雪芹"墓石"提出了严格拷问一样，我们对他晚年的学说，同样有质疑辩驳的权利。

1995年，周汝昌在《北京大学学报》第四期上发表了一篇大文章《还红学以学——近百年红学史之回顾（重点摘要）》，长约两万言。他透露，是北大学报的主编龙协涛邀请他"从学术史的角度讲讲近百年来'红学'的概况与看法"。1949年，他从《燕京学报》起步；四十五年后，他到北大学报还乡。

这是周汝昌晚年很重要的一篇文章，因为它是以宏观论述百年红学史的方式，以他自己——这红学百年中一个重要人物的视角和标准，来评价其他人物和事件。百年功罪，玉言（周汝昌字）且予评说。

从文章的形式上看，它是周汝昌自己"盲写"的代表作。一方面是论题宏大，篇幅较长，需要布局谋篇，七十七岁的周汝昌尚能驾驭；另一方面，他眼不能视，仅凭记忆，无法查核书籍，又缺乏得力的助手，文内有鲁迅的引文差错，

周汝昌《还红学以学》手稿

明清易代的年代差错，显然是衰病的迹象，被批评者挑出毛病来。

这篇文章共分九节，有三分之二评价新旧红学及其历史渊源，三分之一谈当代红学的是非纠葛，都有所褒贬。先否定了旧红学，"原来是一个不曾存在的假想的名义"，不属于"红学的实体"。他批评蔡元培、胡适是"一丘之貉"，他指摘胡适"简单肤浮"，"思力、识力和更高层次的灵智方面的体会寻求，赏音参悟，一概欠缺"。再贬低俞平伯在《红楼梦辨》"出后的数十年间，却很少有提得起的成就了"，"不少论点也是这么反反覆覆。他的真正的确切的意见很难捉摸"。他把王国维也否定了，一字不提把《红楼梦》作为文学作品来研究的艺术评论派。他虽然独尊鲁迅一人，但明显是拉大旗为自己的"写实自传说"作虎皮。在鲁迅之后直至当今，"'红学'的历史命运是悲剧性的"，"毫无发展和进境"。其原因一是政治的影响，二是绝大多数的研究者缺乏学力、识见等，"'红学'遂落于低层次的人士之手。以我自己为例，如果勉强冒充一个'学者'，也不过是在三流的层次，还有一些尚不如我，根本不具备研治此学的条件"。这话说得很妙，如果自谦的周先生是"三流"，别人岂非不入流了？

在此文中评述当代红学的部分，周汝昌不点名地攻击对手，火力甚猛。"学力欠缺，功底太差"，"逞臆而言，毫无理据"，"霸势"，"人莫予毒"，"以手法代治学","以非学充学之名、占学之位","其思想心态之保守与自封,遂致很少出现真正的学术进展","由这些愧对前贤的今人来'占领'此一学域,我则感到是一件十分可悲的文化现象"。他批评别人"无视于'红学'的极大独特性而总想把它拉向一般化",连大教授余英时"都扯不清","真学"与"假学"的冲突是"严重的文化冲突问题"。

如此百年红学史就应该这样总结:在周以前,红学不成其为学,缺乏自成体系的学术;而在当前,除周以外,红学研究"缺乏真学的本质",造成了"巨大深刻的悲剧质性"。结论是"眼空无物",横扫千军。此文被批评为"贬人扬己",确是流露于字里行间。

周先生终于找到一个机会,发泄出积郁已久的不满。他也因此,把自己放到了红学界几乎所有人的对立面上。此文虽然受到很多批评,但北大学报却在1997年授予它"论文一等奖",周汝昌在《文汇报》上发表了获奖感言。[87] 1999年第2期《北京大学学报》上,又发表了龙协涛主编撰写的访谈《红学应定位于"新国学"——访著名红学家周汝昌先生》。这几年的北大学报,成为周汝昌难得的发言讲坛。

1997年8月,国际红楼梦研讨会在北京举行,其主办者当然是红研所和红学会。哪怕是国际红学会开到了家门口,周汝昌照例拒绝出席。他自己讲的理由是:"我因与该所该会无关,且连年有人'围剿',无有与会的资格与'脸面'。而开幕式上却说我之不到会是'身体不佳'云云。"国际红学会的创始人周策纵到北京来开会,"闻之,当晚即同浦安迪教授(普林斯顿大学东亚系汉学家)驱车来访——见我怡然自得,健康无恙,不禁哑然失笑"。[88]

这真是有缘万里来赴会,无意同城不相逢。

人民文学出版社的同僚林东海先生,对周汝昌有近距离的观察,也记录了编辑部同仁对他的评价:

> 周先生原是学西语出身的,1954年调入人文社古典部后,始专事古典文学编辑和研究工作,所以他在古典部的专业地位,据说并不算高,没有得到老编辑的青睐,王利器先生《〈红楼梦新证〉证误》一文竟揭示了"书中十大类错误"(见《红楼梦研究集刊》),聂绀弩先生甚至说:"周汝昌根本不懂《红楼梦》!"以此可见编辑同仁对他的态度并没有那么恭敬。然而在我与周先生的接触当中,他给我的第一印象是聪明,才气在中人以上;第二印象是勤奋,虽然身体条件不算好,却仍能孜孜以求。他体羸眼眚,自然无法像王利器先生那样天天第一个到图书馆(柏林寺书库第一号座位总是他的)

去掌握第一手资料，不免要辗转托人借书或代为查找。因此，我虽然常常开他的玩笑，但对他还是比较尊敬的，也乐意帮他一点忙。

> 他的身体条件和他的事业心之间，存在深刻的矛盾，很需要得到帮助。……先生搞"红学"，观点如何，方法如何，我并不在意，也不敢苟同，我所敬佩的是他那孜孜以求的治学精神。[89]

"周汝昌根本不懂《红楼梦》！"初读到这句话，我不明白聂绀弩的真意，为什么说周汝昌不懂《红楼梦》？如果已被封"泰斗"的周先生不懂，谁敢说更懂？

后来我读到了俞平伯先生的一句话，突然茅塞顿开。这话见于文研所同事唐弢写的一篇书话里：

> 他有句话使我十分佩服。俞先生说："《红楼梦》的伟大就因为它是一部小说。"千言万语，萃于一点。这句话证明他确是一位了不起的"红学家"。[90]

周汝昌恰恰不把《红楼梦》当成一部小说。什么"精剪细裁的生活实录"，什么"曹、贾互证"的时序年表，什么"小说体不过是其（自传的）外衣而已"，什么"不能用一般研究小说的方式、方法、眼光、态度来研究《红楼梦》"。

聂绀弩的评语也许过苛，并非定论，但是也言之有理，令人警醒。周汝昌心目中的《红楼梦》与红学，跟众人判然不同，几乎是两个东西。所以只好各说各话，各懂其所懂，分道扬镳了。周汝昌的晚年之路将注定孤独。

注释：

[1] 林东海《躲进红楼》，《文林廿八宿·师友风谊》，第171—172页，人民文学出版社2010年。

[2] 周汝昌《怀念恩裕兄》，《红楼无限情——周汝昌自传》，第256—261页，北京十月文艺出版社2005年。

[3] 刘心武《找吴恩裕先生约稿》，《文汇报》2021年5月29日。

[4] 汪宁生《听顾颉刚谈鲁迅》，《温故》（二十四），第80—84页，广西师范大学出版社2013年。

[5] 此段参照邱焕星《鲁迅与顾颉刚关系重探》，《文学评论》2012年第三期。谨谢。

[6] 黄霖、顾越《盐谷温对于中国小说史的研究》，《复旦学报》社会科学版1999年第六期。

[7] 钟扬《红学：从盐谷温到鲁迅》，《红楼梦学刊》2005年第四辑。

[8] 见《顾颉刚日记》第十一卷，中华书局2011年。

[9] 黄永玉《比我老的老头》，作家出版社2008年，67—69页。

[10] 见章诒和《君子之交——张伯驹夫妇与我父母交往之叠影》,《往事并不如烟》,人民文学出版社 2004 年。

[11] 转引自刘倩《孙楷第先生藏书散失及追讨经过》,《古代文学前沿与评论》2018 年第二期。

[12] 刘再复《孙楷第：还不清的满身债》,《师友纪事》,第 79 页,生活·读书·新知三联书店 2015 年。

[13] 吴海发《"不解知难退"——我心中的吴世昌教授》,《文汇报》2014 年 7 月 16 日。

[14] 刘再复《吴世昌：直声满学院》,《师友纪事》,第 75 页。

[15]《罗音室学术论著》第四卷"编后",社会科学文献出版社 1998 年。

[16] 吴令华《"不解知难退"和"曹雪芹佚诗"》,《文汇报》2014 年 10 月 13 日。

[17] 以上三段皆出自《乐知儿语说红楼》,《俞平伯全集》第六卷,第 412、403、417 页,花山文艺出版社 1997 年。

[18]《致邓云乡》信（1981 年 10 月 26 日）,《俞平伯全集》第八卷,第 34 页。

[19] 见黄秀纯《神秘的府学胡同 36 号院》,《中外文摘》2018 年第 19 期。

[20] 韦力《我错过的〈红楼梦〉与〈锦囊集〉》,《南方都市报》2014 年 12 月 14 日。笔者有校改。

[21]《思往日五首附跋,追怀顾颉刚先生》,《俞平伯全集》第一卷,第 600—601 页。

[22] 刘再复《胡绳纪事》,《师友纪事》,第 52—53 页。

[23] 胡绳《先贤与故友》,第 151 页,中国社会科学出版社 1994 年。

[24] 周汝昌《俞平伯的遗札》,《红楼无限情——周汝昌自传》,第 266—267 页。

[25][27] 此二段均依据木示（韦奈）《俞平伯的晚年生活》,《新文学史料》1990 年第四期。

[26] 俞平伯《索隐与自传说闲评》,《俞平伯论红楼梦》,上海古籍出版社 1988 年,第 1142—1145 页。

[28] 刘绪源《出人意料的吴小如先生》,《文汇报》2014 年 5 月 25 日。

[29] 严中《俞平伯与周汝昌》附言,《红楼续话》,中国文联出版公司 1998 年。

[30] 乔福锦《周汝昌先生与新红学百年》,《中国矿业大学学报》2021 年第六期。

[31] 参见张洁宇《胡适藏书今何在》,《中华读书报》1998 年 12 月 2 日。

[32] 参见陈平原《学术史视野中的鲁迅与胡适》,《中国文学学报》第九辑,香港中文大学出版社 2018 年 12 月。

[33] 那宗训《谈所谓靖藏本〈石头记〉残批》,《海外红学论集》,上海古籍出版社 1982 年,原载台湾《大陆杂志》第五十八卷第五期。

[34] 高阳《假古董——"靖藏本"》,《高阳说曹雪芹》,第 41—54 页,新星出版社 2006 年。

[35] 梅节《也谈靖本》,《红楼梦学刊》2002 年第一辑。

[36] 邓遂夫《脂砚斋重评石头记甲戌校本》,周汝昌序,第 9 页,作家出版社 2000 年。

[37]《红楼梦大辞典》,第 900 页,文化艺术出版社 1990 年。

[38]《红学研究新发现》,《文汇报》2005年3月21日。

[39] 梅节《曹雪芹佚著〈废艺斋集稿〉质疑》,《河南教育学院学报》2006年第一期。

[40] 邓遂夫《曹雪芹箱箧公案解密》,《草根红学杂俎》,第87页,东方出版社2004年。

[41] 冯其庸《曹雪芹墓石目见记》,《文汇报》1992年8月16日。

[42] 周汝昌《曹雪芹墓碑揭伪》,《社会科学战线》1993年第三期。

[43] 宗春启《"曹雪芹墓石"纷争真相》,《视点》1993年第六期。

[44] 蔡义江《蔡义江论〈红楼梦〉》,第230页,宁波出版社1997年。

[45] 周汝昌《红楼梦新证》,第757页,人民文学出版社1976、1985年版。

[46] 蔡义江《对误引〈八声甘州·蓟门登眺凭吊雪芹〉一词的说明》,《红楼梦学刊》2006年第四辑。

[47][69] 卜键《清寂中的持守——我所了解的晚年的李希凡先生》,《中国文化报》2018年12月11日。

[48] 蓝翎《龙卷风》序,第4页,东方出版社1995年。

[49] 转引自李希凡《岂好辩哉?予不得已也——关于〈四十年间半部书〉一文的辨正》,《黄河》1995年第一期;亦见《李希凡自述:往事回眸》附录,东方出版中心2014年。本节中引李希凡文字,均见此文。

[50] 刘济昆《中国文坛游记》,第66页,香港昆仑制作公司1993年。转引自蓝翎《龙卷风》,第32页。

[51][52] 蓝翎《四十年间半部书》,《龙卷风》第6—7页,第56页。

[53] 见李希凡文章的"编后记",《黄河》1995年第一期。

[54][55] 李希凡《岂好辩哉?予不得已也——关于〈四十年间半部书〉一文的辨正》。

[56] 李希凡《毛泽东与〈红楼梦〉》,《〈红楼梦〉艺术世界》第393—394页,文化艺术出版社1996年。

[57] 穆欣《三十年不言之言》,《传记文学》1995年第十二期。

[58][59][60] 李希凡《"三十年不言",一言匕首见——驳穆欣》,《李希凡自述:往事回眸》附录。

[61] 何晞宇《抢救恭王府》,《中国新闻周刊》第741期,2016年2月。

[62] 单世联《红楼漫卷世纪风》,取材自人民网。

[63] 见冯其庸、张庆善、蔡义江、吕启祥、孙玉明悼念卓琳逝世的一组文章,《红楼梦学刊》2009年第五辑;以及蔡义江文章,载《人民政协报》2014年8月18日。

[64] 参见党洁《胡适在京的六处寓所》,《北京纪事》2011年第十二期;吴雅山《北京米粮库胡同因明代内官监而得名》,《北京晚报》2018年4月30日。

[65] 适之《曹雪芹家的籍贯》,《红楼梦研究参考资料选辑》第三辑第354页,人民文学出版社1976年。按胡适在晚年否认这是他的文章,但从各方面迹象看应该是。

[66]《随园情结永怀师友》,第130—131页,北京三辰影库音像出版社2011年。

[67] 欧阳健、曲沐等人的通信《关于"〈红楼梦〉大讨论"的三地书》,见于其网络博客。

[68] 刘世德《三国与红楼论集》后记,中国社会科学出版社 2013 年。

[70] 张庆善《深切悼念红学大师冯其庸先生:大哉红楼梦 再论一千年》,人民政协网 2017 年 2 月 6 日。

[71] 冯其庸《我与〈红楼梦〉》,《红楼梦学刊》2000 年第一辑。

[72] 陈原《"宽堂"里的红学家》,《人民日报》1986 年 9 月 23 日。

[73] 初国卿《瀚海梦痕》,《不素餐兮》,第 270—278 页,线装书局 2002 年。

[74] 陈维昭《周汝昌:新红学的巅峰》,《红楼》2004 年第三期;亦见其著《红学通史》,上海人民出版社 2005 年。

[75] 宋广波编《胡适批红集》,第 314 页,北京大学出版社 2009 年。

[76] 周汝昌《红楼梦"全璧"的背后》,《献芹集》,山西人民出版社 1985 年。

[77] 梅节《说"龙门红学"——关于现代红学的断想》,《红楼梦学刊》1997 年第四辑。

[78] 陈维昭《趣味红学与小学》,《苏州科技大学学报》2021 年第一期。

[79] 周汝昌《什么是红学》,《河北师范大学学报》1982 年第三期。

[80] 应必诚《也谈什么是红学》,《文艺报》1984 年第三期。

[81] 赵齐平《我看红学》,《文艺报》1984 年第八期。

[82] 黄裳《来燕榭书札》,李辉编,大象出版社 2004 年。

[83] 唐翼明《周汝昌访哥大纪实》,美国《华侨日报》1987 年 4 月 29 日,转引自梁归智《红学泰斗周汝昌传》,漓江出版社 2007 年。

[84] 吴组缃致梅节函,见沈治钧《红楼七宗案》,第 356 页。

[85] 梁归智《红学泰斗周汝昌传》,第 319 页。

[86] 周汝昌《世间曾有这么一个人——悼亡兄祜昌》,《周汝昌与胡适》第 25—27 页,百花文艺出版社 2013 年。

[87] 周汝昌《荣与愧——获〈北京大学学报〉奖之感言》,《文汇报》1997 年 8 月 18 日。

[88] 周汝昌《弃园中的周策纵先生》,《红楼无限情——周汝昌自传》,第 331 页。

[89] 林东海《红楼解味》,《文林廿八宿·师友风谊》,第 268—306 页。

[90] 唐弢《读〈桨声灯影里的秦淮河〉》,《唐弢书话》,第 17 页,北京出版社 1997 年。

十一 围城篇（1995-2019）

身后有余忘缩手，眼前无路想回头。
——《红楼梦》第二回对联

39 "龙门"乱弹

从九十年代开始到新世纪初,是民间红学盛行的时期。仿佛是将近一百年前旧事的重演,"新政风行,谈红学者改谈经济;康梁事败,谈经济者又改谈红学。戊戌报章述之,以为笑噱。"[1]

民间红学是相对官方主流红学而言,习惯上或称为"草根红学",或称为"龙门红学"。"草根"说的是身份,初为邓遂夫提出的自称(其实邓基本上还属于主流红学,其定义已有所转变。),略带自嘲,实际上非常自信,有对抗之意。而"龙门"说的是内容,是梅节和几个香港、海外红学研究者一起,给某派文章起的诨名。"龙门红学"有两层意思,一是当红,"一登龙门,则身价十倍",这类文章卖点好,是红坛登龙捷径;二是闲扯,"摆龙门阵",茶余饭后可作谈助,并无真正的学术价值。二者包含的范围有重叠,也有差异。[2]

民间红学的传播途径,一开始是投稿报刊,但往往受阻,或者自费出书。后来网络和自媒体兴起后,更便于随意发表,并且组群聚谈。有些传统媒体也愿意哄炒热点,煽风助阵,因为他们看中了这题材能畅销赚钱,自身又对红学十分无知。真做学问是要耐得寂寞的,但是炒作红学必须要以惊世骇俗为目的,语不惊人死不休。

有人说民间红学就像是"民科",总想发明"永动机",解决哥德巴赫猜想,或者推翻牛顿、爱因斯坦。总会有人蹲在清华大学门外,等待"伯乐"相马;或者给科学院发邮件献宝,期盼慧眼识珠。那样的科技发明门槛还比较高,而文科问题特别是红学,好像并没有准入门槛,人人可以入座升堂。红学专家,宁有种乎?

对于新世纪初的红学乱象,沈治钧有一段生动的概括:

> 试观学林,蚁穴密布,千里长堤,危如累卵。大观园里早已是

蜂狂蝶乱，在红学权威一句"红学不废百家言"的激励下，猜谜竞赛愈来愈热闹，有人解梦，有人还原，有人揭秘，有人破译，有人推耍太极，有人偷窥宫闱，或虚构出林黛玉形象的艺术原型，或捏造出三个曹雪芹，或替康熙朝废太子剽窃刘梦得诗句，或直接捉刀篡改曹寅《楝亭集》，乃至杜撰出《红楼梦》作者"剿袭"李香君赠侯方域"题帕诗"，与冒辟疆、董小宛等人酬唱"菊花诗"的奇闻。此种景象，恰便似"戏蝶狂蜂相往返，一枝花上声千万"，恐怕早已远离了"百花齐放，百家争鸣"的原意。[3]

以下举例说明。我试将其归纳为三类，为了叙述方便，不按时间先后为序。

一类是否定曹雪芹的著作权，为《红楼梦》另寻一个作者。这种企图由来已久，或说"石兄"，或说曹頫，或说冒辟疆，不一而足。且举近年的两例。

2005年，有名为土默热者，提出《红楼梦》的作者不是曹雪芹，而是《长生殿》的作者洪昇。次年出书，放言已把传统红学的几乎全部领域"统统横扫，全部推翻"，建立了自己冠名的"土默热红学"。洪昇为康熙朝人，曾赴南京会晤曹寅，史料记载他带着某种作品"行卷"，土默热将其解释为《红楼梦》手稿，欲请曹寅资助出版。洪昇在归途中饮酒落水淹死，行卷就落在了曹家，被后人曹雪芹发现并删改，窃取了著作权。土默热编出这故事的根据是曹寅赠洪昇的一首诗，但是他在引用时偷偷做了手脚，不仅改了诗题，还改了三个字，把平仄也改变了。土默热自称在索隐，但是索隐也不能随意变造证据呀，这如何取信于人呢？

土默热是蒙古族人，原为吉林省某师范大学教师，据说后来当了官，任省社会科学院客座研究员。他找到了洪昇的故乡杭州，说大观园的原型地就在西溪，"金陵十二钗"脱胎于当地的"蕉园诗社"十二姐妹。此说法获得了地方官员和商人的响应，在杭州西溪湿地建立了西溪红学陈列馆，乃至"土默热红学研究中心"。这已是醉翁之意不在酒了。

另有所谓"吴氏石头记"，称《红楼梦》作者是清初诗人吴梅村。它也是虚张声势地称什么因为它，"红楼谜团迎刃而解"，"红学大厦轰然坍塌"。从2008年起，在网上传言"何莉莉"有家传的一本《癸酉本石头记》，上有批语说"此书本系吴氏梅村旧作"，陆续公布了第八十一回至一百零八回共二十八回文本，还两次出书。它号称是一种版本，却根本拿不出实物或照片，只有电脑打印本。内容荒诞不经，所谓批语的文词也是"一眼假"。

这神秘的"何莉莉"究竟何人？网传其名赵文夕，安徽阜阳人，男性，或说是初中文化,或说曾是大学生。据说是自己写了网络小说,在室友鼓动下冒充"真本"宣传。因为稿子写得太粗糙,又经上海外国语大学教师吴雪松修改,这就是今人的另一个"吴氏"了。后来"何莉莉"承认,所谓"吴氏石头记"及批语都是他们编造的,他装女的是为了在网上更容易获得认可和追捧。这个无中生有、编造拙劣的"吴氏石头记"流传甚广,居然可以喧嚣十多年。为什么低智商的骗术可以畅行无阻呢?

第二类"龙门红学"比前一种要专业一点,其特点是否定批者脂砚斋,认为脂评和脂本都是近人造假,"程前脂后"。这就是冯其庸必欲扫除的重点欧阳健以及陈林。

欧阳健其实是半草根半官方,先业余后专业。他不是科班出身,自学成才考入江苏省社科院,后做到文学所的副所长,还是《明清小说研究》杂志主编。1990年他在编著《古代小说版本漫话》时,才开始接触《红楼梦》的版本,突发奇想,怀疑脂本可能是后出的伪本,脂砚斋的批语都不可靠。他认为胡适参与了造假,这可能是由于1954年他十三岁,从那时建立起对胡适根深蒂固、刻骨铭心的敌视。1991年他发表论文,提出了"脂本乃后出之伪本,而程本方为《红楼梦》之真本"的结论,简称为"程前脂后"。以后陆续出版了几本书,开创了所谓的"红学辨伪派"。

主流红学界对欧阳健如临大敌,激烈反击。在冯其庸主导下,1992年扬州国际红学会,曾严防南京的欧阳健到场"踢馆"。1994年莱阳会议上"南批欧阳健",同时《红楼梦学刊》上刊出五篇排炮,蔡义江连发三篇反驳"史记抄汉书"。1995年,欧阳健到法院状告《解放日报》、《湖北日报》等侵害名誉权。到2003年,欧阳健又出版了《还原脂砚斋》一书,再引起反弹批驳。年过七旬后欧阳健斗志不减,连续写出新书,仍然坚持他的"程前脂后"。

2014年,欧阳健写了一篇《〈文艺报〉李希凡、冯其庸专访之比较》,赞李、联周而批冯。"冯其庸拥有权势,周汝昌拥有粉丝。我的《还原脂砚斋》在辽宁教育出版社编辑排印时,冯其庸曾命张庆善两次打电话给程俊仁,要他把书撤下来;而周汝昌则说,我虽然不同意欧阳健的观点,但支持出版他的著作。"2018年又发表一篇《冯其庸口述自传负面人物考辨》,其三位"负面人物"就是他自己、周汝昌以及1954年将冯其庸引入人民大学工作的吴文治,欧阳健对冯其庸进行了针锋相对的辩驳。

广州的"七零后"陈林,中山大学文学硕士,是欧阳健的同盟者。他在2005年曾发表了论文《破译红楼时间之谜》,后又出书,号称"颠覆了传统红学","主流红学已全面破产"。他是从元春的死亡年份出发，以历法和天象为工具，推论出"一条从1706年到1724年的真实年代序列"。结论是一百二十回小说是有机整体，其原作者是曹雪芹之父曹頫。其实他的证据很薄弱，只是为了施展自己擅长的八卦命理、历法干支的推演，如果不符合预想的结论，不惜说原文有误，改造材料来适应自己。

2008年7月以后，陈林又放出第二个炸弹，在网上发表《百年红学造假第一大案水落石出人赃俱获》，大胆放言："脂砚斋"是子虚乌有，所有脂本都是在民国时期由陶洙一人蓄意伪造，况且他还是"汉奸"！陈林的问题，第一是先入为主，以"阴谋论"和恶意作有罪推定，认定陶洙、胡适和几乎所有红学界人士，包括周汝昌和冯其庸，都或故意作伪，或知情不报；第二是惯作惊人之语和恶语伤人，缺乏为文的风度和为人的善意；第三是浅尝辄止，以偏盖全，他懒得去研究原始的版本资料，只凭几张图片、片断资料，便得出耸人听闻的结论。例如，他发现庚辰本上某页的朱批与己卯本陶抄笔迹相似，便认定各本都是陶洙作伪。在我看来，这是因陶洙身为书法高手，在抄书时乘兴炫技，摹仿原抄笔迹，以求更似而已。而且，怎么能只盯住一两页的相似，却无视千百页的不似呢？

陈林立论，是学习欧阳健2003年的书《还原脂砚斋》的结果，开始他俩观点一致。欧阳健在网上读过陈林的文章，留言两句话："得理须大度，临笔勿伤人"。但是到2019年4月，陈林又与他的启蒙教练和唯一同盟者欧阳健反目成仇，割席断义。他发表了博客文章《欧阳健撒谎剽窃必遭严惩》，说欧阳健2016年的一篇文章，是受了自己2008年某文的启发而成，却只字不提。文中称对方"老贼"，"八十岁的人了，你还要脸吗？"如此化友为敌，孤家寡人，有什么好处呢？

还有一类，他们既尊敬曹雪芹，也相信脂砚斋，但是缺乏基本的文科训练和理性思维，仅凭无限的想象力，把故事讲得神乎其神，或玄而又玄。这一类的另一个共同点，是都得到了独立红学家周汝昌先生的鼎力支持。

北京的包装设计员霍国玲从八十年代初就开始痴迷《红楼梦》，而且与丈夫紫军、弟弟霍纪平、姐姐霍力君结成家庭组合。霍国玲承认文科书读得不多，但看《红楼梦》特别仔细，思维活跃，善于联想，常常有奇妙发现。她认为曹雪芹写《红楼梦》是把历史的真相隐在小说中，再利用批语把后面的东西揭示出来。她自称："二百年来，只有戚蓼生和我真正读懂了《红楼梦》。"三十年中设法出版"石学论丛"十几种，自号"解梦学派"。

霍氏组合的主要观点是：林黛玉的原型真名竺香玉，是曹雪芹幼时的伴读丫鬟。后被送入宫，做到雍正的皇后。家恨情仇，曹雪芹与宫中的竺香玉合谋毒死了雍正。他们还发现了"分身法"，认为红楼十二钗乃至三十六钗，都是竺香玉的分身。靠着奇思妙想，霍氏不断公布新发现，什么大观园是隐写圆明园，宁国府隐写清皇宫，曹雪芹故居在燕京大学，竺香玉葬于陶然亭公园等等……2015年，霍氏又在"颠覆人们对曹雪芹的认识"：曹雪芹绝非"包衣"后代，他其实出身高贵——其母是康熙的公主，他的外公是康熙大帝！而且曹雪芹是宠后的兄长，被封为"侯爵"。

因为霍氏理论太过奇葩，红学界主流认为是"走火入魔"，不值一驳，便置之不理。但却获得了周汝昌先生的支持，他在1995年9月22日致信霍国玲：

> 见你的文笔风格雅正，流畅而不冗烦，详略剪裁，俱能得到恰如其分之地步。而文风口吻是纯正的，没有时下流行的"红界文癌"的影响。凡此，都非常佩服。你主张真理，剖析众说，将卒年归于癸未；又把"墓石"的内幕公之于世，这真是功德无量！我很感谢你。
>
> 那样一个不成形的假东西（指"墓石"——笔者），竟有"学者"信奉，如有人揭假，他们还骂街，他们的"学"，毕竟何在呢？！但你到底是仁者之言，还说"学术界受了愚弄"，可真是太夸奖他们了。你这书一行世，摘下了那些人的造假助伪的真面目，为维护学术作出巨大贡献，也使后来人知所炯鉴。
>
> 所以我大为赞叹，这是乌烟瘴气中十分可贵的品质和精神。[4]

见周先生如此夸赞霍国玲，我顿时怀疑自己，周先生以前也夸过我呀！

1992年3月，武汉的《书刊导报》头版头条发文宣扬："震惊人类的发现：王国华替曹雪芹完成《太极红楼梦》"。来自湖北的王国华是小学文化，没有工作，据说经历坎坷，自学有成。他受某些人神化《周易》的启发，运用所谓"太极理论"，把《红楼梦》的故事拆散，重新组织章回，成为没有情节内容，只有章法结构的"对称艺术"，"是一部结构的《红楼梦》"云云。他辗转多家出版社，终于找到广电出版社正欲出风头而不得，才得以出版，署名公然是"王国华、曹雪芹著"。全书八十万字，竟有七十余万字是将《红楼梦》原文切碎打乱了重新编排。

王国华的出现并不奇怪，奇的是周汝昌"慧眼识才"，封他为"青年红学家"。大概是因为在"大对称"结构这一点上，两人不谋而合。据报道，周汝昌给中央领导写信说："我认为王国华的工作具有重要价值和深远影响。这门专学建立以后，红学上的所有重大问题（争议）都可以顺利解决。这不仅是'红学'的事，它实是我国文化史上的一个重大课题，巨大贡献，所关至为重要。"周汝昌证实，"给中央的报告材料确实是我写的，我将向党中央负责，向学术向道德负责，向人民负责，更向中华文化负责。任何恐吓诬蔑也是枉费心机的。"[5]

由于周汝昌的上书，王国华被湖北省社科院文学研究所破格录用为国家干部。但是他不安于书室，找到了一名女企业家赞助，于1995年擅自出走，去北京南郊北普陀建造"曹雪芹祠庙"。这目的就变成了吸引旅游，赚门票钱。庙内的设置题匾都是遵循周汝昌的创意，脂砚斋塑像为红色旗袍女儿身。周汝昌在"丙子（1996年）端午节间"亲往"瞻仰致敬"，写了《雪芹祠瞻礼小记》以广宣传。1996年10月16日，"曹雪芹祠庙"举行落成典礼，王国华邀请红楼梦研究所全体出席，约定专车接送。但红学所的人一个也没去，后闻是冯其庸下达了"谁参加就将谁开除"的命令。1997年1月，王国华广泛散发举报信，状告冯其庸"违法乱纪"，把持红学会，大搞"家天下"、"家长制"云云。此后，武汉的张国光教授对王国华进行了有力批驳，为红学会和冯其庸辩护，被称为"两'国'之战"。

快进到两年以后，还是在这敏感的北普陀"曹雪芹祠庙"，场景依旧，却画风大变。1998年11月，庆贺周汝昌八十寿辰、从事红学五十年学术讨论会在这里高调连办三天。令人称奇的是这一次由中国艺术研究院领衔，十三家单位联合主办，中央统战部送来了贺函。这180度大转弯是怎么发生的？原来是中国艺术研究院领导已经换届，李希凡、冯其庸同时离休了（见后文）。中国艺术研究院新的常务副院长曲润海、红楼梦研究所所长张庆善，还有李希凡（已离职）和蔡义江轮番登台，发表了祝贺讲话。世态炎凉，随着时间和人物而转化。用《好了歌注》的话说，这就是"乱烘烘你方唱罢我登场"吧。

当周汝昌向民间红学伸出援手，引为同志时，一定想到了当年胡适对他的提携。问题是以他大学者的学养和识见，应可判断其间的鱼龙混杂，良莠互见，理应择善栽培，怯邪扶正。但或许因为他痛感官方主流排挤，一身毕竟难敌众手（还是组织和体制），不甘于孤立寂寞，便采取策略，合纵连横，转向民间和青年中寻求支持。他过于轻率地与民间的"龙门红学"合流，要抱团取暖，以报复主流之心太切。这就难怪，他被批评为"龙门红学"的领袖。

陈维昭在《红学通史》中这样评价周汝昌：

> 独行侠的气质使他不惮与红学主流为敌，甘愿为红学界的无冕之王。他是如此之痛恨红学主流，以至于在为他人学术专著作序时也不放过"不点名的批评"。非主流的无冕之王角色又使他热衷于发动群众战争，他更愿意鼓动文化下层的芥夫去冲击红学主流。这种冲动是那么的执着，以至于他对于芥夫的错误、无知与野蛮熟视无睹。[6]

刘心武

作家刘心武也属于这想象力丰富、会讲故事的第三类，但必须提出来单独细说。因为他的社会地位更高，媒体影响更大，故事讲得更玄，受众粉丝更广，与周汝昌的互动更为亲密，遇到的主流反弹也更为强劲。

"秦学"

自 2005 年 4 月 2 日起，中央电视台《百家讲坛》栏目播出大型系列节目《刘心武揭秘〈红楼梦〉》。当时录制了三十六集，包括秦可卿、贾元春、妙玉、林黛玉、薛宝钗、贾宝玉、史湘云等人物系列，几乎每一集的标题都是"某某之谜"，合起来就是一部大猜谜。这节目不仅赢得了收视率，随后的出书也卖得洛阳纸贵。但却受到主流红学界的强烈抵制，在播出到二十三集时戛然而止，就像《红楼梦》迷失了后四十回。

为什么会如此？刘心武动了谁的蛋糕？或者说红学界为什么会同仇敌忾，如临大敌？

刘心武早年也曾投靠《红楼梦学刊》，在 1992 年第二辑上发表过《秦可卿出身未必寒微》。后来又有三个中篇小说《秦可卿之死》、《贾元春之死》、《妙玉之死》。（他偏爱此名，做编辑时曾将吴恩裕的"传记故事"改题为《曹雪芹之死》。）朋友王蒙半开玩笑地送他一个"秦学"的雅号，刘心武以此为荣，接过来也自称"秦学"了。其实"红学"一词最初也是这么来的，保不定以后就成了大事呢！

一开始红学界并未当真，民众中知者很少。也是合当有事，中央电视台的《百家讲坛》栏目在 2004 年不景气，在频道内面临末位淘汰。现代文学馆的朋友傅光明介绍刘心武来讲《红楼梦》，双方一拍即合。当小说家客串讲学遇到强势媒体，这个节目火了刘心武和"秦学"，也救了《百家讲坛》。

刘心武是这样讲的：《红楼梦》是一部具有自传性、家族史特点的作品，其中的许多人物在生活中都有原型。而秦可卿是解读《红楼梦》的一把总钥匙，以此才能了解曹雪芹真正的创作意图。他认为，秦可卿的真实出身是清朝康熙时期废太子胤礽藏匿在曹府的女儿，也就是一位尊贵的公主级人物。有关她的所有疑团都来自于这个神秘的身份。

刘心武描述了这样一个故事：被康熙两度立而又废的废太子胤礽将一女婴偷运到江宁织造曹家，曹雪芹之父曹頫冒险将女婴藏在家中（即秦可卿），作为政治投资。为了双保险，又把曹雪芹的姐姐送入东宫（即元春），曹氏得太子胤礽及"太孙"弘皙宠爱。雍正篡位，胤礽身亡，曹家被整。后雍正暴亡，乾隆即位，又将曹雪芹姐姐纳为妃子，曹家也因此中兴。藏在曹家的公主暗通其兄弘皙谋反，曹妃为向上爬，向乾隆告密，公主悬梁自尽，其兄起事欲刺杀乾隆未成，却也让曹妃付出了生命代价……曹雪芹就是以这样的皇室纠葛、宫闱秘事为原型，写出了《红楼梦》。

这故事确实比霍国玲编得高明，刘心武毕竟是专业作家。但是刘心武的讲法其实并不新鲜，并没有超出鲁迅的概括："流言家看见宫闱秘事。"

反制

刘心武之所以能把废太子胤礽与曹雪芹家联系起来，是因为他发现了胤礽给人题写的一副对联："楼中饮兴因明月，江上诗情为晚霞"，认为是废太子的原创。将此对联与贾府中荣禧堂的对联"座上珠玑昭日月，堂前黼黻焕烟霞"相联系，认为二者相仿或脱胎于此。刘心武的一系列联想由此展开，两副对联成为他的立论基础。

碰巧红楼梦研究所的吕启祥在电视上看到了这一段，在香山曹雪芹纪念馆举行的一次聚会上，递纸条给诗词专家蔡义江，问是不是"太子胤礽留下一联，见王士禛《居易录》"。蔡义江觉得联句眼熟，但恐怕不是出于废太子，而是唐朝人的诗。等他回家一查，果然发现是中唐诗人刘禹锡（梦得）的名诗《送蕲州李郎中赴任》中的一联，全诗是：

楚关蕲水路非赊，东望云山日夕佳。
蘋叶照人呈夏簟，松花满盌试新茶。
楼中饮兴因明月，江上诗情为晚霞。
北地交亲长引领，早将玄鬓到京华。

刘心武还煞有介事地提醒："请注意他的平仄。"蔡义江指出："楼中饮兴"（平平仄仄）和"座上珠玑"（仄仄平平）恰好平仄不同，这说明小说家并不懂律诗的平仄。

这一发现，等于抽掉了"秦学"的立足之本。刘心武不能认错，只得勉强补漏，在出书时做出解释："可能是当年太子还小，他的老师说了刘禹锡诗里的前半句，作为上联，让他对个下联，他当时并没有读过刘禹锡的这首诗，却敏捷地对出了下联，与刘禹锡的诗句不谋而合。"就是作为小说情节，这也是巧合过甚，太不可信啊！

红学界对刘心武的纠偏由此开始。蔡义江是红学会副会长，他写文章进一步指出:假设"楼中饮兴"不出自刘梦得而真是胤礽所拟,与黛玉所见对联也毫无联系:"误归太子一联说的是江上楼头风景极佳,能助酒兴,添诗情;小说中的一联说的是来荣国府者尽是达官贵人,其佩饰袍服珠光炫耀,五色映辉。前者'明月''晚霞'是实景,后者'日月''烟霞'是虚喻。两联风马牛不相涉,怎么能是'原型'呢?"[7]

刘心武讲《红楼梦》最常用的词是"可能",还不许追问"那是可能的吗"。如果质疑弘皙刺杀乾隆、乾隆赐死曹妃有没有史料依据,刘心武的回答是,档案被乾隆皇帝"销毁"了。这样岂不是可以随心所欲,任意虚构了?你以为是写小说?

刘心武无法在具体证据上论辩,只好突出强调自己的"草根"红学身份,自称"一家之言",坚持有上央视的权利。配合之书《刘心武解秘红楼梦》一个月重印了六次。问题就在于这"一家之言"附着于强势媒体,别人又没有这个待遇,"一家"就压倒了别家。甚至有报道说,他要"打倒红学界"。

这种"野狐禅"式的讲法,这种洪水泛滥般的规模,对于主流红学领地,是一种没有硝烟的侵犯。到了2005年末,红学权威机构终于出来官方表态,两位元老冯其庸、李希凡和现任掌门人张庆善联袂出马,在《红楼梦学刊》第六辑上发表了《冯其庸李希凡张庆善访谈录》。

冯其庸说:"我认为他自称的所谓'秦学',或者别人说的'红外学',充其量只能说是'红外乱谈'。""学问要有学问的品格,学问要有学问的规范,信口乱说怎么能称为学问呢?我觉得中央电视台播放这样的节目是对社会文化的混乱。"

李希凡坚持他一向的观点:"我主张艺术形象的研究还是应该回到文学研究的道路上来,不要搞艺术形象外的索隐。""还是要寓教于乐,低级趣味娱乐品只能培养低级趣味的观众。""这么大范围这么广泛地去宣传这些东西,不止贬低了《红楼梦》,也扰乱了文学艺术的研究方向。"

中国红学会现任会长张庆善则说:刘心武所讲根本不是学术研究,而是新索隐,是把索隐和自传说结合起来并发展到极端。"所谓'秦学'不是红学,是搞创作,是编故事。只是这些故事编的不如刘心武自己以前的小说故事编得好。"

愤懑

这一红学会三人官方表态,引起一些读者、观众不满。本来中午休息听刘心武,讲得像侦探破案,环环相扣,就是个乐子。现在大红学家出来搅局、煞风景，何苦呢？此前也有红学家上过"百家讲坛"，讲得倒是严谨，但多半无趣。你们就不能跟人家刘心武学着点儿，也讲得娓娓动听、引人入胜？有人提出：红学本来就有两大功能，学术功能和娱乐功能，刘心武揭秘《红楼梦》满足的就是公众对古典名著的娱乐要求。干脆，由刘心武和任选的红学家在中央电视台对垒，来场PK，公众手机投票，岂不更公正？

要让我说，刘心武就是来戏说娱乐的，红学家偏要用学术规范来要求他，就是规定一公斤大米必须有一米长度，这米不是那米，用错了度量衡。而要求红学家把正经学术也讲得像刘心武一样情节曲折，引人入胜，是不可能的，如果不虚构编造，哪来的故事情节？让双方打擂台，就是让陈寅恪与梅兰芳对阵，让季羡林与侯宝林同台，这是公正对等吗？

刘心武看到冯、李访谈录后，他的反应是"愤懑已极"，认为"冯、李二位对我却进行了政治判决"。"都什么年月了，冯、李二位还保持如此这般的思维，并且不是只在自家客厅里或小范围会议上说说，而是利用'公器'，白纸黑字地刊印出来，向社会宣布。我看到真是怒发冲冠。我可不吃他们这一套！必须抗争！"

后来有人告诉刘心武：那所谓的"访谈录"，其实是他们上书中央政治局信函的一个变体，他们希望通过最高层，来对刘进行"政治解决"。这更让刘心武的愤怒升级。也许就是因此，央视的播出才被半途停播。

偏这时候，CCTV-1频道的《东方之子》又来邀请刘心武录制访谈。刘不想录，出版社方面劝他还是去录，这样对出版他的"揭秘"系列书是一种肯定，也是免费的广告。还有朋友劝他："可见冯、李他们的霸道如今已经吃不开，你录这个节目，也就等于煞煞他们的极左气焰。"于是刘心武答应了，但表示不想去电视台里录，摄制组就在他居住地附近租了一个茶寮里的空间，由主持人张羽跟刘心武问答。

开头倒也顺畅。待到张羽问道："有人指责您的讲座形成了社会文化混乱、扰乱了文学艺术的研究方向，您怎么回应？"刘心武闻言深受刺激，竟然失态，立刻站起来说："我不录了！我听不得这个话！他们凭什么这么说我？为什么还来'以阶级斗争为纲'那一套？为什么给我扣上政治罪名？岂有此理！"

刘心武拔脚就往茶寮门外走，张羽及摄像等工作人员大吃一惊，有人赶紧拦住他，劝回到原来位置上。张羽微笑着说："刘老师，我是照采访提纲提问啊，我自己没有那样的观点啊。再说，您不愿意回答完全可以跳过这个问题，干吗生那么大的气呢？"

"我乃性情中人，是真的生了大气，当然气的是冯、李他们，以及由他们引起的，关于极左势力动辄将学术问题上纲为政治问题，置人于死地的那个并未湮灭的'传统'的联想。"刘心武向助手要来速效救心丸,吃了药胸闷稍缓,才略为冷静,跟张羽他们道歉,接着往下录制。几天后这访谈播出了,客观作用是肯定了刘心武在《百家讲坛》"讲红",推动了新一波热潮。[8]

联盟

刘心武说,1953年冬他十二岁在北京读初一时,就自己买了一本周汝昌的《红楼梦新证》,这是他对红学感兴趣的起源。

刘心武并不是一个人在战斗。他的知识来源、情节灵感来自于周汝昌,他的培训教练、场外指导离不开周汝昌。什么写实自传、"曹贾互证",什么曹家作为"太子党"及"两个司令部的斗争",什么脂砚斋就是史湘云,什么弘晳谋反、元春被害,发明权都是周先生的。这一次刘心武以他小说家的精妙构思和悬念叙事,借助强势媒体,对周汝昌的学说起到了推波助澜、广而告之的作用。

周先生在他的晚年,逐渐从原来的写实自传说与索隐派横向联合,热心于追踪雍正、乾隆朝的政治秘辛,把《红楼梦》与宫廷政治斗争更紧密地挂钩。既然小说家刘心武热衷红学,主动投靠,周先生乐于为他引路搭桥,添火加柴,组成联盟。毕竟刘心武是"龙门红学"中最精英的一支,联合对两人都有好处。

刘心武登门拜访周汝昌,2006年。

他们为此而频繁通信,九十年代初,刘心武刚发表红学文章,周汝昌便写信赞他"善察能悟",使其大受鼓舞。而这次刘心武告知他发现"废太子对联"后,周汝昌回信指点说:此对联"异常重要!我有一种新破解",荣禧堂对联的"文藻风格,怎么就和'老千岁'那么相仿!"刘心武心领神会,认为确实太相仿了,在此基础上发挥想象,才发明了"秦学"。可以说对联脱胎这一"秦学"支柱,是刘、周两人的共同版权,只可惜周汝昌在平仄格律上未加指点。

在周汝昌致刘心武的一封信中,总结了他们两人的历史定位:"我们对这一问题的讨论,通过相互启发切磋和共识,已然逐渐显示清晰,可说是红学史上一大'突破'。因为,这实质上是第一次把蔡元培和胡适两位大师的'索隐'和'考证'之分流,真正地汇合统一起来,归于一个真源,解开了历时一个世纪的纷争,而解读破译了红楼奥秘。"[9]

二十五年前周汝昌所作《红楼梦"全璧"的背后》,被视为"娱乐性的、趣味性的,而非学术性的"。对刘心武的"秦学"探秘,亦不妨作如是观。

续书

时隔两年,刘心武在2007年重返央视,完成原定的三十六讲。以后再续前缘,讲"八十回后真故事"等。至2010年,共计播出六十一讲。此间,亦相继推出四部同名书籍和《〈红楼梦〉八十回后真故事》一书。

2006年,刘心武公布了他拟的续《红楼梦》二十八回回目。认为《红楼梦》全部是一百零八回,这本是周汝昌的设想。2011年,出版了《刘心武续红楼梦》。

其实,讲一讲引人入胜的"秦学"故事也就罢了,反正是娱乐大众,再借着主流红学的"打压",以悲情助力,也能收获多数网友的力挺,你何必去续什么《红楼梦》呢?俞平伯先生在《红楼梦辨》中,早论断过《论续书之不可能》;电视剧的另续结尾,也是不成功的前车之鉴。如果《红楼梦》可以续,那维纳斯也可以断臂再植了。刘心武的续书从立意到情节到语言,皆不足观,被批评为"最糟糕的那类《红楼梦》续书之一"。刘心武不知道藏拙,就像他对古诗妄议平仄一样,续书只会暴露自己的短处,白毁了写当代题材小说的半世清名。

周汝昌的老朋友吴小如公开批评道:"伪学术跟真学术分不清楚,越是伪学术越容易名利双收,越容易讨好读者。比如中央电视台的'百家讲坛',不能说误人子弟,至少也在误导观众。""有人讲《红楼梦》,还得到了周汝昌的好评,可是他讲的东西,凡是研究《红楼梦》的没有同意的,他还续写了《红楼梦》,还卖得很热,要我说,这都是伪学术。""学术普及,你得传播正确的,不能传播错误的","通俗化不能庸俗化、媚俗化。"[10]

吴先生是我的老师,我赞成吴先生的意见,他无权无势,而有胆有识,被称为"学术警察"。但我等后辈似不必止于此,还要与时俱进,看到时代的演进和文化的变局。

刘心武上央视"戏说红楼"这件事出现于新世纪之初,有它的必然性,是具有指标性、象征性的文化事件,可以以小见大。事件的起因,是电视节目要在困境中求生,讲者要名要利,观众要娱乐开心,而红学家要维护最后的学术尊严。事件的结果,是红学家借助权力获得中场小胜,而"龙门"讲者借助强势媒体,获得大众支持,而连赢两局。在此间红学家获得了知识和学术上的安慰奖,而"龙门"讲者原有的严肃文学声誉受到损伤,但是以名利双收获得补偿。

根据网络调查,百分之八十的网友支持刘心武。很多人都知道,他的新索隐法在很大程度上是满嘴荒唐言,但是这似乎并不重要。《红楼梦》本来就是"小说家言",又何妨新时代的新小说家在其楼上架楼,梦外说梦?也没必要把《红楼梦》捧上神坛,只能膜拜,不可冒犯。刘心武使红楼(或红外)故事变得新奇有趣、曲折迷离、生动通俗,人人得以娱而乐之。刘心武提出红学应该是公众的共享空间,红学的生机在民间,这说法符合时尚,很容易得到大多数人的认同。《红楼梦》可以上电视、上网络,也可以搬移到游乐场、卡拉OK厅,成为大众娱乐的乐园。大众的文化需求正在转型,刘心武讲《红楼》尽管"龙门",却顺应了变革的趋势,所以才能《红》上加红。

与此相对应的是:正统红学面临了危机。作为学术的红学当然应该严肃,坚持学术规范和品格,但毕竟是小众的,书斋的,不能跟大众文化在大庭广众间角力叫板,更不应该借助权力打压异己,维持自己的正统地位。红学如何存在?能否发展?已经是迫在眉睫的问题。

40 "假作真时真亦假"之四

书箱

邓遂夫在2004年听说一对曹雪芹书箱已流出国外,幸亏这只是一个谣传。2012年6月5日,八十九岁的冯其庸偕助手任晓辉再访张行,再次验看书箱。是的,书箱仍然还在他家里。

当年的青年工人张行,也已经七十岁了。时过境迁,顾虑全消,现在他可以把书箱的来历讲得更为清楚。张行说,他的父亲张继善老人听长辈们说,这对书箱是与张家交好的光绪度支郎(财政官员)陈宗妫送给他家,说是一个友人的遗物,务请保管好。

陈宗妫(1854–1922)原名陈建中,字麓宾,光绪五年(1879)举人,次年进士;任职户部,执掌财政,晚清曾先后被封为资政大夫,钦加二品衔,授度支部左丞。张行的曾祖父张福田,光绪年间在北京开有自己的商号,名德昌木厂,实即现在的建筑商。承建过不少皇家或官家建筑,如参建过光绪陵、白纸坊印刷局(我忽然想起,就是李希凡少年时打工的地方)、商务印书馆等。当时家境殷实,在北京有多处房产,在老家河北深县也广有房屋、田地和林地。张福田与陈宗妫等当朝大臣交好,就是建筑商与政府官员的关系啊!后张家的生意逐渐败落,1940年将木厂及一些房产变卖,祖父张寿彭在鼓楼脚下买了一块地,自己设计施工,盖了一座前后两进的小楼,这就是张家居所。

张行说他曾在书箱里的书上见过"春柳堂藏书"五字,而曹雪芹的友人张宜泉的诗集叫《春柳堂诗稿》,所以吴恩裕曾推测此书箱与张宜泉有关。但按照张行所述,此书箱在张家约百年左右,并非从张宜泉一脉相传下来,张家自己认为与张宜泉完全没有关系。

张行和妻子朱冰说，张家从张福田一辈就爱好古玩书籍字画等，后来虽然家境衰落变卖东西，丢失被盗，"文革"时张继善被批斗，烧了一大批书，但残存的文物还有一些，留下这书箱也并非偶然。张行爱好绘画也是从小受到家庭影响，因此才认识了也是学画的孔祥泽，才引出了这一段书箱奇缘。

朱冰说，2009年有一些年轻的红学爱好者，在网络上栽赃谩骂，说"张行冒充张宜泉后人行骗"等，她在百般劝说无效之后，打了一场名誉权官司，获得胜诉，有判决书在。但诉讼结果被歪曲报道，她就懒得理了。

在张行和朱冰的家里，冯其庸和任晓辉亲眼看到，居住条件相当局促，更不要奢谈文物的保存条件了。冯其庸一遍遍遗憾地说：比起三十多年前，书箱又风蚀、老旧了许多，这样下去，势必还要进一步损坏。

任晓辉写文章呼吁：书箱的保存条件亟待改善。以张家之力保存好书箱十分困难，建议文化文物鉴藏等部门重视这个书箱，使之得到应有的保护。无论大家怎么看待这对书箱子，作为一个比较老的物件它是无辜的，也是有价值的。它所承载的文化信息值得我们深入认识和研究。[11]

2016年秋天，在北京植物园举行的第七届曹雪芹文化艺术节上，胡德平宣布，曹雪芹的一对书箱由北京曹雪芹学会（原名中国曹雪芹研究会）收藏。

2016年秋，北京曹雪芹学会收藏书箱仪式，右二胡德平，右一张行。

曹雪芹纪念馆

不管红学界承认不承认,不管这里与曹雪芹有没有关系,反正在香山正白旗老屋基础上建立起来的曹雪芹纪念馆,已经是一个既成事实,是一个客观存在。主办者真的相信,参观者接受其说法,红学界也只能与它和平共处。反正北京此时还只有这一个纪念曹雪芹和《红楼梦》的地方,有总比没有好。

从 2002 年开始,李明新调任曹雪芹纪念馆馆长。她年轻时刚参加工作,就是从这里起步的。她是作家协会会员,能写诗和散文,这有利于她开展工作。上任后渐渐形成了一个工作思路,觉得应该走"文化名人博物馆"这条路。她与李希凡的互动较多,李希凡支持她的思路。后来红学家们都称李明新为"村长",而李明新戏称自己是给曹雪芹家看门的。

"村长"跟红学界相处时有一个"梗",那就是黄叶村的这个院落到底是不是曹雪芹故居?她承认,国内没有一位红学家支持这里是曹雪芹故居的。

对正白旗三十九号院就是曹雪芹故居的说法,李希凡对"村长"直言,他根本不相信,因此他从不进发现"题壁诗"的那个院落。他还说起七十年代到山后白家疃寻找曹雪芹住地的采风活动,来人问当地一个老百姓知不知道曹雪芹是谁,那个人说"知道",把他们领到一个农民面前,说:"他就是曹雪芹。"

李明新十分认真地向李希凡解释:"这在民间采风活动中是非常正常的事,并不能说明这里跟曹雪芹没关系。至于您对正白旗三十九号院的态度,您连进都没进去过,怎么能有判断呢?"其实信息都是公开的,只要识别能力足够,就可以判断它不真,又何必一定进去呢?

做"村长"的必须相信"故居"为真,李明新完全沉浸在想方设法证明此地是曹雪芹故居的愿望之中。她听说考古界有碳14断代法,就想请中科院借助碳14来考证年代,问过才知道那是给远古考古用的,碳14断代的误差在 250 年到 300 年,而曹雪芹从出生到现在也就三百来年。本想考证正白旗三十九号院最初是什么功能,是什么身份的人居住的,却苦于找不到直接证据。后来,请来了公安部搞字迹鉴定的专家,对题壁诗、《废艺斋集稿》自序的双钩摹本以及书箱上的字做了字迹鉴定,鉴定结果是"出自一人之手"。但这个人是不是曹雪芹,依旧无法确定,因为没有公认的曹公手泽来比对。

笔者本人对这种笔迹鉴定的结果仍表示怀疑。以破案为目的的现代人笔迹鉴定与古人的字体判别是有区别的,那公安专家自己的书法修养如何?上海博物馆的专家也曾走眼误判,我宁愿相信启功、徐邦达等顶级真专家早已有之的否定意见。何况受鉴定的三者一个是毛笔写在墙上,一个是现代人的双钩描摹，一个是木板上的刻字，我看差异明显，且有失真变形，靠不住的。

尽管"梗"还在那里，李希凡、冯其庸以及换了新一代领导的中国红学会还是有一个共识，为了曹雪芹与《红楼梦》，支持黄叶村曹雪芹纪念馆的所有活动，让这里成为曹雪芹与《红楼梦》文化的传播基地。胡文彬则是从1984年曹雪芹纪念馆建馆就帮助他们。

李明新的人缘好，担任馆长后得到了更多红学家的支持，其中不乏年轻的学者们。红学家们愿意到纪念馆来，为红学爱好者做系列讲座。李明新还担任了北京曹雪芹学会的秘书长，每年秋天，学会举行为期一个月的"曹雪芹文化艺术节"，这也有助于使纪念馆办活了。近年来，它的游客量大有提升，在北京除故宫和首都博物馆外，达到了第三位。

李明新在2015年退休了。

我一直没有去过，也无意参拜这座曹雪芹纪念馆。直到2014年5月，我从海外归来，有一天专门去香山脚下的北京植物园，本意是寻访梁启超墓。走在园内小路上，毫无精神准备，忽然与曹雪芹纪念馆不期而遇。是我和《红楼梦》有缘吗？曹雪芹竟然撞到我的面前来。

整整晚了三十年，我才第一次走进它。三十年的时光，就可以弄假成真、点石成金了吗？我仍然认为，它最多是为八十年代以后的红学热添加了一把柴火，为今天的北京植物园增加了一抹历史文化色彩而已。

《种芹人曹霑画册》

贵州省博物馆那一本"存疑"的册页，一直沉睡了二十多年，红学界几乎无人知晓。

2011年3月30日，上海《文汇报》上发表了朱新华的《关于曹芹溪的一则史料》，该文披露了清道光年间张大镛的《自怡悦斋书画录》中，著录了乾隆年间一部册页上的跋语：

曹君芹溪携来李奉常仿云林画六幅质予，并索便书。秋灯残酒，觉烟云浮动在尺幅间，因随写数行。他时见谷斋，不知以为何如也。

生香老人再笔。

写这段跋语的人叫陈浩，而"曹君芹溪"似为曹雪芹。经过几位学者的进一步解读，认识到这样的人物关系：陈浩和他的次子陈本敬都在"曹君芹溪"拿来的这部册页上作题识，时在乾隆二十六年。

2012年，北京曹雪芹学会顾斌撰文，重提《种芹人曹霑画册》，将其与上述新史料作综合研究,两部册页题识者中都有陈本敬,同在乾隆二十六年"辛巳秋日",同与曹霑或"曹君芹溪"相关。这就为《种芹人曹霑画册》提供了侧面的证据支持,引起红学界的关注和重视。

这时再回头去找贵州省博物馆,才发现那画册不知放在哪了。因为在八十年代末被判为"与曹雪芹无关",是"存疑"的参考品,就没有认真登记入库保存,被随便置放了。红学界皆大失所望,难道又要重蹈"靖本"或"脂砚"迷失的覆辙吗?这可是在博物馆内部啊!联系前文,这就是此物的第三奇。

此时距离1988年发文"初辨",1989年权威鉴定,已经过去了约四分之一个世纪。当年博物馆内的经手人和为之鉴定的国家级书画鉴赏家们,均已作古;连"初辨"的文章作者赵荣,也在2013年去世。或许,当年的鉴定大师们,都不是红学家(唯一的通才启功先生未到),兴趣和标准不同;或许,因为时间的推移,时尚的演变,当年不是文物的今天也变成了文物。昔日的"伪本"凡物,可能一变而为今天的"镇馆之宝"。

2016年7月,喜讯传来,《种芹人曹霑画册》终于重新找到了。9月初,贵州省博物馆一行八人护送画册到北京,请新一代专家"掌眼"。在北京接待的主人,是北京曹雪芹学会,中国红楼梦学会没有出面——这是一场无形中的换位传承。9月7日,在北京植物园北京曹雪芹文化中心举办了"《种芹人曹霑画册》品鉴会",三十余位专家学者出席。此时,当年《废艺斋集稿》的"抄存者"孔祥泽,年已九十六岁,还能老当益壮,受邀到场目验了画册。因为他曾经双钩摹写《南鹞北鸢考工志》自序,被认为有资格对比评论画册中曹霑题诗的字迹。孔祥泽认为两者大致相仿,画册可信程度较高。

对《种芹人曹霑画册》力主为真的,又是以胡德平会长为首的曹雪芹学会诸人,和台湾来的黄一农先生(参见下一段)。也有人认为"将信将疑",画册作伪的可能性很小,但八幅画是否皆曹霑所作,曹霑诗页是否后人作伪混入,此曹霑是否即《红楼梦》的作者,还需要进一步研究。

9月8日上午,这画册被送到通县张家湾"瓜饭楼",请冯其庸目验。冯其庸看后指出,杨仁恺等人鉴定这一画册的时间,正是他们精力、年纪最好的时候,他本人比较认同杨仁恺的鉴定意见。这是冯其庸最后一次提供鉴定意见,他的生命只剩下最后四个多月了。

《废艺斋集稿》

时光流逝,但《废艺斋集稿》和它的"抄存者"孔祥泽都生命力顽强。孔老已近百岁,而《集稿》又绝处逢生。

2019年4月，台湾清华大学历史研究所教授黄一农到北京举办讲座，并发表文章《曹雪芹〈废艺斋集稿〉的证真》，把旧话题重新炒出了新热度。按孔祥泽传抄《瓶湖懋斋记盛》所记，敦敏于乾隆二十三年腊月二十四日在自家懋斋举行宴会，主客是董邦达，陪客曹雪芹、过子龢、端隽、于叔度，另一主人敦惠，还有一位"□舅纽公"。陈毓罴、刘世德认为，这敦惠（或敦慧）和"□舅纽公"，都属子虚乌有，是虚构人物。而黄一农的新突破就在于，他自信找到了这几个人。

黄一农通过查阅和分析有关资料，推断《记盛》中的"惠哥"（"惠老四"）为宗室敦敏的族弟惠敏，"□舅纽公"为国舅纽祜禄氏伊松阿，"过子龢"是董邦达应认识的过秉钧。而且，这些人的人脉网络与之前为红学界熟悉的人物如阿济格、永忠、李煦、陈浩、黄克显等都有链接。黄一农认为，"此研究应可强有力地支撑《废艺斋集稿》一书的真实性"。

黄一农是天文学博士，以科技史学者转为人文组院士，所以他的研究方法超乎寻常，独辟蹊径。他在文史研究中开创性地采用了所谓"e考据"，利用上海图书馆的"中国家谱知识服务平台"，通过"大数据检索"，分析姓氏的分布地和人名用字的出现率。在他讲座后的专家点评中，胡德平和刘梦溪表示支持。[12]

拜万能的网络之赐，我在海外看到了黄先生这次演讲的完整录像视频。坦率地说，无论是他的结论还是方法，我都不敢贸然接受。在他的证据链中，惠哥与惠敏、□舅纽公与国舅纽祜禄氏伊松阿、过子龢与过秉钧之间的关系，都只是可能，而非确定无疑。有人以顺藤摸瓜作比，认为所谓"e考据"摸来摸去到处是藤，离瓜反倒远了。

2019年，孔祥泽虚龄百岁。能够见到他当面调查求证的，都是倾向于支持他、尊敬他的证真派的研究者。两年多以前，2016年11月28日，几位研究者联袂拜访，"当时九十七岁高龄的孔老精神矍铄、思维清楚、声音洪亮，侃侃而谈四个小时而意犹未尽。"2019年6月6日，黄一农、段江丽等再来拜访。"孔老卧病在床，虽然意识清醒，但是语音模糊，交流起来已经很不顺畅"。对于研究者们亟欲求证，连续提出的那些复杂问题，他已经很难作答了。[13]

这一年，是吴恩裕去世四十周年。他开创的"曹雪芹佚著"论争，则持续了将近五十年，可能是最长寿的论争了。它还将继续下去吗？

综观以上四事，其中贯穿着一条线索：件件都有曹学会介入。这就可以看出近年的一个整体趋势：胡德平的"曹雪芹学会"，在无可争议地崛起。这就是"人事有代谢，往来成古今"吧。

新出版本一束

2000年以后,出现了多个新发现的《红楼梦》版本,这现象不大正常,会不会是鱼龙混杂,真假难辨?

北师大抄本

2000年12月14日,北京师范大学中文系的女博士生曹立波在校图书馆偶然见到一部抄本《脂砚斋重评石头记》,感到很意外。一个月后,她随口对搞版本的杜春耕谈起,竟无人知晓,引起了北京红学界重视。2001年2月27日,在北师大图书馆开专家座谈会。据会上介绍,该抄本为1957年6月26日由琉璃厂书店以二百四十元购入,当时请文研所的版本专家范宁来鉴定过,他判断为庚辰本的过录本,没有价值。现在专家们确定此本与北大庚辰本有密切关系,有人估计是道光以前的。与会者都很乐观,冯其庸称是"新世纪一个开门红",刘世德说"是建国以来很重要的发现"。

曹立波和她的导师张俊教授一起展开研究,首先判断当是以庚辰本为底本,参照多种版本校补、整理而成,文字好于庚辰本。梳理庚辰本的流传过程,他们想到了陶洙校改、抄录的可能性。2、3月间,曹立波到国家图书馆对比了己卯本原件,认为抄本与陶洙的笔迹一致。

两个月以后,他们得出了初步的结论:师大本的正文,是陶洙以庚辰本(照相本)为底本,参照其他脂本进行校补的。上面的朱笔批语,疑似周绍良先生字体。师大本的形成时间,大致在1950年前后,不早于1949年陶洙借到甲戌录副本,在1953年俞平伯辑录脂评之前。

这个判断,在10月18日得到八十四岁的周绍良先生证实。周先生在10月底的信中说:"陶心如想整理一个只有脂砚斋的批本石头记,但是用主观主义去搞,因之在庚辰本上很多他认为不是脂砚斋的,他都不录。据我所知,他由于生活问题,他所想搞纯脂本《石头记》没等得完工他就卖了。"[14]

这样就真相大白,本书不是道光以前,不是庚辰本的兄弟姐妹,而是陶洙在1949至1953年之间做成,后来不得已在1955至1957年之间卖给中国书店。于是这部书的价值也大减,但还是影印出版了。冯其庸为此本写了长篇序言,指出:"从传统的抄本的意义上来说,这可以说是庚辰本的最晚的一个抄本了。不仅如此,它还是一个校补本。……尽管他的校订有许多不足之处,但毕竟是庚辰本校订的先驱,是筚路蓝缕的第一步,在传统的《石头记》抄本的发展史上，或可能是最后的一笔。"

此本在定论和影印出版以后，还发生了几件事。

一是此本发现于网络时代，不免引来议论纷纷，特别是陶洙抄书之事，启发了"阴谋论"者的辨伪想象力，疑心此本与其他脂本都是陶洙的伪造。这便与本书的其他一些章节发生了联系。

二是周汝昌老先生不肯让别人专美于前。2003年3月，在得到影印本之后，这位"目坏严重之残者，靠高倍数放大镜与助者的协作，方得抽核了几个有限的部分"，写成七千字的文章。他的意见独出心裁，否认师大本是陶洙所为，而说"此本即1948年7月胡适来信中所示之八十回钞本"。老先生眼睛看不清，但年轻时的事记得特清楚，别人还争什么呢？

三是待到2011年，曹立波博士已经是中央民族大学文学与新闻传播学院的教授，她指导的硕士研究生高文晶做毕业论文，题目就是对此陶洙抄校本的研究。高文晶经过多方查考，发掘出了陶洙生平的多项事迹，使过去的"隐形人"显露踪迹。他直接找到了陶洙的孙女，任北海幼儿园主任的陶扬女士，核实了陶洙卒于1959年，终年八十二岁，而不是以前普遍流传的1954年。

周绍良先生在2005年去世，终年八十八岁。北师大本能够在他的生前得到证实，还是幸运的。

如果还要追问：北师大本是真是假？我要说：它亦真亦假，半真半假。如果说清代的抄本算真，那么它不是；如果说近人故意伪造假古董，它也不是。从陶洙的本意来讲，无论在他开始抄校时，还是最后卖出时，都无意弄一个假古董。应该说，北师大本无所谓真假，它是陶洙的真诚之作，但它并非清代的版本。

卞藏本（眉本）

2006年6月14日，上海敬华拍卖公司春季艺术品拍卖会古籍专场，拍卖一部《红楼梦》残抄本，起拍价仅八千元。后来仅剩两家互不相让，深圳的收藏家卞亦文以十八万元拍得，故以他的姓氏为名。后来冯其庸说，那位竞争对手，出价到十七万者，是他的朋友，想拍下来送给版本专家冯先生，在最后一步放弃。

年仅三十四岁的卞亦文，是中汉拍卖公司董事长，北京电视台《天下收藏》栏目的总策划。在以王刚"砸假"著称的那档电视节目中，他经常以专家的身份露面。就是他，三年前幸运地"捡漏"拍得了俞平伯原藏的程甲本。在此次拍卖前一天夜里，卞亦文无意中从网上看到消息，仅凭两张照片中的第一回篇首文字，与他的程甲本和庚辰影印本对校，发现明显异于程甲本，与庚辰本一致。再观察抄本的纸色、墨痕、字体，感觉像是旧抄本，极有可能是《红楼梦》早期抄本。所以他志在必得，第二天通过电话竞标，买下此书。

此书存一至十回正文和第三十三到八十回回目，无批语。书前有"民卅七年"（1948）署名"眉盦"的题记：

> 残抄本《红楼梦》，余于民廿五年（1936）得自沪市地摊，书仅存十回，原订二册。置之行箧，忽忽十余载矣。今夏整理书籍，以其残破太甚，触手即裂，爰亲自衬补，订成四册。因细检一过，觉与他本相异之处甚多，即与戚本、脂本亦有出入之处，他日有暇，当细为详校也。民卅七年初夏眉盦识于沪寓。

同页钤有"文介私印"、"上元刘氏图书之印"两章。

2007年6月16日在北京，部分红学家、版本专家和古籍鉴定专家对"卞藏本"原件进行了鉴定和研讨。冯其庸、刘世德等专家都对它表示毫无疑义的肯定。

在会上，收藏的内行人卞亦文说："买书时，我的红学知识是粗浅驳杂的，仅仅是凭借长期对古籍版本的印象和认识，判断这个本子肯定是个旧抄

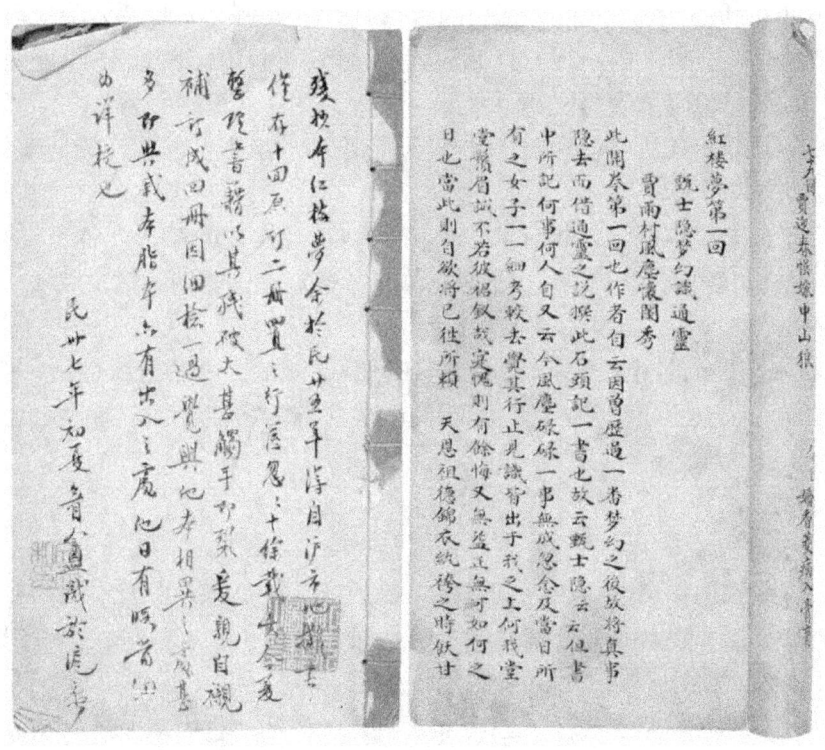

卞藏本（眉本）首页眉盦题记及第一回

十一　围城篇

本。在我搜集的清代抄本中，有些字体与这部抄本非常相似。如果从作假来看，这种非常娴熟、带有明显的时代风格又没有个性的字体，现代人要做出四册书是很难的。另外，我比较注意在抄写字体风格上这部抄本与甲戌本的异同。根据朋友以前教给我的经验，我有个大胆的推测：这个本子与甲戌本的笔迹风格非常接近，所以可能抄手的年代也相当接近。""没看到原书之前我就买下了这个本子。如果是其他种类的拍卖品，我绝不敢这样做。因为到目前还从未出现过从头到尾作旧的伪书。这样做成本太高，回报太低。"

当红学和版本专家们毫不迟疑地肯定真本的同时，在网上，却受到外行人的强烈质疑，主伪者多。在网络时代，在这样的学术问题上，就是可以随便发言，人人平等，传播广泛，交流迅速。虽然看起来有点混乱，却不得不肯定这巨大的进步。卞亦文连瓷器都敢砸，谅他也不怕这些质疑。

卞亦文先查得上海书画家林兆禄字"眉盦"，但是这无法解释"文介"和"上元刘氏"的来历。2007年8月，国家图书馆的于鹏在民国年间修的《上元刘氏家谱》中，意外发现刘文介之名，与卞藏本上的两印正合。经刘世德进一步研究，证实眉盦不是林兆禄，而是这位刘文介，其字号为眉叔，故他称之为"眉本"。

2011年和12年，上海的王鹏相继购得旧书《莫愁湖志》和《孟晋斋藏碑目》，是刘文介的藏书和手稿，其上有他的署名、钤印和自著文字。不仅证明了卞藏本上的题记和印章为真，而且可知刘文介约生于1892年，自1929年起一直生活在上海，直到1960年还在世。王鹏还进一步查得刘文介的档案资料，并访得刘文介后人。

至此，卞藏本题记终被证实，卞藏本为迄今发现的第十二种《红楼梦》古抄本已无可置疑。2013年，《卞藏脂本红楼梦》在国家图书馆出版社出版了仿真影印本。

这一结果，证明了专家们的肯定意见是正确的，文物专家的"一眼准"不是吹的。而这证明的途径，正是网络上的"七嘴八舌"。

"庚寅本"

大收藏家上拍卖会，小收藏爱好者逛地摊。在早年，庚辰本就是在北京地摊上捡的，卞藏本的上家就是在上海地摊上得的，二者都是在上世纪三十年代。那么，到了近年，大城市的地摊上还有漏可捡吗？

这一次场景换到了天津。2011年5月，天津的"自由职业者"王超，在沈阳道古玩市场的一个摊上，发现了一些抄有十几回《红楼梦》的散页。根据纸张、墨色和内容，王超认为是老的。卖书人自称是天津版画家江泽（原名赵丕绩，天津美术出版社编辑）的长子，老人于上个月逝世了，因为要卖房，处理家中旧物。王超当即付了一万六千元买下。这个卖书人，以后再也没有出现。

这个抄本是用清代竹纸抄写而成，纸张泛黄，还有些黄斑。原抄本未曾装订，呈散页状，存第一至十三回全文及第十四回开头的两页文字，多处有"乾隆庚寅"（1770）字样，还有一百五十多张空白纸张。该抄本有多种批语，其中一些为独有。

王超买到书页后，首先联系了中国红楼梦学会的副秘书长任晓辉。他是冯其庸的助手，研究版本，曾去彼得堡亲自目验过在俄本。2011年9月，任晓辉研究后答复说：据抄写内容分析，是上世纪五六十年代所抄。2012年5月，王超又找到了大连的梁归智教授，即《红学泰斗周汝昌传》的作者。因周汝昌逝世，梁归智到9月21日方赴天津目验此本，24日便在上海《文汇报》发表了《庚寅本：新发现的清代抄本〈石头记〉》一文，"庚寅本"一词由此发明。这种抢先登报的风格，颇得乃师周汝昌的真传。

在此前后，王超多方联系，找人鉴定，还在网上售卖此本的复印件。2012年12月，他与据说是原藏者江泽的子女通了电话。据其长子赵十月回忆，江泽在嘱托后事时说，小木柜中的物品（包括此本）没有什么价值，后来低价处理给收旧货的人了。

2013年5月，王超终于找到在天津的两位中国红学会理事，天津师范大学教授赵建忠和百花文艺出版社编审任少东，这才算找对了人。赵建忠是在中国艺术研究院《红楼梦》研究所读的研究生，现任天津市《红楼梦》研究会会长。是赵、任二人把王超藏本推向社会，并出版了影印本。这次红学界中人的态度，表现出一个地域性分野，是天津的红学会理事，捧天津出现的版本。

对所谓"庚寅本"，梁归智最早提出，该抄本把甲戌本和己卯本、庚辰本以及王府本、戚序本等几个抄本系统贯通而且联系了起来（这很奇怪，换句大白话说就是杂凑），给予高度评价。但后来新的证据出现后，他左右游移，转为中间立场。把此本捧得最高的是邢台学院乔福锦，他认为此抄本是一个早期脂本，底本时间最迟在乾隆庚寅年秋，其重要性可与甲戌本、庚辰本并列。

首都师范大学的周文业从事数字化版本研究，连续在网上发表二十多篇文章，考辨此本。他认为此本可能是以1955年版庚辰本影印本和1954年版《脂砚斋红楼梦辑评》整理而成，也参考了戚序本等。它很可能是某遗老爱好者的自娱之作，而并非故意作伪。周先生还注意到第一回某条批语极为可疑（见后文甲戌本贴条）。而反对、辨伪派里最激烈的是红学会副会长，中国语言大学教授沈治钧，他认为王藏本是一部典型的伪书赝籍。所谓"乾隆庚寅"的墨笔标注写在装订线以外，并无渊源承传，乃现代人氏蓄意造假的作案标签。此本可能是为迎合周汝昌的"脂砚即湘云"说而刻意炮制出来的。王藏本来历不明，情形诡异，必定抄成于1956年之后，甚至可能伪造于2010年前后。

2014年10月11日，赵建忠、任少东带领藏主王超，前往北京通州张家湾"瓜饭楼"，请红学"泰斗"冯其庸鉴定"庚寅本"。此时冯其庸已经过了九十岁，只能用放大镜查看纸张、墨色、字体，没有精力研究内容了。据说他判断："这个抄本纸张是乾隆年代的，从字体风格和吃墨程度看，只能比光绪更早。具体断代的时间还可以再研究，但抄写时间不可能晚到上世纪五十年代或新世纪。我曾手抄过庚辰本，有这方面经验体会。当代人绝对抄写不出这种风格的本子。"

奇怪的是，这次访问的情况，赵建忠当时没有发表，竟压了两年零三个月，才在2017年1月16日刊载在《天津日报》上。而冯其庸在仅仅六天之后就告别人世。对于风烛残年的老人，这种有意或无意的延宕，原因不好理解，甚至有点残酷。上述意见，无法核实。

笔者认为，在二十一世纪的第二个十年，在《红楼梦》和红学已经被刘心武等炒热到如此程度之后，如果有真的《红楼梦》古版本，为什么不像卞藏本那样，上拍卖会呢？这个时代，早已不是真文物流于地摊的时代。从地摊上买来的版本，不管他们信不信，反正我不信。从字体看，也不如"卞藏本"那样的古意盎然。

因为"庚寅本"第一回的一条批语，还引出了甲戌本上一个贴条真假有无的问题，牵涉到胡适、陶洙和周汝昌等前辈。这话题我们稍后再说。

以上三个版本，正好是三类典型。卞藏本是真的，北师大本半真，"庚寅本"很可能是假的。至于前文所谓"癸酉本"，它连假的都算不上，因为根本就不存在，是一个虚构的幻影。

"假作真时真亦假"的故事，从上世纪六十年代的"小像"和靖本开始，已经持续了五十多年。我用四辑的篇幅，断续穿插着叙述了十几个案例，至此也该告一段落了。其中的以假充真，求真得假，弄假成真，真假转化，案例颇为丰富，似有些规律可寻，有些鉴真或打眼的经验教训可供总结或吸取。可以预料，类似的真真假假之事，在红学这个领域，以后必然还会发生，花样翻新，绵绵不绝。《红楼梦》写的就是甄真贾假，也许这本是神秘红学的题中应有之义吧。

41 传薪换代

甲戌本归来

2005年7月19日,新闻媒体报道:流失海外的孤本《红楼梦》甲戌本,已由上海博物馆花重金从美国康乃尔大学购回,目前该书就存在上海博物馆的图书馆内。"记者询问具体的购买经过,该人士以购买此书的负责人不在而拒绝回答如何购回该书等具体问题。他只是表示,甲戌本《红楼梦》购回之后,将不会对外展出,也不借阅,只供图书馆研究之用。"

七十八年过去,甲戌本回到了它的出身之地。

上博确实很低调,不接受采访,不透露甲戌本回归的过程。但是经笔者的迂回探查,还是大体上复原了甲戌本的回归之路。

回归之路

大约在2002年,国家图书馆出版社社长郭又陵和总编辑徐蜀,一起到美国康奈尔大学东亚图书馆参观,该馆的韩馆长把甲戌本《石头记》拿出来给他们看。那时,国图社正准备系统地影印《红楼梦》所有相关的版本,于是,他们提出能否用甲戌本作底本出版。韩馆长回答说不行,因为甲戌本的所有权并不属该馆,这些书是胡适的后人寄存在这里的。那天,韩馆长还拿出与胡适有关的其他东西给他俩看,其中印象深刻者有胡适所批的十八件清人册页,上面有胡适用四种颜色的圆珠笔所做批校。

郭社长很感兴趣,从美国回来之后下定决心商谈购买之事。正好他有位在美国的同学,与胡适的大儿子胡祖望相熟,便要到了胡家的电话号码,马

胡适原藏甲戌本归藏上海博物馆。

上就拨通了电话。郭社长感觉到胡先生说话含混不清，无法交谈，后来换了太太接电话，也就是胡适的儿媳曾淑昭，方说明了情况。原来，时年八十三岁的胡祖望已经得了老年痴呆症，要住养老院和做护理，需要一大笔钱，所以胡家想卖出一些东西。胡太太说，胡适并没有给家里留下什么财产，仅在纽约有一套住房，而在美国请人做护理是一笔很大的开支。了解到这些情况，郭社长觉得买东西有戏，胡家人也将寄存在康奈尔的物品取回家来。郭社长请他的同学去胡家了解有哪些东西，为此这位同学还在胡家住了一夜。

郭社长很希望国家图书馆能够买下，因为国图出版社隶属于国家图书馆，如果甲戌本归国图，影印就没有了障碍。郭社长通过他的同学做中间人，商量细节。国图想把价钱压低，与胡家反复谈价，一拖就是两年多。在此期间，郭社长还准备了第二方案，把消息透露给号称"中国藏书第一人"的藏书家韦力，准备万一公家谈不成，就由私人代替。他告诉韦力，胡家并没有报价，但国内已经有两家公馆在谈，大概价格在五百万人民币。韦力很感兴趣，愿意购买，觉得这"至少不是天价"。

这另一家国内的收藏机构，应该就是上海博物馆，商谈得很顺利，因为他们不讲价钱，直接就同意了。成交的价格，据传是八十万美元，另付三万美元作为康奈尔大学的保管费。于是国家图书馆起了个大早，赶了个晚集，收购了剩下的清人册页等其他东西。[15]

上海博物馆为什么对价格毫不犹豫呢？这就要说到另一个侧面的信息。上博为对《脂砚斋重评石头记》甲戌本进行评估，咨询了嘉德拍卖公司，嘉德为之出具了正式的估价函，其估价是由古籍部总经理拓晓堂做出的。

一天，拓先生接到上博打来的电话，邀请他去上海走一趟，电话中未谈及具体事情。拓晓堂依约到了上海，先与文学家邵洵美先生的女儿邵阳共进午餐，下午就去了上海博物馆。拓先生到了上博才知道，是请他鉴定原归胡适收藏的《脂砚斋重评石头记》甲戌本。研究之后，拓晓堂给出了三点意见：第一，年代对；第二，这是胡适收藏的那件《石头记》；第三，如果价位合理，应该收藏。过后，上海博物馆出资买下了这件《石头记》。

嘉德拍卖行还想买胡适的其它遗物，所以不久，拓晓堂就去华盛顿，与胡太太相约见面。胡太太一见面就说："我又不想卖东西，你们来做什么啊？"拓晓堂马上回答："您虽然不认识我，您的东西可认识我。"胡太太奇怪地问："您这话怎讲？"于是，拓晓堂讲了他为上博购买甲戌本做估价和鉴定的事，其中无意间提到，当天曾赴邵洵美女儿的午餐。话刚讲到这，胡太太大惊失色，几乎落泪，感叹道："天呐！还有这样的事情呢！"

胡太太说："胡先生当年买这部书的时候，就是找邵洵美借的钱！"拓晓堂一听也吃了一惊："这也太巧了！那我去赴宴就是替您到邵家去还愿了。"[16]

可以想见，1927年7月，胡适从海外长途旅行归来不久，又为刚开张的新月书店投了资，囊中羞涩，一时拿不出买书的三十块袁大头。而邵洵美出身豪门，在二三十年代的文艺圈中，是出了名的慷慨之人，正与胡适合作开书店，是他借钱帮胡适买下了这部书。

可能是觉得与拓先生有缘，胡太太当即上楼，挑了一些藏品拿了下来，嘴里还一直嘟囔着："我真的不愿意卖这些东西！"

这一次，拓晓堂从胡适的儿媳手中拿到了一批胡适的手札。听说此前不久，胡家的房屋漏了，急需一笔维修费用。在修房的时候，胡太太还摔伤了（笔者身在北美，颇能理解这种自己DIY修房的甘苦）。胡适后人手中还藏有很多胡适留下的东西，但家人并不想都卖出来。是亲人间的纪念，这也应该理解。

上海博物馆从美国购回甲戌本后不久，请冯其庸去鉴定原件。冯其庸1980年在美国威斯康辛，曾经把这本子借看了一个星期，这一次却又有了新发现。

上世纪八十年代，我曾提出"甲戌本""玄"字不避讳的问题，那时主要是用的影印本，很明显的"玄"字有一点，我到美国去开会看到了原本，与影印本一样，都是不避讳的。前些时候，甲戌本已回到祖国，现藏上海博物馆，上博请我去鉴定，当然这毫无疑问的是原件，但当我拿在手里仔细看这个本子时，却发现这个本子上不避讳的"玄"字的一点是后人加的，墨色和笔法都与原迹不一致，当时就请上博书画鉴定部的专家钟银兰先生来，钟先生仔细鉴定后，也认为这"玄"字原抄是没有一点的，现在的一点是后人加的。为了确认这一点，上博的陈馆长又拿来高倍度的放大镜，在高倍的放大镜下,这一点后加的情况更为明显了,所以原来我说的甲戌本"玄"字不避讳的说法是不准确的,是受影印本的影响,准确地说,甲戌本"玄"字是避讳的,是与己卯、庚辰等乾隆抄本的避讳是一致的。[17]

二十五年前在威斯康辛会场上,冯、周两先生对此"一点"的争执,至此可解。

真伪之辩

甲戌本回归之前,已经有欧阳健的"脂本造假说",之后又有陈林变本加厉的脂本"打假",它们与本书的叙事发生了冲突。为了复原历史,为了给陶洙和胡适辩冤,也为了维护本书内容之切实可信,现在有必要回顾甲戌本的来由以及庚辰本的转手。

1927年5月下旬,胡适在上海旅馆沧州饭店里收到了卖书人胡星垣的信,但他并未重视,当时没有回信。7月初胡星垣把书送到了新月书店,胡适看过才知道好,于是买下。胡适在1961年出影印本时回忆说,收到卖书人求售的信以后,他不感兴趣,"把他的姓名住址都丢了","没有记下卖书人的姓名住址,没有和他通信,所以我完全不知道这部书在最近几十年里的历史"。可是到了九十年代,卖书人的原信又在胡适留在北京的档案中被发现,并影印出版。本书就是据此而实录。

"脂本造假说"认为,1921年胡适发表《红楼梦考证》文章后,造假者陶洙迎合胡适的喜好,伪造了甲戌本。陈林甚而指认,那个胡星垣就是陶洙的化名,偷偷潜至上海,写信卖书给胡适,其理由是胡信也与陶洙笔迹相同。其实明眼人一看便知,两个笔迹完全不同,差异甚大。陈林对"人性本恶"的想象力,显然要比眼神或字体鉴定能力强得多。

造假说又认为,胡适得到甲戌本后如获至宝,他说"姓名住址都丢了",就是故意隐瞒卖书人的姓名,防止有人去核实,为此甚至把日记也毁了。可是怀着平常心如我者,却很难认同这有罪推定。试想胡适当时没有回信,来信也没有扔掉,而是随手放在文件堆中。胡适颇具史料意识,有保存所有往来信件的习惯——因此才给吴晗等人造成了大麻烦,也给新史家们留下了大矿藏。一个多月后甲戌本送到书店,胡适没有找到信封上的地址姓名,于是与卖书人失去联系。再以后胡家的文案资料堆如山积,此信被久久埋没。1948年底,此信随全部资料留在北京。到1961年胡适在台湾写文章时已是三十四年后,将一封信彻底忘却,这过程不是完全合理,顺理成章的吗?与作伪欺世完全扯不上关系,所谓伪造甲戌本更是荒唐的阴谋论妄想。当然,胡适在得书后付款时,理应可以找到卖书人，循线索追踪甲戌本的来源和流传史，他没有做，是一个缺憾，但这与造假行骗完全无关。几十年后，这信被后代研究者在档案中重新发现，怎么能证明胡适当初就有隐瞒欺世之心呢？他若想那样，又何必把信留下来？我们当然选择相信胡适，而不是欧阳健和陈林。

陈林还说，其他已卯本、庚辰本，甚至杨藏本（红楼梦稿）、蒙府本等，统统都是陶洙以后一手炮制，陆续卖出的。陶洙最后炮制了北师大本，为牟利卖给中国书店。如此编造太高估了陶洙的作伪能力或意愿，也太低估了陶洙的人生标准。作为上层文士、书画名家的陶洙，何苦要劳神费力去做伪书，几十年才卖出一本呢？他靠鬻画卖字的正当文化行为，来钱不是要容易得多吗？与陈林年龄相仿（七零后）的"卞藏本"主人、收藏家卞亦文，对古本书的认识要内行得多，正如他所说："到目前还从未出现过从头到尾作旧的伪书。这样做成本太高，回报太低。"

再说原收藏于徐星署家的庚辰本，是1949年通过琉璃厂书贩魏广洲，经藏书家郑振铎介绍，卖给了燕京大学图书馆，魏广洲与郑振铎是在六国饭店见的面。通过魏广洲在八十年代初的回忆，这个过程十分清楚，细节丰富，翔实可信。（见本书之第二"翻覆篇"）但又是陈林在这里发现了问题，网上有人提示他看《郑振铎日记》，1949年3月29日到5月25日，郑振铎随新中国代表团去捷克布拉格出席国际会议，按魏说的时间不在北京。陈林又是如获至宝，据此否定魏广洲的全部回忆，说魏也在造假。试问魏广洲又有什么理由，去配合已故多年的陶洙编瞎话呢？真相实际上很简单，魏广洲在回忆三十多年前往事的时候，把时间记错了一个月，4月初办完的事记成了5月初。他在六国饭店见到郑振铎的时间，应该是1949年3月下旬的头几天内，代表团出发之前。人们的生活经验很容易证明，在回忆旧事时细节和地点鲜明如画，不容易出错，但时间上不容易记准，有误差是正常的。以时间的误差而否定整个过程，进而怀疑叙述者的人品，既违反常识，也很不公道。

【又是在写就上文三年后，获读沈治钧先生《庚辰本与赵万里及郑振铎》一文，与拙见不谋而合。沈先生引吴晓铃先生约1982年在一粟《红楼梦书录》增订本上所作批注：

> 一九四九年初，琉璃厂多文阁魏广洲经鉴古斋萧福之介，自大乘巷徐氏得此书，授余，索金十条，余嘱送国际饭店郑西谛师，师函燕京大学陆志韦校长，陆交图书馆，聂崇琦师办，以美金八十五元致之。

此批应写于魏广洲1984年发文之前，其中的人名、钱数等信息虽略有差异，但基本脉络与魏文如出一辙，成为另一当事人的有力旁证。至于所述购书价格不一，似应以经手人魏广洲之说为准。

沈先生认为郑魏晤面应在1949年3月23日，庚辰本售给燕大的成交日期是4月2日，这与我在本书第二篇中的推断相当接近。沈先生的理由是草书形讹和阴阳历转换，我认为也许没那么复杂，就是简单地因年久记错了一个月，更为可能。具体日期不妨略留余地，不必定死，但魏说的大体可信，却是确定无疑的。[18]——2023年10月补识】

陈林的"脂本打假"，并不仅仅着眼于往昔"造假"，更涉及到当今的"护假"。陶洙和胡适已故多年，追究他们还有什么意思？剑指当前红学界的权威，才是他的醉翁之意。被陈林点名的今人，还有周汝昌、冯其庸、胡文彬以及诸多当今的红学家。他指控庚辰本能高价卖给燕京，是周汝昌与陶洙合谋而成。特别是以版本考证见长的冯其庸，受攻击最烈。陈林认定冯先生早就看出陶洙造假的痕迹，但是为了私利不予公开，故意隐瞒。这真是无厘头的天方夜谭。

我借此机会回顾往事，也是想替以上先生们辩白申冤。我还应该感谢陈林的质疑，是他挖掘出的一些细节信息，使甲戌本、庚辰本转手的史实更为准确，也丰富和核实了本书的内容。

贴条之微

甲戌本原件虽然回归祖国，但是上海博物馆宣布不展览也不借阅，仅供内部研究。这引起了很多《红楼梦》研究者和爱好者的不满，怨言颇多。因为影印本已经俯拾皆是，为了保护脆弱的原件，也情有可原。但是在2015年，因为天津出现的那个所谓"庚寅本"引出的一个细节问题，还必须要查验甲戌本的真身。

起因是2012年，香港的梅节发现，甲戌本上疑似有一条批语："予若能遇士翁这样的朋友，亦不至于如此矣，亦不至似雨村之负义也。"它首见于己卯本上陶洙的过录，再见于俞平伯的《脂砚斋红楼梦辑评》，但在影印的甲戌本上却毫无踪迹，故怀疑是陶洙做手脚塞入"私货"，进而疑心周汝昌曾私借甲戌本与陶洙。更加诡异的是，这条批出现在天津"庚寅本"上，那么就证明，"庚寅本"很可能是在上世纪五十年代以后，照俞平伯辑评本抄造的假货。

周汝昌的女儿周伦玲为此查看了1948年周氏兄弟的甲戌录副本（它一直保存在周家），发现周祜昌抄写了这条批语，周汝昌稍后加了一个括弧写下："附条：此后人批不必存。玉言"。这使问题峰回路转，证明此批早于陶洙。

为了验明正身，红学研究者要求上海博物馆查验甲戌本真迹，看是否有此"贴条"。这甲戌本深锁于库房，外人是看不到的，只能申请由上博工作人员代查。2013年12月,研究馆员陶喻之两次开库目验甲戌本,第一次答复说没有贴条;过了一周再仔细看,发现第一回第十五叶背面上部果然有粘贴纸条痕迹,残存"予卄"一个半字,其余被撕去,原贴条已渺不可寻。

幸亏,胡适在美国留下了缩微胶卷。2015年12月,在美国访学的人大清史所项旋去哥伦比亚大学图书馆,发现在1950年4月拍摄的胶卷上,有这一附条迷失前的完整形态,有二十八字批语,佐证周氏录副本是忠实转录的。

为什么这一纸贴条那么重要,值得相争?因为它第一关系着甲戌本的本来面目;第二能证明"庚寅本"的真伪虚实;第三事关陶洙、周氏昆仲三人的人品和诚信。说大不算大,说小也不小。

几位学者为此展开了反复辩驳。梁归智、项旋、周文业等认为这贴条是刘铨福到胡适之前的某藏主所为;而沈治钧力主是周氏兄弟抄录副本时擅自妄加,抒发自家郁闷。笔者不能遽下定论,但倾向于平和善良的前一说。我的理由是:其一,周氏兄弟抄书的目的是既要做学问又珍惜古籍,他们为什么要故意得罪书主,涂鸦原书呢?并无作案动机。其二,"人之初,性本善。"周汝昌未来固然有伪造"佚诗"之弊,但不应该因此逆推他在青涩入门时即

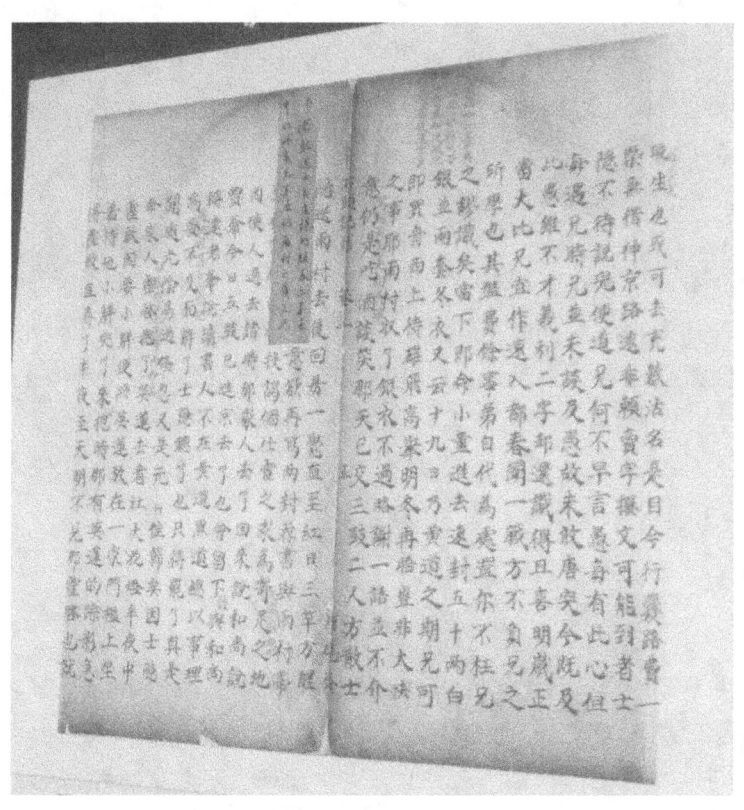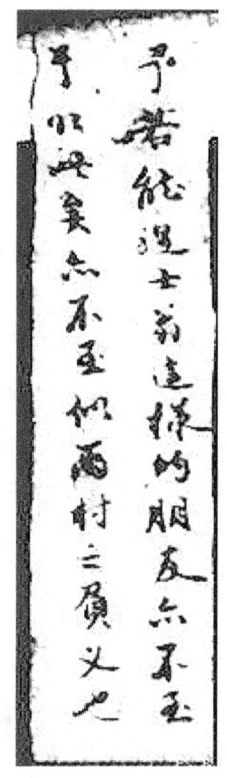

甲戌本上曾经存在的贴条,见于美国的缩微胶卷。

怀异心。更何况写手并非周汝昌，而是老实若愚的四兄周祜昌。说他胆大妄为，不符合其为人性格。其三，录副本仅供兄弟二人使用，周汝昌在成都加批注"附条：此后人批不必存"，是对四兄的指点。如果四兄本人是附条作者，这话就不知所云了。其四，周家后人不愿公布录副本，唯一见过其照片的梁归智承认"字迹非常接近"，这确实令人生疑。对此不妨看一看旁证，陈林正是抓住部分笔迹相似，而认定己卯本、庚辰本等都是陶洙伪造的。如果因此而断案，那岂不是众多脂本都大有可疑了吗？周祜昌亦如陶洙，在抄书时模仿原字体书写，是有可能发生的。

甲戌本原书内的贴条，在1961年影印之前失掉了。反周论者认为是书主胡适愤而撕去，但我认为更可能是自然老化脱落。"天下本无事"，不必强求人为的负面解读。还有更离奇的指责，说是周汝昌斗胆在甲戌本首页右下角盖上私章，胡适见后生气地将其撕去，才造成了那一角的残缺。这论者不知道，胡适曾明文记载过，撕去一角发生于胡适得书之前（见本书之第一"开局篇"第5节）。实际上，在古书首页上盖藏书章，有自下而上的先后顺序，是颠倒不得的，故可证下章撕去在先。我认为两种推测都是欲加之罪，疑人偷斧，不是客观公正的学术态度了。

小小一张贴条，可证"庚寅本"之伪，可见甲戌本之真，还可以检验学术的虚实，透视人心的善恶。

超越红学

讲《红楼梦》研究，应该是索隐派、考证派和艺术评论派三足鼎立。艺术评论派由王国维开其先声，中间有王昆仑、何其芳、蒋和森为翘楚。但是比较起来，不及考证派那样声势显赫，占据主流。艺术评论派的代表人物也不愿意自称"红学"，甚至主动地自居于"红学"之外，所以在本书中着墨不多。实际上，他们是超越了红学，借助《红楼梦》去认识艺术和人生。以下三位，是我个人兴趣的选择。

钱锺书

本书中曾经几次轻轻触及了钱锺书，现在我还是忍不住为他单辟一节。大学问家钱锺书不是红学家，却胜似红学家。

据文学研究所刘世德回忆，钱锺书先生曾主动问他："你喜欢《红楼梦》吗？"刘答："喜欢。"而钱先生则说："我不喜欢《红楼梦》。我也不喜欢《三

钱锺书先生
邓伟 摄

国演义》。我喜欢《西游记》,喜欢《儒林外史》。"[19]

这似乎与胡适不谋而合。但是沈治钧通过统计钱先生著述中的徵引情况,得出相反的结论:

> 在所有古代小说乃至中外古今所有典籍当中,钱先生最钟爱的书似乎要首推《红楼梦》了。一个红学家很可能并不特别喜欢《红楼梦》,开创新红学派的胡适就是个典型;相反,一个并不专治红学的学者很可能十分酷爱《红楼梦》,钱先生似乎可以当这方面的代表。[20]

这两说存在矛盾。到底哪一个更接近于真实?

钱锺书确实对《红楼梦》的内容了如指掌,对红学界的认识入木三分,大概不弱于任何一位红学家。而他胜过大部分学者,为人所不及处在于,一是渊深博洽、自由遨游的知识结构;二是通透灵动、触类旁通的联想能力;三是高屋建瓴、穿透本质的认识高度。

钱锺书早年是机锋颖异的作家。在他的小说、散文中,信手拈来,都成妙谛,随笔以有关《红楼梦》的情节典故为喻,便获得出人意外又在情理之中、令人折服的加强效果。笔底波澜起伏,文采斐然焕发。譬如在小说《猫》里,李建侯向秘书颐谷吹嘘游历的心得:

> 他说:"回国时的游历,至少像林黛玉初入荣国府,而出国时的游历呢,怕免不了像刘姥姥一进大观园。"颐谷曾给朋友们拉去听京

戏大名旦拿手的《黛玉葬花》,所以也见过自体丰满结实的林黛玉(仿佛《续红楼梦》里警幻仙子给黛玉吃的强身健美仙丹,黛玉提早服了来葬花似的),但是看建侯口讲指划,自比林黛玉,忍不住笑了。

短短一段描写,不仅比喻恰当地活用了《红楼梦》中两个经典情节,还涉及到《红楼》戏和续书,这是知识密集型的讽刺与幽默。在小说《灵感》中,一位名作家被他小说中的角色包围质问,其中一人道:"我是你中篇《红楼梦魇》里乡绅家的大少爷!"这虚构的书名与张爱玲的红学著作一字不差,张说书名来自宋淇的建议,而宋淇是钱锺书多年的密友。看来两个书名撞车,并不一定是偶然的巧合。[21]

钱锺书又是学贯中西的大学问家。他虽无红学专文,但是在《谈艺录》、《管锥编》、《七缀集》、《写在人生边上》甚至《宋诗选注》等著作中,对《红楼梦》的评论甚多,多属发前人所未发的真知灼见。对于"红学"本身,他甚至认为:

> 词章中一书而得为"学",堪比经之有《易》学、《诗》学等或《说文解字》之蔚成"许学"者,惟《选》学与《红》学耳。寥落千载,俪坐俪立,莫许参焉。(《管锥编》第四册)

这就是说,继《易经》、《诗经》和《说文解字》之后,千余年来,只有《昭明文选》和《红楼梦》可以"一书而得为'学'",没有第三者!评价不可谓不高,但钱锺书是把红学视为词章之学,而不是考据之学。也就是说,把《红楼梦》作为文学作品来审视鉴赏,而不是作为历史谜题去索隐考据。由于有这样的观点,钱锺书在红学家中同情俞平伯而刺评吴世昌、吴恩裕,也就有迹可循,有情可原了。

在学术著作中,钱锺书谈红是"偶尔露峥嵘",或明辨或暗讽,皆自出机杼。在谈王国维的诗时,及于他的《红楼梦评论》,钱先生批评王国维"似于叔本华之道未尽,于其理未彻"。"苟尽其道而彻其理,则当知木石因缘,徼幸成就,喜将变忧,佳耦始者或以怨耦终……好事徒成虚话,含饴还同嚼蜡。"(《谈艺录·三》)这道理便与小说《围城》的主旨相通。再如谈历史小说的虚实关系:"历史小说虚虚实实,最难恰到好处;弟尝戏改《红楼梦》中联语为此体说法云:'假作真时真不假,无生有处有非无。'"(致作家周而复信)他多次论述了读书不能"认虚成实":"《红楼梦》第五回写秦氏房中陈设,有武则天曾照之宝镜、安禄山尝掷之木瓜、经西施浣之纱衾、被红娘抱之鸳枕等等。倘据此以为作者乃言古植至晋而移、古物入清犹用,叹有神助,或斥其鬼话,则犹'丞相非在梦中,君自在梦中耳'耳。"(《管锥编》第一册)他充分肯定高鹗续书中的笔墨:"第九十七回黛玉焚稿一节,皆兰墅续书中最警策之文。黛玉焚稿,写厌生者之心坚意决。身亡命绝,而亦求声名俱灭,神理不存,斩葛断藤,烧灰扬烬。借但丁语,谓之一死而兼'第二死'可也。袭人嫁夫,写忍死者之意转心回。委蛇迤逦,情逐事迁,由忍死而不忍死,渐易初衷,仍萌故态。使四十回中更多此类笔墨,则曹规高随,庶乎可尔。"(《容安馆札记》第七九八则)在《宋诗选注》中,当注解评论王安石、陆游、范成大的诗时,钱锺书还至少四次征引了《红楼梦》的情节和词句。简直是烂熟于心,游刃有余。

钱锺书对于红学界的问题冷眼旁观,偶尔以微言曲笔讽之。如他在《管锥编》中写道:"凡文章巨子如李杜、韩柳、苏陆、汤显祖、曹雪芹等,各有大小佞臣百十辈,吹嘘上天,绝倒于地,尊疣如璧,见肿谓肥"。而在私人笔记或与朋友的书信中,则更加直率地表达,也更显鞭辟入里。他在致郑朝宗信中说:"大抵学问是荒江老屋中二三素心人商量培养之事,朝市之显学必成俗学。殷鉴不远,马列主义与《红楼梦》研究便是眼前例证。"[22]

老友宋淇也是红学家,被称为"香港的俞平伯"。钱锺书与他通信,可以说私房话,有时略显刻薄:"弟尝曰:近日考据者治《红楼梦》乃'红楼梦呓',理论家言 Red Chamber Dream 乃 Red Square Nightmare","此间红学家有为'红楼梦呓'者,有为'红楼梦魇'者,更有为'红楼梦遗'(nocturnal emission)者,有识者所以'better dead than Red'"。[23]

那么,钱锺书到底喜欢不喜欢《红楼梦》?笔者才疏学浅,无力深究,仅能略举三点试答。其一,不能仅以引文的数量统计论"喜欢",也不应以是否"喜欢"为尺度,来认识大学问家,那样就浅了。其二,大家高人可能故作狡狯之笔,用障眼法。如《红楼梦》中写黛玉道:"我最不喜欢李义山的诗",此实为故意说反话,以"怼"宝玉、宝钗。"这正是作者用画家烟云模糊处,观者万不可被作者瞒蔽了去,方是巨眼。"(脂批语)然则钱先生或亦如此,也未可知。其三,钱先生的人生态度是疏离于"人生边上",冷眼旁观红尘中人。他与有志补天,抱持浪漫主义、理想主义的作者曹雪芹存在差异,他创造的主人公方鸿渐与"泛爱"的贾宝玉更截然相反。看《红楼梦》与《围城》的差别,可略知一二。如此说来,竟好像是喜欢不喜欢都对了。

钱锺书先生于1998年12月19日逝世,终年八十八岁。

舒芜

周汝昌的老同事舒芜,对"红学家"的头衔避之唯恐不及,一再声明自己只是一个普通的读者,谢绝了多次《红楼梦》学术研讨会的邀请。

1960年,舒芜以"右派分子"的戴罪之身,调入人文社新成立的编译所,侥幸过了几年安稳日子。1964年冬,下放山东沂蒙山区劳动,至次年6月回

老年舒芜

到北京。但是很快"文革"风暴就来临了,他被打为"牛鬼蛇神"关入"牛棚",这遭遇要比周汝昌更早。但身在文化机关,还是比中学的干部和教师好过得多。在北京二十五中任教的他的妻子陈沅芷,遭批斗毒打致死后,还被诬为"反革命分子畏罪自杀,骨灰不许领"。此后又遭抄家,被洗劫一空,连过冬的衣服也没有留下,舒芜和孩子们怎样熬过那个凄冷的冬天?

1969年中秋节,他与周汝昌同一天下放湖北同一"五七干校",却晚了四年半才回北京。当周汝昌受命修订《红楼梦新证》时,舒芜被贬至校对科两年,1977年才重返古编室。1979年秋,他与周汝昌同时离开人民文学出版社,调到《中国社会科学》杂志社工作。那年他五十七岁,已经提前退休。

舒芜对《红楼梦》早有研究,1954年开始发表评《红楼梦》的文章,其中批判文章不多,更多的是正面谈《红楼梦》,后来到社会上各单位讲了几十场《红楼梦》。他还是1955年四卷《红楼梦研究论文集》的编辑者,是1957版《红楼梦》校本的主要负责人。正像他的前领导聂绀弩(他也可以归为艺术评论派)一样,舒芜当然对《红楼梦》有自己的品赏和主见。

1977年7月,舒芜在完成了《"曹雪芹佚诗"辨伪》之后,开始大作《红楼梦》文章。其首篇《谁解其中味?》,在《红楼梦学刊》1980年第一辑上发表。这篇文章采用对话体,意趣盎然、层层剥茧地探讨了有关《红楼梦》的几个关键性问题。特别指出"《红楼梦》在中国古典文学里带来了一个全新的空前未有的东西,就是对女性的尊敬。"胡风在1954年曾讲过类似观点,舒芜又将其继承和发挥了。他又将鲁迅对《红楼梦》的"命意"加以阐发:"'多所爱者当大苦恼，因为世上不幸人多'。这就是贾宝玉的悲剧，就是把一切他所爱者的不幸全担在他自己肩上，比每一个不幸者自己所承担的苦恼更多的大苦恼，大悲剧。"这样的论文在当时嘈杂的红学热中独树一帜。

舒芜的知音还是聂绀弩。聂老读后欣喜地赠诗曰：

红学几家红，楼天一问中。翠晴追可妙，猿鹤悯沙虫。

肉眼无情眼，舒公即宝公。女清男子浊，此意更谁通。

(《赠〈谁解其中味〉一文作者重禹》1982年作)

舒芜的书斋原名"天问楼"，"楼天一问中"实即"天问一楼中"，因平仄而易位。而"舒公即宝公"，可谓最高评价了。

以本篇为发端，舒芜相继写成多篇短论，组成一本书《说梦录》，于1982年出版。在书的一开头他就声明"我从来谈的是《红楼梦》，不是《石头记》"，表明了立场。1984年10月6日，聂绀弩给舒芜写信说："我在家何干？读《谁解其中味》——自有红学以来，唯此一文始为精辟，非昌辈所能望其项背。"[24]他还说："对于研究《红楼梦》来说，可以说舒芜是真正进入角色了。周汝昌虽然写了《红楼梦新证》，他还没进入角色。"[25]

在当代中国，谈红学总离不开政治。舒芜此生的一大心病，就是1955年的"交信"事件，成为"胡风反革命集团案"的导火索，祸延两千多人，不少人家破人亡。胡风案在1980年终于获得平反后，舒芜更被视为殉道圣人的对立面，受到追究和贬斥。

聂绀弩也是胡风案的受害者，但他一直与舒芜保持着挚友的关系，终生不曾改变。1982年，舒芜六十岁时，聂绀弩诗赠舒芜：

媚骨生成岂我侪，与时无忤有何哉？

错从耶弟方犹大，何不讨廷咒恶来。

他在1982年9月3日致舒芜信中说：

我看过忘记了名字的人的文章，说舒芜这犹大以出卖耶稣为进身之阶，我非常愤恨。为什么舒芜是犹大，为什么是胡风的门徒呢？这比喻是不对的。一个卅来岁的青年，面前摆着一架天平，一边是中共和毛公，一边是胡风，会看不出谁轻谁重？我那时已五十多了，我是以为胡风这边轻的。至于后来，胡风上了十字架，几千几万几十万各以不同程度上了十字架，你是否预想到，不得而知，我是一点未想到的，正和当了几十年的党员，根本未想到十年浩劫一样。我说过小不忍乱大谋，也是胡说。然而人们恨犹大，不恨送人上十字架的总督之类，真是怪事。我以为犹大故事是某种人捏造的，使人转移目标，恨犹大而轻恕某种人。[26]

十一 围城篇　745

其实舒芜一直背负着沉重的道德包袱，多次在文章中表示忏悔，比如在《回归五四》一书的后序中，舒芜说过：

> 由我的《关于胡风的宗派主义》，一改再改三改而成了《关于胡风反革命集团的一些材料》，虽非我始料所及，但是它导致了那样一大冤狱，那么多人受到迫害，妻离子散，家破人亡，乃至失智发狂，各式惨死，其中包括我青年时期几乎全部的好友，特别是一贯挈我披我教我望我的胡风，我对他们的苦难，有我应负的一份责任。本书的编辑出版，也是让历史把这份沉重的责任永远铭记下来。[27]

九十年代以后，那次事件的史实细节披露得越来越多，我们有条件更客观理性地看待那场历史风波的是是非非。比如并不是舒芜主动交信害友，而是《人民日报》记者叶遥奉领导之命要借信核对，舒芜不太情愿，借故推托，是舒芜的母亲手快从床底下拉出了装信的皮箱（见本书之第三"批判篇"第13节），而舒芜和叶遥都没有想到这些信后来的真正用途。比如早在舒芜交信之前一年，胡风在1954年春天就给党中央写信——所谓"三十万言书"，其中首先引用私人信件和私人谈话内容，揭露舒芜是"叛党分子"[28]。舒芜交信是被动服从，胡风写信是主动为之。比如有著名的文化人，利用常客、朋友的关系，隐伏在章伯钧、聂绀弩的身边，或"卧底"，或告密，以换取组织的信任，或个人的安全。聂绀弩是把这些都看穿了，他知道系狱十年是源于有人告密，但他出狱平反后，并不想去追查告密者，仍与他们相交。

2004年，舒芜的旧作《说梦录》改名《红楼说梦》，回到他的老东家人民文学出版社再版。这时有记者来采访，问：您对《红楼梦》非常有研究，但您一直强调您是一位普通读者，为什么？舒芜回答：

> 我主要是想和有些所谓的"红学家"划清界限。现在的"红学家"有两种，一种确实是在踏踏实实地做红学方面的研究，帮助读者多掌握一些资料；还有一种把《红楼梦》看成是莫名其妙的东西，里面有多么了不起的文化意义，政治意义，甚至越讲越玄。其实《红楼梦》就是一部小说，和别的小说没有什么不同。我对红学没有什么兴趣，我就是一个普通读者。曹雪芹也是写给普通读者看的，而不是专给"红学家"看。[29]

那"还有一种"的"红学家"指谁？不问可知了。

2006年，面对着一哄而起的"国学热"，舒芜发了一通感慨：

> 更可笑的是，谁都变成了"国学大师"，简直有点奇怪。有些所谓的"国学大师"，我是看着他们混过来的，根本就不是做学问的人，坑蒙拐骗，说起谎来脸都不红，凭那么一点诗词常识，就敢

在公众面前胡扯学问。有的一张口就错误百出，也在电视上大言不惭地谈"国学"。[30]

这说的是那位在人文社校注《屈原集》的老同事文怀沙。他在晚年高调活动，社会评价两极分化，或尊其为国学大师，或贬之为江湖骗子。

王蒙

1934年10月15日，王蒙在北京出生的时候，他父亲王锦第还是北京大学哲学系的学生。同室舍友有何其芳和李长之。何其芳建议给孩子起名"阿蒙"，这是从法国小仲马的小说《茶花女》中的主人公而来。王锦第认为阿猫阿狗是南方人给孩子起名的习惯，就去阿存蒙，给孩子命名王蒙。看来王蒙作为何其芳的继承者，真是命中注定。

1956年，王蒙的成名作是《组织部新来的青年人》，小说刚出来就被李希凡著文批评。后王蒙被打成右派，贬赴新疆伊犁。1979年王蒙获平反，成为著名作家。1986年，王蒙被任命为文化部长，成为李希凡的上级，至1989年秋天卸任。从那以后，王蒙开始研究《红楼梦》。这一个时间点显然并非偶然，他除了获得了闲暇时间，也积累了足够的人生阅历和体验，对《红楼梦》的"其中味"心有灵犀了。

1991年，王蒙出版了《红楼启示录》。1994年，出版《王蒙评点红楼梦》。2005年，出版《王蒙活说红楼梦》和《评点》的增补版。此后还有《不自由，毋宁死》、《王蒙的红楼梦》等。

在作家里面，王蒙谈《红楼梦》，要比刘心武更早，更多，更通透，更洒脱。他的聪明处，就在于脱离了编故事、吸眼球，而是谈体验、挖深度。如果说刘心武是融合了蔡元培的政治索隐和周汝昌的写实自传两派的话，王蒙就是承续了王国维、何其芳一脉的艺术评论派，且融汇进自己的生命体验。这艺术评论派在历史上比较弱，所以王蒙的异军突起难能可贵。

王蒙读《红楼梦》，有他独特的身份角度。其一，是"红外"的身份，保持在红学圈以外的独立地位；其二，是作家的身份，对小说做法深得三昧；其三，是过来人的身份，穷则"右派"，达则部长，对人生的起落穷通都有亲身体验。能够兼具这几点的人罕有其匹，所以他的评红深度也一时无两。无论是在研究的眼光、思路还是方法甚至术语等方面，王蒙都有独到之处。

王蒙强调"把《红楼梦》当作活书来读，当作活人来评"；"把《红楼梦》往活里说，把读者往活里而不是往呆木里说"[31]。所谓"活"就是立足于当代，与现实相通。王蒙研究《红楼梦》的核心概念是人生性，"《红楼梦》就是人生"，

王蒙

"《红楼梦》里有真人生,充满了人生"。若缺乏这种生命意义上的理解和相通,任何的考据、索隐、研究与发现都未免显得隔膜和呆气。王蒙曾批评胡适:"老是背着中西的学问大山来看小说了,沉哉重也!"[32] 而王蒙的研究,就是把《红楼梦》从"学问大山"下解放出来,恢复生机。王蒙说:"你的一切经历经验喜怒哀乐都能从《红楼梦》里找到参照,找到解释,找到依托,也找到心心相印的共振。"[33] 王蒙是在以自己的人生来解读《红楼梦》,也以《红楼梦》来解读自己的人生。

以小说家去理解小说和小说家,是王蒙的特长。读王蒙的书,时常感到是王蒙在与曹雪芹讨论小说学和创作论。从这一意义上说,他又不是《红楼梦》的一个普通读者。与红学家窥探式的眼光不同,王蒙以作者的身份而讨厌脂砚斋。也与刘心武的过分自信、以身试法不同,王蒙绝不相信有人能续补《红楼梦》。以下都摘录自《王蒙的红楼梦》:

> 这对于我来说是一个死结,因为我死死地认定,不但某甲为某乙续书是不可能的,某甲为自己续书也是根本不可能的。你可以让老王再续一段《青春万岁》或者《组织部来了个年轻人》、哪怕只写八百字吗?打死老王也做不到。高某为曹某作续,那么长时间居然没有被发现,这样的一对天才同时或前后脚出现的几率比出现一个能写出《红楼梦》的天才的机会还罕见一千倍。……"脂砚斋"这个似乎对文学知之甚少而对曹家知之甚多的刻舟求剑的自封的老大,偏偏插上一杠子,变成了事实上的"红学祖师爷"。区区如老王者也不是没有这样的哭笑不得的经验,一个绝不把自己当外人的或沾亲或带故的爷或姑奶奶,到处散播你写的张三乃源自王五,你写的李四乃源自赵六。他说得板上钉钉,入丝入扣。这是一种关切,这是一种友谊,这对小说写作人来说也确实是一大灾难。这是命定的小说的扫帚星,

谁让小说家说出了那么多秘密，他或她理应得到口舌的报应。谁知道如脂评之属，带来的资讯更多，还是搅和干扰更多呢？

这些因素使得《红楼梦》从小说文本变成了残缺不全的密档，使《红楼梦》的研究变成了情报档案学遂注定了永无宁日。一方面我不能不感谢那些以有限的资料作出了对于"曹学""版本学"的重大贡献的前贤，一方面不能不为《红楼梦》的残缺性而扼腕长叹。书上说的是"满纸荒唐言，一把辛酸泪"，我们呢，只能是"满纸热狂言，一笔糊涂账；学问都不小，仍难解真相"，要不就是"满纸相因言，一笔（车）轱辘账；胶柱鼓瑟罢，刻舟求剑忙"。

最好的文学被非文学化了，最好的技巧被无技巧化了，最好的描写刻划被非描写非刻划反而实录化了，最好的创作被非创作化了——你也许宁愿相信它原来是刻在青埂峰的大石头上的。[34]

王蒙的"红论"，自有他的会心，自有他的高度，自有他的格调，是当代《红楼梦》研究雾霾中的一缕清风。冯其庸在1995年作《快读〈红楼梦〉王蒙评》，高度评价王蒙的《红楼梦》评论，称是当代红坛的一件"盛事"和"大事"，王蒙是评点家中"解味较深和较多的一人"。"他的评，是一个大才子的评，是一个大作家的评，是一个有大智慧大文化人的评"。[35] 但是王蒙的格调，也不是人人能够理解，比如霍国玲和紫军，就在网上连发七论反驳他。

王蒙在2010年10月，担任了北京曹雪芹学会的名誉会长。早在1983年秋于卧佛寺成立的叫中国曹雪芹研究会，这时重新注册，改名为北京的学会，会长还是胡德平。曹学会创办了学术刊物《曹雪芹研究》，决定在创刊号上发表对王蒙的名家访谈。刊物主编花了一个多月时间准备，写成几千字的采访提纲。等了两个月，王蒙却只做出简略答复，很多问题都置之不答。

对于《红楼梦》研究的现状，王蒙曾在书中概括为："一是盛况空前，一是令人絮烦。"这一次他解释说：

我所说的絮烦，可能是由于一、太多，这方面的总供给多于总需求了。二、有一些论文彼此大同小异，互相重复，有的已成陈词滥调。三、有些过于边缘与生冷的说法，令一般读者感到莫名其妙。四、就红谈红，就曹谈曹，没有论者自身的生命体验与人生况味的互文互证。

在被要求"全面地评价一下脂砚斋"时，王蒙答道：

问题在于把《红楼梦》当成机密档案来看，来破译，来解开密电码，来暗算或者进行风声风语的猜谜，是我所无法理解也太不擅长的。有时也想，热闹热闹也好，无大恶。至于我说脂砚斋不知小说为何物,恐怕是真的。几乎所有的小说家身边都有这样的人,替小说作者爆料,把小说中的人物与故事说得如《红楼梦》后四十回所言的刻舟求剑、胶柱鼓瑟,他们确是小说作者的扫帚星。但他们说的又确实不是全无根据,他们是用反文学的方法来透露文学家的某些秘闻或者生猛材料的。[36]

刊物主编与名誉会长的对话,就是有点话不投机。我颇怀疑,名誉会长的路数是天马行空,而曹学会的基因就是拘泥实地,这二者之间该如何协调呢?

京华遗址

蒜市口十七间半

香山正白旗的"曹雪芹故居"被弄假成真,也就罢了。但是北京城里还有个曹雪芹故居,要靠谱得多,却居然被拆了。

1982年10月,中国第一历史档案馆编辑张书才在清代档案中,发现了一份满汉合璧的刑部移会,其中有如下内容:

> 今于雍正七年五月初七日,准总管内务府咨称:原任江宁织造员外郎曹頫,系包衣佐领下人,准正白旗满洲都统咨查到府。查曹頫因骚扰驿站获罪,现今枷号。曹頫之京城家产人口及江省家产人口,俱奉旨赏给隋赫德。后因隋赫德见曹寅之妻孀妇无力,不能度日,将赏伊之家产人口内,于京城崇文门外蒜市口地方房十七间半,家仆三对,给予曹寅之妻孀妇度命。除此,京城、江省再无着落催追之人。相应咨部。等因前来。[37]

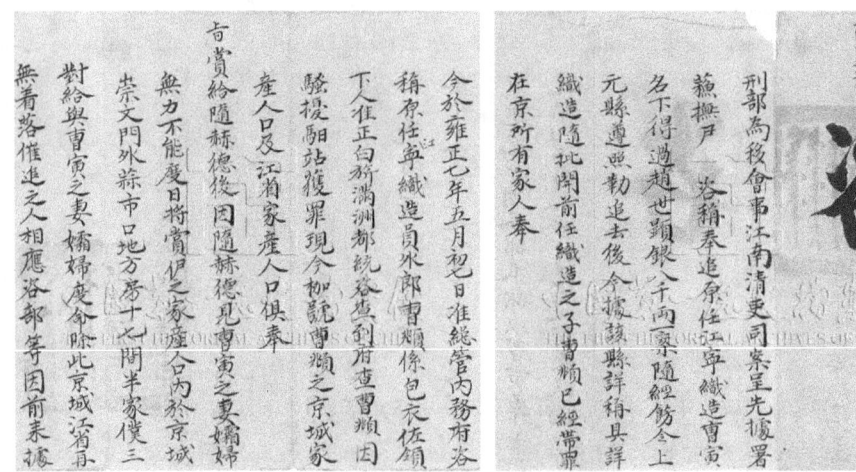

关于"蒜市口十七间半"的刑部移会(部分)

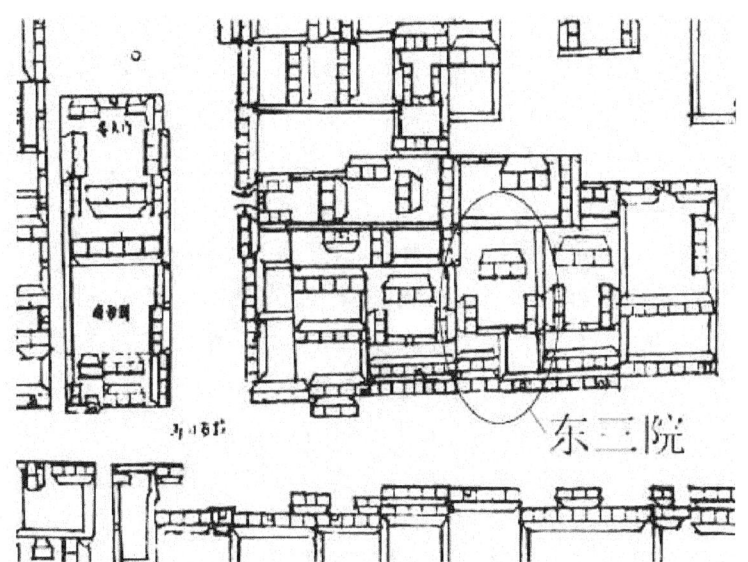

《乾隆京城全图》之蒜市口地方，圈内东三院为1980年代之十六号院。

　　这份档案的重要性在于：首次证实了曹頫获罪的原因是"骚扰驿站"（哪怕是借口），且被"枷号"；其次是明示了曹家回北京后的住址，是"崇文门外蒜市口地方房十七间半"。一年后在南京的全国《红楼梦》研讨会上，张书才公布了他的研究结果，那次我是与会代表，在会场上亲耳聆听。

　　此后，张书才抓住这个线索继续研究，首先对照了《乾隆京城全图》。这幅北京城区的巨幅地图，于乾隆十五年（1750）绘制完成，按照1:650比例尺，其全大达到十三米半宽，十四米多高。举凡宫殿苑囿、王府寺庙和街衢民宅，都照实测绘，画得相当精准，哪怕是普通民居的每一个院子每一间房，都显露无遗。反对恭王府为《红楼梦》创作原型者，其最有力的根据，就是这幅《乾隆京城全图》。从图上看东南城，蒜市口位于崇文门外大街南端丁字路口的东侧，是一条东西走向的短街，长约二百米（后名磁器口，今广渠门内大街西段）。排除路南一些空旷的大院（可能为车马客栈或商业用房）之后，曹家旧宅很可能在蒜市口街路北的四个院落之一。

　　张书才与师友一起多次实地走访，自西而东依次看了路北的各个院落，注意力集中到十六号院上。据居住在院内北房的马允升老人介绍，他家在嘉庆、道光年间买下这个院子，世代相传。与《乾隆京城全图》所画相比，房屋现状虽然已有变化，但与蒜市口街路北东数第三个院落的形状、大小规模最为接近。全院房屋十八间，特别是西北角的院墙有一段向内凹进。而且，还在院内发现了写有"端方正直"的四扇屏门，原在前院和中院之间的垂花门处。巧的是，此四字可以在《红楼梦》中找到，第二回"冷子兴演说荣国府"中，说贾政"自幼酷爱读书，为人端方正直，祖父钟爱"。（按：此四字不见于早期脂本,但见于甲辰本和程本。)这为此院与曹雪芹增加了另一层联系。

张书才所作《曹雪芹蒜市口故居初探》一文在《红楼梦学刊》1991年第二辑上刊出,首次提出:蒜市口十六号院为曹雪芹故居。他认为,这处四合院是国内唯一有清代档案可据、有《京城全图》可证、有遗迹遗物可寻的曹雪芹故居遗址。说得谨慎一点,"至少要比其他几个院落具有更大的可能性"。

可以确定的是,雍正六年(1728),在南京的曹家府第被雍正下令查抄后,曹雪芹随祖母李氏(曹寅妻,李煦之妹)等在次年回归北京,到蒜市口十七间半房居住。多数红学家相信(周汝昌除外),这时曹雪芹的年龄是十三四岁。前文已表,关于曹雪芹的生年大体上有两种说法。王利器首倡的乙未说(康熙五十四年1715)影响较大,雪芹有可能是曹頫的遗腹子,享寿四十八岁,符合"年未五旬而卒"。这样曹雪芹就可以在江宁(金陵)过了十三年富贵日子,有足够的记忆去"秦淮风月忆繁华"(敦诚诗),并铺叙锦衣玉食的贾府生活。若按照周汝昌主张的生于雍正二年(1724),曹雪芹年仅四五岁即家遭巨变,就不会对繁华留下多少记忆了。为解决这个难题,周汝昌设想曹家在乾隆年间又"中兴",却并无证据。我在开篇引子里特地提到十三岁这个"坎儿",其出典就在于此。

十几年过去了,蒜市口十六号院也改名变成了广渠门内大街207号。1999年,北京市要修建广安大街,道路拓宽,原蒜市口地区必须拆迁改建,这成为故居新生的转机。中国红学会的几位领导认为,"这正是一个很好的机遇,要不失时机地重建曹雪芹旧居"。会长冯其庸说:曹雪芹"自十几岁随祖母入京后成长在这里直至中年,大约有二十年光景,尔后才赴西山"。副会长蔡义江说:"曹雪芹在蒜市口居住了一二十年,《红楼梦》的草稿可能就是在蒜市口这处曹宅完成的。"时任《红楼梦》研究所所长张庆善和北京大学中文系教授沈天佑(我的老师)等,也积极主张在此地修建曹雪芹故居遗址纪念馆。专家们呼吁,应采取各种措施想方设法保留遗址,使其免遭被拆除的厄运。

因为要打通两广路,该院落处于道路红线之中,道路建设与保护遗址发生了矛盾。谁该给谁让路? 207号院是保留还是拆除? To be or not to be? 曹雪芹遇到了莎士比亚提出的问题。意见双方争执激烈,张书才和一些红学家都参加了论证会。如果不拆除,道路就得绕一个大弯,造成两个岔路口,不利于交通运行。保留派还有两个自身弱点,一是故居的具体位置存在争议;二是现存房子是民国年间翻建的,并非曹雪芹居住的清初建筑。最后协商结果是:遗址要为道路建设让行。同时有关方面承诺,待两广大街建成后,将在附近按照故居原貌复建,并开辟为曹雪芹故居纪念馆。

2000年12月初,在旧房拆除过程中,河南洛阳文物勘探公司来到现场,

即将拆除的广渠门内大街207号院，2000年。

对基础进行了挖掘、勘探。通过勘探摸清了几点：1，现存前院正房三间的基础确是清代前期所建，虽经过翻建，但格局不曾改变。2，现存后院房屋的基础晚于前院，说明早期后院没有房屋，这与《乾隆京城全图》相符。3，地基正好是十七间半的构造，基本可以认定这就是乾隆图上蒜市口街北侧东起第三个院落。当然，这与确认其就是曹雪芹故居原址尚有距离。

拆掉容易建起来难。"曹雪芹故居纪念馆"的复建好事多磨，一波三折。原址变成了平坦大道，复建地点定在了原院以北四十米处。2003年复建规划方案通过后，却发现此处是地铁5号线的出气口位置，不得不修改方案，再向东迁一百米。2006年通过了新规划，计划2008年就可以完成复建工程。不想又碰到了麻烦，由于开发商新的地上地下综合开发需求，规划又一次重新修改，开工遥遥无期。

在等待的过程中，门牌号变了，街名变了，连区也从崇文变成了东城。北京市政协、原崇文区政协委员先后写过提案，呼吁保护该处曹氏故居。年复一年，连热心奔走呼吁的委员也换届更新传了代。没想到，从拆到建，崇文门外两广路（磁器口）路口东北角，与"蒜市口十七间半"原址相毗邻的那片预留地，竟空置了二十年。红学家周汝昌、冯其庸和李希凡都等不及，先走了。

在无尽的等待中，不免令人反复琢磨那个有争议的问题：蒜市口被拆掉又将重建的这一个院子，究竟是否等于曹雪芹故居？几十年中一直存在异议之声，其中包括周汝昌、霍国玲、陈林等，后来还有更多学人。他们都承认"蒜市口十七间半"的档案可信，争议主要基于三点。一是认为蒜市口的范围更广，是长街可向东西延展，在后巷应朝南北扩大，不能定在这一院。二是说乾隆全图上以双线区隔不同院落，那么此院的房间总数就不对了。三是把"十七间半"解释成产权概念而非建筑概念,它们可处于某一个大院之中,而非恰好此数的独门独院。就像红学的其他问题一样,论者的思路总可以另辟蹊径的。

对此笔者的看法是:一,在老北京地名用字中,所谓"口"并不指长街,而是一个敞开的、相交的端点,所以称十字路口或丁字路口,范围不大,多为分类商品集市,如菜市口、珠市口、灯市口、蒜市口、闹市口者然。二,乾隆全图上的双线,也可能表示走廊,并不一定是院落间的产权界限。三,设想"十七间半"是处于大院中的部分产权,恐怕是受现代居住环境影响,从大杂院而生发出来的。乾隆年间人口密度比今日小得多,官宦人家还有"家仆三对",一家人住独门独院应是正常现象。本书也曾写到,1923年鲁迅为自己的三口之家买房,还是一个小独院嘛。总之,张书才所论之地,尽管不能百分之百确认,但实属可能性最大的选址。还有,持异议者都是纸上或网上谈兵,并没有像张书才那样亲身实地考察。四十年过去,北京已经巨变,像八十年代初那样实地考察的条件,已经一去不复返,所以再争只能是空谈了,"可怜无补费精神"。

直等到 2019 年 1 月 23 日,"蒜市口十七间半"曹雪芹故居复建工程总算破土动工。复建的曹雪芹故居位置相较原址向东北方向移动了一百多米,院

复建中的蒜市口十七间半房,2019 年 11 月。

落占地790平方米,三进房屋,建筑面积约440平方米。复建的工艺和原材料都使用清末形制。本来想尽量利用拆除时保留下来的老物件,但因为延迟多年,再找那些构件却已下落不明,包括"端方正直"四扇屏也丢了。只能建一座既挪动了位置,又全无旧料的所谓"故居",在遗憾之上再加遗憾。

这时候的中国红楼梦学会已经更新换代,会长张庆善也支持复建曹雪芹故居。他说曹雪芹虽然生在南京,但祖籍在北京。曹雪芹故居复建,也等于是曹雪芹本人归籍了。红学会将全力做好对曹雪芹生平事迹及艺术成就的研究,届时新修复的曹雪芹故居将成为集中展示曹雪芹艺术成就和红学研究成果的最佳场所。

按开工时的计划,"曹雪芹故居"复建项目预定于2020年3月落成,但由于意外地遇上了新冠疫情,又无奈地再次推迟了。好事,还要继续多磨。

右翼宗学

在北京城里还有一处更早被认定是曹雪芹遗迹的,就是西城区的右翼宗学。曹雪芹好友敦诚有诗:"当时虎门数晨夕,西窗剪烛风雨昏。"上世纪五十年代吴恩裕考出了"虎门"是指宗学,后周汝昌又考定位于西单北边的石虎胡同。宗室子弟敦敏、敦诚在此上学,与曹雪芹有密切交往,其时间大约在乾隆十三到十六年前后。但是曹雪芹在此究竟任何职务,是教习、差役还是常客,难以确定。

雍正二年(1724),清朝廷为培养宗室子弟创立右翼宗学,位于石虎胡同原吴三桂之子、"额附"吴应熊府邸。乾隆十九年(1754),因其"糟朽破坏",迁往西单以南的绒线胡同(即四川饭店所在胡同)。那一年曹雪芹已经写出了《红楼梦》,即我们熟悉的甲戌年。

在石虎胡同路北,紧邻并存着两座宅院,西为八号,东为七号。乾隆年间,西边的大院是绵德府,东边较小的是右翼宗学。清末光绪宣统年间,两座宅院都由朝廷购买,收归国有,计划在此建立海军部,与东城铁狮子胡同的陆军部(即人民大学所在之"铁一号")遥相呼应,寓意"铁狮""石虎",固若金汤。但尚未实施,已入民国。从1916年开始,蒙藏学校在西院办学;而东院是梁启超在1924年建立的松坡图书馆第二馆,徐志摩曾在此工作。1931年,蒙藏学校扩大,买下了东院,将两院之间的隔墙拆除,遂合而为一。1949年以后,这里是中央民族学院附属中学。

五十年代,吴恩裕、周汝昌都曾经到此来踏勘考察,他们是看到过胡同口那只石雕老虎的。我在六十年代的童年时就经常路过这胡同口,知道民院

北京西单蒙藏学校旧址

附中掩盖在"万里鞋店"之后。包括我自己在内,后人们往往混淆了两院的区别,以为整个校址都与曹雪芹有关。西院内有一棵明朝种植的古枣树,被称为"京都枣王",人都说它见过曹雪芹,其实未必,是邻居而已。实际上西院宽大房高,轩敞气派,有三进院落,是公府级别;而东院有较小的四进,规格较低,是会馆、民居的格局。这东院才是原来的右翼宗学。[38]

历史到了八十年代,民院附中于1987年迁出,国家民委计划在此修建民族大厦。那年周汝昌刚从美国回来不久,忽有友人到他南竹竿胡同的家中告急:右翼宗学要拆除,希望他赶紧想办法保护。周汝昌听了很着急,立刻写信给中央统战部,吁请保护。此时他的全国政协委员身份发挥了作用,统战部十分重视,转达给国家民委。民委派人来向周汝昌了解历史情况及其价值,周汝昌讲明之后,空口无凭,有书为证,还"借给"一本自著的《曹雪芹小传》。因此,建大厦的计划被搁置,古迹暂不拆除。但民委没有与周汝昌再联系,他还想:书也没还我。

该旧址地处繁华的西单商业区,寸土寸金,但却不能拆也不能建,是一个巨大的浪费。从1988年起,此地被利用为"民族大世界"商场,在保留原古建筑格局和结构的前提下,或搭建或分割,厅堂间充斥了各种商铺,出租摊位卖衣服。部分古建的前立面和内部墙壁被拆除,旧址内私搭乱建严重,并有很大的火险隐患。往昔的府邸、宗学、图书馆,都沉沦在今日的商品叫卖喧嚣中。

就在这种氛围中,该址2001年被列为北京市文物保护单位,2006年被列为全国重点文物保护单位,名目是"国立蒙藏学校旧址"(右翼宗学旧址是其东部的一小部分）。2014年，北京市政府对该址周边环境进行治理，商贩撤走，商场闭市，古迹腾空闲置。

这一片残存的平房院落，被包围在一片现代化高楼大厦之中，是高山中的盆地，是繁华中的留白，是摩登中的怀古。搁置多年的旧址被高高的广告栏板围着，从过街天桥上可以俯瞰院中残缺破败的古建筑，地面杂草丛生，在新潮高楼的映衬下，更显得落寞凄然。这种景象，或许暗示其背后仍处于不同利益方博弈的胶着状态中。

克勤郡王府

在北京市西城区，可以算作与曹雪芹有关的遗址，还有一座位于石驸马大街（现称新文化街）的克勤郡王府。此府始建于顺治年间，世袭罔替，其王爵封号一度改称为平郡王。康熙四十五年（1706），康熙帝将江宁织造曹寅的长女曹佳氏指婚给第六代平郡王讷尔苏，为其嫡福晋（正妻）。他们的长子福彭是雍正、乾隆年间的平郡王，深得两代皇帝的宠信。作为曹雪芹的表哥，福彭曾在乾隆初年对落难后的曹家予以照顾。也就是说，曹雪芹有位贵为王妃的姑姑，可为他写作《红楼梦》中的贾元春提供生活依据，而表哥平郡王也很像是北静王的原型。因此，曹雪芹应该有机会来此府走动，克勤郡王府可能为描写荣宁二府提供了模板。后来，王府建筑比较完整地保留下来了。

我幼年时常经过这王府门前，记得那时叫石驸马二小。在六十年代中期"破四旧"时，因地近西城几个闹"红卫兵"的名校，克勤郡王府受到严重破坏。原王府大门被拆除，改为街道上的副食店，王家气象，荡然无存。

2001年，北京的名校第二实验小学兼并石驸马二小，克勤郡王府被修葺一新，重建王府大门，恢复昔日风貌，称作王府校区。2007年，北京第二实验小学本部也因西长安街拆迁搬到新文化街，在王府以西建成新址。我之所以要写这一段，不仅为了彰显曹雪芹有位贵为郡王的表哥，更因为北京第二实验小学是我的母校。惊回首，不仅大学燕园，连我的小学都与曹雪芹补上了关系。至此，我的红学缘分更加深了一层。

红学会代代红

"三位一体"的红楼梦研究所、《红楼梦学刊》和中国红楼梦学会，成立于1979年和1980年。转眼四十年，必然有个更新换代的问题。

九十年代后期，冯其庸已经年逾古稀，"三位一体"的换届传承面临着一

2007年,校注组重聚修订人文版《红楼梦》。左起:吕启祥、冯其庸、林冠夫、胡文彬。

个困难的局面。第一,上级有硬性规定,民间学会、研究会的会长不能年过七十。第二,如果论资排辈,自然交接,没有同派别可信任的人选。有不明就里的理事写信提名胡文彬接任,那当然是行不通的;也不能允许会长大位转移到文学研究所那另一个山头上去。第三,中意的接班人虽然有,但资历尚不足,不好直接接班。精研过《红楼梦》的红学会领导自有解决难题的妙计,那就是在红研所的中生代研究员中,选一个可控的老实人,虚领头衔,空占名位,作为过渡。这个荣幸(也可能是不幸)的任务,落在了林冠夫头上。

张义春在《红学那些人》书中记载:"林冠夫晚年级别很高,官拜'中国艺术研究院《红楼梦》研究所所长'、'中国红学会会长'。"[39] 但是无论在艺术研究院官网上还是在林去世的讣告中,这两个头衔都没有显示。这就奇怪了,是有人抢班夺位,冒称"加塞儿",还是另有隐情?笔者获得了可靠的内部消息,对于这两个职务,有些微妙曲折的内幕。

林冠夫 1936 年 12 月出生于浙江永嘉,比冯其庸年轻将近十三岁,从年龄和资历上讲,是合适的接班人。他 1962 年毕业于复旦大学中文系,1965 年同系研究生毕业,与林东海师出同门。他在 1975 年加入《红楼梦》校注组,后任中国艺术研究院研究员,在《红楼梦》版本研究方面成就卓著。林冠夫一心读书,无心权术,淡泊名利。也许正因为这,才被人利用来做了戴帽的衣架,过渡的跳板。

据知情人透露，在红研所，前任所长说他要退下来，让林冠夫做，而且到处说与人听，但并没有报上去。而在红学会方面，则反其道而行之，只将林为会长上报文化部备案，却并没有公开。因为研究所圈子小，成员天天见面，故宣而不报已见成效；而红学会并无实体，故报而不宣即达目的。二者都可以收到似是而实非的效果，这官场手段真是玩得游刃有余，炉火纯青，堪与"葫芦案"护官符并列而无差了。这样做，就可以又拖过几年，一边遥控权力，一边虚位以待。

张义春写林冠夫的标题是《是真名士难风流》："但他生性恬淡，全然体味不到哼哈的意趣。事无大小全交他人料理，自家则沈浸醲郁，含英咀华。他说：'我从来没有接受上任过，我仅是研究《红楼梦》的，那是管饭的'。"[40]

此事发生在1999年前后。因为以前开大会选举出过麻烦，此后红学会再换届改选，便开会长、秘书长联席会议作出决定，然后开理事会通过。这时，增补了张庆善为秘书长。2004年10月，在扬州召开的会员代表会议上，宣布4月北京常务理事会的决议，为八十岁的冯其庸增设名誉会长，张庆善前秘书长越过副会长一级，接任会长。这样，红学会完成了它的更新换代。

2010年8月，选举产生了新的中国红学会理事会。名誉会长冯其庸、李希凡；会长张庆善（法人代表）；副会长有孙逊、孙玉明、梅新林、沈治钧四人；秘书长孙伟科。《红楼梦》研究所所长后为孙玉明接任，而张庆善则升任中国艺术研究院党委书记兼副院长。

在2016年5月出版的文集《惠新集》中，张庆善这样说：

> 冯老是第一任红楼梦研究所所长，我是第二任红楼梦研究所所长。冯老是中国红楼梦学会的第二任会长（吴组缃先生是第一任会长），我则是中国红楼梦学会的第三任会长。而实际上，当时接替冯老担任中国红楼梦学会会长的人选有好几位，他们比我更有资历、更有能力、更有学问，更适合担任会长，但由于年龄的原因，更由于冯老等前辈学者出于对年轻人的培养考虑，而选择了我。[41]

他说得比较坦率，是出于冯老的考虑和选择，而不是民主选举的结果。其间也没有林冠夫的位置。

2017年2月，在悼念冯其庸的文章里，张庆善再次追忆道：

> 近四十年来，我一直追随冯老左右，受益匪浅。……可以说我是冯老一手提携起来的。1993年他选我担任红楼梦研究所副所长，当时我刚刚过四十岁，自己深感资历能力和学问都不够格，挑不起这份担子。冯老说，怎么干不了，只要真正努力，就能干得了。他还语重心长地说，选你当副所长，是为了红楼梦研究所的发展，是

>为了红学事业的发展，不仅仅是你个人的事。[42]

张庆善，1952年生于大连，与冯其庸相差二十八岁，隔代交班，跨度大了一些。他1975年毕业于复旦大学中文系，与林冠夫为校友，但1965年的研究生和1975年的工农兵学员之间，恐怕不好相比。"1979年7月冯其庸先生把我从文化部办公厅调到了文学艺术研究院红楼梦研究所（1980年改名为中国艺术研究院）。从那个时候一直到2012年6月退休，我就没有离开过中国艺术研究院。我整整在中国艺术研究院工作了三十三年。"[43] 退休以后，张庆善继续担任中国艺术研究院学术评议委员会副主任、中国红楼梦学会会长、《红楼梦学刊》主编、研究员、博士研究生导师。

想起来了，我认识年轻时的张庆善啊，哪想到他后来进步这么大呢？

张庆善做红学会会长后，有两件事使他在社会上出了名，一是与在电视上讲"秦学"的作家刘心武互怼；二是任新版电视剧《红楼梦》的艺术顾问，两件事都是"触电"。

前文已叙，2005年，刘心武在央视"百家讲坛"开讲"揭秘"，与中国红学会的主要领导形成尖锐冲突。时任会长张庆善追随冯、李两位元老，齐声讨伐刘心武。第二年，电视剧《红楼梦》要重拍，张庆善再次随元老之后，担任顾问。2006年11月，北京电视台"红楼梦中人"选秀活动正火热进行中，张庆善会长在一本书的首发式上，再次主动挑战："希望参加'红楼选秀'的参选人不要受刘心武误导，刘心武对《红楼梦》的解读是错误的。这种解读，比不解读更糟糕。"

这再次把刘心武激怒了："我已一再说明：我从来没有宣称自己是'正'、别人是'误'，即使在某些问题上我认为自己有道理，也一再提醒受众我的观点仅供参考。我不理解张庆善先生为何对我的引导力量如此高估？就研究《红楼梦》而言，他们有机构、有组织、有编制、有刊物、有经费、有职称，我只是一个红学行业外的退休金领取者。……我基本上是自说自话，至于我的观点公布后一时间感兴趣的人多一点，他们似乎也不必那么样地'如临大敌'。"[44] 刘心武认为，红学研究是一个公众共享的学术空间，各种不同观点都应该享有同样的让受众知晓的机会，受众可根据自己的独立思考，去对所接触到的观点或认同或排拒或存疑。

实际上，新版《红楼梦》电视剧最初的立意，就是要反八七版的"周派"之道而行之。2002年刚开始筹备，冯其庸便致信广电总局，为新剧定下基调。张庆善、孙玉明、沈治钧三位担任红学顾问，编剧组八女一男全是"八零后"，大都没有读过《红楼梦》。她（他）们写出的初稿，有时会令顾问们"暴跳如雷"。红学家要求的是忠实原著,亦步亦趋,于是加上了太多的旁白,书里没写的镜头就不能拍。三位顾问有时也不一致,"同样一段戏,一边是孙玉明老师批的'删',一边是沈治钧老师批的'好'"。还可能是孙玉明批:"你中沈治钧的毒太深了!"遇到这种情况,就按照会长张庆善的意见处理。

2010年新版电视剧《红楼梦》播出效果不佳,新闻界很快传出,其剧本要经过三位红学顾问的重重审核,三位都是红学会领导,所以新版电视剧的失败红学会难辞其咎。有记者问:中国红楼梦学会对《红楼梦》的解释一直都有种文化垄断的倾向,这种倾向需要进一步打破。你怎么理解这种说法?

张庆善回答:这种说法很不实事求是。第一,中国红楼梦学会不是个官方组织,只是一个松散性的民间团体,没有经费,没有编制,就是大家在一起,出于共同的学术兴趣而从事《红楼梦》的研究。在中国红楼梦学会里,有各种各样的学术观点,大家并不是一致的。第二,中国红楼梦学会不可能垄断天下,事实上也做不到,文化垄断的说法,是一种误读,是用官本位的思维看学术问题。[45]

到了2017年,红学会在深圳开会,张庆善在主旨讲话中再次说:

> 中国红楼梦学会不是权力机构,不是文化主管部门,没有什么官方的身份,更没有什么权力,甚至与文联和作协都不一样,自然不会有什么国家拨款。中国红楼梦学会完全是一个群众性学术团体,是自愿结合的社会组织,……自然就不会有什么霸语权,因为从来就没有什么中国红学会的观点。……在学术研究中,我从不认为应该有草根与官方这样的区别。[46]

笔者是局外人,觉得张会长的说法不够坦诚,不够实事求是。中国红楼梦学会固然是民间团体,没有公款经费,但是别忘了"三位一体"啊!所谓学会是虚的,而实体在红楼梦研究所,那是有经费有编制国家养的,更何况张会长还曾任其上级单位中国艺术研究院的党委书记兼副院长,此外还兼《红楼梦学刊》的社长和主编,掌握自己的舆论阵地,怎么说没有官方身份、没有权力呢?怎么好意思把"官本位"的帽子拱手让给别人呢?会长兼书记兼院长兼社长兼主编,未免过谦了。

2005年,在网上出现一篇帖子,题为《无聊的红学研究,可耻的红学会》,作者谈潜。此文对民间红学和红学会两方面都有所批评,传播颇广,我想可能代表了很多身在红学以外,对红学不以为然者的不满情绪,故摘要节录于下。

> 针对一部小说成立一个专门的研究会,在世界文学史上恐怕都是不多见的,而在我们国家就有很多。……我们熟知的名气很大的"红学会",就是附属中国艺术研究院红楼梦研究所的一个学术团体,

是官方主导的。

由于历史的传承，国人多有考据之癖好，发幽显微，见微知著是做学问的习惯，哪怕证据如何的贫乏牵强，总能附会出个名堂，还自以为言之有据。对于一部公认为伟大的文学作品的研究，不是从文学创作的角度研究其何以伟大，作者又是如何创作出如此伟大的作品来的，以及对当代文学创作有何现实的指导意义，而是一味地从一些东扯西拉不足为据的线索探索文学之外的东西，这样的红学研究又有多大的意义？

小说是用来读的，读了之后才有评论。评论的目的一是为了对小说主旨的诠释，二是从文学创作的角度发掘其创作思想和技法的现实意义，再就是探讨其美学意义和社会价值。或赞或贬，见仁见智。对小说作者的身份、创作背景的探究，创作动机，小说人物原型的揣测以及流传版本的甄别等活动，我认为都属于学术范畴。但对小说中虚拟人物和事件的刨根问底，并因此衍生出诸多什么"学"，则纯属无厘头的学术游戏。

近来的所谓红学研究又有了新动向和新成果。比如著名作家刘心武先生虽不隶属红学会的专家，但据称从事红学研究已达十年，被称为"民间红学"。他在红学之外建立了研究秦可卿的"秦学"，将来很可能还会建立贾宝玉的"贾学"，林黛玉的"林学"，薛宝钗的"宝学"，要成为体系。此外，有人研究出林黛玉嫁给了北静王爷，有人研究出小说作者其实是脂砚斋，有人研究出贾宝玉是同性恋，有人研究出小说中朝廷的皇帝其实是指乾隆爷。其实这样的课题还很多，像贾宝玉和袭人初试云雨，为何没有珠胎暗结？探春远嫁到底是嫁到哪个番邦，后来有没有回家探亲，回家探亲发现娘家覆亡有没有生气，进而怂恿番王出兵进攻我朝以泄恨？贾宝玉出家到底在哪座名山古刹，师从何人？薛宝钗后来有没有改嫁，嫁哪里，生几男几女？……这样探究下去，无穷尽也。

胡（文彬）先生首先给红学研究预设了一个门槛，那就是红学永远是少数人的事，言外之意是要搞红学首先得加入他们的"红学会"，这碗饭不是谁都可以吃的。请注意其中一句话"真正的红学家，是把《红楼梦》当作毕生的事业，这是学术。"我的天，一个人一辈子把对一本小说的研究当成毕生的事业，何其伟大又何其枯燥！这就是学术吗？这就是红学吗？这就是红学会存在的意义和价值吗？把对红楼梦的研究说是当成毕生的事业，我看是当成毕生的饭碗吧？

好在中国古典小说的创作数量虽多，但伟大的不多，一部《红楼梦》就让多少人毕生为之献身了，如果再多几部伟大的小说，还不知要"牺牲"多少权威和泰斗呢。当然，也许正因为名著不多，更要敝帚自珍，但怎么说还是吃祖宗的一碗剩饭，有点像掘墓盗宝，光彩不到哪里去。不过，反过来又要怪当年钦定时定得太少，如果定出"十大名著"或者"百大名著"，那么学者们牺牲归牺牲，活路可就广多了。想来也有趣，如果当年曹雪芹在写完小说后，仔仔细细写一篇后记，不知要断却多少人的财路。

红学会无关《红楼梦》，更无关文学，只跟吃饭有关。红学是无聊的，一群搞无聊学术的人凑一块搞一个红学会，无非也就是一个吃饭的问题。人要吃饭总得有个由头，本无可指责，但在混饭吃的同时还不忘记给自己冠上"学术"和"献身"的帽子和光环，那就不仅是无聊还有些可耻了。[47]

话说得很不客气，但是平心想想也不无道理，良言苦口啊！其实再早二十五年，华君武的漫画《曹雪芹提抗议》（你数我有几根白头发干什么？）

1982年华君武再画《曹雪芹提抗议》

就表达的是这个意思,只不过如今更加变本加厉了。

比那更早,早在1978年10月28日,红学元老俞平伯就写下了这样的警世箴言:

> 人人皆知红学出于《红楼梦》,然红学实是反《红楼梦》的,红学愈昌,红楼愈隐。真事隐去,必欲索之,此一反也。假语村言,必欲实之,此二反也。老子曰:"反者道之用",或可以之解嘲,亦辩证之义也,然吾终有黑漆断纹琴之憾焉。[48]

九十年代,刘梦溪退出了红学界,任中国文化研究所所长,并主编《中国文化》杂志,几乎完全拒绝刊登关于《红楼梦》的文章。他的理由是:正因为研究红学有年,"才知道现在没有人能写出像样的文字。盖当时我对国内红学界的'党同异,妒道真'的风气深致不满"。他宣称:"我喜欢《红楼梦》,不喜欢红学。我是《红楼》'梦'外人。"[49]2004年他在一次讲座中说:"我多次声明洗手不干了,想要逃离'红学',可总是在劫难逃。""也许我这个观点有些悲观,我认为百年红学正在走向衰落。"[50]

2011年,红学会副会长沈治钧透露,吴晓铃和吴小如两位先生曾说:"红学界是乌合之众,乌贼横行,乌七八糟,乌烟瘴气,乌漆墨黑,乌足道哉!简直是黑社会,真正的学者避之唯恐不及。"[51]这可能是极而言之,愤激之言,但是为什么会给人这种感觉?责任在谁?原因何在?

伴随着时光的流逝,在很多人看来,红楼梦研究所的威望越来越低,《红楼梦学刊》录用的文章质量越来越差,红楼梦学会的凝聚力越来越松散。追究其原因,可以说相当复杂。《红楼梦》毕竟只是一部小说,可能对它的开掘已经过度,该说的话总有一天会说尽,再说就是车轱辘话或没话找话;可能是单向传播的纸媒时代已经过时,而人人平等发言的电子媒体时代就应该允许乱弹无忌;也可能是红学家中的大师们或唯我独尊,或一意孤行,一边自我削弱,一边无可奈何地落花逝去;还有可能,是逆向淘汰,指定的接班人并非物竞天择的强者,难以服众;也许他们未能与时俱进,选择的方向和路线出现了问题,却尚不自知,无力自拔……

注释:

[1] 孙维《道咸同光四朝诗史》,见一粟编《红楼梦卷》及本书第一篇。

[2] 梅节《说"龙门红学"——关于现代红学的断想》,《红楼梦学刊》1997年第四辑。

[3] 沈治钧《从〈爽秋楼歌句〉的署名问题说起》,《红楼七宗案》,第130页,江苏文艺出版社2011年。

[4] 紫军《忆红学泰斗周汝昌先生》（三），并附周汝昌原信照片，见霍国玲新浪博客。

[5] 载武汉《书刊导报》1992年3月13日、8月21日。

[6] 陈维昭《红学通史》，第629页，上海人民出版社2005年。

[7] 参见马瑞芳《刘心武"秦学"争议始末》，《红楼梦风情谭》，商务印书馆2013年。

[8] 刘心武《红故事》，《刘心武文学回忆录》，广东人民出版社2017年。

[9] 周汝昌《铁网山·东安郡王·神武将军——致刘心武》，载刘心武《红楼望月》，第63页，书海出版社2005年。

[10] 舒晋瑜《吴小如：学术警察不是太多，而是太少》，《中华读书报》2012年7月25日。

[11] 任晓晖《无奈的书箱——"曹雪芹书箱"真伪及其他》，《曹雪芹研究》2015年第二期。

[12] 《〈废艺斋集稿〉：曹雪芹是否写过风筝专论》，澎湃新闻2019年4月26日。

[13] 段江丽《〈废艺斋集稿〉的来龙去脉及真伪论争》，《曹雪芹研究》2019年第三辑。

[14] 张俊、曹立波、杨健《北师大藏〈脂砚斋重评石头记〉抄本考论》，《红楼梦学刊》2002年第三辑。

[15] 另有网上传言，谓甲戌本等资料被台湾方面以五十万美元从胡家买走，后来上海方面又加价从台湾方面买去。此说似根据不足，笔者不予采信。

[16] 季涛《陈独秀致胡适的信如何到的人民大学？》，《艺术财经》2015年第十期。

[17] 冯其庸《读沪上新发现残脂本〈红楼梦〉》，《光明日报》2006年11月1日。

[18] 见沈治钧《庚辰本与赵万里及郑振铎》，《红楼梦学刊》2023年第五辑。

[19] 刘世德《回忆》，《钱锺书先生百年诞辰纪念文集》，生活·读书·新知三联书店2010年。

[20] 沈治钧《无端说梦向痴人——钱锺书谈〈红楼梦〉》，《贵州大学学报》社会科学版2000年3月号。

[21] 参见沈治钧《万点花飞梦逐飞——钱锺书论〈红楼梦〉》，《红楼梦学刊》1998年第一辑。

[22] 钱锺书1988年7月7日致郑朝宗函，见《郑朝宗纪念文集》，第295页，鹭江出版社2000年。

[23] 见范旭仑《容安馆品藻录·吴恩裕》，《南方都市报》2016年11月28日。

[24][26] 《聂绀弩全集》第九卷，第371、439页，武汉出版社2004年。

[25] 刘文忠《聂绀弩逸事》，《新文学史料》2018年第一期。

[27] 舒芜《回归五四·后序》，第690页，辽宁教育出版社1999年。

[28] 见胡风《关于解放以来的文艺实践情况的报告》（即"三十万言书"），《胡风全集》第六卷，湖北人民出版社1999年。其中第三部分是揭露舒芜的，见第324—331页。

[29] 赵倩《舒芜：走出胡风事件》，载《时代人物周报》2004年8月18日。

[30] 舒芜《"国学"质疑》，《文汇报》2006年6月28日。

[31] 《王蒙活说〈红楼梦〉》前言，第2页，作家出版社2005年。下同。

[32] 《谈学问之累》，《王蒙文存》第十七卷，第52页，人民文学出版社2003年。

[33]《王蒙评点红楼梦》序,上海文艺出版社2005年。

[34]《王蒙的红楼梦》,湖南文艺出版社2010年。

[35]冯其庸《快读〈红楼梦〉王蒙评》,《红楼梦学刊》1995年第四辑。

[36]郑铁生《访王蒙谈〈红楼梦〉研究》,《乌鲁木齐职业大学学报》2012年第一期。

[37]见张书才《曹雪芹蒜市口故居初探》,《红楼梦学刊》1991年第二辑。

[38]参见杨进铨《蒙藏学校石虎胡同校址及其历史沿革考辨——兼考右翼宗学、松坡图书馆遗址》,《内蒙古大学学报》1994年第一期。

[39][40]张义春《红学那些人》,第151—157页,东方出版社2010年。

[41][43]张庆善《惠新集》自序,北京时代华文书局2016年。

[42]张庆善《深切悼念红学大师冯其庸先生:大哉红楼梦 再论一千年》,人民政协网2017年2月6日。

[44]《刘心武回应"误导"指责》,《北京娱乐信报》2006年11月21日。

[45]《红楼梦学会会长张庆善:伟大名著要严肃对待》,《南都周刊》2006年9月9日。

[46]张庆善《2017全国〈红楼梦〉研讨会开幕词》,《红楼梦学刊》2018年第一辑。

[47]谈潜《无聊的红学研究,可耻的红学会》,转自网络天涯社区。(tianya.cn)

[48]俞平伯《乐知儿语说红楼》,《俞平伯全集》第六卷,第412页,花山文艺出版社1997年。

[49]刘梦溪《八十梦忆》第五章"思佳客"及"题序",生活·读书·新知三联书店2022年。

[50]《著名红学家刘梦溪:"'红学'正走向衰落"》,《南京日报》2004年11月1日,系10月29日在东南大学讲座的报道。

[51]见沈治钧《红楼七宗案》绪言,第4页。

十二 谢幕篇（2005-2018）

> 气昂昂头戴簪缨，光灿灿胸悬金印，威赫赫爵禄高登，昏惨惨黄泉路近。问古来将相可还存？也只是虚名儿与后人钦敬。
>
> ——《红楼梦》第五回《红楼梦曲·晚韶华》

42 夕阳绝唱

蓝翎

九十年代中期一次我回国的时候，去看望老领导老杨，就是蓝翎。他送给我一本《龙卷风》，还是老习惯，用毛笔小楷题字。《龙卷风》是他的回忆录，他说并没有通盘的计划，想好一章写一章，才写出三章就因为一个机会，先结集出书了。那是我最后一次见到他。我不知道他后来又写了多少，大概没有写完。

其中《四十年间半部书》是写1954年的崛起，兼与李希凡算旧账。而《沉沧海》一章写1957年的沉沦，并把当年的刘甲与三十年后的"新基调杂文"联系了起来：

> 作为参与领导报社反右运动的个人，我本来不打算指名道姓地说刘甲干了些什么，那是时势造成的，并非他个人的责任。但是若干年后，他却连续抛出三本书，提倡杂文创作的"新基调"，认为鲁迅的"基调"已经过时，要创造杂文的新时代，而新旧区别的标志正是那场反右派运动，以前的都属于"旧基调"，以后的都属于"新基调"。然而也奇怪得很，他现在不仅羞于把当时写的大量大批判的文章拿出来，甚至矢口否认，当我把复印件拿给他看时，他竟淡然一笑说："忘记了。"又何其健忘也。……刘甲是去过延安的老干部，但他搞起运动来，连最起码的实事求是也不讲，他的所谓"新基调"杂文理论更同马克思主义不沾边，然而他却是断送我二十多年政治生命和青春时光的关键人物之一。……我即使想为长者讳也难以讳掉，不如干脆直话直说……[1]

我离开报社后，对老杨的了解不多。现在可以读到，他家乡两位文化人眼中所见九十年代的蓝翎。

菏泽的宋致国到《人民日报》社拜访蓝翎，迈进办公室，见他的座椅后面，恭恭敬敬地悬挂着俞平伯先生写的条幅。在外人眼里，他们可是"为学术"争得不可开交的论敌啊！说起这事，蓝翎宽厚地笑了："是认识的不同，俞老才是真正的老师！"我们知道，这就是1979年5月四川饭店宴后，俞平伯应蓝翎之请所题的字。

再次见面，蓝翎蘸墨挥毫，为宋写下条幅："做人，不老实无聊；做文，太老实无望！"[2]

另一位山东大学的后辈校友金锦，九十年代初做了蓝翎家乡单县的地方官。在北京见面时，蓝翎恳请他为贫苦的家乡多做些实事好事。他说："自古来民惟邦本，本固邦宁。天下最苦的是老百姓，最好的也是老百姓。父母官就要想方设法为老百姓谋福利啊。"并下意识地吟起唐人的诗句："穷年忧黎元，叹息肠内热。""达人无不可，忘己爱苍生。"他又不无深意地问道："你记得咱们家乡的龙卷风吗？就是那种顶天立地的大旋风。"然后十分动情地说："自然界的龙卷风尚可躲避，而政治上的龙卷风来势凛冽，让人躲之不及，一旦旋入，就是灭顶之灾哪！"说罢仰天长叹。我估计，这应该是在1994年，正当他写作《龙卷风》的时候。

那一次与小校友兼地方官聊天，蓝翎兴奋地谈起他的生活，不仅住上了宽敞舒适的楼房，衣食无忧，儿子和女儿也都各得其所，大学毕业后分在高校和科研部门工作。他诡秘地一笑，悄悄说，儿女们搞点学术和技术就很好，离政治远一点安全哪。谈到自己的写作和编辑生涯，他说，自然界的龙卷风，是客观气候形成的。政治上的龙卷风，是特定环境造成的。改革开放，大地清明，那种政治龙卷风是不会再来了。故而这些年主持文艺部工作，上下信任，左右逢源，十分舒心。不仅掌握一定的行政和业务权力，还能驰骋想象，自由自在地写作。重返文坛后，终于有了说话写作的自由，真是柳暗花明又一村啊！

金锦写得很美好，其实蓝翎没有对他和盘托出，这时他已经卸下职务复归布衣，离休养老了。接着蓝翎似乎想起了什么，不无揶揄地悄声说："那个人的晚景还不如我呢！"这句话让金锦一头雾水，也没有敢问，便告辞了。后来他读了蓝翎寄赠的《龙卷风》一书，才恍然明白，"那个人"是指"小人物"战友李希凡。金锦痛惜"那种自幼藏在内心深处的美好景象一旦被打碎"，"假若我事先知道《龙卷风》中有这篇文章的话，或许我宁可藏而不读。"[3]

听报社的老同事说，从九十年代末，老杨就为顽疾困扰，缠绵病榻，这

老年的蓝翎在书房里，仍然是台面整洁。

病拖了五六年。袁鹰写道："二月初遇到他夫人，我还请她转告，气候转暖后还是下楼走走为好，朋友们都盼他捱过严冬，到春暖花开时节会逐渐好转，哪会料到他竟在春节前夕就猝然辞世呢？"

正式的消息是：著名杂文家、文艺评论家、原《人民日报》文艺部主任蓝翎（原名杨建中）先生，因病医治无效，于2005年2月8日10时40分在北京逝世，享年七十四岁。

袁鹰比蓝翎年长七岁，1986年底袁鹰（我们称他老田）从文艺部主任岗位上离休，蓝翎是接班继任者。如今袁鹰尚健，蓝翎却先走了，怎不令人伤怀？

袁鹰回忆道：

> 五十年往事历历在目，我们第一次相识于1954年10月。……很快，从北京师范大学工农速成中学调来人民日报社，那年他才二十三岁，是我们文艺部最年轻的编辑。……两位"小人物"一时间成为万人瞩目的名人，披着满身光彩步入文坛。紧接着风起云涌，一场本来是学术性的讨论竟然产生那么大影响，并且以迅雷不及掩耳的气势，短时期内竟然演变成全国规模、惊心动魄的反胡风政治运动，实在是许多人包括他们本人在内始料不及。
>
> 蓝翎调来报社，自然就不能专攻《红楼梦》和古典文学研究。……蓝翎就是杂文编辑之一。他对这项工作有很浓厚的兴趣，抱着极大

的热忱进入角色，认真研习鲁迅和三四十年代名家杂文，向各方面专家广泛约稿。他思想敏捷，文笔犀利，无论编来稿和自己写，都显露这方面的才华。……蓝翎对这个应该载入现代杂文史的"复兴"是有功绩的。他本人也从一个古典文学研究者转换为年轻的杂文家，他出手很快，文笔犀利，抓住合适的题材，立刻就能拿出一篇。

然而好景不长，一年后就遭逢那场让知识分子、文化界人士受到重创的"丁酉之难"，许多正直的杂文家几乎都无例外地被打入"另册"，包括蓝翎在内的不少报刊杂文编辑，也几乎统统"扩大"入异类，坎坷蹉跎二十年。杂文也随之沉沦，很少再看到有声有色、令人长久不忘的佳作。以后几年，充斥在报刊版面上的，要么是连篇累牍地驳斥"右派"或"右倾"言论，要么是洋洋洒洒地狂热歌颂"三面红旗"，假大空满天飞，形而上学、强词夺理形成恶劣的文风，笔者本人也曾经不遗余力加入这类鼓噪，当时还沾沾自喜，至今想起来犹觉汗颜，实在愧对读者，也愧对蓝翎。

劫后归来，他回到报社文艺部，仍然负责文艺评论，更多的却是以杂文家的姿态来到读者面前，积极投入思想领域拨乱反正的战斗，面对多年来被搅乱得黑白难辨忠奸不分的局面，需要将长期被颠倒的是非再颠倒过来，还历史和事实以本来面目。杂文家们肩负历史的责任，需要坚定的立场和坚强的斗志，也需要胆识和智慧。蓝翎成为新时期杂文界一员勇士，比起五十年代，他的杂文题材更广，思想更有深度，文笔也更老练，连续结集为《断续集》《金台集》《风中观草》《了了录》《龙卷风》。

蓝翎从1987年起担任人民日报文艺部主任，主持报社文艺宣传，他还担任过报社党的纪律检查委员会副书记，两年多以后离任，宏图未展，就继续写和编杂文，也算是收之桑榆吧。他坚持原则，刚正不阿，严于律己，生活简朴，很少沾染上文坛上某些为读者所鄙夷的歪风邪气，也很少会在那种酒酣耳热，高谈阔论的场面见到他。他走后，报社许多同志都哀伤不已，纷纷到他家在灵前表达哀思。[4]

报社里一位与我同辈的同事、朋友、才子张宝林，向蓝翎献上一副嵌名挽联："蓝衫布履，书生本色；剑胆翎光，侠客心肠。"可谓形神兼备。蓝翎是质朴而正直的文人，他的老家鲁西南，历来多出侠义之士。这副挽联既工整又贴切，代表了很多熟悉蓝翎的报社同仁对他的敬佩和哀痛之情。

蓝翎是红学界的名人，但他其实早已对红学失去了兴趣，自从完成那合作的"半部书"后，就没有再碰红学。1985年当选红学会秘书长后，他也很少过问会务。或许他早已看透了那些争真论假、争长道短、争风吃醋、争权夺利的半学术半官场的红坛乱局,自愿退出,去做自己认为有意义的事了。以致在讣告中,都根本不提"红学家"这个身份。

吴恩裕的"避入红楼"是一种生存方式,蓝翎的"走出红楼"也是一种人生选择。他们两人进入红楼的时间不约而同,但方式和方向却截然不同。随着人生命运的大起大落,他的立场、观点也会变化,所以蓝翎的走出,也不仅仅是学术兴趣的转移吧?沾红即止,蓝不染红,这也是一种大彻大悟的智慧。

蓝翎去世的那一天2005年2月8日,是甲申除夕,第二天就是乙酉新正。我忽然想起,甲申年,不是梅节等人新创的继壬午、癸未之后,第三种可能的曹雪芹卒年吗?而更多的人相信,忌日是除夕这一天。至少,在二百四十年(也许再加一两年)之后,蓝翎是与曹雪芹在同一天归去。这纯属巧合,也不一定准确,是我一厢情愿地,为蓝翎与曹雪芹拉上最后一层关系。

蓝翎去世,是李、蓝关系的终结。《外史》作者也愿意总结几句。

两人的关系,可以分为人、为文和政见三个方面来看。在为人方面,李希凡的口碑甚好,只是在人生关口偶有患得患失的犹豫;他对蓝翎没有什么亏欠,早年还曾施以援手。蓝翎为人正派,遭遇坎坷,心胸不够豁达,他在最后阶段对李希凡怀有抱怨的情绪,主动挑起了公开论战。

在为文方面,李希凡是文艺理论家的思维,高头讲章,正襟危坐,真理在手,以笔为刀枪,锋芒不饶人;而蓝翎是杂文随笔式的思维,冷嘲热讽,雅典俗谚,妙语趣谈,可惜短章小品为多,缺乏代表性论著。他提倡鲁迅式的风格,也助长了战斗情绪。在两人合作评红阶段,蓝翎的贡献颇多,但李希凡因为年长四岁,一直冠名在前,已经占了便宜。后蓝翎因故往往被"等"掉,难怪他心怀不满。

前两者还是小事,两人交恶的关键在于政见不和,左右歧途。如果没有这一条,前两者都容易化解,并非症结;因为有了左右之分,两人原有的小异才会演成大战,最终不可调和。谁能想到发展到最后,蓝翎与当初的论敌俞平伯先生已经一笑泯恩仇,而"小人物"两兄弟之间却化玉帛为干戈呢?

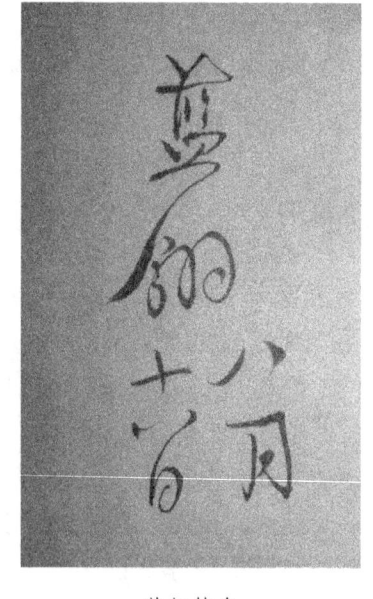

蓝翎签名

周汝昌

周汝昌继续做着他的红学个体户，从中国艺术研究院办公室领工资，转眼过了十几年。他作为终身研究员，工作需要助手，按理是不需要退休的，就像季羡林，直到九十八岁还配有秘书。但是在2002年，周汝昌八十四岁那年，某个月忽然发现工资骤减，女儿兼秘书周伦玲的工资也减少了。一询问才知：父女两人都被强制办了退休手续，事前并未解释和通知。

进一步了解后，得知此事与冯其庸有关：冯其庸本是行政领导，一般到六十岁退休，特别需要的可到六十五岁。民间团体如中国红学会，可放宽到七十岁，再不能突破了。而2002年时，冯其庸已七十八岁，却仍然老骥伏枥，并无退意。这样的状况群众有意见，领导也为难，于是硬着头皮向他摊牌：无论如何也该退下来了。不料，冯其庸却提出一个条件："必须让周汝昌先退，我才退。"

在我等局外人看来，这要求是不近情理的。因为一，冯其庸是行政领导，周汝昌是纯粹学者，两者工作性质不同；二，周汝昌身体条件极差，本人尚能从事学术工作，离不开秘书助手，不应该被攀比拉下来；三，冯其庸是离休干部，退下来工资也不减，本人也是终身研究员，为什么非得把周的工资拉下来不可呢？

此事如果事先打招呼，肯定纠缠不清，难以办成，于是将生米做成了熟饭，周家父女只能被迫接受。而此时的中国艺术研究院，李希凡也早已离退，是其他人（包括张庆善）负责了。

周汝昌的诗才敏捷，丝毫不因年老和耳目不灵而衰退，而他同样引以为豪的书法，则无可奈何地受到影响。也是在2002年，他将这二者作了一次集中的展现。

> 中华古历岁次壬午，我行年八十五龄，视力仅右目有三分之一的微光，仍不服老，逐日写作。有时精力好，灯下还拾起毛笔，不愿将平生喜爱的书法抛得太荒，写不成字。于是，每到晚间，与老伴淑仁商量，请她帮我"做书童"，并询问她写些什么词句好。
>
> 有一回，想"词儿"想不出合意的了，忽然她提议说："还是你的本行本业，就写题《红楼》的诗，岂不比别的更有意思？"这话触动了我的情怀，一时兴起，就答言说："好，你念一个《红楼》人名，我就题一首七言绝句，即席即兴，口占信笔，不打草，不停顿，

不苦思冥索,不敷衍凑句,不引用自己原来的诗句……试试才思还能如昔时的'倚马立成'否?"[5]

没过太久,就积累了百余幅新诗新字。夫人毛淑仁于 2002 年 9 月 8 日病逝,而两年后周汝昌也目坏到写不成字了,所以这一次才艺表演,便成了永久纪念。因为周汝昌"喜欢一百零八符合雪芹原书'九品十二钗'的构局",便选了一百零八幅(后实共一百一十三篇),题名为《诗红墨翠》,连手迹影印,在 2004 年出版了。

2004 年 5 月,一套精装十卷共五百万字的大书《石头记会真》终于出版。这就是周汝昌的汇校本,前期与四兄周祜昌合作,后期得女儿周伦玲辅助。周家两代三人做了五十六年,也就是毕生事业了。

6 月 25 日,周汝昌执笔著文《五十六年一愿酬》,总结这"大汇校"的成书过程。回首往事,感慨系之。

他想起 1948 年访胡适借得甲戌本,费两月抄得录副本,向胡先生提议"集本校勘"。胡适回信"认为是最重要而应该做的","我可以给你一切可能的便利与援助。"他想起四兄祜昌在家乡为此辛勤经营,1966 年惨遭抄家,片纸无存。后旧稿难寻,只得从头再来。兄弟二人一直力作到古稀耄耋之年,自己又目力早坏,只能与女儿"读听"合作定稿。成稿后的出版又多年碰壁,幸有人相助玉成此事。只可惜祜昌兄已于 1993 年物故,不能亲见成书了。

《石头记会真》在 1992 年即与河南人民出版社签约,但因为文本独特,编校艰难,在出版社内又沉睡了十几年,最终转给了河南一家印儿童书的海燕出版社。这社太小,书的篇幅又太大,仅印了四千部,宣传推广不够,见者不多。两年以后,畅销书作家刘心武加入进来,愿把自己的《刘心武揭秘古本红楼梦》与周氏汇校的简本配合出版,换大出版社重新发行。这事在一时还闹出了小小的版权风波,好在顺利解决了。2006 年 12 月,人民出版社版的周汝昌汇校本《红楼梦》初版仅半个月内,出版社紧急加印两次,印数达十五万套。

《石头记会真》打上了极强的周汝昌先生个人的主观印记。譬如,他认为原书为九乘十二的整体结构,共一百零八回,故每九回分为一卷,共九卷(后应出版社要求,加上有关资料如与胡适通信、探佚文章等,为第十卷)。他认为曹雪芹原著仅写到第七十八回"芙蓉诔"为止,所以将第七十九、八十两回也割弃,仅作附录。在正文校勘定字时,周先生为尽量保存"雪芹原笔",有时不顾艰涩难通,不易理解。在校勘行文款式上,首创了"逢异即断、俱录对照法"。

书出之后，似乎是赞扬者虽有，但批评者更多，诸如"肆意破坏《红楼梦》艺术结构"，"充满错别字"，"任意篡改原文"，"离原作越来越远"等等。[6] 或许是周先生过于固执地坚持自己独特而高深的标准，与公众认知相距太远吧。

这时我回想起，1988 年 1 月，周汝昌先生在给我的信中曾经说过，此书"幸而不久也将竣工。……将来盼能得到你撰文评介。"可惜（或者幸而）我早已不是"报人"，不需要我来"撰文评介"了。

2004 年 9 月 21 日，周汝昌回到阔别十多年的家乡天津市津南区咸水沽镇，因为当地在普明里公园中，建成一座"周汝昌红楼梦学术馆"。管理员便是他的侄子，四哥祐昌之子周贵麟。学术馆四周荷塘环抱，学术馆内周汝昌与自己的塑像含笑对视。周汝昌这一年虚龄八十七岁，能在有生之年与自己的塑像对面而立者，天下能有几人？

展室内分为五个部分："脂雪轩笔语"、"兰亭遗脉香"、"红楼夺目红"、"诗词一寸心"、"文采风流曹雪芹"，收藏了周先生的一些手迹、书稿和图片资料。这"学术馆"的门匾上，是集胡适的字体。但在开幕式致辞中，周汝昌强调

周汝昌和子女一起观赏自己的塑像。
《今晚报》赵延华 摄

自己对胡适的超越：

> 很多评论者都认为我是胡先生的一个"门徒"，好像是人家胡先生开辟了红学的一个大道路，我只不过是一个追随者。但我还是要表明一点，胡先生红学三篇论文发表二十六年以后，并没有引起任何值得说起的影响，我是在二十六年以后接起来，但我个人和胡先生有不同的观点、论点，我的拙著出版以后，很快红学成为全国乃至世界性的一门学问。我本人如果为了表示谦虚，不表明这一点，那么我们今天建馆的意义何在呢？因此我要超越个人的谦虚，向各位父老说一下。[7]

在家乡父老面前，都不是外人，周汝昌说得更为直率。一个瘦弱的老人，傲然睥睨群雄。

那么，胡适与周汝昌之间，到底是不是师徒关系？胡适曾经再三再四地说到，周汝昌"可以算是我的一个好'徒弟'"（或"信徒"）。但是周汝昌在六十多年里，几乎从来没有承认过胡适是他的"恩师"。从五十年代到七十年代，可以说是环境所迫，不敢承认。那时周汝昌不仅在政治上与胡适划清界限，学术上也强调分歧，鄙视胡适的艺术鉴赏能力。到了九十年代以后，胡适被重新评价，周汝昌仍然没有认"师门"，在《还红学以学》文章中继续贬胡。这时他自信增强，不愿承认。所以今天在自己的"学术馆"前，必须要否定"徒"说，自立门户。因为他的自我定位，是超越胡适，开创历史。一年以后的2005年，周汝昌出版了《我与胡适先生》，追忆当年交往，因为这时的胡适已经重回先哲地位，声誉日隆，像当年"我的朋友胡适之"一样，值得引以为荣了。周汝昌以季羡林《站在胡适之墓前》为代序，其中有"我一生遇到的六位恩师"一节。但这是季老的话，他还是没有开口称师，且把自己摆在胡适之前。

到了耄耋之年，周汝昌残存的视力和听力更加艰难。左眼早已失明，到2002年时，右眼还可以靠两个高倍放大镜重叠在一起，作书题字。这就又要说到周汝昌的书法。他在年轻时喜作小楷密书，颇具功底，在四十多岁上达到了最佳阶段，是文人字中的佳品，且在书法史和理论上确有独到见解。但他在五十多岁时患严重眼疾，以后视力更每况愈下，其书法实践随之逐步退化，所谓"瘦金书"实乃半盲中的笔迹形态。因为书法是脑、眼、手协调完成的视觉艺术，如果目不能视，便很难再称之为书法了。书法是周汝昌除红学以外最得意的领域，也是他最遗憾的领域。

2006年来采访的记者，记录了这样的情况：

> 早就知道周汝昌眼睛不好，但亲眼见他伏案写作的样子，我还

周汝昌伏案签名

是吓了一跳——桌上摊开一张很大的复印纸，他背着光，拿一支钢笔在上面划拉，墨水已尽却浑然不知。女儿忙完厨房的活儿跑进来："爸，墨水又没了！"他自嘲地乐开了，十足的一个老小孩。女儿解释说："习惯了，只肯用钢笔。他写东西，跟咱黑着灯写字差不多——墨水没了不知道，两个字或两行字叠在一块不知道，字写到纸外面也不知道。昨天嫌我新买的纸小，可这是能买到的最大的纸了。"我翻开他刚刚"涂鸦"的几张纸，上面的字如同天书，一概看不懂；女儿却能念出来，毕竟她协助父亲做学问二十六年了。

当我对着他带有助听器的右耳嚷嚷数遍："您怎么给曹雪芹过生日？"他思考片刻后答道："曹雪芹的声音，我想象中的，应该是'真善美'。"我明白他还是将"生日"听成了"声音"，却不忍打断，任他兀自畅说。[8]

关于曹雪芹的生日，是周汝昌自创的一典。他从《红楼梦》书中写贾宝玉的生日是芒种节四月二十六日，再根据敦诚挽曹雪芹诗"四十年华付杳冥"，从癸未卒年倒推四十年，考得雪芹当生于雍正二年甲辰（1724）闰四月二十六日未时。[9]这还是"以贾证曹"的套路，当别人连生年都说不准，他竟然连时辰都掐算出来了。"今日芹生日，萧然举世蒙。"只有他自己坚信不疑，每年阴历的这一天，周汝昌都要给曹雪芹过生日，烧鸭献祭，上供烧香，但儿女的生日他却记不得。

由此请允许我打岔说一个段子，见于周汝昌的同事张友鸾的随笔集中：

启功也是一个妙人。他最近谈起，研究曹雪芹，新发现的材料不多了，大家正在查核曹的生日，可以叫作"曹诞研究"吧！"曹诞"者，操蛋也（胡搞的意思），皮里阳秋，意有所指，听到的都为之一笑。[10]

考察周汝昌晚年的作品，或评价他的得失，不应该脱离他与众不同的四项基本条件。

第一是耳目俱损，不能读书。晚年的周汝昌无法大量阅读，虽然可戴助听器勉强"听读"，毕竟不能自主，大打折扣。他在写作中无法查核原文，只能凭记忆概括大意。而这种记忆经过了主观的过滤、发酵，经过了时间的风蚀、沉淀，很可能变了味道，与原文相距甚远，于是就变成了自说自话，自怨自艾。试举一例，周汝昌在自传《红楼无限情》和《周汝昌与胡适》中记述，1948年6月俞平伯在报上发表了一封信，即俞、周关系之始。他根本不引原文，就概括为"微词见讥"，"酸味含讽"，"冷水当头"，"从一开始就看不上我这一名晚辈学生"。可是查俞平伯的原文，根本没有这些（见本书之第二"翻覆篇"第6节），竟然是无端怨恨，无的放矢。周汝昌写出的是久蓄于心的主观印象，而不是客观的事实。在张家湾"墓石"辩论中，他硬说石上刻的是简体字"讳"（实为繁体字"諱"），将"青衫"误作"青山"，也是眼目不灵、师心自用的结果。这既引导出周先生的学术误差，也影响到他的性格和处世态度。

第二是家庭作坊式生产，助手不得力。由于是"个体户"，没有训练有素的学术助手，只能由自家儿女协助。伦玲一个人忙不过来，后来幼子建临提前退休，也加入进来。但受时代的限制，儿女中学教育都没有完成，其文化水平、学术能力，不足以弥补老爸的身体缺陷。儿女只能读书读报，记录打字，输入电脑，但不能代替他查阅资料，核实内容，补正缺失。周汝昌晚年的写作无论是"盲书"辨认，还是口述记录，他这系统的录入和输出都是间接的、有限的、受阻的，一些低级错误由此而产生。如他在晚年著作中，将明清易代的年代写错，"虚构"鲁迅引文，就可能是子女助手的责任。这些错误被对手嘲弄，本人却可能并不知情。

第三是封闭式的孤立。半是由于"独行侠"的性情，半是由于耳目不灵，晚年的周汝昌没有旗鼓相当的学友互相切磋，不参加任何学术会议，缺乏较高水平的学术交流和刺激，对红学界的实际状况和进展不甚了了，对别人的反馈不能直接接受。他过于自信，只出不进，宁愿与堪称奇葩的"民间红学"为伍，把自己的境界和声誉也向下拖坠。他全凭陈年记忆和内心冥想去进行写作，虽然更加凸显了年轻时为之自豪的才气和悟性，却也难免愈加脱离社会和学界的现实环境，在牛角尖里钻得更深，不能自拔。

第四是超量高产，多快而难精。周汝昌的勤奋不息和思维敏捷真的令人佩服和赞叹，他越老头脑越活跃，创作力越旺盛。在极差的身体条件下，在年近九旬的高龄，奇迹般地高速大量出书。2004年出版红学著作七种，2005

年竟然达九种,2006年不下五、六种。有人称这是"红学大跃进",有人问他家里是不是有"生产红学著作的机器"?写《定是红楼梦里人》是2004年3月18日开笔,到4月20日即已完稿。作《我与胡适先生》是2005年2月22日开笔,至8月8日已见样书。褒之可说他在晚年达到了从心所欲的境界,推向了一个学术高峰;贬之也可以说萝卜快了不洗泥,质量难免粗糙。他全凭记忆,思绪跑马,引文和事实来不及也不屑于去核对。周汝昌晚年的作品形成了一个独特模式:都由一两千字的短章组成,似随感录的集合,疏于整体结构和相互联系,这就体现出年迈身衰的局限。为适应市场,经子女编辑,有些书是篇章的重组整合,反复出现。每篇后面都以一首七言绝句结尾,虽然体现出诗才敏捷,却也陷入了套路。

对于这个"快",周先生自己有一段解释:

> 正因为"快",有其利,必有其弊。弊在"快"并非主观愿望,一味希图多出快出,倒是写作习惯养成我不耐烦精细打磨,又限于目力、精力更难求其详备,于是荒疏挂漏,便不可免。但客观条件又不允许我"慢吞吞"地工作了,年龄太大了,往事多已迷落在记忆之外了。微细琐末,可由它去;若说到有些事值得一记的,若不乘时"抢救",恐怕就要"忘光"——那就人所难知,终究是一种历史文化上的损失。故此,宁可不求详备完美,写一个"聊胜于无"的"荒草"或"半成品"式的"坯稿",于心稍安。[11]

我忽然产生一个联想,1923年顾颉刚在《红楼梦辨》的序言中说:"从前人的研究方法不注重于实际的材料而注重于猜度力的敏锐,所以他们专喜欢用冥想去求解释。"周先生的方法,仿佛是回到了"从前人"。他实等于闭目塞听,却还要大量产出,只能靠冥想猜度了。那么所得者何?其谁谅之?

周汝昌的晚年,形成了矛盾对立的两极局面。一方面是在家乡建"生祠"(学术馆),在多家出版社大量出书,赢得了"泰斗"、"大师"的称号,自己也"超越谦虚",顾盼自雄。他虽为红学"个体户",但有刘心武互为奥援,有"草根"红学鼓噪助威,有红迷"粉丝"拥戴追捧,便能以一人抗众人,与官方机构的红研所、红学会分庭抗礼,不遑多让。2006年,梁归智的《红学泰斗周汝昌传》出版,他是周汝昌亲自选定的传记作者,当然不吝惜高度评价,如:"可以说:真正的'新'红学,并不是从胡适开始的,而是从周汝昌开始的。""使红学重新获得了学术动力的(不同于来自意识形态的'动力'),是周汝昌的《红楼梦新证》。这也就是何以周汝昌要标榜自己开创了新中国的'新红学'。"[12]

而另一方面,因为周汝昌的特立独行,便"风流灵巧招人怨",出现了一批点名搦战,立意与他对抗的学者,写文章、出专著,持续地揭露他的短处,系统地批驳他的观点。从九十年代武汉的张国光开始,发展到遍布东西南北中,有香港梅节、北京沈治钧、南京苗怀明、新疆胥惠民、天津郑铁生、日本杨启樵等。

在此仅举两例。一个是北京语言大学的沈治钧,中国红学会副会长,他在2011年出版《红楼七宗案》一书,集中揭露周汝昌的各种"造假"问题。其中包括:关于顾随的《木兰花慢》疑案,关于"聂绀弩赠诗"案(含质疑"毛泽东好评"),关于"曹雪芹佚诗"案,关于《爽秋楼歌句》案,关于"俞平伯匿书"案。另外两案虽非周汝昌,也与本书有关,是关于"秦学"及其他和关于新版电视连续剧。这些疑案,本书中皆已有过叙述,笔者的看法与沈治钧有同也有异,尚祈读者评鉴。

沈治钧历数"上个世纪四十年代欺骗胡适、五十年代批判俞平伯、六十年代阿附江青和康生、七十年代伪造红学史料、八十年代诬陷俞平伯、九十年代力挺王国华,新索隐派当家人都是急先锋,都是要角乃至主角。"还批评:"在周氏的带动和激励下,新索隐这些年风靡一时。……他们的红学是索隐与考证的'汇合统一'。""有两句话不妨直讲——旧索隐派囿于历史局限,尚可谅解;新索隐派则属有意以伪学术巧取名利,理应接受批评。"[13]

另一位集中批评周汝昌的,是乌鲁木齐新疆师范大学的胥惠民。他于2014年出版了《揭开迷雾——对周汝昌〈红楼梦〉研究的再认识》,全面批评了周汝昌的"写实自传说"、"脂砚即湘云"说、"一百零八钗"说、"大对称结构"说等;还分析了周汝昌研究《红楼梦》的主观唯心论及其走红的原因。红学会副会长蔡义江为此书作序,这样综述道:

> 周汝昌晚年,见学术界气候环境适合无监管的自由化营销,遂大展拳脚,一年内凑起七八本书来,大肆宣扬他破绽百出的"写实自传说"和五花八门的奇谈怪论,诸如曹雪芹的妻子是史湘云,也就是脂砚斋和畸笏老人;贾宝玉不爱林黛玉而爱史湘云,林黛玉即"麟待玉";神瑛侍者不是投胎贾宝玉而是甄宝玉,"绛珠误认了恩人";"木石姻缘"和"金玉姻缘"都是指史湘云和贾宝玉的关系;《红楼梦》写了九层"金陵十二钗",共一百零八钗,以对应《水浒》一百零八将等等,这可谓"满纸荒唐言"。还将脂评本中许多明显的错别字,说成是"最可宝贵的"雪芹"原笔",都保留在他的校注本中,甚至任意篡改原文……[14]

据胥惠民在此书后记中透露,他的批周文章在写作中得到了冯其庸的多次关注和指导。在电话中冯先生或指点:"语言越平和,论文就越有说服力。"

或出题目："周先生的《〈红楼梦〉'全璧'的背后》至今还没有受到有力的批评。"或称赞："过去不知道周先生为什么那么恨高鹗，现在读了你的论文就清楚了。"连《揭开迷雾》这个书名，都是冯先生帮助确定的。

后来，2017年高淮生出版《周汝昌红学论稿》，主张作知人论学的整体考量，有专章论周先生的性情气质与为学格调，评语为"落落寡合的个性与孤独无助的心境"。这可算是比较客观中立的第三方声音。

2009年春节，国务委员马凯登门看望周汝昌并拜年。周汝昌趁机告状，说《红楼梦学刊》对他搞人身攻击，恳请中央领导出面干预。这指的就是发表了沈治钧的文章《顾随〈木兰花慢〉一阕辨惑》(《红楼梦学刊》2008年第六辑)，沈文指责周汝昌假借并篡改了老师顾随1954年的那首词，来自我标榜，抬高《红楼梦新证》(参见本书之第三"批判篇"第11节，我不认同沈的这一判断)。当时陪同拜年的文化部副部长王文章（兼任艺术研究院院长）不得不调查，找张庆善了解情况。而张是冯其庸的爱将，与沈基本上一致，此事遂歇。[15]

周汝昌反正看不见也听不见，继续我行我素。他在九十岁时说："我不是说我九十岁了，就该自由自在地过了，我要利用我那点可能的时间和精力，把每天不断思考的新问题、新见解铺到纸上。不铺到纸上，我自个儿也忘了，这个消失了谁也替代不了，会让我觉得这是我研究了六十多年的损失。现在的写作是抢救性的，每天几百字也写，一千字也写，主题很分散，我这个人就是这么贪得无厌。"

2009年以后，周汝昌右目仅存的一丝视力也不复存在，改为向女儿口述，继续进行创作。最后三年里，他又完成了两本书《红楼新境》和《寿芹心稿》，而且写作还在继续。

如果说俞平伯是在临终前大彻大悟，吐露心声的话，周汝昌也是，他们都不约而同地讲起了索隐派和自传说。只不过俞平伯是客观"闲评"，周汝昌是主观自认。2005年，周汝昌在《红楼十二层》中专设一层"索隐"，自白道：

> 我久蒙世人称号为"考证派"，其实他们识力不高，看不清我自一开始就是一个"索隐派"，只不过所"索"之"隐"与蔡元培、王梦阮等前贤大不相同而已。[16]

2010年，周汝昌更加直言不讳，几乎可以称是学术遗言了：

> 我的"考证"是人家给的名目，我的本心本质其实就是"索隐"，这么一个小绕弯儿很多人就是绕不过来。……考证的真正存在价值和实际功能没有别的，就是为了"索隐"。[17]

周先生生于1918年，其前一年，蔡元培发表了《石头记索隐》；周先生三岁时，胡适发表了《红楼梦考证》。周先生三十五岁时，出版《红楼梦新证》，推出了绝对化的"写实自传说"，不久就受到抑制；周先生年满花甲时，压力解除，回归"自传说"，又有新发展；周先生到八十五岁以后，才耄耋吐真言，自承"索隐派"。却原来，周先生做胡先生的学生只是表象，而继承蔡先生的衣钵才是内核。却原来，周先生以其九十多岁的一生，完成了一个循环。

2012年5月下旬，周汝昌还在向家人口述《梦悟红楼》的写作大纲。仅仅一周以后的5月31日，周汝昌于北京家中去世，终年九十五岁。刘心武说，"他大脑一点都没问题，应该是其他器官衰竭。他女儿告诉我，老人很多天都不能下床了，昨天半夜不行了，来不及去医院就过世了，这种情况叫无疾而终。"

在周汝昌去世的当天，中国艺术研究院党委书记、副院长，兼中国红楼梦学会会长张庆善接到了冯其庸的电话，冯老说："对一位老人的去世，一定要表示深切的哀悼，更何况周汝昌先生一辈子研究《红楼梦》，写了那么多的书，为红学做出那么大的贡献，我们更要对周先生的去世表达出我们的悼念。"他特别嘱咐，《红楼梦学刊》一定要发讣告，要写好。[18]

《外史》作者还是要仿"太史公曰"或"异史氏曰"，对周先生与冯先生的关系点评几句。

在他们那个年纪的中国知识分子中，周先生与冯先生是两类典型。周先生是旧大学（而且是美国人办的燕京）培养的纯书生，不问政治，个人奋斗；而冯先生学历不高，属共产党内的新生类文化人，对政治很敏感，与权力相结合。两人的素质都属异人或超人，取得了常人所不及的成绩，留名青史，至少是"红史"。周先生读书毕业虽迟，却在三十五岁就写出了《红楼梦新证》，为个人代表作，立学术里程碑；而冯先生进入红学界晚了二十五年以上，五十岁才起步，却仅用十年就走到了别人终生难以达到的台阶顶端，执中国红学会会长之牛耳，几达二十年。周汝昌是在他刚刚挥别了俞平伯之背影的1986年，惊回首冯其庸又成了他的主管领导，顶头上司。不光是单位里要接受管辖，出国时要遭级别歧视，在红学的学术观点上，无论是史论框架、家世祖籍、版本卒年，还是影视讲坛，也要处处碰撞，步步受阻。周先生虽耳目俱损，却能够老骥伏枥，思接苍茫，盲书口述，闭门著书，诗才敏捷，书法瘦劲，以一己之力，抗千夫之指；谁知道冯先生更不止驰驱万里，气吞朔漠，下笔千言，琳琅百卷，书画俱佳，收藏宏富，且挟三位一体之威，号令文山会海。这才叫棋逢对手，将遇良才；兵来将挡，水到土屯；势均力敌，旗鼓相当。可叹天公，既生周公瑾，何生诸葛亮于同代哉！

或许在周先生逝世之际，冯先生有痛失对手，英雄孤单，"荷戟独彷徨"

之感?

李希凡、冯其庸领导时期的中国艺术研究院还是在恭王府，直到2002年夏天迁往北三环外的新址。2006年11月，占用恭王府的最后一家单位中国音乐学院附中迁出。挡在恭王府前的东楼（即"画楼"）在2007年5月拆除；当年《红楼梦》校注组曾经安营扎寨的西楼（即"琴楼"），于同年10月最终被夷为平地。2008年奥运会前夕，恭王府终于全部修复开放，从开始腾退已历时三十年。

2013年5月周汝昌逝世一周年时，北京恭王府博物馆决定在府内设立周汝昌纪念馆。此后近三年间，周汝昌子女将他的文献和遗物约二万三千件捐赠给恭王府，后增至三万余件。2018年12月周汝昌百年诞辰时，纪念馆在恭王府花园东路牡丹院开馆。

五十多年前，是周汝昌力主恭王府花园即大观园，周恩来同意适当时在此设立曹雪芹纪念馆。但是谁能想到，五十多年过去，曹雪芹未能入主，取而代之的却是周汝昌本人呢？

三十多年前，恭王府曾经是红楼梦研究所的驻地，冯其庸所长、副院长的办公室和画室所在。那时，周汝昌欲进府而趑趄，未临门已忐忑，如鼠避猫。又谁能想到，三十年河东，三十年河西，如今周汝昌却会以这种形式高调重返，永久性地占据一处展厅呢？与此相比，家乡的"学术馆"又何足道哉！

1984年，周汝昌作了一首自度曲《自咏》，写得铁板铜琶，激昂悲壮，可视为他的生命告白：

> 为芹脂誓把奇冤雪，不期然，过了这许多时节。交了些高人巨眼，见了些魍魉蛇蝎；会了些高山流水，受了些明枪暗钺。天涯隔知己，海上生明月。凭着俺笔走龙，墨磨铁，绿意凉，红情热。但提起狗续貂，鱼混珠，总目眦裂！白面书生，怎比那绣弓豪杰——也自家，壮怀激烈。君不见，欧公词切。他解道："人间自是有情痴，此恨不关风与月。"怎不教人称绝！除非是天柱折，地维阙；赤县颓，黄河竭；风流歇，斯文灭——那时节呵，也只待把石头一记，再镌上青埂碣。[19]

张义春作有《红学那些人》，其中对周汝昌的描绘相当传神：

> 晚年，周汝昌做自传——《红楼无限情》，往事如烟如雾、飘渺依稀，但桩桩件件都可以细数根源。那个颇具肝胆，那个暗地成全，

那个不幸命短，那个万古流传，那个风雅可美，那个令他肝肠痛断、珠泪满面，那个忍狠心，撇下我这风烛残年的人你就自个去了，万唤千呼也不回言。

　　自然，周汝昌偶尔也生气，可即便这样，他绝对不动情、不伤肝，以看透世事的豁达对一切都理解谅解。……况多数情况下，周汝昌只是看别人生气，特别是生个由头起个端，让别人生气，自己则在一边看热闹。从从容容、自自在在，也捂着嘴"吃吃"笑个不停。如，一时顽皮，他使了个阴招——假冒曹雪芹做个诗，直弦不似钩曲扭，曲扭的钩儿引鱼游。

　　周汝昌用心论红、用情论红，意味津津，怡然自得。……他视力0.01，双目几近失明，却能感受《红楼夺目红》；他借器械捕捉信息，两耳大体失聪，但津津有味地与《贾宝玉对话》；他年逾古稀，然穿梭于《红楼十二层》，自言《定是红楼梦里人》。他论红手法多样，不拘一格，为文该长则长，该短则短。洋洋洒洒起来，几万字都意犹未尽，惜墨如金的时候，千百字都觉多余。他语言调皮、色彩浓郁，"俗事用俗笔"，雅事借雅言，……他可以喜不自胜、忘乎所以，可以忽然忧恼，堕下泪来。

　　周汝昌则一如既往，不紧不慢，意态从容，黄豆切细丝，功夫到家了。虽然年过米寿，但无量寿佛，老先生却福寿安康——发白还黑，齿落更生，气色越发得好，脸皮红润皱纹多；更兼着，天生一段聪明，全在眉梢，平生万种风情，悉堆眼角。"老只老呵，老不了我胸中武艺。老只老呵，老不了我龙韬虎略。老只老呵，老不了我妙算神机。""老只老呵，尚兀自万夫难敌。"

　　这是刘邦本色，也是周汝昌风采。开得出大玩笑，作得了大文章，妆成假相如真相，捏作虚情似实情。政客本色非关善恶，是无迹可寻，不能为师，若去学他，当真就成了东施效颦，可厌可笑了。[20]

冯其庸

　　1996年，冯其庸移居通县张家湾芳草园小区"瓜饭楼"，定居了二十一年。"瓜饭楼"之名并非自此始，它本是冯其庸虚拟的书斋别号，其义是为记念幼年时以瓜代饭的苦难岁月。此斋名自"铁一号"、红庙居所一直沿用，到张家湾才有了建筑实体。(冯其庸的书斋还曾自署"宽堂"、"京东且住草堂"等。)
　　这是一个很大的独门独院，院外门楼气派，院内花木扶疏，有亭亭如盖的海棠树,有二十七吨重的太湖石,上刻自题的"石破天惊"四字。一座米白色的两层小楼,面积超过四百平方米。有几篇报道描述过"瓜饭楼"内的书房:"每一个到过瓜饭楼的客人或访者,都会对浩如烟海的藏书惊叹不已。从一楼数起,共有六个书房,每个书房存放着不同类别的书。一楼有两个,一个主要收藏戏剧和明清小说并兼做客厅;另一个收藏各种古董和艺术珍品兼做画室,宽大的画案上铺着纸、摆着笔,随时可以挥毫题字作画。二楼有四个,一个收藏文学作品,一个收藏线装书和书画作品,一个收藏西部和敦煌的文献,一个收藏历史类和红学类书籍。""还有一个专门放佛经的书房,但现在这里放不下,就搬到别的地方去了。"

曾经,在胡适的东厂胡同一号故居里,有五间书房。冯其庸后来居上。启功曾来"瓜饭楼"做客,他的评价是:您这小楼应叫瓜饭楼博物馆了。2009年,《南风窗》记者章剑锋到"瓜饭楼"来采访,他在专访中写道:

> 选择这个地方定居,也是一种机缘巧合。1992年,曹雪芹墓石在张家湾再次被发现,冯其庸前来考察,确定是"可信的,无可怀疑的"。当时镇里的官员即动员老先生离休后到张家湾定居。冯先生的夫人夏老师说,那时候城里的房子也买不起,于是就掏钱在这里买了一块地,请人盖了这所"瓜饭楼"。

因为此事,据说圈子里有人还对冯其庸含沙射影议论过一番。

"造谣说是我肯定了那块石头,所以政府就给了我这个房子。"

冯其庸"瓜饭楼"

十二 谢幕篇　785

冯其庸夫妇在"瓜饭楼"院门前送客。

老先生说,"那不可能的。要是这样,张家湾政府不就垮台了?贪污怎么行啊?这等于是贪污钱啊!"[21]

我相信,给冯其庸"造谣"的人,肯定没有证据。我希望,这只是一个"瓜田李下"的传说。

冯其庸做学问与别人的一个不同之处,就是他愿意行万里路,亲赴现场调查。想当初在"五七干校"那样的条件下,他都乐此不疲,到老来有了条件,他便走得更远更勤。自1986年至2005年的二十年间,冯其庸从年逾花甲到杖朝之年,亲身进行西部考察,陆续完成了十进新疆、三登帕米尔高原、两次穿越塔克拉玛干大沙漠等壮举。

1998年8月,年过古稀的冯其庸第二次登上帕米尔高原,于海拔4700米的明铁盖山口,发现玄奘取经回国的古道,此为玄奘东归后1355年来的第一次发现。2005年,年已八十二岁的冯其庸第三次上帕米尔高原,为玄奘立东归碑记。这一年,他由米兰进入罗布泊,到达楼兰,入玉门关到敦煌,在大沙漠死亡之海里停留十七天，目的是确证玄奘取经东归的最后路段。

谈起艰辛的高原沙漠之旅，冯其庸说："对我来说，乐大于苦。有些苦，我根本没在意。登上海拔四千多米的帕米尔高原，同行的年轻人有的出现剧烈的高原反应，眼花气喘，有些撑不住，我则基本如常，所以我戏称自己是'高山族'。尤其我的游历是和学术调查联系在一起的，每有收获，那种喜悦，不可名状，足以抵消一切付出！"

2005年春天，冯其庸接到开山弟子叶君远的电话，说人大要成立国学院，请他出山做院长。冯其庸本以为是名誉院长，遂答应了。几天后，叶君远陪同纪宝成校长来到张家湾"瓜饭楼"，面谈敦请，这才确认是实任院长，并非"名誉"。冯其庸年已八十二岁，深感责任重大，本想推辞，但纪校长情辞恳切，遂只好勉为其难，答应做两年。"从事实来说，我是不足以胜任国学院院长之职的。当急需有人担当的时候，我如果推辞，那等于是逃避。"

以前清华大学曾经有过国学院，那已经是七八十年前的事，人才早已断代。而冯其庸的优势，在于他毕业于无锡国学专门学校，是难得的"国学"科班出身。他在《光明日报》发表了一篇文章《大国学就是新国学》，为"国学"定位。5月，中国人民大学国学院成立，在冯其庸主导下，参照当年无锡国专的传统，制定了人大国学院的教育方针、课程设置和师资聘请，并倡导将游学纳入教学体系。

冯其庸在西部考察

这时候，当年我们班的老大哥叶君远是人民大学文学院教授，被调过来做国学院副院长，与冯先生沟通方便，配合默契。国学院甫建，诸事丛杂，老叶忙得够呛。

这年9月，国学院正式开学。这时冯其庸动员季羡林先生与他联合署名，给中共中央写报告，建议开展西域历史语言文化研究，培养人才。10月1日，冯其庸在罗布泊营帐里接通卫星电话，得到北京的消息，中央领导批准了报告并拨出经费，由此促成了国学院西域历史语言文化研究所的成立。

在世纪之交，文化界人人争说"国学"。我们记得，1999年周汝昌曾提出"红学应定位于'新国学'"，而冯其庸的提法是"大国学即新国学"，颇似一唱一和。是两人终于殊途同归，英雄所见略同了吗？

我试加比较，发现有三异。一是内外有别，周汝昌是在红学之内谈国学，强调红学是中国文化之学，即国学之代表；而冯其庸不以红学家的身份谈国学，要涵盖多时代、多门类的中国学术。二是虚实之差，周汝昌因身体条件所限，基本上是闭门冥想，思飞千仞；冯其庸则老当益壮，实地考察，亲征万里。三是收放殊途，周汝昌强调西学的消极方面，号召"回到传统文化的母怀中来"；冯其庸则主张在不放弃中国立场的前提下学习西方学术，凡是人类的积极文明成果都应该吸收。都称"新国学"，名同实异。

由老叶想到冯先生的弟子们。有明眼人指出，冯其庸先生的亲传弟子（即他所指导的历届研究生）中，没有一人治红学，令人讶异。这可能因为学界皆知，在红学或曹学范围内，冯先生不能容纳观点不合者，视之为反对他个人。故导师冯先生不带红学研究生，他以其博学，在红学之外教书育人，仍游刃有余。而弟子们既知尊师，也主动让开红学，另辟蹊径了。

由此便说回红学。2006年8月初，在大同召开国际红楼梦研讨会，冯其庸在开幕式上发言："我个人认为，有些人之所以胡编乱造，包括编假诗、造假词，这恰好证明他们研究《红楼梦》已经研究不下去了，所以只好靠胡编乱造，靠造假来哗众取宠了。"[22] 这种批评，不需要指名。

八十年代，冯其庸曾主持编印过一套《脂砚斋重评石头记汇校》，我还写过书评。那书是只排比各种脂本的正文，没有脂评，而且错误较多，留下了遗憾。九十年代，冯其庸又扩大规模，展开更大工程——与季稚跃合作，历时十余年，把已发现的十三种版本脂砚斋评本全面地汇集在一起，将各本竖行排列逐字逐句对校，并汇集全部脂评（含非脂评部分）。最后，还补入了新发现的卞藏本，于2009年完成了共计三十卷册的《〈脂砚斋重评石头记〉汇校汇评》。

与此同时，冯其庸花了五年时间，融合曹雪芹家世研究、《石头记》抄本研究、《红楼梦》思想研究、人物研究、艺术研究的全部成果，并吸收评点派的精华和其他红学家的成果，写成《瓜饭楼重校评批〈红楼梦〉》，这可以说是他四十年研究《红楼梦》心得的总汇。作者在乾隆抄本《石头记》甲戌本、己卯本、庚辰本的影印本上重加手批，再予影印，成为识见与书法的结合。这种形式前所未见，非冯莫属。

冯其庸读书做学问确实严谨而刻苦，他八十多岁的时候还是晚睡早起，常常在凌晨三四点钟起床作文读书。

李希凡评价说："从其庸红学著作中看出，他是在文本、文献、文化的相互融通中完成的，这是现代红学最有系统的开拓性的研究成果。"

冯其庸久已有志出版自己的全集，此事在2009年得以实施，获得国家出版基金资助，由国家出版总署介绍给青岛出版集团。此书卷帙宏大，体例繁复，既有文字图片又有抄本影印，既有简体横排，也有繁体竖排，编辑印制都考验出版者的功力。青岛出版集团经过近三年的精心努力，终于不负重托，在2012年1月完成了这一部《瓜饭楼丛稿》。全书分为三部分，包括《冯其庸文集》十六卷，《冯其庸评批集》十卷和《冯其庸辑校集》七卷，外加年谱和目录各一卷，共三十五卷，1700万字。其中第三十四卷，是叶君远为先生所作学术年谱（他还写过《冯其庸传》）。这一套大书，是冯其庸一生学术研究之集大成，内容广博。可以说很少有别人，能跟他比这个广博。冯其庸在八十九岁时办完了这一件大事，可以无憾了。

2008年9月，冯其庸接到在家乡无锡前洲镇的侄子冯有责打来的电话，他是已退休的前镇人大主任，提出家乡人希望在前洲镇建"冯其庸艺术馆"。冯其庸的即时反应是："我对家乡没有什么贡献，不要为我建什么馆……"不久，镇党委书记又来了电话："冯老，你是从家乡走出来的文化名人，应该为家乡留点什么……"冯其庸便同意他们来北京商议。2009年3月，家乡的地方领导来"瓜饭楼"拜会，这事情就定下来了。

周汝昌已经于2004年在家乡开了"学术馆"，岂能让他专美于前？因此也定名为"冯其庸学术馆"。早在1983年，前洲就成为全国首批亿元乡；1989年，就建成了"中国乡镇第一园"——锦绣园，园中有冯其庸题写的《锦绣园记》刻石。所以，冯馆肯定要后来居上。

对当地来说，建馆也是为了改造破旧环境，增加文化内涵。为此拆迁了一些老旧民房和店铺，发动全镇企业捐款资助。学术馆的设计方案，是台湾大元公司和无锡园林公司参与竞标，当地多数人倾向于无锡的传统古建风格，但冯其庸拍板采用了大元公司的全新现代风格方案。

冯其庸学术馆

2010年1月9日,学术馆奠基。从筹备到建成,冯其庸四次到现场视察指导。2010年11月,张家湾芳草园院内和"瓜饭楼"屋里收藏的汉画像石、佛造像碑、菩萨造像二十八件,及文化石五件,共六吨重的文物装车运到前洲。2012年9月25日,冯其庸第三次来无锡,察看学术馆的布展内容时,他提出把原在大厅内的2.6米高立像移到馆外山坡上,大厅内再请朋友、雕塑家纪峰重塑一个半身像。

2012年12月7日,冯其庸在开馆前夕提前两天到场,仔细看遍每个角落后,十分满意,兴致很高,晚餐喝了二两白酒,还让再斟,杯子被二女儿收走了。

12月9日,冯其庸学术馆正式开馆。它位于无锡惠山区前洲街道锦绣公园南部,占地面积13113平方米,两层主体建筑实用面积2200多平方米。该馆体灰白相间,以长方体带斜顶展览室为核心,外墙融入中国古典建筑透景式风格,平面整体形似中国印章。走进学术馆,是冯其庸亲自命名的"稻乡家世"、"艰难学程"、"翰墨余香"、"瀚海孤征"、"佛缘遗迹"五个展厅,分别展出馆主的成长历程、学术成就、书法绘画、西部文化摄影和古代石刻收藏等内容。

建成后结账,学术馆本体共花了1200余万元,其中土建450万元,装修、布馆及配套设备750万元。加上占地搬迁和馆外的锦绣文化广场建设费用,共计3000余万元。

在冯其庸年近九十二岁时,他还有一件心事未了,这就是影印那部1968年手抄的《瓜饭楼钞庚辰本〈石头记〉》。2015年10月,冯其庸郑重地把此书交给出版过《瓜饭楼丛稿》的青岛出版社总编辑,一再说:"这部书交给青岛出版社出版我放心！"

2016年的最后一天，刚刚印制完成、飘着墨香的《瓜饭楼手抄〈石头记〉》，由总编辑送到"瓜饭楼"。此书是木匣装，线装两函。总编辑选了带朱批的一册递给他，老人看到书突然哽咽了，不断重复着"感谢"两个字。这一部书，使相隔近半个世纪的两个时代首尾相接。"从我自己来说，我是冒着'文革'中最大的风险来抄这部书的，我对这部抄本《石头记》珍爱到如同自己的生命一样。"

2017年1月22日，冯其庸在北京通州潞河医院安详离世。这一天是农历的腊月二十五，距他九十三周岁生日仅差四天。

这所潞河医院，其实离李希凡的老家不远。历史上，它是美国教会设施的一部分，是北平协和医学院的附属小医院，医术高明。1942年，李希凡的二哥临终，就是在此抢救了一个星期。冯、李两人的生命轨迹，偶然性地在此遇合。

2018年6月23日，冯其庸研究中心揭牌仪式在北京通州张家湾文化艺术博览苑举行。冯其庸与张家湾的关系还在延续，冯其庸成为张家湾的一张名片。

请允许我再次引用张义春的《红学那些人》，他写冯其庸的一篇是《壮心未与年俱老》。

老年的李希凡与冯其庸相会

冯其庸之轮廓酷似启功——面微圆、少棱角；然眼角偶露杀气，令人不寒而栗。冯其庸少年老成，识高低、善应对，喜旁敲侧击，发言吐气有藏有露，富言外之意、弦外之音。冯其庸关键时刻有主意，每临大事有静气，"眼中形势胸中策，缓步徐行静不哗"，不说狠话，不做软事，山崩于前地裂于后而面不改色。冯其庸已臻神人之化境——不行而知，不见而明，无欣欣、无畏惧，遇顺境，处之淡然，遇逆境，处之泰然；厚重的镜片后，低垂的眼帘掩盖了眸子，说话不慌不忙，慢声细语，言语不多道理深，态度不卑又不亢。冯其庸属大器晚成型，性格有超人的稳定性，一旦下赌注，就有把握赢。

冯其庸交游虽多、知心却少——他过于庄重，容易令人敬畏，不易让人亲近。过于智慧，以至面对他太伤脑筋；过于平淡，让人因难以感受趣味而敬而远之。冯其庸更好专制好独裁好刑名之学，曾经对正统红学而外的门派进行过冷酷的打击，顺顺逆逆，杀人无算，言无二贵，法不两适，是伟大的权力红学的缔造者。在主持中国红学会的日子里，冯其庸用法峻急，有犯必戮……。冯其庸大独裁更大妩媚，有霹雳手段，也有菩萨心肠。……曾经身体力行为红学的繁荣做出过贡献。

冯其庸渴望对手、蔑视对手，因对手的存在建立人生自信，通过与对手的博弈走向人生巅峰，自信人生二百年，会当水击三千里。……特别是在新时期以来，冯其庸一路冲杀，穷形尽相，要么不做，做就做绝，以至被誉为红学研究的"定海神针"，此时走在前面的周汝昌已从容不得。既生瑜、何生亮？……周汝昌有无政治热情难考实，而冯其庸却善于政治长于政治。他一生以学者定位，实在是可惜了作为政治家的才气和灵性。

冯其庸是坚定执着之人，浑身散发着坚硬的凉意。他该认真自然认真，不该认真仍然认真。他是彻头彻尾事业狂人，一生目标，就是夺得"天下武功第一"的名衔；他从来不说废话，一旦说了什么，结果就必须是什么；他志在必得一往无前，不达目的不罢休，达到目的仍不罢休。他挑战着，快乐着，享受生活不想死，热爱生活不怕死。[23]

李希凡

1996年9月30日，文化部副部长潘震宙来到中国艺术研究院，宣布领导班子换届。李希凡作为一把手，召集全院各所所长和各行政部门负责人，在小会议室开会听传达。这是他以常务副院长身份召开的最后一个会，这标志着他和冯其庸一起，从领导岗位上正式退下来。

开完这个会，晚七点钟他赶到齐鲁饭店，因为由他主持的《中华艺术通史》，要在当晚与北京师范大学出版社正式签约。也就是说，李希凡从领导岗位的退出之日，正是他肩负起著史任务的启动之时。

《中华艺术通史》是一项文化建设的大工程，包含美术（含绘画、书法）、音乐、戏曲、舞蹈、曲艺、建筑等主要艺术门类，是按历史时期分卷的通史，要求打破界限，融会贯通，所以由李希凡这个行政领导领衔总主编。其经费来源要自行解决，是通过一些私人关系，获得了北京师范大学出版社先期投入的二百万元，方得以进行。

按理说，李希凡六十九岁离休后的十年，应该是他自己著书立说的最佳时段。但是李希凡不甘做挂名的总主编，把这十年的主要精力，都献给了《中华艺术通史》的组织、筹划、掌舵和审稿工作。在编书进入到后期，最需要他大量审稿时，李希凡突然得了糖尿病并发症——眼底出血，急需激光治疗，严禁读书报和写作，才把统稿任务交给了三位副总主编。2003年，李希凡写作了《通史》总序，做了篇纵论历史、横跨门类的大艺术论文章。2005年岁末，他又写了全书的《总后记》。《中华艺术通史》于2006年6月问世。全书文字七百余万，图片三千余幅，共十四卷。虽然不是个人著作，李希凡却为之自豪。

就在此期间，李希凡离开后的中国艺术研究院发生了显著的变化。这不仅表现在2002年搬离了恭王府，在北京北三环以外新建了一个后现代风格的、草木葱茏的彩色院落。有研究人员对媒体说："我们在短短几年里经历了精神上和物质上的两重境界，一重是没有作为、不求进取的状态；一重是作为一个艺术学者从未体验过的昂扬和奋进。"在此工作了十几年的人作今昔对比，以前经济状况不佳，是有名的懒散单位，有能耐的想走，没门路的闲待，院里的研究少人惦记。而2001年以后，老、懒、散的状态渐变为年轻、投入、苦干，过去的"书斋散人"有了高级理工和金融专家那样的尊严，有了为国家重点项目攻关的荣誉感。当然，这主要是因为靠节流和创收，职工收入提高了五倍以上。[24]

过去，李希凡担任过十年一把手，而上述变化，是在他离职五年以后发生的。很显然，赞扬"今是"就是痛感"昨非"，这让老院长李希凡作何感想？看来，李希凡做行政领导，不如他做文艺评论家成功。

《中国艺术通史》交稿出书之际，正是刘心武登上央视"百家讲坛"，掀起《红楼梦》"揭秘"热之时。李希凡感觉,"这次'红学热'热得有点'邪门'"!他被人追着发表了点意见,招来网上一片骂声。"我历来属于'毛派'红学,自然更成为讨伐对象。连我有些好友,在聚会时,对'揭秘'者的'续《红楼》',也要说上几句话,好像红学界真'围攻'了作者!道不同不相与谋,对这类事,我历来不作声,因为好友相聚,是件欢乐的事,犯不上让不愉快掺杂其中。"[25]

李希凡心底曾隐隐有个心愿,想把研究《红楼梦》这题目,留着与蓝翎合作,直到九十年代初,与他的老伙伴彻底决裂。九十年代中期他单独写了少量几篇"意境探微",结集为《红楼梦艺术世界》,还故意要把与蓝翎和穆欣的两篇论辩文章收进去。又过了大约十年,他才忙后得闲,再加上外界的刺激,对《红楼梦》再作研究的未竟之愿,便又浮上心头。

五十年后再提起《红楼梦》,李希凡仍不忘初心,声讨胡、俞。想到"'新红学派'的代表人物胡适那样贬低它的文学成就,俞平伯先生也说它文学价值不高,'不脱东方思想的窠臼'",仍然是耿耿于怀,愤愤不平。在这新世纪之初,李希凡不肯随着学界大流重新评价胡适,他似乎也不知道毛泽东主席在1956年初说过:"二十一世纪,那时候,替他恢复名誉吧。"[26] 在写自传时,李希凡对胡适的认识一如既往:

> 即使有缺点,有错误,我也决不懊悔向买办文人胡适开炮,即使他的弟子们、追随者们今天怎样诽谤(1954年)这场批判运动,甚至要在一座名校为胡适树碑立传……我真希望他们的愿望能实现,把胡适立在那里,看看在中国现代史上能替他们增光还是蒙羞![27]

另外,李希凡批判俞平伯,仍抓住《红楼梦辨》——他二十三岁时的观点不放,对与时俱进的演变视而不见,将举杯相庆的和解置诸脑后,在俞平伯逝世十几年之后再加追讨,是不是太不厚道,不仁义,也不够实事求是呢?

与胡、俞相对照,李希凡高度肯定革命文豪鲁迅之"如实描写,并无讳饰","都是真的人物"。他解释为:"用现代文学术语来说,就是'现实主义'"。可是,鲁迅的说法与胡适的"自传说"到底有多大区别?周汝昌也正是拉来鲁迅的这几句话,作为自己"写实自传说"的理据。看来,鲁迅还是可以被各派各人各取所需,作为"大旗"招摇,或挡箭牌防身。那么,李希凡这五十年后的红学回归,到底前进了多少?还是可以怀疑的。而李希凡的老伙伴蓝翎,虽然无意于红学,他已在十几年前,把俞平伯的条幅公开高悬在单位办公室了。

2003年,"非典"肆虐,李希凡与老伴儿避居顺义马坡花园。那是当地农民盖的不合商品房规格的"公寓",但是绿地开阔,屋舍敞亮,空气新鲜,周围静寂,真是读书写作的好环境。老伴儿给他买了一张超大的书桌,配一把结实的木椅——李希凡从来不坐沙发椅。此时此地,李希凡重拾《红楼梦》

评论。可惜他刚做完激光手术，视力已只剩下零点三、四，读新五号字的书报，都要戴老花镜加放大镜了。他无法再"读书破万卷"，但《红楼梦》总是熟悉的，查找引文，如探囊取物一般。

李希凡这一次写的是《红楼梦》人物论，把人物分为主人公、背景人物、丫头、补遗人物四组来评。他一方面高举鲁迅所论"都是真的人物"，一方面批评"持'自传''自叙'说者"，说"文学作品从不是实写其人、实写其事的。"我总觉得有点自相矛盾，不是靠"典型人物"一个法宝就能通融的。李希凡把这本书视为封笔之作，是与大女儿李萌合作，女儿在打入电脑的过程中，有润饰、有补充、有修改。他这才发现，学电脑的李萌，对《红楼梦》有自己的领悟，她对大观园女性的感情世界，似有更细腻的感受和认识。时断时续写了两年多，这本《传神文笔足千秋——〈红楼梦〉人物论》在2006年出版。

对此卜键的评价颇为到位：

> 此类文章又是一种色泽，优美细腻，娓娓道来，而真情抱注，爱怜与痛惜流溢字里行间。窃以为这才是与《红楼梦》相匹配的文字，才是红学研究最应着力之处，而"槛外人"认为他只会大马长枪，阅读至此不免有几分惊诧。[28]

2005年，李希凡七十八岁，这是他的多事之年。其内因是在豫王坟的宿舍楼要拆迁，正准备搬家，屋里乱七八糟。他只能在乱中取静，写一公一私两部书的后记。即将搬去的新房是小女儿李蓝资助父母买下的。李蓝此时定居美国，已做了教授，所以有能力反哺父母。对于小女儿的人生选择，不知终生秉持坚定信念的父亲作何感想？

而外因是，2月里蓝翎去世，4月里刘心武的"揭秘"在央视开播，两件事都牵连到李希凡，记者追着采访，网上招来"群骂"，李希凡的心情难免有点烦躁。

7月里天气最热的时候，忽有一位不速之客来访，使李希凡更添烦恼。来者是《南方人物周刊》女记者刘天时，李希凡本不愿接待，但她在电话中提到李的一位老友，使他心软接受了采访。几天后这篇专访刊出了，题为《李希凡：大人物时代被毛泽东称赞的小人物的命运》。李希凡看后极为反感，怨恨多年。

我特意找来这篇文章读了，发现刘文开罪于李希凡，是在三个方面。第一，是双方政治倾向有别。李希凡在《往事回眸》中说："我对广东有些报刊，十分不感兴趣，我觉得，他们大概自以为生活在'共产党中国'就是一大遗憾。"第二，是关于蓝翎。"她总是把话题往蓝翎身上引，我很不耐烦，就对她说：

蓝翎已不在,我现在与今后都不想再谈这个问题,在他生前,我写过一篇文章,你要了解情况,可以去看。我就把辑有这篇文章的《冬草》送她一本。谁知她在那篇专访中还是造了很多谣言。"第三,是在文章开篇,对李希凡的形象状态和家居细节的描写,明显含有不怀好意的嘲讽。且看这一段:

> 酷热的7月。七十八岁的李希凡迟缓地从漫长的午睡中醒来,迟缓地挪腾到窗边的椅子上坐下来。手里的扇子摇得有一搭无一搭,对面的电风扇嗡嗡地旋转。李老人家的老头背心汗滋滋的,棉布大短裤皱巴巴的。家里没有别人,只有另一个屋子里还睡着的老伴,三个女儿早已成家立业不在身边,他们的保姆刚刚辞职。天热,他的糖尿病复发并在加剧,早上吸过氧可是还是觉得憋闷,老伴的腿出了毛病不能动了,屋子里都是红花油味,房子要拆迁了,他要去医院买药,还要去菜场,……在李希凡典型的老年生活里,没有什么特别之处,或者……他乱糟糟的书房里,乱糟糟的书桌上,挂满茶垢的保温杯下面压着的几页竖排稿纸和一支钢笔,写的什么呢?哦,《红楼梦人物论系列之贾探春》……

结尾处这样写:

> 不容易说清,也不大忍心指明。只是,在当我们面对今天的李希凡,一个炎炎夏日孤独烦躁的老人,虽然我们没有耐心发掘他几十年来"马列主义文艺批评"的"历史价值",听他对当下社会空泛而傲慢的抱怨之时——我们会强烈地意识到:这个人,他老了;而就他所经历的时代而言,他并不幸运。[29]

作为曾经的记者同行,我认为,政治观点不同,或者是对与蓝翎的关系刨根问底,这都可以理解,无可指责。但是,对采访对象的困窘或者衰老刻意描摹,加以嘲讽,就不仅是不厚道,而且有亏记者的职业道德了。如果说李希凡对社会现状有"傲慢的抱怨",那么这种贬损性描写,岂不也是对老年人(不管你同不同意他的观点)的歧视和傲慢?另一方面,我了解老李,他的生活朴素和不修边幅,是一贯如此的。但是知道有女记者来访,在开门迎客之前,还是该稍微注意一下衣着,也许该怪天气太热。

两年以后,在山东济南,面对《大众日报》记者,李希凡仍然不忘谴责《南方人物周刊》记者刘天时:"对于这样的人不揭露不批评,就是姑息养奸;任由这种人招摇撞骗,就会助长坏的新闻风气。""她用那套市侩哲学,来玷污我对毛泽东思想的信仰,玷污我对党和毛主席的感情。""我觉得,刘天时这种年轻人是很可悲的,他们对毛泽东时代的了解,就是反毛非毛思潮所歪曲和丑化的观点,毫无自己的'实事求是'的判断力可言。特别幼稚可笑的是,以他们那点可怜的水平和学养，竟然老想着指点评价点什么，还要评论毛泽东如何如何，真是不知天高地厚！……我看，刘天时的大悲哀在于，不明白自己不过是在靠损着别人的牙眼讨生活、混饭吃的微不足道的角色，却还要摆出一副智者的架式来'悲天悯人'。"[30]

李希凡在八十岁上下时，除了眼力不大好，有糖尿病以外，身体、精神都还挺好，不时外出参加文学界或红学界的活动。也是在2005年，李希凡应曹雪芹纪念馆之邀，去香山"黄叶村"开会。会议开了整整一上午，吃过午饭后李希凡才告诉"村长"李明新："徐潮跟我一个车来的，她正在园子里转呢，估计这会儿转得差不多了。"这就是李希凡保持了一辈子的清廉，不让老妻跟着在会议上吃饭。李明新一听急了："您怎么能这样？您倒是清高了，徐老师要是在我这儿有点闪失可怎么办！植物园那么大，走丢了怎么办？"李希凡呵呵笑着："她那么大人了，没事的！"之后再请李希凡来参加活动，李明新都会问问徐老师来没来。第二年春天，李希凡和徐潮一起到植物园赏牡丹，那时他们身体尚健，基本不需要照顾搀扶。

在李希凡的晚年，他与"黄叶村长"李明新成了忘年交。从2003年春天开始连续十五年，李明新每年去看他三四次，更经常打电话聊天，慰藉着老人的孤独。所谈有红学界的动态、人生经历、对人对事的看法……后来几年，李希凡说的经常是老年人的苦恼。

2011年是李希凡的本命年，八十四岁，然流年不利。老伴徐潮在9月初因胃大出血住进了医院的重症监护室，后又查出已患绝症。全家照顾病人，不闻外界的风雨。就在这时候，9月21日《中华读书报》上发表了王学典的《"红楼梦研究"大批判缘起揭秘——两个"小人物"致函〈文艺报〉的事是否存在？》，把李希凡再一次搅进是非的漩涡。但是他直到次年2月底方才得知，不得已公开做出答复。这时，八十五岁的李希凡只能口述，由女儿李萌整理成文。

王学典是山东大学校刊《文史哲》的现任主编，其实他与李希凡是认识的。在2011年5月初李希凡携李萌去山大参加《文史哲》创刊六十周年纪念活动时，王学典曾出面接待，还说"您能来坐坐，就是历史，给母校带来荣誉"之类，似乎相见甚欢。实际上王学典早在2004年即已写出文章，也有李希凡的电话号码，但他就是瞒着当事人，不向他调查，也不透露一丝风声，待机而动。

这实在是一个很小也很老的问题。1954年，李希凡、蓝翎的第一篇批俞文章在寄给母校《文史哲》之前，究竟是否曾发信先询问《文艺报》？这已经不是第一次被人质疑，事实上是第三次。第一次是1954年11月在作协大院里开会前，《文艺报》的四位青年编辑拉住了李希凡询问；第二次是1979年11月在第四次文代会上，三位当年的青年编辑"右派"获改正，在会议简报上提出质疑，李希凡作书面公开答复。前两次之间事隔二十五年，第三次竟又在三十二年后，距事发已经五十七年之久，争论不休的竟是一纸简单的信。当年的两位直接当事人蓝翎和《文史哲》编辑葛懋春，间接当事人邓拓、杨向奎皆已谢世，质疑者换了下一代人，而只有李希凡长寿健在，是历史的见证。

王学典是学历史的，他的老师就是葛懋春。上世纪八十年代中，葛懋春整理1954年李希凡给他的信，觉得可能是史料，就复印了两份，一份寄给李希凡，一份自存。1988年下半年，他把自存的这份复印件送给了学生王学典。王学典读过信后，对李、蓝当年写文章的过程产生不同理解，自以为获得了秘密武器。但是他既没有向葛老师询问，也没有向李、蓝两位当事人做调查，而是暗中秘藏了二十多年，待葛懋春和蓝翎都故去后，才发表文章"揭秘"，这就难怪唯一在世的主要当事人李希凡会恼怒了。

严格说来，葛和王两人的做法都是有问题的。葛懋春把李希凡的私人来信送给外人，没有征求仍健在的李希凡本人同意。而王学典把它作为研究证据公开发表，以达到对原作者不利的目的，就更不妥当。葛和王显然都缺乏隐私权、著作所有权的观念。本书中记录过胡风、吴晗的私人通信被公之于众，据以治罪的往事，尚历历在目，殷鉴不远。而《中华读书报》轻率发表王文并附李信照片，也同样不妥。

让我们再重温1954年春天，李、蓝两人合作文章的那个蜜月期。本书之第三"批判篇"第12节中，曾经重建了那个过程的时序。3月14日星期日，李希凡来到蓝翎在中学的宿舍；3月15日星期一，春假第二天，山大校友在中山公园聚会，李、蓝两人在阅报栏看到《光明日报》，启动写文章批俞的想法。蓝翎约用10天写出初稿，在3月26日下午送到人民大学交给李希凡。李希凡修改完二稿，交回给蓝翎的时间，是4月11日星期日。蓝翎又作了第三稿，修改后清抄，在四月末把完成稿交给李希凡。李希凡于5月4日寄给山东大学《文史哲》葛懋春。

在此期间，李希凡曾经写了一封信给《文艺报》通讯组杨志一，具体时间未见记载。李希凡在1992年说："由于当时我是《文艺报》的通讯员，就先写了一封信询问了一下，大意是说我们写了这篇文章长了点，有九千多字，不知能不能用。但等了一段时间，《文艺报》没有回音。"已知"有九千多字"，至少要有了初稿，即3月26日之后。李希凡在这次的反驳文章中说是"三月下旬"。其最迟时间是李改完二稿之后，即4月11日前后，此时可知更准确的字数。如果是三月下旬一稿完成后写信，他们等待《文艺报》回音的时间超过一个月；如果是4月11日二稿完成后写信，他们等待了二十多天。

现在，王学典在文章中公布了李希凡4月13日和5月4日致葛懋春的两封信，使我们的时间表更加完整，也更加切近真实。

李希凡1954年4月13日信中说：

> 关于俞平伯对红楼梦的评价问题，我是准备试写一下的。不过，因为时间问题，过去想把它放在暑期再搞。既然编委会需要，我们就试一下，我想和另外一个同志合写一下，因为他的时间比较富裕，有工夫作综合材料的工作……俞平伯把红楼梦的传统性说成形式的模拟，无论如何我是不同意，文章现在写不好，将来也要集中力量搞一下。[31]

王学典据此质疑这时李希凡的文章尚未开始写，故来不及写信询问《文艺报》。实际上根据我们以上的时间表，李希凡已经把二稿改完交蓝翎，他才有时间给葛懋春写信。而给《文艺报》的信，应该早于此信，至少同时。为什么信中未提文章已经成型？因为刚刚向《文艺报》发信询问，以《文艺报》为首选，尚寄托着高度希望，这当然不宜向另一家刊物通报。为什么明明已经写得差不多，却说"准备试写"，"将来"要搞？因为计划中是三篇文章，此时这样说，是给下一篇预先铺路，提前挂号。事实上，他们的第二篇文章，确实是在暑假中完成的，即10月10日发表于《光明日报》"文学遗产"的《评〈红楼梦研究〉》。如此梳理，一清二白。但是因为王学典不考虑还有第二篇文章，不体察投稿者优先《文艺报》的心理，不相信李、蓝两人叙述的事实，而把问题搅乱了。

李希凡、蓝翎等了一个月左右，不见《文艺报》回音，于是在五一节之后，决定将稿件投寄《文史哲》。这样就有了5月4日的信。

> 懋春同志：
>
> 前日致信想已收到，买书事不见回音，不知何故？
>
> 关于批评俞平伯先生的稿子，本来不准备写了，但是，心里一直放不下这个问题，终于下定决心，作完了这件工作。虽不能尽满人意，但就我们水平来说，已经是声嘶力尽了。
>
> 这篇稿子是由两个人执笔写成的，前后一共整理过三遍，原文引证也经详细校对过。内容的着重点，在第二节。在写作过程中，我们都曾翻了一遍红楼梦，仔细读了俞平伯先生的红楼梦研究，重温了恩格斯的现实主义理论，由于哲学水平太差，这又是初步尝试的工作，恐怕难免错误百出，还希望编委会能提出批评的意见。
>
> 如为了慎重起见，如果编委会准备采用时，最好能请陆（侃如）

冯（沅君）二位老师审查或修改一下，这是我们的希望。

  敬待回音

  此致

敬礼

李希凡　蓝翎　5.4[32]

  要感谢王学典，他的质疑，他提供的李希凡信札，使本书的记录更为翔实。

  李希凡在女儿李萌的协助下，于2012年的4月和5月，连发了两篇文章，反驳王学典，老人的火气还是比较大，疾言厉色。我就不转述李希凡的反驳了，但是愿意在此多说几句，也是对李老迟到的声援。

  第一，应肯定李希凡给《文艺报》杨志一写过问询信属实。我相信的理由首先是李、蓝两人的叙述一致，合乎情理，他们是在邓拓询问之下才讲的，五十年代的进步青年，没有向党组织编瞎话的道理，何况这话还向最高领袖汇报了，他们岂敢犯"欺君之罪"？其次是我在报社工作过，来稿来信多而编辑人手少，根本不可能每信必复，何况并非长稿，只是短信。从3月底或4月初寄信到10月中旬事发，已经过了半年多，李希凡一纸短信早被处理而无迹可寻，是完全合理的。再次，收信人是杨志一，如果《文艺报》否认收信，也应该由杨志一出面与李希凡对质，而不应该是另外四位编辑。杨志一不愿意或不被允许再与李希凡见面，就很说明问题，把信随手处理掉了并未答复的，应该就是他。

  第二，王学典所谓李、蓝文章不是自发产生，而是《文史哲》编委会约稿，应属无稽之谈。他的根据全在"既然编委会需要"一句，这应该是李希凡以前信中曾经询问，葛懋春原则上答应，而并非主动约稿。我的理由首先还是李、蓝两人讲述的写稿过程详实可信，两人的人品也是诚实无欺，无可怀疑。其次，当时《文史哲》主编杨向奎、编委陆侃如的讲述和文章可以证明，他们并未约稿，而是在接到来稿后编委会讨论通过。再次，1954年上半年，俞平伯正是当红的时候，北京的《光明日报》、《新建设》、《人民中国》等报刊纷纷向他约稿；主管宣传的领导胡乔木与俞平伯关系亲密，审读他的文章后建议改写，而并不是禁止或批判；《文艺报》拒绝批俞文章，反而推荐赞扬俞的著作。远在青岛的《文史哲》编委会何德何能，何理何故，会逆势而动，主动约稿组织批判俞平伯？王学典作为《文史哲》的现任主编，过高地估计了自家刊物的历史地位，也显示出缺乏对于历史语境的体会认知。

  第三我想说，虽然我在前两点上支持李希凡，肯定他给《文艺报》写过信，否定《文史哲》约过稿，但是我不支持他进一步的发挥，不认同他对1954年那一场运动的"回顾和思考"。李希凡在他的反驳文章里，将林则徐的诗句"青

老年李希凡

史凭谁定是非"改为"青史终能定是非",引用了四种官修史书,用以证明是非已定。我认为历史的是非并不由领袖的一句话或一封信来定,也不由官修史书的白纸黑字来定,那文字是可以修改的,以前也不是没改过。真理要靠实践来检验,"好在历史是人民写的"。

在李希凡的晚年,他已绝非"小人物"的时候,被人重提质疑当年的"小人物"事件,又一次老将出马,被动自卫。时隔五十八年,李希凡与新时代的"小人物"之间,互相都不能理解,代沟豁然。如此人事代谢,角色转换,令人感叹,启人深思。

就是在2012年,老伴徐潮先一步故去了。开完追悼会,"黄叶村长"李明新扶着老先生走出灵堂,李希凡说:"村长啊,谁走在前头谁幸福。"以后每次见面他都会说:"村长,我们这代人该走了!"

在这之后仅三个月,大女儿李萌也因病去世。她诞生于1954年5月25日,正是第一篇评红批俞文章写完寄出,尚未发表之际。仅仅几个月之前,李萌还在与父亲合作写文著书，李希凡喜欢对朋友夸奖女儿的文才。李萌五十八岁的一生，正与李希凡的毕生功业相重叠。家里人不敢告诉他这噩耗，竟联合瞒了他三四年。后来他终究知道了，白发人送黑发人，让老人情何以堪？

这以后，家中常只有他孤零零一人。虽然二女儿李芹常从山东回京照顾，远在美国的李蓝也时而回来看望，但孤身老人的清寂总难排解。尤其最后几年，李希凡的视力急剧减退，无法看书写作，但仍积极参加红学和艺术学的活动；也通过访谈和口述史的方式发出声音，回顾一生对学术的认知，发表一贯坚持的观点，恪尽一个马克思主义理论批评家的责任。2016年11月，中国作家协会九代会召开，老先生坐轮椅出席，在讨论时认真发言，说到动情处慷慨激昂，令人动容。

2017年12月，李希凡过九十岁生日，几位老红学家给他办了一个小型生日会。推着他的轮椅进电梯时，他说："都祝我健康长寿，活那么长干什么？认识的人越来越少了。"

2018年10月29日凌晨，李希凡在家中去世，享年九十一岁。据说是感冒引起肺炎，未及时送医院诊治，是他自己不让送医院："感冒算什么病，不用去。"不料当天午夜，他打了个呼噜，竟没有醒过来。

李希凡身后，很多文友写文章悼念他，大多有"仁厚长者"或"好人李希凡"这样的评价。我以为，这比为某种意识形态而战的斗士身份，更为难得，更可敬佩，更值得流传。

北京西郊石景山区八大处东有福田寺，它旁边的福田公墓以此命名。李希凡去世后，就安葬在这里。

福田公墓里，长住着很多各界名人。其中与李希凡的生平事业相关者有：国学大师、写过《红楼梦评论》的王国维，文学家、红学家、被李希凡批判过的俞平伯。不知他们会不会"相逢一笑泯恩仇"，握手谈红？还有，1991年，李讷安葬其母江青于此，墓碑上题写为"先母李云鹤之墓"。她也是"半个红学家"，是曾经交往的故人，"忆往昔峥嵘岁月稠"啊。

张义春的《红学那些人》中，原有一篇写李希凡，题为《小儒唯有涕纵横》（陆游诗句），但是因故被删掉没有发表。让我引刘梦溪的悼文《忆希凡》，来取而代之：

> 希凡作为文化人，似乎得天独厚，一生没遭遇什么大的波折，临终也"终"得不知不觉的安然。这应了我时常说及的一句话——我说他是"福将"。但他的发妻徐潮好多年前罹不治之症去世，不久

大女儿李萌也去世,二女儿、三女儿不经常在身边,他应该不无孤独感。但他并不寂寞,周围的很多朋友都与他保持联系。《人民日报》的几位老同事,田钟洛(作家袁鹰)、姜德明等,一直和他不离不弃。红学界的一些友人,也对他多有照拂。此盖由于希凡人缘好,即使在不太顺利的时候人们也念他的好。

他下笔为文,不肯藏锋,常常芒锐逼人,与人交则不失忠厚。

朋友相交,主要是缘和遇。陶渊明赞叹的"淡美初交",我们的确如此。陶氏引以为憾的"利交岁寒",我们未发生过。但我和希凡前后五十四年的交谊,中间又有不短的时间同处一院,中间不是没遇到过误解、分歧乃至心理情绪的不愉快,但雨过天晴,照样如初。让我愤然的事也发生过,甚至一次我摔了电话机,认为他写了不该写的文章。但第二天他给我写来一信,说"你不要生气了"。这样的朋友,你该怎样呢?无法不念他的好。他心地宽厚,能助人就助人,却从不嫉妒人。谁从他那里拿走了什么书,他总是忘得干干净净。但对故旧友好,他不忘旧。那么对"小人物"出典的不敢或忘,亦心性之本然,人情之常然,抑何怪哉,抑何怪哉。他耳朵软,心也软,不会用智。他对包括《红楼梦》在内的中国古典小说的研究,当以自成一家之言说留给后世锺情此道者。我最喜欢的他的著作,是《论古典小说的艺术形象》。他为纪念曹雪芹逝世二百周年撰写的《悲剧与挽歌》,思理畅达,文采斐然。但许多与人论争或纯是批评他人思想的文字,将会为承学之士所遗忘。

蓝蓝希望我写副挽联,我想了想,写成一副:"天降人物,只瞻前不顾后,浑忘却是大是小;笔含锐芒,逢辩者即答复,又何妨心柔心宽。"[33]

附及

还有几位与本书有关人物的归宿,也应有所交代。

2002年1月9日,《人民日报》离休干部王若水在美国波士顿去世,终年七十六岁。

2005年6月30日,北京师范大学教授、书法家启功在北京去世,享年九十三岁。

2009年8月18日,原人民文学出版社编审舒芜(本名方管)因病在北京逝世,享年八十七岁。

2010年9月3日，前《光明日报》总编辑穆欣因病在北京去世，享年九十岁。

2010年9月15日，中国社会科学院文学研究所研究员陈毓罴在北京病逝，享年八十岁。

2016年11月19日，原中国艺术研究院红楼梦研究所研究员林冠夫在北京逝世，享年八十一岁。

2018年6月23日，文化老人文怀沙在日本东京逝世，消息称其享年一百零八岁，实际年龄存疑。

2020年4月20日，原人民文学出版社编审林东海因病在北京逝世，享年八十三岁。

2021年5月1日，新时期红学的重要推动者胡文彬在北京逝世，享年八十二岁。

2023年9月1日，资深报人、作家田钟洛（笔名袁鹰）在北京逝世，享寿九十九岁。

"大江东去，浪淘尽、千古风流人物。"

至此，红学的一个时代，已告终结。

注释：

[1] 蓝翎《龙卷风》128—129页，上海远东出版社1995年。

[2] 宋致国《做文，太老实无望——忆蓝翎》，《菏泽日报》2015年1月27日。

[3] 金锦《我所知道的蓝翎先生》，《当代小说》2005年第七期。

[4] 袁鹰《悼蓝翎》，原载《新民晚报》，见《2005中国最佳散文》辽宁人民出版社2006年。

[5] 周汝昌《诗红墨翠——周汝昌咏红手迹》自序，书海出版社2004年。

[6] 见胥惠民《揭开迷雾——对周汝昌〈红楼梦〉研究的再认识》第四、五、六章，第66—112页，及蔡义江序，新疆青少年出版社2014年。

[7] 《周汝昌痴守红楼六十载》，《今晚报》2004年9月22日。

[8] 江胜信《"解味道人"周汝昌》，《文汇报》2006年9月11日。

[9] 参见周汝昌《曹雪芹生卒考实阐微》，《文采风流第一人：曹雪芹传》，东方出版社1999年。

[10] 宛平人(张友鸾)《马凯餐厅的文酒之会》，原载香港《文汇报》1979年4月21日"燕山新话"专栏，见《胡子的灾难历程：张友鸾随笔选》，第148页，北京十月文艺出版社2005年。

[11] 周汝昌《〈我与胡适先生〉的故事》，原载《文汇报》2005年（8或9月），取

材于网络。

[12] 梁归智《红学泰斗周汝昌传》，漓江出版社 2006 年。

[13] 沈治钧《红楼七宗案》，第 4 页、142 页，江苏文艺出版社 2011 年。

[14] 蔡义江序，胥惠民《揭开迷雾——对周汝昌〈红楼梦〉研究的再认识》，第 1 页。

[15] 见沈治钧《关于吴组缃致梅节函》，《红楼七宗案》，第 358 页。

[16] 周汝昌《红楼十二层》"第十层索隐"，书海出版社 2005 年。

[17] 周汝昌《九十年华花甲红——研〈红〉六十年回思简录》，《晋阳学刊》2010 年第三期。

[18] 张庆善《深切悼念红学大师冯其庸先生：大哉红楼梦 再论一千年》，人民政协网 2017 年 2 月 6 日。

[19] 转引自梁归智《红学泰斗周汝昌传》。曲中"欧公词切"是引欧阳修《玉楼春》，原词为："尊前拟把归期说，欲语春容先惨咽。 人生自是有情痴，此事不关风与月。 离歌且莫翻新阕，一曲能教肠寸结。 直须看尽洛城花，始共春风容易别。"

[20] 张义春《觅知音故难得兮，唯天地作合——周汝昌、吴世昌》，《红学那些人》，东方出版社 2010 年。

[21] 章剑锋《对话红学家冯其庸：一部〈红楼梦〉，几多是非人》，《南风窗》杂志 2009 年 9 月号。

[22] 冯其庸《2006 年中国大同国际红楼梦学术研讨会开幕式致辞》，《红楼梦学刊》2006 年第五辑。

[23] 张义春《壮心未与年俱老——冯其庸》，《红学那些人》。

[24] 参见沙林《"这是我们的研究院！"》中国青年报 2004 年 1 月 6 日。

[25][27]《李希凡自述：往事回眸》，东方出版中心 2014 年。

[26] 见本书之第四"整队篇"第 16 节。毛泽东主席此话是在政协二届二次会议之后，对知识分子代表讲的，李希凡时为政协会议的青年团代表，应该并未与闻。

[28] 卜键《清寂中的持守——我所了解的晚年的李希凡先生》，《中国文化报》2018 年 12 月 11 日。

[29] 刘天时《李希凡：大人物时代被毛泽东称赞的小人物的命运》，《南方人物周刊》2005 年 7 月 26 日。

[30] 逄春阶《李希凡：〈红楼梦〉"揭秘热"让我感到悲哀》，《大众日报》2007 年 11 月 17 日。

[31][32] 转引自王学典《"红楼梦研究"大批判缘起揭秘——两个"小人物"致函〈文艺报〉的事是否存在？》，《中华读书报》2011 年 9 月 21 日。

[33] 刘梦溪《忆希凡》，《中华读书报》2018 年 11 月 28 日。

尾声 (2019-2020)

43 国家博物馆

2019年12月20日,"隻立千古——《红楼梦》文化展"在北京天安门广场东侧的中国国家博物馆开幕。

2003年以前,这里叫中国革命博物馆和中国历史博物馆,是1959年建国十周年时建成献礼的"十大建筑"之一。原建筑从2007年3月开始大幅度改扩建,从七万平方米扩建到了二十万平方米。2011年3月新馆开馆,成为世界上单体建筑面积最大的博物馆,似乎追求的就是这个世界之最。那以后,我去过两次新馆。印象中,馆舍宏大,高挑,宽敞,空旷;而相对来说,展品不够多。用句书面语形容,就是形式大于内容。

现在,"隻立千古——《红楼梦》文化展"就在这里的北2、3展厅展出。

在本书的开头,我小时候有幸参观过1963年的故宫文华殿展览,纪念曹雪芹逝世二百周年。转眼间五十六年过去了,这一次我身在海外,不能亲临,虽不能至,心向往之。只好看网上的介绍和照片,干看着眼馋。

展览由中国文学艺术界联合会、中国国家博物馆主办,中国红楼梦学会和北京曹雪芹学会学术支持,有二十多家文博单位参展。展出各类文物、文献、艺术品近六百件套,单件展品二千余件。从数量上看,倒是与五十六年前不相上下。新展览分六个单元,也与老展览巧合。一,揭开一座文化高峰的面纱;二,经典的创作背景;三,不朽的文学巨著;四,广泛的文化传播;五,深远的文化影响;六,中华经典,走向世界。

在展览的宣传报道中,特别提到了1963年故宫文华殿的展览,并且说,在此后五十六年里,再未举办过关于曹雪芹《红楼梦》的大型展览,强调这次是"有史以来规模最大、类型最广、展品最全的一次《红楼梦》主题展览"。那么就是说,足可以前后辉映,今胜于昔。"是书何幸"(脂砚斋甲戌本批语,

尾声 807

2019年国家博物馆"隻立千古"展览现场

我是指本书），能够因此而首尾呼应，有始有终。

"在这半个多世纪里，学界对曹雪芹已有了更多、更深入的了解，有不少新的《红楼梦》版本、文献文物面世，还有很多1963年不为人知的藏品在各文化机构馆藏排查中被发现。如藏于旅顺博物馆的孙温绘《红楼梦》图册就是在2004年才首次露面。更别提北京西山曹雪芹故居、故居题壁诗、曹雪芹生前所用一对书箱、贵州博物馆馆藏《种芹人曹霑画册》，还有《楝亭图》《楝亭夜话图》等文物，都是推动学术研究的重大发现。"这是偷天换日，公然径称"曹雪芹故居"了。

报道中特地推荐了两个场景："值得一提的是，展厅中对曹雪芹西山故居书房进行了1:1复原，呈现曹雪芹创作《红楼梦》的场景。观众还会看到一面由十一米的书墙构成的长廊，展出着《红楼梦》相关著作近四百件套，赋予曹雪芹和《红楼梦》一种别样的感觉。"

新展览体现着五十六年前不可想象的时代特色："本次展览的展陈方式也是一大亮点，把《红楼梦》聚焦在当今时代目光下，从文字叙述中抽离、转换出一种视觉语言，给人们提供更具代入感的观展体验。大观园空间的复原，用平面绘景与立体浮雕结合的方式，搭配现代多媒体VR技术，营造真实与虚拟相结合的丰满视觉效果。"[1]

既然我自己不能去，得知一位在北京做大学中文系教授的朋友，带着他的博士生去看了展览，我便向他请教观感。他们应该算是最专业的观众了，外行看热闹，内行看门道。没想到他和他的博士生们都大失所望，评价不高。

"国博红楼梦展，我没什么想说的话，当时印象不好，就没仔细看，走马观花，没留下什么感想，虽然网上吹得很厉害。

"有一个感觉就是与其说是红学，不如说是曹学更合适。曹学加影视、戏剧改编的东西占了很大一部分。把复制的一个假的黄叶村故居搬到展厅陈列，不伦不类。另一个印象是，有一个展厅很大很高一面墙，陈列各种红学曹学著作，排得满满的，一眼看去倒挺壮观。但仔细看书名、作者和出版社，又大失所望，很多野狐禅的东西。"

正好是报道中提到的两个特殊场景，都被他否定了。

"还有一个问题，展览第一部分是《红楼梦》和中国文学传统，这多大一个题目啊，只用一些古籍陈列一下，而且据说只是国博收藏的书，没有的就算了。这哪像正经策展的工作思路啊，国博缺少的展品应该外借啊！还是工作做得不到家。一起去的学生说，策展水平太差了，我也有同感。还有一个很要紧的是学术顾问的水平不够，或者学术顾问没出力，或者出了力没人愿听。总之这个展览大失所望。和我在日本东京国立博物馆看的唐僧和《西游记》专题展一比，简直天渊之别。"

后来得知，红学界人士发现了这个展览的一些硬伤。例如版本中展出了《乾隆抄本百二十回红楼梦稿》，用的是中华书局1963年影印本，首页上钤盖"中国历史博物馆藏"印，却当作原件，不加说明，且在印刷品展览图录中明文确认为自家馆藏。这就误导了大众，纷纷谣传此书转归国家博物馆收藏。实际上，此书原件仍在社科院文研所，而文研所听之任之，未做澄清。[2]这是"假作真时真亦假"的最新一例。

为什么感觉是曹学胜于红学？这就再次印证了我已经指出过的一个趋势，那就是中国红学会的影响力在下降，而北京曹学会的影响力在上升。君不见"故居"题壁墙、"曹氏风筝"、书箱、《种芹人曹霑画册》，这些被我归于"假作真时真亦假"系列的物件，现在都堂而皇之地进入了国家最高级的殿堂，高调而辉煌地展出，不再遮遮掩掩，不再谦称存疑。而这些，都是北京曹学会的主张，其前二者却是冯其庸、李希凡绝对难以接受的。与此同时，虽然也展出了一幅冯其庸题跋的"曹雪芹墓石"大幅拓片，但在数量和气势上弱了许多。因为"西山故居派"的曹学会正与"葬于东郊派"即"墓石"派南辕北辙，哦，应该说东辕西辙。此时，"墓石"的强力支持者冯其庸和他的张家湾"瓜饭楼"，已经人去楼空。或许，"多年的媳妇熬成婆"，红学会的时代即将结束，而曹学会的时代正在开始。

这个展览原定展期三个月,至2020年3月19日。但因遇到新冠病毒疫情,1月23日宣布暂停开放。5月1日重新开放,延期到6月10日闭幕。这也算是流年不利吧。

本次展览的主题"隻立千古",来自梁启超的评价:"以言夫小说,《红楼梦》隻立千古,余皆无足齿数。"与此相类的有冯其庸的诗句:"大哉《红楼梦》,……再论一千年。"[3]

《红楼梦》小说本身大概是可以流传千古的,但是我以为,研究《红楼梦》的红学却不一定。回顾本书写到的历史,从短期来看,二十世纪八十年代是红学最盛的年代;再放大一点时限,从1921年以后的一百年,是红学最发达的世纪。恕我大胆预言一句:在此之后,红学就不会那么红火鼎盛了。

且还是拿《红楼梦》说事。在第二回"贾夫人仙逝扬州城,冷子兴演说荣国府"中,贾雨村被罢官后做了林黛玉的老师,这日贾雨村出来闲游——

> 忽信步至一山环水旋、茂林深竹之处,隐隐的有座庙宇,门巷倾颓,墙垣朽败。门前有额,题着"智通寺"三字,门旁又有一副旧破的对联,曰:身后有余忘缩手,眼前无路想回头。雨村看了,因想到:这两句话,文虽浅近,其意则深。

我要说的是,百年红学,也已经到了"眼前无路想回头"的地步。

如今的主流红学界,大师已故,不说是后继无人,总该承认"一代不如一代";另一方面,互联网时代,民间红学群雄蜂起,乱象纷呈,再没有权威。在红学的朝野之间,是彼盛此衰。红学话题已经争论了百年,不是越辩越明,而是治丝益棼,再多说下去,又有何益?办一个"殿堂级"的"有史以来最大"展览,还是真假参半,鱼龙混杂,令人失望。空间徒大,手段虽新,内容上却难说胜于1963年的文华殿,愧对先人。

还回到《红楼梦》第二回,请看这是不是有点像"冷子兴演说荣国府"所言:

> 古人有云:"百足之虫,死而不僵。"如今虽说不及先年那样兴盛,较之平常仕宦之家,到底气象不同。如今生齿日繁,事务日盛,主仆上下,安富尊荣者尽多,运筹谋画者无一。其日用排场费用,又不能将就省俭,如今外面的架子虽未甚倒,内囊却也尽上来了。

《红楼梦》第十三回,王熙凤梦见秦可卿嘱咐后事:

> 眼见不日又有一件非常喜事,真是烈火烹油,鲜花着锦之盛。要知道也不过是瞬息的繁华,一时的欢乐,万不可忘了那"盛筵必散"的俗语。此时若不早为后虑,临期只恐后悔无益了。

《红楼梦》第二十六回,红玉(即小红)道:

也不犯着气她们。俗语说的好,"千里搭长棚,没有个不散的筵席",谁守谁一辈子呢?

"盛宴必散",是一部《红楼梦》讲述的基本道理。难道偏偏研究《红楼梦》的红学可以例外,逃过这个"周期律"?就可以生生不息,代代相传,"再论一千年"?

乐观主义者说可以的,是否真读懂了《红楼梦》?"都云作者痴,谁解其中味?"

如果认为现在说"必散"为时过早,那便请抛开"安富尊荣",马上"运筹谋画"吧!

其实话都让曹雪芹说了,小生如我,夫复何言!

2019年12月14日开笔
2020年6月10日初稿毕
2021年5月18日五稿
2022年3月再改
2023年1月20日定稿
于多伦多安大略湖畔
与新冠疫情共度,与红学前辈神交,虽隔离而不寂寞也。
2023年4月至10月初修订

注释:

[1]《有史以来最大的"红楼梦"展:古画、抄本、曹霑故居一一呈现》,引自澎湃新闻,文章综合自"文博中国""红迷会"微信公众号。

[2] 该展览图录中称:梦稿本"现藏中国国家博物馆",此说实误。国博收藏并展出的是中华书局1963年影印本,而非原本。判断的依据是:展品较新(非古本亦非新印),展示的首页右下角有印刷仿宋体页码,"中国历史博物馆藏"印盖于页码之外,而"中国历史博物馆"之名使用于1959至1969年。2020年国家图书馆出版社出版《杨继振藏百廿回红楼梦》仿真影印本,仍"采用中国社科院文学研究所珍藏原本",与国家博物馆无关。笔者这个认识系受顾斌等友人指点,谨谢。

[3] 梁启超语见《清代学术概论》(1920年),江苏文艺出版社2007年。冯其庸诗句为1986年在哈尔滨国际《红楼梦》研讨会期间所题,全文为:"大哉红楼梦,浩荡若巨川。众贤欣毕集,再论一千年。"见叶君远《冯其庸年谱》,中国社会科学出版社2015年。

中国国家博物馆门厅。 作者摄于 2011 年

补遗

由于本书的出版因故延宕，便允许我补上这最新的两笔：

2022年7月29日，位于北京市东城区磁器口东北角的"曹雪芹故居纪念馆"正式开馆。中国红学会会长张庆善致辞，发现者张书才与胡德平和市、区领导一起，为纪念馆揭幕。红、曹两会难得地共襄盛举，倒像是"兰桂齐芳"。张书才年已八十四岁，感觉新院子比他当年探访的那座民宅要小一些。我从照片上看，红漆彩画，过于炫目了。此时回首，距张书才1982年发现"蒜市口十七间半"档案，过去了整整四十年，这已经接近等于曹雪芹一辈子的时光了。

无独有偶，仅仅四天之后的8月2日，在通州张家湾召开"张家湾古镇红学文化论坛暨冯其庸学术研讨会"。此时，三十年前"发现"曹雪芹"墓石"的农田原处，已立起一片住宅楼。张庆善会长提出建议：一是另择地修建曹雪芹墓，并扩大为《红楼梦》主题文化公园；二是将冯其庸的芳草园"瓜饭楼"建成"冯其庸故居纪念馆"。此次活动中还在推广"曹雪芹在京遗迹标识"，要把北京的涉曹遗迹一线串联起来。张庆善进一步提出，可以考虑发起建立全国的《红楼梦》文化旅游联盟。不知北京的"西山"与"东郊"两派，是否能首先以身作则，携手共建？这一年张会长七十岁，已经连做了十八年会长，也到了应该交班的年龄。

将两件事并列而观，不禁生出些感慨。第二个"曹雪芹故居"虽终于建成，但既非原处，又无旧物，且仍存争议，不过是聊胜于无，聊寄相思，"试遣愚衷"而已。而所谓"墓石"呢，只能说比故居更不靠谱，仍不离"假作真时真亦假"的套路。时到如今，还要在曹雪芹身上做新文章，也不过如此了。反正是让曹雪芹为今人服务吧，以纪念之名，行利用之实，这就是古为今用。

2022年12月

2023年3月，坐落于北京市西城区小石虎胡同33号的蒙藏学校旧址，终于修复开放，包括东西两院，被开辟为"中华民族共同体体验馆"。几乎无人再提右翼宗学，没有曹雪芹《红楼梦》什么事了。

2023年7月

后记

一

本书从创意动笔到最终定稿成书,历时三年,正好与新冠疫情期间相重合。

最开始产生灵感时,新冠还没有降临。2019年11月,我从加拿大回国与大学同学聚会,畅游广西南宁和北海。在那里心生一念,要把我和老同学梁左在八十年代写的与红学有关的旧文加以整理,出一本集子,以纪念他以及我们的合作。因此而读了几本近年的红学书,读到了周汝昌、冯其庸、李希凡各人的自传,当年我与他们都有过交往,勾起往日回忆。忽然产生一个新的念头:何不在此基础上写一本关于红学的纪实文学,我应该有这个条件。

正如我在本书的第九篇中所写,1980年在北大,我和同学梁左开始写红学文章,同时还酝酿着以红学界中人的矛盾纠葛为素材,写一篇"红学小说"。其内容的核心,或最初的触发,就是所谓"曹雪芹佚诗"案,"一周"与"两吴"搅成一团。那时事件正在发生,真相逐渐显露,本身颇具戏剧性,适合作小说题材,应该至少是部中篇吧,可惜当时没有落实写出来。毕业以后,梁左移情相声和电视喜剧,没顾上写这篇小说。2001年梁左英年早逝,这计划遂成为永久的遗憾。

在红学方面,我是梁左唯一的合作者,只有我知道当时曾打算写什么。到如今,"仅剩朽物一枚",我忽感有完成梁左遗愿的责任。但事过四十年之后,作为原型的当事人都已羽化登仙,时过境迁,已成历史,不必再为尊者讳;另一方面,写小说不是我之所长,毕业后我的职业是新闻记者和文艺编辑,将红学题材写成非虚构的纪实文学,对于我比较适合。所以,当年的小说种子,就成长为四十年后的纪实之树。

在本书写作中没有进行采访，靠的是书本研究、网络搜寻和自身经验。我写这个题材，有与别人不同的"独特优势"。因为吴组缃先生是我的老师，李希凡、蓝翎是我在《人民日报》的直接上级，我与周汝昌、冯其庸先生也都有个人接触，但算不上亲密。我曾经在1981年就加入了中国《红楼梦》学会，后淡出。我应该算曾经介入了红学界，故略知其脉络，却又陷得不深，不偏于一派，没有利害关系，至今早已远离，方能旁观者清，下笔也少忌讳。

开笔的时间是2019年12月中旬。我能利用的资料，有自己陆续带出来的二三十本书，其余大量利用了网络搜寻。当时想写到一定程度，去多伦多大学的东亚图书馆查中文书，不够就最后回国再查，补充资料。刚刚开了个头，国内疫情的消息就传来了。到2020年3月，本地疫情也日趋紧张，只能在家中自我封闭，去图书馆查纸质书变为不可能。既身在海外，又适逢疫情，二者的重叠加重了我查阅资料的困难。我又在网上买了十几本电子书，托朋友带来两本纸质书。主要靠着网络，居然写成了。感谢如今的通讯技术，可以缩短空间的距离，打破文化的隔阂，使本书的写作成为可能。

回想1921年，俞平伯和顾颉刚曾以通信"剧谈《红楼》为消夏神方"；而百年之后，本人以写书记红为避疫良药，也很值得庆幸。因为写这本书，我的疫情隔离期过得一点也不寂寞，不孤独，不憋闷，不烦躁，反而成为我多年来过得最充实、最有成效、最不虚度的一段时光。

二

本书以红学为名，却实非写红学。我写的是红学界的人物，那一群或一脉现当代中国知识分子（或曰"儒林"），他们的人生际遇，性格形象，以及作为其背景的时代。我要写的不是学术著作，或者更实话实说，我的学养和远离学界的身份，都不足以标榜学术。还是老实一点，作为资深文艺记者，写非虚构或纪实文学，自信还是够格的。或者按老同学黄子平兄序言的说法，叫长篇散文。文学是人学，这就要求有细节，见性格，把人物写活。如此，仿佛是把已故的红学群儒又请回人间，与我共度疫情期间，我希望能把这种感觉，传达给读者分享。

众所周知，中国现当代之红学与时代风云、政治背景紧密联系，想分也分不开。红学苑地既不是"花柳繁华之地，温柔富贵之乡"，也不是避风港、避雷针、防空洞、抗震棚，而是风向标、导火索。云从龙，风从虎，山雨来时，雨露先露，风云起处，风满红楼。要为之作史就不能避风躲雨，杯水风波绝不是红楼气象。也是众所周知，红学界内部的不同人物、不同单位、不同派系之间矛盾纷呈,对立尖锐,盘根错节,冰冻三尺。要写也不能避实就虚,趋甜拒苦,不能全是仰视唱赞歌,或者视而不见和稀泥。要纪实就必然有所轩轾,难免得罪人。这确实是两个难题,我该怎样把握?

第一是写事。我要尽量客观地记录一些历史上发生过的真实,不必匆忙评价,让时间去为历史作出结论,正如实践是检验真理的唯一标准。红学史中的一些谜案,如果脱离了时代背景,就蒙然无解;一旦触摸到风云脉搏,便能豁然贯通。随手举两个例子:1950年,为什么叶圣陶和开明书店不能接受出版周汝昌的《红楼梦新证》? 1962年,为什么《光明日报》突然中止连载周汝昌的纪念曹雪芹文章?这两个问题,周汝昌至死不知底里,为他作传者也蒙然不解。此二事既不是私人恩怨心胸狭隘,也不是往事如烟无迹可寻。我在写书过程中找到了答案,相信去真不远——那都是时代转轨下的小小代价而已,请看本书的第二篇和第五篇。无论写作为背景的时事还是红学界内部的史事,应注意不同事件间的纵向和横向联系,看到它们可能具有的因果关系或连带影响。我力争做到客观公允,不偏不倚,不臧不否,把事实摆出来,请读者来判断。

第二是写人。我的目标是文学性地刻画人物,争取立体化,不是平面的,也不是简单的好人或坏人。本书中没有英雄或泰斗,也没有骗子或恶人。对于几位主要人物,我既肯定他们的优点,也直面他们的不足,采取了客观的态度、平等的视角。当涉及负面缺点时,我尽量引用公开发表过的资料,而不是自说自话。我既不片面攻击,也不为尊者讳,而是以事实为依据,秉公心以直书。在有的关节处,我试图分析人物的心理依据;对有的主角,我试图写出他们从年轻到老的性格发展来。这些被我作为主要人物来描写的先生们,既然成为学界精英,必有成功之道和过人之处;同时人非圣贤,孰能无过?鲁迅曾经说:《红楼梦》的价值,"在敢于如实描写,并无讳饰","都是真的人物"(《中国小说的历史的变迁》)。纪实文学更应该如此。胡适说:"做历史家不应有主观,须要把事实的真相全盘托出来,如果忽略了一边,那便是片面的记载了。这是不对的。"(见罗尔纲《师门五年记·胡适琐记》,北京三联书店1998年)我力图能做到这样。在几对主要人物关系的终结处,我仿照司马迁或蒲松龄的笔法,发表了一点作史者的评价,也是下笔谨慎,意存忠厚的。

第三可以说是写见解。我在写作中,曾遇到事主本人的疑惑不解,作为后世作史者能不能解疑?或者不同素材来源的史实或观点冲突,孰真孰假,我听信谁的?这就需要深入研究,略作考证,得出合理的判断。除了以上所述周汝昌的两例外,再比如:1926年,鲁迅与顾颉刚为何交恶?顾颉刚指鲁迅《中国小说史略》抄袭,为何终生不肯认错?(见第一、第六、第十篇)

聂绀弩赠给周汝昌的"客不催租亦败吟"七律一首,究竟在何时因何而作,又为何发表?(见第五、第八篇)此外还有1949年《石头记》庚辰本转归燕京大学图书馆的时间(见第二、第十一篇);1954年春李希凡、蓝翎合写批俞文章的起因和过程(见第三、第十二篇),等等。我在述史的过程中,无意中获得了自己的学术创见。如果我斗胆说本书也略具学术价值的话,可能就在这些地方。

三

本书既然是写红学之人和事,我确实是在有意识地借鉴《红楼梦》的写法,这可以分几个层次来说。

第一是表层形式上的,如语言,我在叙述中借用了一些《红楼梦》的词句,各篇开始有象征性的《红楼梦》引文,类似于比兴;如全文分为十二篇,是在仿十二钗之数。

第二是写到很多人物,他们有主次之分,呈梯级分布,这是在仿"警幻情榜"之例。"正册"是俞平伯、周汝昌、李希凡、蓝翎、冯其庸五人,贯穿始终。在后期修改过程中,对周汝昌的描述有所加强,他确实材料较丰富,性格也突出,俨然是第一男主角了。"副册"有胡适、顾颉刚、吴恩裕、吴世昌、何其芳等;"又副册"则是孙楷第、冯雪峰、聂绀弩、舒芜、钱锺书、袁水拍、袁鹰、张伯驹、王佩璋、梅节等……直到偶尔提及的次要人物,形成一批时代的人物群像。

第三是在结构布局上,想学所谓"首击尾应","云断山连","草蛇灰线,伏脉千里"。因为本书的时间跨度较长,有些主题须分到不同的篇章里延续,这就给了我"三皴四染"的机会,使人物多侧面,多层次,有发展,更立体。当读者在阅读途中偶遇前文里的熟人,希望能会心一笑。红学的兴衰聚散也表现在结构上,1979、1980年的"大团结"就像是"寿怡红群芳开夜宴",是情节的高潮,而收尾并不是一个大团圆的结局,有"眼前无路想回头"之憾。这似是事物发展的必然,也自然地成为本书情节发展的起承转合。我对北京的历史地理比较熟悉,因而捕捉到几处地点的巧合,作为时空交错的伏脉。书近结尾,几次现实中的历史回声,如甲戌本回归上海、李希凡旧事重提、国博展览恰与文华殿对照等,使本书得以前后呼应,结构上更为紧密,这就是"无心插柳柳成荫"了。

第四是要写红学、红学家,不得不涉及与现当代时代大背景的关系。这让我想起《脂砚斋重评石头记》甲戌本"凡例"所云:"此书不敢干涉朝廷,凡有不得不用朝政者,只略用一笔带出,盖实不敢以写儿女之笔墨,唐突朝廷之上也。"此语不确定是出于曹雪芹或脂砚斋,也不知是不是"此地无银三百两"。而我这书既然是纪实,就不能像《红楼梦》本身那样"无朝代年纪可考",就必须铺陈出时代背景,非如此不足以揭示实质,不足以显示出历史的深度和厚度。我相信,现在不应该还是曹雪芹所担忧的那样的年代了。

关于本书的书名,我最初曾想用《红学鸿雪记》,是取两词谐音的一个文字游戏,黄子平兄称之为"句内押韵之妙"。但是与本书的内容相比较,"雪泥鸿爪"之喻,似乎显得过于轻灵,不够凝重。后接受国内某出版社编辑的意见,决定为《红学外史》。

我想,"外史"二字包含了三层意思:一是借重于名著《儒林外史》,也是写的知识分子群像,只是并非小说,我也并无讽刺的意图或笔法在内。二是有别于正式的学术史,这文学性的纪实,重点在学术和史论之外,意在表现主人公们鲜活现实的人生。如果说研究曹雪芹的家世遗物已经是"红外线"的话,我写的这些内容更是"红外"之外了。三是作者本人既在红学界之外,更身在海外,不是"身在此山中",而是从外部,隔着半个地球的距离来远远窥视"庐山真面目"。"不在三界内,跳出五行中。"如此全凭远观、并无采访写出来的"外史",有弊也有利。其弊是缺乏内部体验,并无独家秘闻和近景描摹;其利则是全无利害关系,打消忌惮和顾虑,可以客观公正,秉笔直书。至于"真面目"究竟窥得了几分,作者不敢自专,还待方家和读者评判。

四

在本书写作和寻求出版过程中,我得到了北京大学中文系文学专业1977级老同学们的多方帮助。陈建功、杨柳、卢仲云同学很早就看过我的部分初稿,给予热情肯定,使我信心大增,他们还大力推荐弘扬,帮助联系出版。叶君远、张鸣、宋红同学提供了资料。张鸣、王娟同学帮助我拍摄了一些新的照片。谨对各位表示衷心的感谢。我更要感谢香港浸会大学荣休教授黄子平同学惠允作序,中国作家协会原副主席陈建功同学和北京大学陈平原教授联袂推荐,为拙作增光。四十年前燕园同窗的情谊,到老来更见真淳。

……

为了配合本书内容,增强阅读效果,我在书中加入了一些相关图片。我本人和有关出版社都非常重视并尊重照片作者的版权,曾经尽力联系,希望获得使用照片的授权。我曾经直接或间接联系到了红学家刘世德、刘梦溪、卜键等先生,蒙他们同意,在本书中使用一些历史照片。为此,我还与人民文学出版社、北京出版社等单位取得过联系，获得了谅解。我们尊重照片版权的心意是诚恳的。尽管如此，本书中有一些照片取材于网络，由于时隔久远，音讯渺茫，难于与照片的版权拥有者联系上。谨向所有照片的拍摄者和版权拥有者表示衷心、诚挚的感谢。

本书的资料来源，已经尽力在注释和参考文献中标出。但由于前述客观条件所限，可能仍有不周之处，尚祈读者谅解。书中或许还存在其他问题，敬请学界和读者不吝赐教。

现在，疫情的威胁尚未完全解除，但总算看到了开放的曙光。《红学外史》这本书，在疫情三年中作成，愿为红学百年立此存照。疫情终将过去，历史仍必前行。

2020年9月14日初草
2021年5月31日增改
2022年12月再改，时维壬寅本命年

后记之后

本书在2020年6月写成初稿，即开始联系出版。两年多里，曾经有几家中国内地和香港的出版社对此书稿颇感兴趣。《红学外史》这个书名，就是接受某社编辑的建议而来。该社未成，旋与另一社签约，在基本上完成了编辑程序后，因为可以感知的客观原因，终于未能出版，遗憾解约。已写好的《后记》中原有一段感谢出版社和责任编辑的文字，不得已只得删除。无论如何，我仍然对肯定本书价值的出版社和各位编辑们心存感激，相信后会有期。

现在，笔者决定在海外自费出版此书。在北美，我曾经被称为DIY达人，那是指房屋装修方面。这一次，本书的写作、编辑、排版设计、联系印务诸项任务，皆由笔者本人一力承担，还是DIY的旧习不改啊。出版的挫折坎坷，反而使我有机会再次证明了自己的文武双全，昆乱不挡，一笑。

在两年多的迁延等待中，我获得了充分的时间，对本书反复进行修改补充，披阅虽仅三载，增删何止五次。现在出书不需要手抄流传了，正在学习运用电脑排版软件，老年学技，乐在其中。由于是作者自行排版，便允许我边排边改，将对内容的修饰持续到最后一刻。自己印书使我获得了宝贵的独立和自由，得以恢复曾经不情愿地被删除的那些文字。如此这般，使得本书内容更为充实和完整，减少遗憾；形式上也更加随心所欲，得心应手。就算是失

之东隅，收之桑榆吧！

在北美印书，需要一个英文书名，于是我取名为 Redology Scholars。Redology 即红学，非英语固有词汇，是周汝昌先生早在 1937 年的首创，现已被普遍接受；而《儒林外史》的英译本（杨宪益、戴乃迭 1957）就名为 The Scholars。如此译名，还是黄子平兄所谓：同时向两部伟大的古典说部致意，我也向三位先贤致敬。

感谢深圳杨克惠编辑对本书编辑工作付出过的时间精力。感谢多伦多翁涌先生为本书所做装帧设计，并指导我使用软件排版。感谢北京老同学杨柳编审对本书的审读，促我炼字炼句。感谢底特律张蕴爽教授助我修正英文的内容简介。由于各位的帮助，我的所谓 DIY 才能成功。

书成，不可无诗。想到了与曹雪芹"可恨同时不相识"的赵翼，他的《题遗山诗》很符合我现在的心境：

身阅兴亡浩劫空，两朝文献一衰翁。
无官未害餐周粟，有史深愁失楚弓。
行殿幽兰悲夜火，故都乔木泣秋风。
国家不幸诗家幸，赋到沧桑句便工。

2023 年元月，时近虎兔相逢
2023 年 2 月 22 日全书最终校定

修订附记

本书于 2023 年 3 月初版印行后，我又有机会进行了两次修订。修改之处包括三个方面：一是因获得新材料而对内容进行增补，分布在很多处，估计增文约万字；二是对文字、数码、标点、字体和版式做了很多细部调整，弥补了初版的一些疏漏；三是增加或替换了一些图片。结果使全书增加了 16 页，近 2% 篇幅。需要说明的是，初版第 257 页的一幅照片，经家属指出并非吴恩裕先生，故以家属提供的可靠照片替换之，见新版第 261 页。谨向吴澜先生致歉并表谢意。修订本最后经北京顾斌先生校阅，谨谢。

这书在几个月之内就出现了两个版本，我似乎体会到当年程伟元改版印行甲、乙本时的理由和苦心。我相信，这个修订本总是比初版更充实一些，也少些瑕疵吧。

2023 年 10 月 14 日改毕

主要参考文献：

1，周汝昌《红楼无限情——周汝昌自传》，北京十月文艺出版社 2005 年
2，周汝昌《周汝昌与胡适》，百花文艺出版社 2013 年
3，李希凡《李希凡自述：往事回眸》，东方出版中心 2014 年
4，蓝翎《龙卷风》，上海远东出版社 1995 年
5，冯其庸《风雨平生——冯其庸口述自传》，商务印书馆 2017 年

6，一粟编《红楼梦卷》，中华书局 1964 年
7，郭豫适《红楼研究小史稿》及《续稿》，上海文艺出版社 1980 年、1981 年
8，白盾主编《红楼梦研究史论》，天津人民出版社 1997 年
9，陈维昭《红学通史》，上海人民出版社 2005 年
10，冯其庸、李希凡主编《红楼梦大辞典》（增订本），文化艺术出版社 2010 年
11，《红楼梦研究参考资料选辑》第二辑、第三辑，人民文学出版社 1973 年、1976 年
12，蔡元培《石头记索隐》，上海书店出版社 2008 年
13，《胡适红楼梦研究论述全编》，上海古籍出版社 1988 年
14，宋广波编《胡适论红楼梦》，商务印书馆 2021 年
15，《胡适遗稿及秘藏书信》，黄山书社 1994 年
16，《胡适来往书信选》，社会科学文献出版社 2013 年
17，《胡适口述自传》，广西师范大学出版社 2015 年
18，曹伯言整理《胡适日记全编》，安徽教育出版社 2001 年
19，易竹贤《胡适传》，湖北人民出版社 2005 年
20，宋广波编《胡适批红集》，北京大学出版社 2009 年
21，俞平伯《红楼梦辨》，商务印书馆 2010 年
22，俞平伯《红楼梦研究》，人民文学出版社 1973 年
23，《俞平伯全集》，花山文艺出版社 1997 年
24，孙玉蓉《俞平伯年谱》，天津人民出版社 2006 年
25，王湜华《俞平伯的后半生》，商务印书馆 2016 年
26，韦奈《我的外祖父俞平伯》团结出版社 2006 年
27，周文毅《是非红楼——俞平伯1954年以后的岁月》，百花洲文艺出

版社2019年

28,《鲁迅全集》,人民文学出版社1973年

29,《顾颉刚日记》,中华书局2011年

30,《王伯祥日记》,中华书局2020年

31,周汝昌《红楼梦新证》,棠棣出版社1953年

32,周汝昌《红楼梦新证》(增订本),人民文学出版社1976年

33,周汝昌《曹雪芹小传》,百花文艺出版社1980年

34,周汝昌《献芹集》,山西人民出版社1985年

35,周汝昌《北斗京华》,中华书局2007年

36,《顾随致周汝昌书》,河北教育出版社2010年

37,梁归智《红学泰斗周汝昌传》,漓江出版社2006年

38,李希凡、蓝翎《红楼梦评论集》,作家出版社1957年;人民文学出版社1973年

39,袁鹰《风云侧记》,中国档案出版社2006年

40,孙玉明《红学:1954》,人民文学出版社2011年

41,俞平伯《红楼梦八十回校本》,人民文学出版社1963年再版

42,俞平伯《脂砚斋红楼梦辑评》,上海文艺联合出版社1954年

43,何其芳《论红楼梦》,人民文学出版社1958年

44,蒋和森《红楼梦论稿》,人民文学出版社1981年

45,吴恩裕《有关曹雪芹十种》,中华书局1963年

46,吴恩裕《曹雪芹佚著浅探》,天津人民出版社1979年

47,吴恩裕《曹雪芹丛考》,上海古籍出版社1982年

48,吴世昌《红楼梦探源》,北京出版社2013年

49,吴世昌《红楼梦探源外编》,上海古籍出版社1980年

50,冯其庸《石头记脂本研究》,人民文学出版社2015年

51,冯其庸《曹雪芹家世新考》,文化艺术出版社2008年

52,叶君远《冯其庸年谱》,中国社会科学出版社2015年

53,赵仁等整理《启功口述历史》,北京师范大学出版社2004年

54,《聂绀弩全集》,武汉出版社2004年

55,刘保昌《聂绀弩传》,湖北长江出版集团崇文书局2008年

56,刘世德《红学探索》,文化艺术出版社2006年

57,魏绍昌《红楼梦版本小考》,中国社会科学出版社1982年

58,林东海《文林廿八宿·师友风谊》,人民文学出版社2010年

59,刘梦溪《红楼梦与百年中国》,中央编译出版社2005年

60，梅节《海角红楼》，国家图书馆出版社2013年
61，刘再复《师友纪事》，生活·读书·新知三联书店2015年
62，舒芜《红楼说梦》，人民文学出版社2004年
63，王蒙《红楼启示录》，生活·读书·新知三联书店1991年
64，王蒙《王蒙活说〈红楼梦〉》，作家出版社2005年
65，《王蒙的红楼梦》，湖南文艺出版社2010年
66，《刘心武文学回忆录》，广东人民出版社2017年
67，马靖云《文人相重》，北京出版社2020年
68，严中《红楼续话》，中国文联出版公司1998年
69，沈治钧《红楼七宗案》，江苏人民出版社2011年
70，张义春《红学那些人》，东方出版社2010年
71，岳南《南渡北归》，湖南文艺出版社2011年
72，陈徒手《人有病，天知否：1949年后中国文坛纪实》（修订版），生活·读书·新知三联书店2013年
73，陈徒手《故国人民有所思：1949年后知识分子思想改造侧影》，生活·读书·新知三联书店2013年
74，李彤《红高粱西行》，大象出版社2020年

以及大量期刊、报纸、网络资料，见各篇后注释。谨致深切感谢。

www.ingramcontent.com/pod-product-compliance
Lightning Source LLC
Chambersburg PA
CBHW081613100526
44590CB00021B/3423